高等院校市场营销专业规划教材

市场预测与决策

（第2版）

主　编　陈晓慧
副主编　奚祥英　杜新丽
　　　　杨　刚　范万剑

武汉理工大学出版社
·武　汉·

内 容 提 要

本书是以理论知识够用为前提，理论与实践相结合，适应形势发展而编写的教材。在教材体系上，按市场预测与决策的实际应用过程展开布局，力求系统性强、结构合理。内容组合完整、严谨，既继承传统，又打破传统，吸收国内外的最新成果；既重视阐述市场预测与决策的基本原理、基本知识和基本方法，又注重每一种预测方法的应用条件，尽量避免数学推导，力求简明易懂。为了使读者易学易用，每章都配有学习目的与要求、本章小结和关键概念，便于读者掌握所学内容。

本书既可作为高等院校管理类和经济类等相关专业的教科书，也可作为企业管理等在职人员的专业培训教材。

图书在版编目(CIP)数据

市场预测与决策/陈晓慧主编. —2 版. 武汉：武汉理工大学出版社，2013.6(2018.7 重印)

(高等院校市场营销专业规划教材)

ISBN 978-7-5629-4056-2

Ⅰ.①市… Ⅱ.①陈… Ⅲ.①市场预测-高等学校-教材 ②市场-经济决策-高等学校-教材 Ⅳ.①F713.5

中国版本图书馆 CIP 数据核字(2013)第 112961 号

项目负责人：崔庆喜　　**责任编辑**：雷　蕾

责 任 校 对：夏冬琴　　**装帧设计**：吴　极

出 版 发 行：武汉理工大学出版社

社　　　址：武汉市洪山区珞狮路 122 号

邮　　　编：430070

网　　　址：http://www.techbook.com.cn

经　　　销：各地新华书店

印　　　刷：武汉市天星美润设计印务有限公司

开　　　本：787×1092　1/16

印　　　张：18.75

字　　　数：468

版　　　次：2013 年 6 月第 2 版

印　　　次：2018 年 7 月第 2 次印刷　总第 3 次印刷

印　　　数：6001—7000 册

定　　　价：29.00 元

凡使用本教材的教师，可通过 E-mail 索取教学参考资料。

E-mail：wutpcqx@163.com　　wutpcqx@tom.com

本社购书热线电话：027-87785758　87515778　87515848　87165708(传真)

凡购本书，如有缺页、倒页、脱页等印装质量问题，请向出版社发行部调换。

第 2 版前言

在知识经济时代，计算机管理与自动化制造将逐步代替程序性业务，现代管理发展趋势迫切要求企业必须主动提前适应未来的变化，企业经营者面临的非程序化决策越来越多——他们处理的将是不断变化的新任务，必须面对未来经营，用脑力代替体力。员工也逐渐转化为知识型员工，组织也将向学习型组织转变，管理重视技术开发与营销创新，市场预测将成为一项管理职能。

即使是企业内部，也需要市场预测与决策。特别是对于一个大型企业，未来的发展趋势关系到企业的生死存亡，面对内部复合式组织结构，人才多元化，技术系统关联，企业在计划、生产、质量、人事、销售、财务等方面有其必然的缺口与断层，有些通过组织设计与调查并不能得到完整的结论，只有应用市场预测与决策才可以有效地找到企业内部的未知部分而逐渐完善。

本书是以理论知识够用为前提，理论联系实际，适应形势发展而编写的教材。在教材体系上，按市场预测与决策的实际应用过程展开布局，力求系统性强、结构合理。内容组合完整、严谨，既继承传统，又打破传统，吸收国内外的最新成果；既重视阐述市场预测与决策的基本原理、基本知识和基本方法，又注重每一种预测方法的应用条件，尽量避免数学推导，力求简明易懂。为了使读者易学易用，每章都配有学习目的与要求、本章小结和关键概念，便于读者掌握所学内容。本书的最后附有 Excel 功能简介及 Excel 在市场预测中的应用，以供学生自学，或供教师在教学过程对 Excel 进行介绍之用。

本书一是重新梳理了市场预测与决策的基本理论、基本原理和基本方法体系，着力突出其应用性和实操性；二是在第 1 版体系结构的基础上，对第一章、第二章、第四章、第五章、第七章、第八章、第九章、第十一章、第十二章等章节进行了认真修订和完善，并更新或重写了部分习题和案例，以满足教学的实际需要。

本书是集体智慧的结晶。参加本书编写的是武汉理工大学管理学院、河南工业大学管理学院、陕西理工学院数学与计算机科学学院、武汉工业学院经济管理学院等院系的教师。具体编写分工如下（按编写章节排序）：陈晓慧编写第一章、第五章、第十章；奚祥英编写第二章、第三章、第十一章、第十二章；胡乐炜、杨刚编写第四章；范万剑编写第六章；杜新丽编写第七章；杜新丽、杨刚编写第八章；杨刚编写第九章。全书由主编陈晓慧统稿、定稿。

本书的编写参考和引用了较多国内外参考书与文献资料，主要参考文献已列在书后，在此谨对有关作者表示衷心的感谢。

由于编者水平有限，书中难免有不妥之处，敬请广大读者批评指正，以便做进一步修改。

编　者

2013 年 3 月

目　录

第一章

市场预测概述

学习目的与要求

- 了解市场预测的概念、特点和作用；
- 了解市场预测的基本内容和分类；
- 掌握市场预测的原则和预测步骤；
- 了解市场预测的报告格式和要求。

本章是对市场预测的总体介绍，其目的是让读者通过学习本章的内容，对市场预测有一个基本的了解。

本章首先介绍了市场预测的概念、特点及作用，然后介绍了其要素内容与分类、基本原则与步骤，最后介绍了市场预测的报告格式与要求。

第一节　市场预测的概念与特点

一、预测与市场预测

(一)预测

预测是指根据客观事物的发展趋势和变化规律，对特定对象未来发展的趋势或状态作出科学的推测与判断。换言之，预测是根据对事物的已有认识对未知事件发展趋势作出判断。预测是一种行为，表现为一个过程；同时，它也表述为行为的某种趋势或结果。

预测作为探索客观事物未来发展的趋势或状态的预测活动，绝不是一种“未卜先知”的唯心主义，也不是随心所欲的臆断。它是人类“鉴往知来”智慧的表现，是科学实践活动的构成部分之一。预测之所以是一种科学活动，是由预测前提的科学性、预测方法的科学性和预测结果的科学性决定的。预测前提的科学性包含三层意思：一是预测必须以客观事实为依据，即以反映这些事实的历史与现实的资料和数据为依据进行推断；二是作为预测依据的事实资料与数据，还必须通过抽象上升到规律性的认识，并以这种规律性的认识作指导；三是预测必须以正确反映客观规律的某些成熟的科学理论作指导。预测方法的科学性包含两层含义：一是各种预测方法是在预测实践经验基础上总结出来，并获得理论证明与实践检验的科学方法，包括预测对象所处学科领域的方法以及数学、统计学的方法；二是预测方法的应用不是随意的，它必须依据预测对象的特点合理选择和正确运用。预测结果的科学性包含两层含义：一是预测结果是以已认识的客观对象发展的规律性和事实资料为依据，采用定性与定量相结合的科学方法作出的科学推断，并用科学的方式加以表述；二是预测结果在允许的误差范围内可以验证预测对象已经发生的事实，同时在条件不变的情况下，预测结果能够经受实践的检验。

预测对象是具体的、特定的，对不同对象的预测形成不同的预测领域和预测学科的不同分支。目前，许多国家已经将预测技术广泛用于科学技术、文化教育、自然资源、生态环境、经济发展、人口变化、军事等诸多领域，于是便产生了科技预测、教育预测、资源预测、环境预测、经济预测、人口预测、军事预测等。不同的预测领域采用的预测方法有许多共性，但都必须以该领域的特殊规律、特殊理论和特殊方法作指导。预测学是一门科学。

定性分析与定量分析相结合是预测活动必须遵循的共同方法。定性分析离不开一定的理论指导，定量分析则离不开数学和计算机手段。数学对于预测模型的建立与求解是必不可少的。要学好预测理论和方法，就要借助于微分学、线性代数、概率论、数理统计等数学知识。对于较为复杂的预测问题，还必须掌握计算机技术与相关的计算技术。

(二)市场预测

市场预测是对商品生产、流通、销售的未来变化趋势或状态进行的科学推测与判断。市场预测是预测学理论与方法在经济领域的运用，集中表现在市场体系中的运用。市场预测学是适应市场经济发展的需要逐渐成熟起来的一门科学，它以市场体系的发展过程与变动趋势作为自己的研究对象。

市场体系是商品交换的体系。在商品交换关系中存在着市场主体和市场客体。市场主体是从事商品交换的主体，包括商品的供需双方及其中介，如生产商、中间商、消费者。生产商是商品的供应者，对生产商行为趋势的预测，实际上就是对进入市场商品资源量的预测。中间商既是商品的需求者，也是商品的供应者，充当商品流通的中介，对中间商行为趋势的预测可以分别纳入商品资源量与商品需求量的预测。消费者包括社会团体和个人，既有最终商品与服务的消费者，也有中间商品的消费者，对消费者行为趋势的预测归根结底是对商品需求量的预测。就市场主体而言，对生产商、中间商、消费者行为趋势的预测，也就是对生产商市场、中间商市场和消费者市场的预测。

市场客体是进入市场用以交换的商品，包括作为最终消费需要的消费品商品与服务，以及满足生产经营活动需要的各种资源性商品。于是，作为商品交易的场所与载体，便形成了消费品市场和生产要素市场，而生产要素市场则包括生产资料市场、金融市场、技术市场、劳动力市场、信息市场等。无论是消费品市场还是生产要素市场，所交换的商品无外乎实物性商品与非实物性商品两大类。消费品商品和生产资料商品通常为实物性商品。本书以讨论实物性商品的预测为主，当然其理论与方法也适用于非实物性商品的预测。在不同的商品市场里，在商品交换过程中，始终都存在着商品的供求关系与价格关系。通过供求关系与价格关系的调节可实现资源的优化配置和商品的合理流通。市场预测实质上就是对商品供求关系和价格关系变动趋势与未来状态的预测，以及由资源配置和商品流通引致的经济效益的预测。

二、市场预测的特点

(一)预测工作的超前性

将预测对象的发展及相应的预测工作分解为三个时期：当期用 t_0 表示，观察期用 Δt_1 表示，预测期用 Δt_2 表示，如图 1-1 所示。

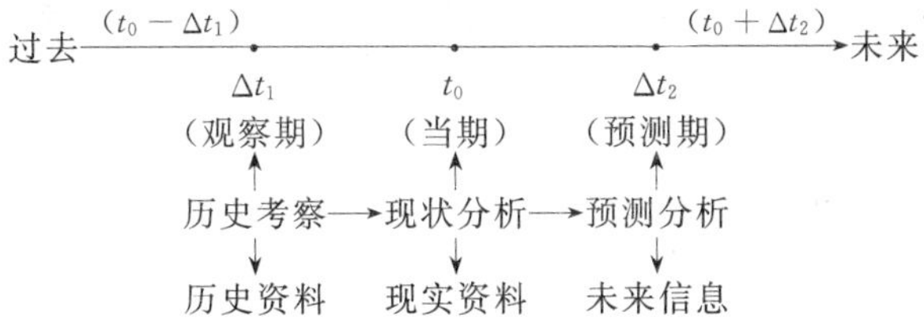

图 1-1 市场预测的超前性

时间是无始无终的，而对预测对象的研究却是有限的。对预测对象研究的有限时段包括观察期、预测期和当期。当期事实上也是一个时域，例如一月、一季或一年，或约定的更长的一个时期。观察期与预测期通常为当期的若干倍数。观察期的长短取决于对其历史考察样本数取值的需要以及取得有效历史资料的可能性大小。对观察期做历史考察所获历史资料构成时间数列，作为预测分析的事实依据。对当期作现状分析所取得的现实资料则是预测分析的出发点或基点。预测期的长短取决于预测目标的需要。对预测期作出的预测分析能把握预测对象的未来信息，为科学决策提供依据。可见，市场预测工作本质上就是在对预测对象做历史考察与现状分析的基础上，对其未来的发展趋势做超前性的分析，并提供准确的信息资料。

（二）预测信息的可测性

通过市场预测得到的关于预测对象的未来信息，通常可视为经营决策的目标，必须是可测度的、可量化的、可分解的。因此，作为市场预测的结果，一般均由可量化的指标来明确表达。

（三）预测内容的时空性

市场预测对象都是在一定的时空中发生与发展的，关于预测对象的未来信息只能通过一定的时间与空间特征反映出来并加以测度。市场预测的内容是十分丰富的，都有具体的时空特征。例如，某商品的市场需求量，就是特指某一时期某一市场范围内的某商品的市场需求量；某商品的市场容量，就是指在某空间广度范围内和一定的时间内，消费者对某商品的实际购买力，等等。对预测内容时空特性的理解有助于对预测方法做科学的划分和正确的选择。

（四）预测结果的近似性

此前已强调过预测结果的科学性，为什么又要指明预测结果的近似性呢？指明其近似性正是其科学性的表现。导致预测结果的近似性有以下原因：

(1)预测对象未来发展趋势影响因素的复杂性。影响预测对象未来发展趋势的因素是十分复杂的，是多元的且是动态的，主因与辅因、内因与外因彼此交织。因此，只要外部条件发生某些变化，预测对象未来发展方向也不可避免地会随之发生某些改变，而这种改变表现为一个过程。

(2)预测者对预测对象及其所处环境的认识的局限性。这种局限性表现在：第一，对复杂的影响因素此起彼落、此消彼长不可能完全把握；第二，对外部条件随机变化引起的预测对象未来运行规律的变动难以控制；第三，预测对象未来变化趋势的规律性变化是一个过程，换言之，其变化规律是逐渐显示出来的，而且被许多现象所掩盖，预测分析是在这一过程显现之前由已知推断未来，对过程的完全准确认识当然是困难的。

(3)预测模型的非精确性。预测模型只考虑影响预测对象未来变化的主要变量，而忽略了若干次要的变量,以此来简化运算。预测模型只能近似地反映客观情况,因而是非精确的。

指明预测结果的近似性丝毫不影响对预测结果的科学评价。市场预测工作要求将预测结果的误差限制在允许的范围之内,这是读者在以后学习各种预测方法时需要特别予以关注的。

(4)预测分析的经验性。预测分析包括质的分析与量的分析,要求尽可能采用现代计算手段和先进的预测技术,即便如此,预测工作也不能排除预测工作者经验因素的影响。因此,预测分析质量的高低,同预测者的个人经历、实践经验与综合素质密切相关。

第二节　市场预测的发展与作用

一、市场预测的发展

市场是商品交换的场所,是联结社会生产、分配、交换、消费的纽带。随着商品生产的不断发展,社会分工的日趋专业化以及社会生产和社会生活的进步,市场地域范围迅速扩展,市场体系日臻完善,市场竞争不断激化,市场预测活动愈益受到人们的重视。

20世纪初以来,由于科学技术快速发展,使得企业生产社会化的速度加快。企业为了避免盲目生产,需要了解市场供求情况及未来市场发展趋势,从而使得市场预测从简单到复杂、从微观到宏观、从短期到长期快速地发展起来。

由于缺乏经济理论依据,同时受到计算技术的限制,经济学家没有预测出1929年的经济大危机,于是市场预测日渐冷落下来。在第二次世界大战后,经济学家凯恩斯的《国民收入理论》形成,为市场预测提供了理论依据;又由于计算技术有了长足的发展,为建立庞大经济计量模型提供了有利条件,使得市场预测又蓬勃发展起来。

市场预测活动的兴旺表现在预测机构量的增长与规模的扩张。目前,全世界的专业预测咨询机构就有几千家,著名的有美国兰德(RAND)公司、斯坦福国际咨询研究所、大通经济计量公司、沃顿经济计量预测公司。在日本,许多大型企业都有自己完整的预测机构。在我国,市场预测工作从20世纪80年代以来才逐渐开展,特别是在社会主义市场经济体制确立以来,才日益受到各方面的重视。可以预言,随着我国参与世界经济的不断深化,市场预测的作用也日益凸显,市场预测工作的规模与质量定会进入一个新的阶段。

二、市场预测的作用

在市场经济条件下,任何经济活动都离不开市场预测。从微观来说,企业的一切经营活动都需要建立在市场预测的基础之上。市场预测对企业经营的多重作用表现在以下几个方面。

(一)市场预测是企业经营决策的基本前提

企业经营决策是否正确及正确程度的高低,是一个企业成败与兴衰的关键,而正确的决策则要以科学的市场预测为前提。这是因为:第一,市场预测为企业经营决策提供未来的有关经济信息;第二,市场预测为企业经营决策提供决策目标和必要的备选方案;第三,市场预测为企业经营决策方案实施提供参照系,以利于调整企业经营措施,确保决策目标的实现。

(二)市场预测是实现资源有效配置的基本依据

在市场经济条件下,企业产、供、销、资源配置都只能以市场为导向,才能求得合理的组合与良性的循环。然而,市场竞争的激烈与变化的无常,若没有科学的预测,也就不可能实现资源的有效配置,从而达不到市场机制的正常运作。

(三)市场预测是提高管理科学水平的基本条件

一个企业的经营管理的科学水平,不仅表现在决策水平上,而且还表现在经营计划的水平上。企业经营计划固然离不开企业历史的和现实的状况与轨迹,而且还需要把握企业环境的变化趋势、产品发展的趋势以及市场供需的变化趋势。只有通过科学的市场预测,才能使各项计划指标得以量化并避免主观性和盲目性。

(四)市场预测是提高企业经济效益的重要措施

在市场经济条件下的企业,其产品开发、生产、销售直到售后服务,都必须从市场需要出发,实现效益的最大化。然而,同市场的有机结合并实现最佳效益,只有通过市场预测掌握市场供需动向才有可能达到。一个企业经济效益的好坏,在一定程度上取决于该企业将市场预测纳入其经营活动中的自觉性的高低。

第三节　市场预测的内容与分类

一、市场预测的内容

市场预测的内容十分丰富,概括起来,有如下一些主要内容。

(一)市场需求趋势预测

市场需求是经济发展的驱动力,是企业效益与生命的源泉。在一定的时间内,在特定的市场环境下,市场需求受到人口变动、收入水平、价格变动、消费心理、政策条件等诸多因素的影响。因此,市场需求趋势预测的内容也就是上述诸因素的预测,具体包括以下几方面。

1.人口趋势预测

人口趋势预测主要是预测与市场需求相关的若干指标,如人口增长趋势、人口结构趋势,特别是不同区域市场的人口密度、人口层次分布以及人口就业的趋势等。

2.社会购买力趋势预测

市场需求预测最关心的莫过于社会实际购买力。社会实际购买力也就是消费者可以直接用于消费的实际支付能力。社会实际购买力同人均收入直接相关。在人均收入中,应将消费者可以自由支配的收入剥离出来,并对社会实际购买力及其投向的变化趋势作出科学预测。

3.商品需求结构趋势预测

对商品需求结构趋势的预测可用来指导开发新的商品,调节商品的供求比例,组织商品货源,决定商品的投放量等。商品需求结构趋势预测应包括:对可能开发的新商品或替代商品的需求预测,消费者对商品新品种、新性能、新款式需求的预测,对需求商品的比例结构及需求量的预测等。

4.商品价格趋势预测

价格是商品供求关系的调节器。价格的变动趋势直接影响商品的供求结构。对商品价格趋势的预测应包括:原有商品价格因供求关系变动或其他因素导致的变动趋势预测、竞争产品或替代产品价格变动趋势预测、各种生产要素价格变动趋势预测。

5.消费者需求偏好预测

这实际上是消费者心理对市场影响的预测。消费者需求偏好预测应包括:对商品品名、包装、品牌偏好的预测,消费者群体对消费者个体需求偏好影响的预测等。

6.内需与外需结构趋势预测

市场全球化与经济一体化的趋势要求经营者统筹内需与外需,从而不仅有效地扩大国内市场占有率,也有效地扩大国际市场占有率。所谓内需与外需结构的统筹,至少包括三层意思:一是指综合考察国内与国际市场对商品品种与品质需求的现状与未来变化,估计总的市场容量变化,从而满足两个市场的不同需要;二是指分析国内与国际市场两者的关联性变化趋势及互动性影响因素,从而使两个市场商品资源得以互补,达到合理调节商品供应量,提高经济效益的目的;三是指比较研究进出口额的变化同国内贸易额的变化的关系。

(二)市场供应趋势预测

市场供应趋势预测实际上是商品资源量及其相关变量的趋势分析。市场供应受生产要素存量与增量的影响,受生产能力、流通渠道、商品分布结构以及价格因素、政策因素等多重影响。市场供应趋势预测包括以下几方面。

1.生产能力趋势预测

生产能力趋势预测应包括生产规模的扩张能力预测,生产要素供应能力(如资金筹措、固定资产与流动资金变化、能源与原材料供应、劳动力资源、技术水平的提升潜能等)预测,交通运输与货物调配能力预测,通信与信息收集及传输、处理能力预测等。

2.商品竞争力趋势预测

商品竞争力是一种综合实力的评价,是企业将产品推向市场,扩大市场占有率的关键因素。商品竞争力趋势预测应考虑以下几个主要方面:一是产品所处生命周期的预测;二是产品成本与价格的趋势预测;三是技术开发与产品开发的趋势预测;四是政策环境对竞争力影响的趋势预测。

3.企业经济效益预测

企业的经营目的就在于以较少的投入获取较大的收益,换言之,就是充分利用资源向国内外市场提供更多的符合需要的商品。企业经济效益的预测可为市场经营决策目标的确定提供可靠依据。企业经济效益的预测通常包含预期产值、利润、投资回收期、净现值和内部收益率等财务指标。

4.企业生态效益预测

企业生态效益是一种综合性效益,包括经济效益、社会效益等。若只注意经济效益而漠视其他效益,必将带来恶果。因此必须对市场供应的社会效益等作出预测,包括:国家财政及金融预测、资源可持续利用预测、人口变化预测、社会就业预测、产业结构预测、社会稳定与发展预测、民族宗教关系预测、国际关系预测、生态平衡与发展预测等。

二、市场预测的分类

市场预测,实质上是对市场商品需求量与销售量的预测,或者说就是对产品的生产量或商品资源量的预测。预测总是具体的,表现为采用一定的预测方法,对特定商品在一定时间内与一定地域范围内需求量与销售量的预测,或者是对相关供需指标与效益指标的预测。

据此，市场预测便可以从方法、对象、时间、空间等多个角度进行分类。

（一）按预测活动的空间范围分类

1. 宏观市场预测

宏观市场预测是全国性市场预测。它同宏观经济预测，即与整个国民经济总量和整个社会经济活动发展的前景和趋势的预测相联系。为了对全国性市场的需求量和销售量作出科学预测，从而为企业的发展提供宏观经济指导，或者为了依据宏观经济发展指标对企业或地区市场的经济预测提供基础性资料，宏观经济预测量是必不可少的。宏观经济预测提供的预测值有国民生产总值及其增长率、人均国民收入及其增长率、物价总水平和商品零售总额、工资水平和劳动就业率、投资规模及其增长率、积累和消费结构、产业结构、国际收支的变化等。宏观经济预测还应包括世界范围的市场动态、商品结构、进出口贸易行情、国际金融市场对国际贸易的影响趋势等。宏观市场预测的直接目标是商品的全国性市场容量及其趋势变化，商品的国际市场份额及其变化，相关的效益指标及各项经济因素对它的影响。

2. 中观市场预测

中观市场预测是指地区性市场预测。它的任务在于确定地区性或区域性的市场容量及其变化趋势，商品的地区性或区域性需求结构与销售结构及其变化趋势，相关的效益指标变化趋势及其影响因素的关联分析等。中观市场预测与中观经济预测紧密相关。中观经济预测是对部门经济或地区经济活动与发展前景的趋势预测，诸如部门或地区的产业结构、经济规模、发展速度、资源开发、经济效益等。

3. 微观市场预测

微观市场预测以一个企业产品的市场需求量、销售量、市场占有率、价格变化趋势、成本与诸多效益指标为其主要目标，同时又与相关的其他经济指标的预测密不可分。

微观、中观、宏观市场预测三者之间既有区别也有联系。在预测活动中可以从微观、中观预测推到宏观预测，形成归纳推理的预测过程；也可以从宏观、中观预测推到微观预测，形成演绎推理的预测过程。

（二）按预测对象的商品层次分类

1. 单项商品预测

这是对某种具体商品的市场状态与趋势的预测，例如，粮食市场预测、棉花市场预测、食用油市场预测、钢材市场预测、汽车市场预测等。单项商品预测仍需分解和具体化，包括对各单项商品中不同品牌、规格、质量、价格的商品需求量与销售量，以及效益指标等进行具体的预测。

2. 同类商品预测

这是对同类商品的市场需求量或销售量的预测。大的类别有生产资料类预测与生活资料类预测。每一类别又可分为较小的类别层次，如生活资料类预测可分为食品类、衣着类、日用品类、家电类等。按不同的用途与等级，上述各类生活资料还可分为更具体的类别层次，如家电类可分为电视类、音响类、冰箱类、微波炉类等。

3. 目标市场预测

按不同的消费者与消费者群体的需要划分目标市场，是市场营销策略与经营决策的重要依据。目标市场预测可分为中老年市场预测、青年市场预测、儿童市场预测、男性市场预测、女性市场预测等。

4. 市场供需总量预测

市场供需总量可以是商品的总量,也可用货币单位表示商品总额。市场供需总量预测包括市场总的商品需求量预测与总的商品资源量预测,也可以表示为市场总的商品销售额预测。

(三)按预测期限的时间长短分类

市场预测是对未来某一段时间内市场的状态与趋势作出的判断与估计,由于预测对象与预测目的不同,预测期限的长短要求存在差异。

1. 近期预测

近期预测一般指一年以内,以周、旬、月、季为时间单位的市场预测。

2. 短期预测

短期预测通常指预测期为1～2年的市场预测。

3. 中期预测

中期预测一般指预测期为2～5年的市场预测。

4. 长期预测

长期预测通常指预测期为5年以上的市场预测。

一般来说,预测期越长,预测结果的准确度便越低。由于企业面对的是瞬息万变的市场,为降低经营风险,力图使市场预测值尽可能准确,故多侧重于近期或短期预测。不过,在企业制订中长期发展规划时,或对重大项目做可行性研究时,又不能不做好中长期预测。还需指出,考虑到技术开发与产品开发的周期相对较长,技术寿命周期也较长,企业在做技术预测时,短期、中期、长期的时间周期应比上述时间长,短期为1～5年,中期为5～15年,长期为15～50年。

(四)按预测方法的不同性质分类

1. 定性市场预测

定性市场预测是根据一定的经济理论与实际经验,对市场未来的状态与趋势作出的综合判断。例如,根据产品生命周期理论,对产品在预测期内处于萌芽期、成长期、饱和期抑或衰退期作出的判断,就是一种定性预测。定性预测是基于事实与经验的分析判断,它无须依据系统的历史数据建立数学模型。

2. 定量市场预测

定量市场预测是基于一定的经济理论与系统的历史数据,建立相应的数学模型,对市场的未来状态与趋势作出定量的描述,对各项预测指标提供量化的预测值。定量预测通常包含点预测与区间预测。

在实际预测工作中,应尽可能将定性预测与定量预测相结合,以提高预测值的准确度与可信度。

第四节　市场预测的原则与要素

一、市场预测的原则

基于市场预测的特点、性质,在市场预测时应遵循以下原则:

(一)连贯原则

连贯原则指事物的发展是按一定规律进行的,在其发展过程中,这种规律贯彻始终,不应受到破坏，它未来的发展与其过去和现在的发展没有什么根本的不同。

任何事物发展具有一定惯性，即在一定时间、一定条件下保持原来的趋势和状态，这也是大多数传统预测方法的理论基础，比如"线性回归"、"趋势外推"等。

(二)类推原则

类推原则指事物必须有某种结构，其升降起伏变动不是杂乱无章的，而是有章可循的。事物变动的这种结构性可用数学方法加以模拟，根据所识别的模型类比现在，预测未来。

事物千差万别，每一种事物都存在于特定的环境中，都有其特殊的运动规律。但世界上的事物又处在普遍的联系之中，同类事物间又存在着普遍适用的运动规律。即使不同的事物之间，也常常存在某些相似或类同点。只要掌握了事物发展变化的普遍规律，再结合具体事物所处的环境条件和具体特点，认识具体事物的特殊运动规律是完全做得到的。所谓"举一反三"、"依此类推"讲的就是这个道理。

(三) 相关原则

任何事物的发展都是互相联系、互相依存、互相制约的，未来市场需求的发展与周围诸多因素及其发展有关。

例如，消费者或用户对某种商品的需求，通常受到他们的消费习惯、购买力、生活背景、价格、广告和促销手段以及其他商品价格和促销力度等因素的影响。

通过分析这些因素之间以及它们对市场需求的影响关系，可以建立起一种能反映市场需求变化规律的因果分析框架，或者说因果预测模型，进而依据消费习惯、购买力、生活背景、价格、促销等资料来预测未来一定时期的市场需求。

二、市场预测的要素

市场预测实质上是一种特殊的经济分析过程，为了实现这一经济分析过程，必须具备三个要素。

(一)要有一定的经济理论做指导

市场预测既然是一种经济分析过程，在质和量的分析中就必然要受一定经济理论的指导。我国正处在建立社会主义市场经济体制的深刻变革进程中，市场预测应以马克思主义政治经济学理论作为基础。发端于经济发达国家的一些预测理论和方法，常常以西方经济学的主要理论为依据，例如凯恩斯(J. M. Keynes)经济学国民收入理论、后凯恩斯主义的经济发展理论、弗里德曼的货币主义理论等；微观预测以微观经济理论为依据，例如新古典学派的厂商理论、供求理论以及生产函数理论等；中观经济预测则以中观经济理论为依据，例如列昂节夫的投入产出理论等。

(二)要有调查统计资料作分析依据

深入的调查研究和翔实的统计资料，是市场预测的事实依据与客观基础。调查研究包括对预测对象及预测对象所处环境的调研，通过对历史的与现实的资料的统计分析，进而获得关于预测对象的规律性认识，由此作出对未来发展趋势的推断。离开调查研究和统计资料，便丧失了预测的科学性，其结论只能是唯心主义的主观臆断。

(三)要有科学的预测手段和预测方法

为了保证预测过程及预测结论的科学性，必须掌握科学的预测手段和预测方法，这是因为：第一，随着技术的进步与预测理论和方法的日趋成熟，有条件提供科学的预测手段和方法;第二,由于市场的日益复杂化和国际化,市场经济需要处理的各种数据更多,影响预测过程和结果的变数也更多,若不采用先进的预测手段和科学的预测方法,便无法实现预测的目标。预测手段主要是指调查研究的手段和计算工具,如计算机、通信器材和交通工具等;预测方法主要是定性分析方法与定量分析方法两大类,它们又分别包含诸多的具体方法。

第五节　市场预测的步骤

市场预测应遵循以下步骤:

一、确定预测目标

确定预测目标,是确定预测所需要解决的问题。只有确定预测目标,才能使得预测工作获得明确的方向与内容,从而根据预测目标组织预测任务。

(一)市场需求目标与资源供给目标

市场需求目标是市场预测最关键的预测目标,它是企业经营决策的出发点。需求包括各种类别和各个层次,选择何种类别与层次的需求作为预测目标,则应根据实际情况和预测任务加以确定。需求目标也可用市场容量来表示。

资源供给目标是指生产厂家能为市场提供商品的结构与数量,是一定时期内的商品可供量。

市场需求目标与销售量可看成是等价的,资源供给目标与生产量也可看成是等价的。

(二)总量预测目标与分量预测目标

预测对象可视为一个系统。对于一个复杂的系统,可将系统分解为若干子系统,子系统还可细分为若干层次的多级子系统。系统的总体目标即为预测对象的总量预测目标,各级子系统分解出来的单项目标则为分量预测目标。由于预测对象系统具有一定结构,这便决定着预测目标也有一定结构。

(三)长期预测目标与短期预测目标

长期预测目标与短期预测目标在性质上有较大的差别。长期预测目标一般服务于战略决策,而短期预测目标则多服务于一般市场营销策略。例如,长期预测目标需要确定市场饱和点或市场寿命周期的周期阶段,短期预测目标则更多地关注商品的销售量。

(四)资源投入目标与产出效益目标

资源投入目标就是物化劳动与活劳动的投入或消耗,它表现为一系列指标。产出效益目标则表现为一系列财务指标。投入产出目标的确定直接为企业决策提供依据,常常成为预测目标的主体。

二、确定影响因素

在预测目标确定之后,还要详细分析影响该预测目标的各种因素,并选择若干最主要的影响因素。确定影响因素需注意以下原则:

(一)根据预测目标确定影响因素

预测目标不同,影响因素各异。根据预测目标,考虑相关的经济理论,通过实际观察与分析,可确定相关影响因素。例如,为了预测商品的市场需求量,其影响因素有人口增长与分布、居民收入水平与实际购买力、消费者购买心理与消费趋势、商品价格与品质、商品所处生命周期的阶段、同类产品与替代产品的竞争趋势、进出口贸易的需求结构、政府相关政策规定等。若为了预测商品的资源量，则应从生产厂家的生产能力与生产条件分析其影响因素。显然，市场需求量与商品供应量预测的影响因素是不同的。

(二)确定影响因素应尽可能详尽

确定的影响因素的详尽程度，直接关系着预测结果的精确度。预测对象系统的发展趋势与状态，是很多因素共同作用的结果，只有尽可能充分地把这些因素的作用考虑进去，才能较准确地反映对象系统的未来发展。

然而，要求尽可能详尽是一回事，是否能够尽可能详尽却又是另一回事。这是由于：第一，预测者的认识有局限性；第二，有些影响因素具有隐蔽性；第三，有些影响因素虽被确认，但其历史与现实资料却难以收集；第四，分析方法不允许将太多的影响因素作为预测因子。

(三)应集中于确定主要影响因素

在精度达到要求的前提下，要尽可能使确定的影响因素少一些，最有效的途径就是通过分析，在尽可能详尽地考察各种影响因素的基础之上，选择若干主要的因素。为此，要善于运用质的分析方法和统计分析方法，并善于把这两种方法有机地结合起来。在实际预测工作中，预测目标及确定的主要影响因素，均需转换为变量，由一系列指标体系加以表征。

三、搜集整理资料

搜集整理资料是市场预测的基础性工作。与市场预测有关的资料内容十分广泛，若不分主次一概搜集整理，不仅增加成本，而且无此必要。因此，依据预测目标确定资料搜集的范围与资料处理的方案就显得十分重要了。

(一)资料的搜集

1. 历史资料的搜集

历史资料是指企业已经建档和各级统计机构发布或经报刊、会议文件等其他途径发布的各种经济与社会发展资料，包括宏观的、中观的与微观的各种历史统计资料，如人口状况、就业与人均收入的变化情况、社会购买力、货币流通量、商品生产与销售情况、企业经营的各项财务指标等。从历史资料的分析中认识与揭示预测对象系统的运动规律，进而推测未来，是搜集历史资料的主要目的。

2. 现实资料的搜集

现实资料是指当期或预测期内正在发生着的有关经济与社会发展的各种指标数据。通过对社会经济的实际调查、对用户的问卷调查或从消费者的直接反馈而获得的是原始的现实资料，通过各种报表所获得的是初步加工的现实资料。从现实资料的分析中可以把握预测对象的现实状态，并把它作为预测指标的起点。

3. 间接资料的测算

搜集到的历史资料与现实资料，有时并不完整与系统。此时，可选用某种方法进行测算，以获得基本上能反映预测对象变动趋势的间接资料。间接资料作为搜集到的直接资料的补充，在搜集资料中也是不可忽视的。

(二)资料的整理

在多数情况下，搜集到的资料还需经过整理才能用于预测。资料整理也就是对资料进行加工使之系统化的工作。

1. 对资料的校核

为了保证资料的准确性,必须进行校核,以去伪存真。对资料的校核包括逻辑性校核和计算性校核。逻辑性校核是指检查搜集到的资料是否符合预测对象变动的逻辑发展,以排除明显的偶发性因素的影响;计算性校核是指检查搜集到的各种指标数据是否有计算错误,或统计与计算口径是否一致等。

2. 对资料的分类

按搜集资料所表征的经济社会现象的特征、结构、性质、规模等方面的差异对资料分类,是资料整理工作的主要环节。按特征分类通常是指按资料所显示的变动规律分类,例如直线型变动形态、曲线型变动形态、季节型变动形态等。按结构分类一般指按不同的市场结构层次、商品结构层次等分类,例如国际市场容量、全国市场容量、各区域市场容量、各目标市场容量等。按性质分类多指按不同的社会性质、经济性质进行分类,例如人口资料、购买力资料、商品销售资料、商品供应资料等。按规模分类是指按市场的容量规模、企业产品的生产规模、销售的赢利规模等进行分类。采取何种标准对资料进行分类,取决于预测的任务与目标,也决定着预测方法的选择。

3. 对变量序列的编制

经分类整理的资料,用数值表示,按不同的变量排序,形成某变量的大小序列。这种序列可以方便地提供预测与决策所需要的权重分布或概率分布资料,在预测中十分有用。例如,为了预测某种商品的资源供应量,就必须对各生产厂家的生产趋势作出估计,而生产厂家的生产能力则取决于它的规模。不同生产厂家的规模可按产值、利润等作为标志性指标,对不同标志性指标划分不同区段,落在不同区段内的厂家数占该种商品总生产厂家数的百分比,便可作为排序的依据。这种排序实际上就是各个厂家在某商品资源供应量方面的权重排序。

四、进行分析

分析是市场预测的关键性环节。这一阶段的任务,是将所搜集的资料进行系统的综合分析,并对市场未来的发展趋势作出质的判断。这是一个定性的分析过程,也是建立逻辑模型的过程。分析判断的主要内容包括以下方面:

(一)对各种市场影响因素同商品需求或资源的依存关系作出分析判断

市场影响因素对商品需求量或资源量的依存关系表现为单一因素的影响关系,也表现为多个因素的共同影响关系,均可用一定的函数关系来表征。这就意味着影响因素的每一变化,将导致市场需求量或商品供应量的相应变化。函数形式可以是一元的,也可以是多元的或复合的。

1. 宏观经济发展形势对市场需求或商品资源的影响分析

宏观经济的结构性调整、投资重点和投资规模、经济发展速度、国家财政状况等,对市场需求的推动强度均有直接影响。例如,基建投资规模和房地产业的发展,是推动建材市场需求上升的主要动力。根据预测目标,选择宏观经济指标中的若干主要因素加以考查,对它们的影响强度作出评估,将依存关系转换成一定的系数关系。

2. 居民的生活质量与生活水平对市场需求或商品资源的影响分析

居民生活质量诸如食品结构、衣着结构、休闲消费水平等消费结构，对于市场需求结构有直接的影响；生活水平可以用居民的人均实际购买力作为指标，它不仅决定着需求量，还决定着对商品的需求层次。

3. 进出口贸易对市场需求或商品资源的影响分析

进出口贸易的结构与规模对市场需求结构与需求量有直接影响，当然对商品资源结构及资源量同样有直接影响。因此，国内市场与国际市场预测的关联性与依存性切不可忽视。

4. 同类产品与替代产品对市场需求或商品资源的影响分析

同类产品是指功能相同的不同品牌、不同厂家生产的产品，如各种品牌的电视机；替代产品是指功能可以替代的产品，例如降温用空调与风扇的替代。应该说，同类产品和替代产品的型号、款式、价格等方面的相互竞争直接影响市场需求结构与商品资源结构，同时也影响它们的市场需求量和商品的资源供应量。

5. 母子产品对市场需求或商品资源的影响分析

母子产品如 VCD 与光盘、计算机与软盘，彼此之间存在着不可分离的依存关系。母子产品的特殊结构显然决定着市场需求结构和商品资源结构。

(二)对预测期内商品的产、供、销关系作出分析判断

1. 对市场需求趋势作分析判断

市场需求趋势判断包括社会总购买力及其投向趋势、居民平均购买力及需求结构变化趋势、商品流通渠道变化趋势、商品的目标市场分布与变化趋势、消费者对商品的需求结构变化趋势、商品需求量及其变化速度等。

2. 对商品资源趋势作分析判断

商品资源趋势判断是对商品能在多大程度上满足市场需求的预估，它包括提供市场的商品结构趋势，商品的社会生产规模与社会生产能力趋势，原材料、能源、交通的供应趋势以及实现生产能力的程度等。

3. 对商品的供需平衡状态作分析判断

商品供需平衡状态的分析对市场预测有重要意义。供需的差额，包括顺差与逆差的判断，以及此消彼长的发展态势，是市场各种要素演化的重要动因。供需差额的分析，不能只注意量的方面，在市场预测判断中，还需特别着眼于产生原因与实质内容的分析。

(三)对影响市场需求的消费心理、经济政策及其他环境因素的分析判断

消费者的消费观念、消费行为、价值取向、文化背景、风俗习惯等对市场需求有很大影响。国家的宏观经济政策，诸如财政政策、货币政策、产业政策、投资政策等也决定着市场的发展趋势。此外，其他的环境因素，例如国际经济环境、政治环境等方面的影响也不可忽视。

五、作出预测

这一阶段的主要内容是选择预测方法、建立预测模型、估计模型参数、对模型进行检验、确定预测值、分析预测结果、提出预测报告。

(一)选择预测方法

预测方法是指在以上各阶段工作的基础上，对市场未来发展状态与趋势作出判断和测算的各种技术与手段的总称。预测方法很多，大体可以分为定性预测方法与定量预测方法两大类。在实际预测活动中，要求将定性预测方法同定量预测方法相结合：以定性分析为依据,以定量分析为手段;在定性分析中尽可能量化,在定量分析中贯穿质的分析。

(二)建立预测模型

以一定的经济理论做指导,根据所采用的预测方法建立起数学模型,以表征预测目标同各影响因素之间的关系,进而用数学方法确定预测值。建立预测模型必须注意以下问题:

(1)必须以正确的经济理论做指导。在建立经济计量模型时,作为指导的经济理论不同,则预测模型会有很大差异。

(2)必须尽可能准确地确定模型中的变量及变量之间的关系。为此,第一,在许多情况下,要对预测模型进行检验,以确认模型中变量之间是否存在着相关关系。第二,要对模型的参数认真地作出估计。参数的估计要以样本数据作为分析依据;参数的精度是对模型中变量之间关系准确度的一种描述。

(3)必须尽可能地使模型简化。为此,模型所采用的变量不可太多。

(4)尽可能有利于实现计算机模拟和计算机运算。

(5)模型不合理时,必须及时进行修正。

(三)确定预测值

市场预测的结果,应通过解数学模型提供数量化的预测值。预测值在许多情况下应包括点预测值和区间预测值。在确定预测值时,还需对预测的误差作出估计,也就是把预测值同历史观察值作比较。预测值误差实质上是对预测模型精确度的直接评价,决定着对模型是否认可,是否需要作出修正,以及在多大程度上作出修正。

需要指出的是,为了保证预测值的准确性,在市场预测中,常常要同时采用不同的预测方法与预测模型,并对它们的预测结果进行比较分析,进而对预测值的可信度作出评价。

(四)提出预测报告

在预测报告中应对预测结果作定性与定量相结合的分析,决不能把预测报告做成数据的堆砌。预测报告实际上是目标决策分析,它是直接为决策服务的,故系统的综合分析显得特别重要。

预测报告是预测结果的文字表述。写好预测报告不仅是预测的完成步骤,而且也是对调研过程的总结和综合反映。预测结果能否对决策产生影响,与能否写好预测报告也有很大关系。预测报告一般包括题目、摘要、目的、正文、结论与建议以及附录等部分。

1. 题目

题目是对预测报告内容的高度概括。它应醒目、明确,与文中的内容相符。有时,题目也可采用“主标题+说明性副标题”的形式来表示。通常,撰写题目可参照下列两条标准:①经常性预测以反映目标为主。这就是说,如果是经常性预测,按特定题目提出预测报告,预测题目主要反映预测目的、对象、范围及时间界限,如“2012年第二季度全国经济预测”及“21世纪初近30年的欧盟机床市场需求预测”。②应急性预测以反映预测结论为主。如果是由于情况发生变化临时做出的预测,或是为了修改原有预测,预测题目就要把新的发现(预测结论)突出反映出来,以引起有关部门的重视,例如“美国经济第二季度将继续下降,制成品进口需求继续萎缩”以及“英国北海石油价格降低将造成国际市场油价的松动,年内世界石油需求将有所增加”。有重大发现时,为反映新的预测结果,报告的题目可稍长些。

2. 摘要

在预测报告的正文前,通常将调研的主要发现、预测结果及建议采取的对策等予以摘要说明。摘要与题目配合，可引起有关人士对预测的重视。在下述两种情况下，摘要更有特殊的意义：一是当预测分析较多、篇幅较长时，摘要可以使重大结论与行动建议突出；二是当分析和预测过程中运用了较多的技术性语言，如图表、公式、模型或其他专业语言时，摘要可用较通俗的语言扼要介绍主要观点。一般来说，摘要中的要点应从预测结论和对策意见中提炼概括，切忌以正文内的小标题作简单的罗列。

3. 目的

在正文前简单地交代预测目的或调研目的，以作为正文的引子。

4. 正文

正文包括分析及预测过程、模型及说明、必要的计算方法及图表、预测结论及理由陈述。正文的重点是资料分析。在撰写正文时要紧紧围绕中心论题，保持论题的统一、简练，使结构紧凑，不要节外生枝。资料及论据必须真实、客观，论证要符合逻辑，结论要明确。

5. 结论与建议

预测报告除扼要地说明预测结果外，还要有针对性地提出行动建议及对策。同时，对制约因素和控制条件也要作必要的说明。

6. 附录

附录包括必要的附表、资料来源、较复杂计算方法的说明及其他未列入正文的有关资料。

写好预测报告是预测人员基本功训练的一项重要内容。撰写预测报告还必须注意以下诸点：①说清问题；②易于理解；③避免使用千篇一律的语言“套话”；④注重事实，切忌华而不实，哗众取宠；⑤文字精练，篇幅不宜过长。

本章小结

市场预测是对商品生产、流通、销售的未来变化趋势或状态进行的科学推测与判断。市场预测是随着商品生产的发展、社会分工的日趋专业化、技术的日新月异、市场需求的多变化及由此带来的激烈市场竞争而逐渐产生和发展起来的。

市场预测的内容非常丰富，主要有市场需求趋势预测和市场供应趋势预测。在分类上，可以从方法、对象、时间和空间等多个角度对市场预测进行分类。

市场预测的步骤，概括起来，主要有确定预测目标、确定影响因素、搜集整理资料、进行分析、作出预测五个步骤。

关键概念

宏观预测	Macro forecast	微观预测	Micro forecast
定性预测	Qualitative forecast	定量预测	Quantitative forecast
长期预测	Long-term forecast	中期预测	Metaphase forecast
短期预测	Short-term forecast		

思考与练习

1. 市场预测的概念是什么？它具有什么特点？
2. 市场预测从空间划分可分为哪几种类型？试分别举例说明。
3. 市场预测从时间划分可分为哪几种类型？试分别举例说明。
4. 市场预测的步骤是什么？
5. 为什么要进行市场预测？

【案例分析】

非常规的预测:多米诺比萨饼和五角大楼

有时候非常规的预测方法可用于预测重要事件,如伊拉克战争期间华盛顿披露的一个非常规预测就是一个有趣的例子。

多米诺比萨饼店通常平均一晚上向五角大楼送去3个比萨饼。1991年1月8日(星期二),该店比萨饼的订购数量开始缓慢上升,到了13日(星期日)那一天达到了20个,这就打破了五角大楼原先一天订购19个的纪录,这是费尔蒂南德·马科斯离开菲律宾之前那个晚上的订购数量。在伊拉克战争开战的前两天(星期一),订购的比萨饼的数量达到了50个。而后,星期二的数量增加到101个,在星期三战争开始的晚上,数量高达125个。在此事件发生之前,CIA(美国中央情报局)和白宫也同样出现了比萨饼订购量直线上升情况。比萨饼的这种订货数量异动情况在华盛顿受到新闻界的密切关注,以至于被称为"多米诺原理"。每当世界危机发生时,华盛顿的多米诺比萨饼店经理就会接到许多个人电话,他们并不是想买比萨饼,而是只想知道白宫或五角大楼订购了多少个比萨饼。人们想知道,给五角大楼送的比萨饼是否将成为机密情报。

(资料来源:http://www.dominos.com)

思考题

1. 多米诺比萨饼店能把它们的"比萨饼"提升到政治事件甚至战争发展趋势预测之中,你对此有何体会?

2. 非常规的预测可能仅仅以"未来与现在类似"的假设为基础,当预测期延长时,它是否一样适用和可行呢?

第二章

市场调查与预测

学习目的与要求

◉ 了解企业和市场的关系、市场信息与市场调查的关系，理解市场信息及市场调查的重要作用；

◉ 认识市场调查的内涵、类型、内容和一般程序；

◉ 掌握市场调查常用方法并学会应用其进行市场调查；

◉ 把握市场调查和市场预测的关系。

第一节　市场信息与市场调查

市场调查研究的对象是市场，企业生产经营活动也是围绕市场而展开的。为此，要掌握市场调查研究的理论、方法，要搞好企业的生产经营活动，首先要认识市场、了解市场。

一、市场与企业

(一)市场的概念

市场作为社会经济的一种重要现象虽然早已存在，但人们对市场的理解不尽相同。一般认为，市场的概念包括以下含义：

1. 市场是商品交换的场所

这是一种传统的观点，即认为市场是商品买卖的场所，如百货商店、农贸市场、超级市场、专卖店等。它源于汉语中“市场”的词义。汉语中的“市”是指交易的意思，“场”是指场所。这是从狭义上理解市场的含义，也是最容易被人们所接受的市场的含义。这种市场的含义，侧重强调市场是一种有形市场，即商品交换要有具体的空间与场所。

2. 市场是商品交换关系的总和

这是从广义上理解市场的概念。它侧重揭示市场在本质上是各种经济关系的总和。因为商品交换关系其实质就是经济关系。在商品经济高度发达的条件下，所有商品的生产者、经销者、消费者或其他各类经济主体，都必须通过市场从事交换活动，发生经济联系，实现各自的利益。它具体表现为各种经济主体之间的供求关系、竞争关系、协作关系等。上述各种交换关系的总和就是市场。这种含义把市场理解为各种经济关系的总和，抓住了市场这一概念最实质的东西。

(二)市场的基本功能

市场功能指市场机体在运行过程中发生的功用或效能。尽管由于社会形态和商品经济发达程度的不同,市场在性质、规模以及发育状况、地位、作用等方面存在着差别,但其基本功能是一切市场所共有的,是市场活动所具有的内在属性。

1. 市场交换功能

市场是商品交换的场所和中介,通过市场进行商品的销售,能够实现商品所有权与货币持有权的互相转移,使买卖双方都实现自己的目的。因此,商品交换功能是市场最重要、最基本的功能。在市场经济条件下,商品生产者出售商品,消费者购买商品,以及中间商买进卖出商品,都是通过市场进行的。

2. 市场竞争功能

竞争是商品经济的产物,只要有商品生产和商品交换,就会有竞争。因而,竞争是市场的本质属性和功能。竞争可以促进企业不断提高产品质量,增加花色品种,降低产品成本,改善服务态度,以物美价廉、适销对路的商品供应市场,提高企业的市场占有率。

3. 市场调节功能

市场调节功能是通过市场机制、价值规律来体现的。价格、供求、竞争是市场的基本构件,它们相互联系、相互制约、相互作用的关系便是市场机制。市场机制必须对市场主体产生调节作用,企业经营者得到有关市场供求、市场价格和市场竞争情况的信息后,必须采取一定的措施来适应市场的变化需要。如当企业经营者得知本企业的产品在市场上已经供大于求时,就会自然缩减产品的生产,以免造成产品积压。这就是市场调节功能的表现。市场机制以供求调节、价格调节、竞争调节方式,对社会生产、分配、交换、消费的全过程进行自动调节,如对社会资源配置、生产产品总量和种类构成的调节,使社会生产能按一定的比例进行,达到供需平衡。

4. 市场反馈功能

市场既是连接生产和消费的纽带,也是企业洞察消费需求变化和供求关系的窗口。市场信息是对市场发生的经济活动、消费者需求、商品供求关系及价格变化等的反馈,当它反馈给企业时,就能引导企业按市场需求及其变化趋势组织生产和营销活动,从而有利于商品生产和流通的正常进行。

(三)市场的类型

市场按其内容、特点和考察角度不同,可以划分为不同类型,具体如下:

1. 按市场交易的商品使用价值不同划分

任何商品都有使用价值。依据市场中交易商品不同的使用价值可以将市场分为消费品市场、生产资料市场、服务市场、金融市场、技术市场和劳动力市场等。

(1)消费品市场的主要购买者是个人或家庭。这一市场的存在主要是满足个人家庭生活的需要。政府机关、企事业单位等团体组织也是消费品市场的购买者。消费品市场是市场调查预测的主要对象。

(2)生产资料市场是指为了满足加工制造等生产性需要而形成的市场。这一市场的主要购买者是生产企业。如一个自行车厂为了生产自行车,需要在生产资料市场上购买钢材、橡胶等原材料。生产资料市场上销售的多为初级产品和中间产品。

(3)服务市场是指构成市场的商品要素是服务(劳务)的无形产品的市场。服务是通过劳动所提供的能满足消费者特殊需要的无形产品,如为消费者提供文化娱乐服务、旅游服务等。广义的服务市场是指全部第三产业服务市场。它包括流通部门、为生产和生活服务部门、为提高科学文化水平和居民素质服务的部门，以及为社会公共需要服务的部门所提供的服务产品的市场。狭义的服务市场是指为生产经营和人民生活提供的各种服务性劳动的市场。

(4)金融市场是指货币流通中买卖或借贷贵金属、货币、有价证券和外汇所形成的市场。通常认为，金融市场包括资金市场、外汇市场、黄金市场等。资金市场包括交易双方对货币资金的融通(借贷)，以及对代表一定资金所有权的有价证券的买卖。

(5)技术市场是指构成市场的商品要素是技术的市场。技术市场中交易的具体内容包括技术转让、技术服务、技术咨询、合作研制、技术项目总承包、委托科研设计、技术难题招标以及专业技术培训等。技术市场与一般市场相比有很大的特殊性。一般市场成交后，卖方失去了商品，买方得到了商品，商品所有权转移是彻底的。而技术商品买卖的所有权转移并不彻底，买卖成交后，买方虽然得到了知识技术，但卖方并没有真正失去对这一知识技术的所有权。技术市场上卖方一般是科研机构、高等院校、工矿企业、民办科研企业等，而买方一般都是生产企业。

(6)劳动力市场是指构成市场的商品要素是劳动力的市场，即劳动力流动、职工和用人单位双向选择的“劳动力市场”，又称为“劳务市场”。社会主义条件下的劳动力市场是社会主义市场体系中的重要组成部分，它具有促进劳动力资源合理配置的功能和作用，是我国劳动用工制度和就业制度的重大改革。

2.按市场供求关系不同划分

按市场供求关系，可将市场分为卖方市场和买方市场。

(1)卖方市场是指卖方在交易中占优势地位的市场。其特点是：①商品供不应求；②消费者持币抢购；③交易双方中，以卖方为主，并处于有利地位。

卖方市场一般产生在商品经济不发达的情况下，很多商品奇缺，购买者没有选择的余地，生产企业只顾生产，不考虑产品的适销对路。企业管理的重点在于提高生产效率，增加产量；而反映到市场销售方面，则是一种消极的“等客上门”、“皇帝的女儿不愁嫁”的思想，认为只要产品生产出来，就不愁卖不出去。

(2)买方市场与卖方市场相对立，是指买方在交易中占优势地位的市场。其特点是：①商品供过于求；②消费者持币选购或储币待购；③交易双方中，以买方为主，并处于有利地位。买方市场一般出现在商品经济较发达的条件下。

买方市场上的基本状况是商品供应大于需求，大量生产导致大量销售，大量销售引起卖方互相竞争，从而改变了市场经济形势。人们可以自由地在市场上挑选自己称心如意的商品，出现了以买方为主并且占优势地位的市场形势。企业必须“生产我们能卖的”产品，按照市场消费者的需要来安排生产或组织销售，否则就会造成商品严重积压，危及企业的生存和发展。

3.按市场的空间和地域不同划分

依据市场空间范围大小不同，可将市场分为本地市场、地区性市场、全国市场和国际市场。这些市场有明显的层次性，它们在商品流通广度、产品需求特点、供求关系、价格定位、销售方式、销售渠道上都存在某些差异。按市场地域不同，可将市场分为城市市场、农村市场、山区市场等，这些市场各有自己需求的特点，应分别采取不同的营销策略。

(四)市场与企业

企业作为一种经济组织，是通过为社会提供商品或服务的使用价值，实现自己的价值，收回成本获取利润，持续地从事经营活动的经济实体。企业经济活动与市场密不可分，既要了解市场对企业的作用,更要认识企业对市场的主体特征,只有这样,企业才能一方面以市场为导向开展经营活动,另一方面通过以自主经营的法人地位参与市场运营,促进市场发展。

1.市场对企业的作用

市场作为经济运行的中枢和集中体现,既是社会资源的主要配置者,也是国家对社会经济实行间接管理的中介和直接作用对象,市场对现代企业的生产经营活动具有直接导向作用。

(1)市场是企业生存和发展的基石。从生产者和经营者角度看,企业生产经营的产品或服务,只有在市场上实现商品交换,才能实现价值,获取企业利润。马克思指出:“每一种商品都只能在流通过程中实现它的价值,它是否实现它的价值,在多大程度上实现它的价值,这取决于当时的市场状况。”商品的出售“是商品的惊险的跳跃。这个跳跃如果不成功,摔坏的不是商品,但一定是商品所有者。”可见,市场存在与否及其大小直接关系到企业的生存与发展。为此,企业要根据市场供求信息决定为谁生产,生产什么,生产多少和怎样经营,以求得企业提供的商品或服务能实现商品交换,获得好的经济效益和社会效益。

(2)市场引导企业适应消费,同时又检验和校正企业经营活动的有效性。首先,市场机制的作用,使各种资源通过市场交换在全社会范围内自由流动,企业作为资源配置的利益主体,通过市场竞争实现各项资源要素的最佳组合,推动企业经营产品结构的合理化。其次,市场作为全社会微观经济活动的场所和总体形式,成为连接宏观管理主体与微观经济活动的中介。企业只有接收市场发出的供求变化、价格波动、市场竞争等信息,调节企业的资产投向、生产规模、产品开发和经营方式,才能提高企业运营的有效性。

(3)市场促成企业内在经营机制与市场运行机制最大限度地衔接。市场充满竞争,既给企业造成威胁,也给予企业发展契机,变市场威胁为市场契机的关键是企业要拥有保证提高自身市场适应能力和竞争能力的客观条件,即适应市场经济体制而建立的一套完善的经营机制。这套经营机制是指企业的产权制度、责任制度、领导体制和组织制度得到全面改造和创新,并建立起包括责权机制、盈亏机制、破产机制、动力机制、风险约束机制、资产流动机制、激励和约束相结合机制等一整套完善的经营机制。

企业拥有完善的经营机制,可以促成企业真正成为独立的市场主体,以独立法人身份进入市场、投入竞争;可以使企业分散市场风险,退出市场成为可能;可以促成所有者和经营者职能真正到位,自觉追求企业的持续发展和主动端正自身行为;可以促使企业以追求最高效益为目标,随市场变化及时、灵活、迅速地调整资本投向,从而使产品结构和企业结构不断趋于合理,并最大限度地实现资产的保值、增值;可以使企业所有者、经营者和职工三者的权利得到保障,行为受到约束。这样,企业内在经营机制才能与市场高度适应和充分融合,更直接、鲜明地体现市场对企业生产经营活动的导向作用。

2.企业对市场的主体特征

在社会主义市场经济体制下,国家宏观管理要根据市场运行规律培育市场的发展,企业微观管理要按照市场需求组织生产经营,同时接受国家宏观计划指导。企业的经济运行状况会直接影响和推动市场的整体运行,且促进市场经济体制的完善。企业作为市场运行的主体,其主体特征主要是:

(1)管理决策自主性。企业成为真正意义上的商品生产者和经营者,应具备的基本条件是拥有管理决策自主权。即企业是法人产权主体,享有资产占有、使用、收益和处分等行为权力,具体表现为企业能够在国家间接宏观调控下,根据市场需要自主地对生产经营计划、投资安排、资金支配、产品和劳务定价以及企业内部的劳动、人事、工资资金分配等做出决定并组织实施执行的权力，并且对经营后果负责。企业管理决策自主性能保障企业决策面向市场，实现资产的重组和产权转让，促使资源配置优化。

(2)企业经营效益性。企业是一个相对独立的物质利益主体，企业经济活动必须讲究经济效益，即追求利润最大化。追求利润能满足企业生产经营本身的需要、集体福利和企业劳动者的收入三方面的利益要求。企业追求利润最大化的社会效益，一方面表现在企业利润大，上缴国家的税利就多，国家积累也就多；另一方面体现为在局部社会劳动转化为社会必要劳动的过程中，企业为在市场中实现获得平均利润和超额利润的目的，在生产经营过程中尽可能提高技术水平、提高劳动生产率、降低成本，从而推动社会技术进步，加速流通，且在市场上展开全面竞争。企业运用价格、风险、供求、利率等市场机制要素在动态环境中不断汲取于自身有益的东西，在竞争中获得利润。换句话说，企业追求利润最大化也会成为推动市场繁荣和社会进步的一种动力。

(3)企业市场行为应变性。企业市场行为应变性是指企业充分认识生存空间——市场的复杂性、多变性，运用好管理决策自主权，能动地制定适应环境变化的对策。它表现为企业经营管理者在客观环境中要审时度势，分清积极面与消极面，运用诸如市场开拓不止、产品以新取胜、质量以优取胜、价格以廉取胜、顾客以信取胜、促销以特取胜等对策和应急措施，使企业市场行为在市场规则范围内，既满足消费者客观需要，又创造顾客需要，与多变的市场之间保持动态均衡。

(4)企业系统自组织性。企业是一个开放性系统。企业系统的自组织性是指企业运行机制使企业系统具有抗干扰能力。干扰是一种环境对系统的影响，它使系统偏离原来稳定的运行状态。抗干扰能力是企业自我组织、自我改造、自我发展能力的总称。抗干扰能力表现为企业能在生产、分配、交换、消费过程出现诸如通货膨胀、国家紧缩银根和信贷以及其他非正常秩序等无序情况时，根据自身条件，借助与环境间的物质、能量、信息的流动，加强自组织控制，实现人、财、物全面优化配置，增强消化能力，维持一种时间、空间、功能的有序结构，把握市场机会或变威胁为机会，使企业系统返回原稳定状态或渐变为一种新的稳定状态。

企业系统自组织性的具体表现为：第一，创业。即根据市场需要吸收人、财、物等资源，组织成立一个为市场提供产品或服务的新企业。第二，管理。即通过强化管理，挖掘企业内部潜力，提高资源利用效率。第三，扩大。即通过与外界资源的流动，增加新产品或新服务，在本地区或外地增设分支机构。第四，联合。即通过不同企业的联营、联合、兼并、集团化，使资源得到最佳利用。这四种表现促成企业在变动环境之中保持经济良性循环。

管理决策自主性是企业市场主体运行的基础和前提，企业经营效益性是主体目标，企业市场行为应变性是主体行为目的性的客观要求，企业系统自组织性是主体行为的一种机理。在实践中要使企业将上述四个主体特征有机结合，对市场各种变化做出能动反应，满足需求、引导需求、开拓市场、提高竞争优势，使企业在市场经济发展中立于不败之地，其核心是企业的正确决策。企业的正确决策，是在掌握大量有关市场信息基础上，为了实现特定的目标，运用科学的理论和方法，系统地分析主、客观条件，提出若干备选方案，并从中选择作为企业行动的最佳方案，且付诸实施。为了保证企业做出正确决策，管理者应该及时获取制定决策所需的市场信息。

3.企业与市场的联系

随着社会主义市场经济体制的建立完善，市场的作用愈来愈重要。国家宏观经济活动要发挥市场的作用，企业微观的经济活动更要重视市场的作用，只有这样才能在复杂多变、竞争激烈的环境中求得生存和发展。因此，在市场经济条件下，企业与市场关系极为密切。

首先，企业是市场的主体，是构成市场的基本要素，现代市场的存在和发展离不开企业。如前所述，市场是由各种要素构成的统一整体，离开了市场要素，市场就不复存在。市场主体是市场重要的构成要素。市场主体包括商品生产供应者、商品需求消费者、商业经营者和生产管理者。企业是最主要的商品生产者、商业经营者，也是重要的商品需求消费者。在现代市场经济条件下，没有企业，也就没有市场。

其次，企业的生存和发展要紧紧依赖于市场。企业是依法自主经营、自负盈亏，向社会提供商品和服务以满足市场需要，并获取赢利的基本经济单位。企业的一切经济活动都是以市场为中心展开的。在计划经济条件下，企业的经济活动是由政府计划决定的，企业生产什么，生产多少，怎样销售，均由政府管理部门决策，企业无须关注市场。在市场经济条件下，企业的全部经济活动都是在市场中进行的。企业生产什么，销售什么，怎样生产和销售都要按市场的要求来进行。市场又是企业十分重要的外部环境条件。市场的供求状态及其变化、市场的竞争状况、市场的运行秩序等无不对企业的经济活动产生十分重要的影响。

同时，企业要从市场中来解决资金、技术、管理人才和高素质的劳动者等问题。企业在生产经营中，有时会遇到扩大生产规模时缺乏资金、技术、管理人才、劳动者等现实问题。在市场经济中，解决这些问题也只能依靠市场，从生产要素市场中筹措资金，从技术市场中购买技术，从人才市场、劳动力市场中招聘合格人才，使企业具备发展的条件。此外，企业要获得经济效益，也需要积极开拓市场，扩大需求，提高产品的市场占有率也离不开市场。

总之，现代企业与市场有着紧密的联系。

二、市场信息及其收集

人类社会已进入信息时代，信息对社会生活的各个领域都发挥着深刻且巨大的影响。在市场经济条件下，信息同资本、劳动力、原材料等生产要素一样，已成为社会再生产过程中不可缺少的资源。企业经营管理要求比过去更有效地拥有各种市场信息资源，即经常地收集市场信息，加以整理、存储或加工，并以恰当形式提供给管理者使用。市场研究就是一种重要的市场信息组织活动。

(一)市场信息的概念与种类

1.市场信息的概念

市场信息属于社会经济信息范畴。所谓市场信息，是指被人们传递、接收、理解了的有关市场经济活动的各种消息、情报、数据和资料的总称。就性质而言，市场信息是对市场运行过程与状况的客观描述，是各种经济事物运动变化状态及其相互联系的现实表现，在当事者进行判断、选择、预测和制定决策中是有用的信息。在形式上，市场信息一般通过商情、广告、报表、凭证、合同、货单、文件、书信、语言和图像等表现出来。

2.市场信息的种类

市场信息的内容极其庞杂，从它的产生过程和形成过程来看各不相同，在质的方面和形式方面也是多种多样，从不同角度可作如下分类：

(1)按照信息产生过程,可以分为原始信息和加工信息。原始信息也称为初级信息,主要指企业生产经营活动的原始记录、原始数据、单据等,如产量、销售额、利润等。原始信息是最广泛、最大量的信息,也是加工信息的基础。当它按照既定的管理目标和要求进行加工处理后,就形成加工信息,也称二级信息,如企业内部报表分析、商情动态报告、规章制度、经济合同等。

(2)按照信息来源,可以分为内部信息和外部信息。内部信息是来自企业内部生产经营过程及管理活动的信息,一般通过计划、会计报表、统计报表、财务分析等数据和资料反映出来。外部信息指来自企业经营管理系统以外的市场环境系统的信息,包括国家计划、政策、法规条例、物价、市场供求变化、竞争情况和消费趋向等信息,通常由政府部门、金融机构、经济信息机构、行业组织及新闻媒介机构等进行传输。

(3)按照信息的时间属性,可以分为历史信息、现时信息和未来信息。历史信息是反映已经发生的市场运行现象与过程的信息,基本以文献资料的形式保存起来,可用于市场动态分析对比研究。现时信息是反映正在进行的市场经济活动的信息。这类信息时效性较强,是企业对生产经营活动进行组织、指挥,以及国家对市场总体运行进行调节控制时需要的大量信息。未来信息指预测市场未来发展动向,揭示市场未来变动的趋势信息。这类信息在宏观或微观经济的战略目标、总体规则、投资方向和市场开发等重要决策中具有重大作用。

(4)按照信息来源稳定程度,可以分为固定信息和流动信息。固定信息是系统化的信息资料,如统计资料、法律文件、广告专题节目和各种标准定额等。这类信息具有相对稳定性,可在一段时间内重复使用,是企业制定常规性决策的重要依据。流动信息是随时反映市场经济活动进程及变化动态的信息,如市场供求变动、价格涨落、利率变化、商品结构调整和消费流行趋势等。这类信息是不断变化的,时效性强,流动性大,通常只有一次性使用价值,是对生产经营活动及市场运行过程进行监督控制的重要依据。

(5)按照信息内容,可以分为市场情报信息、企业经营管理信息、营销环境信息等。市场情报信息包括企业在市场中收集所需的反映市场动态的情报资料,以及企业向市场发出的有关企业营销情况的信息。市场情报信息一般通过广告、商情动态、销售分析等图像或文字资料反映出来。企业经营管理信息是对企业生产经营过程实行计划、组织、指挥和控制所需的信息,包括计划与合同信息、定额信息、价格信息及统计信息等。营销环境信息指影响企业营销活动的外部环境因素形成的信息,包括市场环境信息,如市场体系的发育程度、市场供求的总体平衡状况、商业网点布局和同行业竞销情况等;经济环境信息,如国家经济政策变化、人民消费水平及消费结构变化、国民经济发展速度及经济结构变化等;政治环境信息,如国家政体、基本政策、行政管理体制等;社会环境信息,如城市发展、人口分布、交通、环境保护、文化教育水平、风俗习惯和历史传统等;科技信息,如国内外科学技术发展趋势、最新成果及其在经济领域的应用前景等。

(二)市场信息收集的主要途径

市场信息是企业经营活动不可缺少的依据。企业作为市场信息的主要使用者,可以多方面去收集各种市场信息,主要途径如下:

1.通过市场调查收集市场信息

市场调查是指企业以市场为对象,运用科学方法收集、记录、整理、分析有关市场信息资料的实践活动。因此,市场调查是企业自觉收集市场信息的重要途径。

2.通过政府部门收集市场信息

政府各个部门是管理各行业的行政机关,它们往往掌握整个行业产、供、销的全面情况,因而它们是市场信息的重要发源地,如信息产业部就掌握着我国整个信息产业发展的全面信息,包括电子计算机生产、销售的信息。国家和地方的统计局历年发表的国民经济和社会发展计划执行结果的公报,对企业了解市场环境有很重要的作用。

3.通过银行系统收集市场信息

银行是全国金融信贷的中心,也是全国经济信息的中心。银行由于自身业务活动的需要,掌握了国家和地方经济发展状况、市场供求变化状况、市场需求发展变化的动向、社会资金流向、一些企业生产经营状况等信息,所以银行系统是我国市场信息的重要来源。

4.通过各种大众传播媒体收集市场信息

大众传播媒体包括报纸、杂志、图书、广播、电视等,它们是传递社会信息包括市场信息的重要工具。据一次有关部门对全国3 000多企业负责人的调查,通过报纸、杂志获取经济信息的占68.1%。

5.通过企业销售人员和销售服务网点收集市场信息

企业的销售人员经常活动在市场之中,他们与商业部门、消费者和用户有着密切的联系,因此,可以向企业提供各种有用的市场信息。许多企业都在全国各地建立销售和服务网点。这些经销点既是推销产品的"窗口",又是分布在全国各地的市场信息网络,企业通过这些销售网点可以灵敏地捕捉到市场的各种信息,做出生产、经营决策。

6.通过各种商品交易会、订货会等收集市场信息

各种形式的商品交易会、订货会、展销会是企业收集市场信息的重要方式。如在订货会或展销会上,可以了解各种产品的供求状况及需求发展的趋势,了解竞争者推出了什么新产品,以及他们的产品质量、价格水平和服务情况等信息。同时,还可以与客户建立比较密切的联系。

7.通过各种信息中心和信息咨询机构收集市场信息

各种形式的信息中心、信息咨询机构储存着大量的信息资源,它们可以为企业提供各种信息咨询服务,使企业获得有用的市场信息。这里所指的信息咨询机构也包括专门从事市场信息收集、加工、整理、研究的市场调研机构。

三、市场信息与市场调查

(一)市场信息与市场调查的关系

市场信息在生成过程中经常处于分散、无序状态,必须经过有目的的收集、整理和加工分析,使之集中化、有序化,才能成为可利用的信息,这就需要进行市场调查。

所谓市场调查,就是运用科学的方法,系统地搜集、记录、整理和分析有关市场的信息资料,从而了解市场发展变化的现状和趋势,为市场预测和经营决策提供科学依据的过程。

市场调查与市场信息有着极为密切的联系。一方面,市场信息直接构成市场调查的内容和作用对象,市场调查往往是围绕获取某一方面的市场信息而展开的。另一方面,市场调查是发挥市场信息效用的必要条件。获取市场信息本身并不是目的,而是为市场预测和经营决策提供依据。只有通过市场调查,将预测和决策所需要的信息加以集中和有序化,才能使市场信息得到有效利用。

市场调查是伴随着市场的产生而出现的一种管理活动。早在商品经济萌芽阶段，一些商人和小商品生产者就已经自觉或不自觉地注意到了对市场状况情报的收集与分析。当然，由于市场范围的狭小和调查手段的落后，人们对市场的调查了解仅限于局部和表层现象上，不可能进行系统、深入的分析研究。随着商品经济的不断发展，特别是资本主义国家进入发达市场经济阶段以后，由于市场信息数量空前膨胀，市场环境瞬息万变，企业已难以凭借少量、分散的信息来把握市场动态，而必须借助科学的调查方法和手段，全面、系统地收集市场信息，以便为预测和经营决策提供准确依据。与此同时，经济计量学、信息论、社会学等现代科学的发展和相互渗透，对市场调查理论和方法的完善起到了有力的推动作用。特别是电子计算机技术的广泛应用，为企业信息系统的建立提供了有利条件，使市场调查的科学化、信息化、系统化程度不断提高。如：日本的市场调查部门通过计算机系统联网，可以在1～5分钟内获得世界金融市场的行情，1～3分钟内查询到日本与世界各地出口贸易商品的品种、规格资料，3～5分钟内查询并调用国内外1万个重点企业当年或历年生产经营情况的数据资料，还可以随时获得当天全国各种汽车、生鲜食品批发及零售市场产、销、存及其价格变动情况。总之，市场调查在现代经营管理活动中已成为不可缺少的重要环节和组成部分。

(二)市场信息的作用

市场信息是保证企业正确决策的必要条件，其作用有：

1.市场信息在管理者认识市场和确认经营管理问题或市场机会时极为重要

企业需要尽可能多地了解消费者、产品或服务如何适应市场需求、市场运行方式、竞争对手现有产品和新产品有些什么效用及生产的灵活性等市场信息。这些信息既可以凭借管理者的直觉感知，也可以是企业掌握的相当数量有价值的内部信息，如过去的销售和利润数据都是分析企业产品在市场上表现的基础。此外，通过调查研究获取现实的和潜在的消费者信息及竞争对手信息，不仅能及时发现问题与市场机会，更重要的是有利于管理者对问题症结与市场机会做出诊断，提高对问题与机会的理解，确信自己需要解决何种问题或利用何种机会，明确希望通过决策实现的目标。

2.市场信息对于提出方案、评估和优选方案具有质量保障作用

首先，提出问题或备选方案离不开对历史、现实和未来市场信息的综合利用，离不开充分掌握信息基础上的创造力。创造力在决策过程中应用好坏的关键有两个：一是能否系统地阐述问题或市场机会本身，如为了解决新产品市场潜力问题，企业必须了解谁是它的竞争对手，对手是如何销售其产品的。企业必须做出靠什么取得销售增长的决策，是靠从竞争对手那里争得，还是靠扩大整个市场来实现。二是提出解决问题或利用机会的一系列备选方案，这是一种需要对目标进行设置和评价，具有创造性思维分析的过程。比如决定扩大整个市场，企业必须广泛收集包括消费者的地理分布、收入、职业、性别、年龄、购买习惯，以及所属区域和范围等详细的市场信息，同时，要测试消费者对产品的态度，使企业能就如何分销、促销、定价、改变产品特性等做出有依据的整合决策。为了培养和鼓励管理者能创造性地理解问题和提出解决问题的备选方案，向他们充分地提供市场信息是基本条件。

其次，评估备选方案和选择决策方案与市场信息密切相关。评估备选方案意味着确定方案的价值，评估不仅要了解决策标准，更需要对方案的可行性、可接受性和可靠性做出判断，还要评估对企业运营性能影响程度和竞争益处的分析，方案财务成本与收益的预测分析，方案执行可能存在的风险。评估离不开市场信息，同时又产生市场信息。选择决策方案

是对每个备选方案的结果,针对参考标准来比较选择的过程。设置的参考标准和备选方案的结果本身就是市场信息,按照参考标准从多个备选方案中比较选择决定决策方案更是离不开信息。例如,要了解决策主体对备选方案结果的信任程度与对决策应该追求目标的共识程度是否一致。还要考虑采用哪一种形式选择方案,是模型计算、判断、谈判还是激励,在决策主体对备选方案结果自信度高,且与决策目标共识一致的情况下,常用模型计算形式选择方案。此时,又会因解决问题建立模型具备信息的完备程度不同,会选用确定型、风险型和不确定型三种不同类型的决策分析技术进行方案选择。显然,市场信息在保证决策方案质量方面所起的作用不言而喻。

3.需要市场信息来确定决策方案的实施与监督的有效性

实施决策方案离不开企业相关部门的协调。例如,一家物流公司决定通过增加一批长途运输卡车来解决公司运力不足而限制业务发展的问题,实施该决定会涉及采购、人力资源、业务运营、财务、维修和广告等部门,相关部门必须在能充分地利用共享信息的基础上,为制订本部门的执行计划而收集相关业务信息,科学制订执行计划和预算,并付诸行动。在执行中又需要持续地收集和整理与决策环境有关的技术、政治、经济等方面出现变化的信息,检查各部门执行方案效率水平的成本、废品率、生产能力、利用率等指标信息和评估执行中对决策方案设定目标,如销售额、利润、市场份额等方面业绩贡献的信息,据此判断决策方案对解决或减轻原来存在问题的有效性。如果监督表明决策已经将问题有效解决了,那么是成功决策。如果监督结果不令人满意,则需要进行调整或改革。

综上所述,管理中决策的实质,从某种意义上讲就是对信息的收集与利用,市场信息是正确决策的基础。市场信息在生成过程中经常处于分散、无序状态,要经过有目的的收集、整理、筛选和加工分析,使之集中化、有序化、系统化,成为管理适用的信息,这就需要开展市场研究。

(三)市场调查的重要作用

我国在发展社会主义市场经济和实现企业管理现代化的进程中,同样必须高度重视市场调查。

1.市场调查是企业进行科学预测和正确决策的基础

预测是对事物未来发展趋势的判断和估计,决策是根据预测的结果对未来行动方案做出选择与决定。在科学预测市场动态变化及发展趋势的基础上,对企业的发展战略目标、经营方向、经营策略及内部管理问题做出正确决策,是企业管理的首要职能。决策的正确与否,直接关系到企业经营管理的成败,而预测和决策的正确性又直接取决于占有信息的多少及准确程度。这就需要运用科学的方法进行深入细致的市场调查,全面收集预测、决策所需的相关信息,并整理加工成可直接利用的信息,使之成为预测与决策的依据。从一定意义上说,通过市场调查获取的信息越充分可靠,预测和决策的准确性就越高。因此,市场调查是科学预测与正确决策的前提和基础。

(1)市场调查是企业经营决策的重要前提条件和基础。经营决策贯穿于企业整个营销活动中。如企业要不要开发新产品,开发什么新产品,产品如何扩大销售,选择什么样的促销形式,产品如何定价等,都需要企业经营管理者做出决策。而经营决策要正确,需要掌握大量的市场信息资料。没有大量的第一手市场信息资料作为依据,企业的经营决策就是盲目的,就可能做出错误决策。市场调查是获取第一手市场信息资料的主要途径。从这个意义上说，市场调查是企业经营决策的重要前提。企业经营决策正确与否，直接关系到整个企业的生存和发展，而市场调查是企业进行经营决策的前提条件和基础，由此可见，市场调查对企业的生存和发展有十分重要的影响。

(2)市场调查是企业生产、经营适销对路产品，提高企业竞争力的有力保证。一个企业竞争力的大小，很大程度取决于其产品的市场占有率。一个企业只有不断生产、销售适销对路的产品，才会受到消费者和用户的欢迎，才能获得较高的市场占有率。一些企业之所以经营困难，很大原因是企业产品不受市场消费者的欢迎。有一些产品虽然质量好、价格也不贵，但产品仍然销售不畅，其主要症结是产品不符合市场的需要，自然也就卖不出去。当前，市场供求关系已由卖方市场转向买方市场，商品销售已成为企业存亡、兴衰的关键。在这样的市场条件下，企业仍抱着旧的经营观念，即认为产品质量好、价格合理就不愁没有市场，则迟早会被激烈的市场竞争所淘汰。只有通过科学的市场调查，真正了解消费者的各种需求及潜在需要，了解不同顾客群体需求上的差异，不断开发、生产、销售消费者真正需要的产品，企业才能生存、发展下去，才能提高企业的市场竞争力。

(3)市场调查是企业正确制订营销计划和营销策略，提高企业经济效益的重要手段。在商品生产和流通过程中，市场不断出现新情况、新变化、新趋势，企业如果不掌握市场变化，就不能在经营过程中掌握主动权，只有通过市场调查，掌握市场动向，才能从实际出发，制订正确的营销计划和营销策略，掌握经营的主动权，从而提高企业经济效益。例如，企业在市场调查中，通过产品销售数量、销量增长变化趋势以及产品普及率的分析，可判断出产品的市场生命周期，从而可根据其生命周期的不同阶段制订不同的营销计划和策略，促进产品的更新换代。同时，企业在市场调查中，还可以了解产品的使用情况，听到消费者或客户对产品使用情况的反映。认真分析这些信息，就能从中发现消费者未被满足的潜在需求，既为改进产品性能和提高产品质量提供依据，也为开发新产品提供思路。

常州电子仪器厂市场调查实例

常州电子仪器厂以前生产军用和工业用两类电子测量仪器。这两类产品的社会需要量呈逐年下降的趋势。由于电子测量仪器的市场萎缩，因此，厂家思考着如何使企业适应外部环境的这一变化。上什么产品能取得较好的经济效益呢？企业决策者没有盲目行动，而是在全面研究了国内经济发展形势后才做出决定。决策层从报纸上获悉我国教育重点是抓好基础教育，从中受到启发。他们组织人员调查了学校、商店、幼儿园以及文艺团体等几十个单位，初步了解到用户迫切需要一种音色优于老式风琴，且便于携带和维修的电子乐器。接着，他们在广泛调查的基础上进行了需求预测。经过分析，发现电子琴存在着一个较大的潜在市场，因此，决定以电子琴作为新产品进行开发。

在确定了新产品开发方向后，他们根据不同用户的需求差异进行了抽样调查。抽样调查结果显示如下。

(1)文艺团体演奏用电子琴：要求音色美，功能全，质量高，能适应多种乐曲的舞台演奏需要。

(2)中小学、幼儿园教学用电子琴：要求音色优于风琴，质量一般，功能从简，但至少有一个风琴音色和一个欣赏音色。弹奏方式要与风琴一致，以适应教师的演奏习惯，且售价要低。

(3)音乐爱好者欣赏用电子琴：由于音乐爱好者的欣赏水平、经济条件、演奏技巧以及审美观与其他人不同，因而对电子琴的功能、结构、质量、价格、外形等方面的要求有其特色。

根据统计分析，销售趋势大体如下：

中小学、幼儿园：约占70%；

文化馆、站：约占15%；

音乐爱好者：约占10%；

其他：约占5%。

根据市场需求情况以及竞争对手的情况，最后，常州电子仪器厂决定以中小学、幼儿园为主要销售对象，开发教学型电子琴。当他们将具有风琴、双簧管、电子琴三个音色，四组八度音阶，49键的TDQ-49型电子琴以低于国内外同类产品价格投放市场后，很快受到欢迎。

常州电子仪器厂关于TDQ-49型电子琴的市场经营决策的成功，很大程度上取决于科学的市场调查，从产品开发、销售对象、产品功能、产品价格、产品质量、营销策略等一系列决策中，无不反映了市场调查的重要性。厂里职工们说，市场调查是企业兴旺的法宝。

2.市场调查是市场机制发挥导向作用的重要途径

在社会主义市场经济条件下，市场通过价格涨落、供求变化引导着企业生产经营的方向，对社会经济的发展具有导向作用。然而，市场导向能否达到预期效果，主要取决于企业对市场变化动态的反应能力和反应程度。市场调查即是企业主动反映市场动态变化的过程。通过有针对性地开展深入细致的市场调查，企业可以及时捕捉有关商品价格、供求、竞争对手状况、国家政策意图、产业结构变动及消费心理趋向等各类市场信息，在整理和加工分析的基础上，发现市场变化的基本趋势，并据此调整企业的经营方向。在市场调查的过程中，企业还可以寻找新的市场机会，发现潜在的消费需求，为确立目标市场和实现开拓经营提供依据。通过持续、系统的市场调查，企业可以加深对市场机制作用方式的了解，加强对影响市场变化的因素及相互联系的认识，提高把握市场运行规律的能力，从而增强参与市场活动的主动性和自觉性，减少盲目性。

此外，就国家宏观调控系统而言，通过市场调查全面收集市场信息，掌握市场运行状况和变化动态，可以为制定宏观经济决策提供可靠依据，同时使各种调控手段的运用建立在更加准确有效的基础上。

第二节 市场调查概述

一、市场调查的含义和类型

市场调查是随着商品经济的发展逐步形成的一种了解市场、认识市场的重要经济活动。有市场存在，就必然有市场调查，在市场经济条件下市场调查显得越来越重要。

(一)市场调查的含义

如何理解市场调查这一概念，人们存在一定的差异，这主要是因为人们对市场含义理解不同造成的。狭义的市场调查概念，是把市场理解为商品销售对象，即消费者群体，因此，狭义的市场调查是指对消费者的消费需求、消费水平、购买动机、购买行为等方面资料的收集、记录和分析研究。广义的市场调查概念，是从市场营销活动角度来理解的。它认为市场调查除了对消费者进行调查外，还对企业的营销环境、营销状况、营销全过程等方面进行全方位的调查。

一般认为，市场调查，是运用科学方法，有目的地系统收集、记录、整理和分析市场信息资料，从而认识市场发展变化的现状和趋势，为市场预测、经营决策提供科学依据。这一定义包含了以下几层意思：其一，市场调查是一种有目的、有意识的认识市场的活动。任何一项市场调查都不是盲目进行的，而是围绕企业经营活动中存在的问题而展开的，有明确的目的性。其二，市场调查的具体对象是市场体系，即市场主体（家庭个人、政府、企业）、市场客体（消费品和生产要素）、市场媒体（货币、价格、信息）等。其中需要指出，市场调查的重点对象是消费者市场。其三，市场调查需要借助一套科学方法，其中包括观察调查法、询问调查法、问卷设计、实验设计，也包括抽样调查的技术等。其四，市场调查是为企业的市场预测和经营决策服务的。市场调查是一种认识市场的手段，它本身不是目的，它最终是为企业的经营决策服务的。其五，市场调查的任务是收集、记录市场信息。市场调查与市场信息有着极为密切的关系。市场信息直接构成市场调查的内容，市场调查是围绕着获取某一方面的市场信息而展开的。

下面举一个市场调查的案例，有助于大家理解什么是市场调查。

日本自行车是如何打进欧美市场的？

我国是世界上自行车拥有量最多的国家，但出口数量却不多，进入欧美市场的则更少。欧美是世界上自行车的主要消费地区，在激烈的自行车经销竞争中，日本取得了成功。他们取得成功的关键是通过市场调查，正确掌握了市场的信息资料，并加以应用。例如调查欧美人的体格特征。欧美人的手与腿比日本人长，于是他们特意设计不同高度与距离的车架、坐垫和车把来适应欧美人的需要。又如，调查欧美流行色彩。1984 年，他们调查到欧美人对颜色的爱好是：蓝色占 27.4%，红色占 25.9%，银灰色占 14%，黑色占 15.3%，奶白色占 11%，其他占 6.4%，并根据这些数据来调整自行车的色彩。再如，调查自行车在欧美的用途。欧美市场上，自行车代步、载重等功能早已被汽车或其他交通工具所代替。那里自行车的用途主要是旅游、娱乐、运动、健身、妇女短途购货及学生上学所用。根据这些特点，日本在款式、原料工艺、包装、价格等方面作了相应的调整。通过以上几方面细致的市场调查，日本的自行车成功地打进欧美市场。

（二）市场调查的类型

按照不同的角度、不同的标准，市场调查可以分为以下不同的类型。

1. 探测性市场调查、描述性市场调查和因果性市场调查

根据市场调查的目的不同，市场调查可分为探测性市场调查、描述性市场调查和因果性市场调查。

（1）探测性市场调查是为了使企业经营中存在的问题能够得以明确而进行的市场调查。它是在企业对存在的问题不明确、不清楚的情况下开展的调查，其目的是通过收集一些有关的市场资料，以确定企业经营中存在问题的症结。例如，某公司近一段时期的销售额持续下降，公司不明白产生这一问题的症结：是市场已经饱和，广告宣传不力，销售价格偏高，还是消费者偏好改变。要找到销售额下降的问题症结，就可采用探测性市场调查。探测性市场调查属于初步的市场调查。通过探测性市场调查可以查明问题的症结，为进一步探讨解决

问题的办法打下基础。探测性市场调查方法较为简单,一般不必制定严密的调查方案,灵活性大。

(2)描述性市场调查是指企业对有关市场现象、市场因素做准确、如实反映的调查。例如,某企业试图调查购买本企业产品的顾客是一些什么人,他们的性别、年龄、职业、收入、文化程度等怎样,他们对产品有何看法,这样的市场调查就属于描述性市场调查。描述性市场调查要求对所研究的市场现象、市场因素做出客观、全面的反映,所以称之为描述性的调查。

在市场调查实践中,大量的市场调查都属于描述性市场调查。如对产品的调查、销售渠道的调查、竞争对手的调查等均属于描述性市场调查。描述性市场调查作为正式市场调查的一种,所获得的资料必须要真实、详尽、系统,在调查中必须按市场调查的步骤进行,要有完整的市场调查方案和精密的搜集资料的工具。

(3)因果性市场调查是为了研究两个市场变量之间是否存在因果关系的调查。如果一种市场现象的变化会引起另外一种市场现象的变化,则前者称为原因,后者称为结果。这两种市场现象之间就存在着因果关系。如消费者的收入和消费者购买力的提高。如果说,描述性市场调查侧重回答"是什么",那么,因果性市场调查则侧重回答"为什么"。因果性市场调查旨在发现现象之间的因果关系。如要调查"消费者为什么喜欢购买海尔牌电冰箱"。海尔电冰箱畅销国内外,这是结果,必然有它的背后原因(如产品质量好),这类课题的调查就是因果性市场调查。因果性市场调查在于找出市场现象之间的因果关系。

以上三种市场调查类型的比较如表2-1所示。

表2-1　三种市场调查类型的比较

	探索性市场调查	描述性市场调查	因果性市场调查
目的	发现想法和洞察内部	描述总体的特征或功能	确定起因和效果之间的关系
特征	灵活的; 多样性的; 常常是全部方案设计的前端部分	有事先制定好的具体假设	处理一个或多个独立变量; 控制其他中间变量
方法	专家调查; 试点调查; 个案研究; 二手资料; 定性调查研究	二手资料; 抽样调查; 固定样本连续调查; 观察法	试实验法

2.消费者市场调查和生产者市场调查

根据市场购买主体不同,市场调查可分为消费者市场调查和生产者市场调查。

消费者是指以满足个人生活需要为目的的商品购买者和使用者。在消费者市场购买主体是个人或家庭这类消费者。消费者市场是最终产品的消费市场,消费者市场调查的目的,主要是了解消费者需求数量和结构及其变化。而消费者的需求数量和结构的变化受到多方面因素的影响,如人口、经济、社会文化、购买心理和购买行为等。生产者市场购买主体是生产性的企业,其购买目的是为了生产出新的产品或进行商品转卖。生产者市场是初级产品和中间产品的消费市场,涉及生产领域和流通领域。生产者市场调查主要是对市场商品供应量、产品的经济寿命周期、商品流通的渠道等方面内容进行调查。

消费者市场和生产者市场的区别，不仅体现在购买主体不同上，而且在购买特点和购买目的上都有所区别。消费者市场的商品购买活动频繁、零星、量少，购买活动有一定弹性，购买商品的目的是进行消费，着眼于商品的使用价值。这个市场的购买者一般都缺乏较专业的商品知识，服务质量的高低对商品销售量影响很大。

生产者的购买活动定期、量大，缺乏一定的弹性，购买者一般具有专业知识，不是轻易能够说服的。购买商品的目的是为了生产，为企业带来经济利益。

3.定期市场调查、经常性市场调查和一次性市场调查

根据市场调查的时间要求不同，市场调查可分为定期市场调查、经常性市场调查和一次性市场调查。

(1)定期市场调查是指企业针对市场情况和经营决策的目标，按时间要求定期所做的市场调查。它的形式有月末、季末、年终调查等。通过定期调查，分析研究一定时间内企业经营活动的内部和外部信息，以便科学地认识市场环境，定期按计划指导业务经营活动。

(2)经常性市场调查也叫不定期的市场调查，它是根据企业经营活动的实际需要，组织进行不定时的连续调查。如企业对产品质量的调查、消费者对商场服务质量的调查都属于经常性市场调查。在经常性市场调查中，每次调查时间、内容都是不固定的。

(3)一次性市场调查也叫临时性市场调查，它是为解决企业某一经营问题的特殊需要而组织进行的一次调查。问题解决了，市场调查也就结束了。例如，某企业要开发新产品，对新产品开发的可行性进行一次专门的市场调查，就属于一次性市场调查。

此外，市场调查按产品层次不同，可区分为很多不同商品类别或商品品种的市场调查。如按市场商品大类可分为食品类、衣着类、文娱用品类、日用品类等的市场调查。各种商品大类的市场调查，还可进一步区分为不同的小类或具体商品的市场调查。如食品类市场调查可分为粮食类、副食品类、蔬菜类等小类商品的市场调查。按空间范围不同可以分为国际性市场调查和国内市场调查。国内市场调查又可分为全国性市场调查、地区性市场调查和本地市场调查，也可分为城市市场调查和农村市场调查。

科学认识市场调查的各种不同类型，有助于对各种市场问题进行深入的研究分析，便于针对不同类型的特点、功能提出不同调查要求，选择正确的调查方法和技术，获得好的调查结果。

二、市场调查的内容

市场调查不仅涉及的面广，而且内容广泛。一般而言，市场调查的主要内容有市场需求调查、市场环境调查、消费者调查、产品调查、销售和促销调查、竞争对手状况调查等。

(一)市场需求调查

市场需求调查也叫市场商品需求调查，主要包括市场商品需求总量、市场商品需求结构调查，同时还包括市场需求相关因素的调查。市场需求调查是市场调查的主要内容。

市场商品需求总量调查是对全国或地区市场商品的需求总量进行调查。它是从宏观上对市场需求的调查研究。它由居民购买力和社会集团购买力决定。市场商品需求总量调查一般由国家统计局和各地统计局以及经济管理部门组织进行。企业可以应用文案调查法获得这一方面的市场信息资料。

市场商品需求结构调查包括两方面的内容：一是对消费者吃、穿、用、住、行需求比例的调查，即居民在吃、穿、用、住、行上各花多少钱，占消费总支出的比例有多大。二是了解每类商品的品种、规格、款式、价格、数量等需求的具体结构。前者属于宏观的需求结构，一般由政府有关机构进行调查；后者属于微观需求结构，一般由企业开展调查。通过市场需求结构调查，可以详细了解市场需要的商品特征及数量，从而为企业的生产、经销决策提供依据。

为了准确把握市场需求总量和市场需求结构调查，我们还要进行与市场需求总量和市场需求结构相关的因素调查。市场需求相关因素的调查主要是对人口及构成、家庭、收入水平等因素的调查。

(二)市场环境调查

企业的生产、经营活动离不开所处的社会环境。一个地区的社会环境是由政治、经济、文化、气候、地理等因素所组成的，而这些因素往往是企业自身难以驾驭和影响的。只有在了解的基础上去适应它，才能取得经营的成功。对社会环境的调查包括以下几个方面：

1. 政治、法律环境调查

市场政治、法律环境主要是指国家各项政策、方针、法律、法规等对市场活动的影响。市场政治环境调查，主要是了解国家有关政策、方针的具体内容，如国家在一定历史时期的工农业生产发展的方针政策、工资政策、物价政策、对外贸易政策等。市场法律环境调查，主要是需要了解与企业生产经营活动相关的法律、法规，如企业法、经济合同法、环境保护法、商标法、消费者权益法等。

随着我国加入世界贸易组织(WTO)，企业对政治、法律环境的调查，还要包括熟悉WTO的规则，了解国际贸易的惯例和要求。只有遵守WTO规则，企业在开展进出口业务时才不会上当吃亏。

2. 经济、技术环境调查

经济、技术环境调查包括经济环境调查和技术环境调查。经济环境调查主要是对工农业生产发展状况、经济发展水平，自然资源和能源的开发、供应状况，进出口产品数量及变化状况，税收和银行利率及其变动等的调查。如经济发展水平增长快，就业人员就会相应增加。而失业率低、企业开工率高以及经济形势的宽松，必然引起消费需求的增加和消费结构的改变；反之，需求量就会减少。又如进出口产品数量及其变化会在很大程度上影响相关企业产品的生产和销售。因此企业必须重视经济环境的调查。

技术环境调查主要是对行业技术发展趋势和新产品开发动向的调查。当代科学技术发展日新月异，对社会经济生活影响越来越大。这就要求企业密切注意科技进步的新动向，不断研制开发新产品，采用新工艺、新材料、新能源，利用新技术改善营销管理，从而发挥科学技术是第一生产力的作用。

3. 社会文化环境调查

社会文化环境调查主要是对消费者的文化背景、社会教育水平、民族与宗教状况、风俗习惯、社会心理等的调查。

消费者的文化水平和社会教育水平是影响消费水平和消费结构的重要因素。一般来说，不同社会教育水平下不同文化程度的消费者具有不同的消费观念和消费结构。民族与宗教状况也是对市场产生重要影响的社会文化因素。由于各民族有着自己的传统民俗，也具有相对集中的生活地域，因而形成了独特的消费需求。

(三)消费者调查

满足消费者的需求是企业生产和营销的根本任务，所以，消费者调查是企业市场调查的主要内容。消费者调查的内容主要有现有消费者的数量及地区分布状况，消费者的背景材料（如性别、年龄、职业、民族、文化程度、收入状况等），消费者对产品及服务的满意程度及评价，消费者的购买心理和购买行为等。下面着重说明调查消费者购买心理和购买行为的必要性。

消费者心理需要是促成消费者购买行为的关键因素，所以非常有必要调查消费者出于何种心理需要来购买某种商品，怎样去迎合这种心理需要进行产品的宣传。消费者的购买心理是多种多样的，如经济心理需要，即注重经济实惠、价廉物美、货价相等的心理需要；好奇心理需要，即追求新颖、奇特的心理需要；美观心理需要，即要求商品的美观、使人赏心悦目或产生舒适感的需要；求名心理的需要，即要求商品必须是名牌，以便能体现自己社会、经济地位的需要。这说明，不同的消费心理对产品和服务的要求也不同。消费者购买行为调查主要是对消费者购买行为的类型、模式的调查。消费者购买行为类型表现在消费者不同的购买态度上。例如，理智型购买，即根据自己的经验和学识判别商品，对商品进行认真的分析、比较和衡量后才做出决定；感情型购买，即在购买时因感情因素的支配，容易受到某种宣传和广告的吸引，经常以商品是否符合感情的需要进行购买；冲动型购买，即消费者为商品的某一方面（商标、样式、价格等）所强烈吸引，迅速做出购买决策，而不愿对商品作反复比较；经济型购买，即消费者多从经济方面着眼考虑是否购买，特别是对价格非常敏感，购买高级商品以求好而购买低级商品以求廉的购买行为。调查者不仅要了解消费者不同的购买类型，还要了解消费者购买行为的模式，即何时购买、何处购买、如何购买、由谁购买。对上述内容的调查，便于企业探索消费者行为的活动规律，使企业能根据消费者的行为确定自己的营销策略。

(四)产品调查

这一方面的调查主要有产品实体调查、产品包装调查、产品生命周期调查。

1. 产品实体调查

产品实体调查是对产品本身的性能质量、规格、品种等因素的调查。

(1)产品性能质量调查。产品性能质量是产品最基本的内容，也是消费者或用户最为关注的问题。产品的性能质量，直接关系到产品的有用性、耐用性、安全性、维修方便性等问题。例如，某企业在对热水器市场进行调查中了解到，热水器的安全性是消费者购买热水器所考虑的最重要的因素。为此，该企业狠抓热水器质量，很快就使产品质量达到国内一流水平，产品大受消费者欢迎。

(2)产品规格、式样、颜色、品味等方面的调查。消费者的需求是丰富多彩的，不同的消费者对产品的规格、式样、颜色、品位等有不同的爱好和需求。企业通过这一方面的调查，努力生产、销售各种规格、各种式样、各种颜色、各种品味的产品，满足消费者的不同需求。

2. 产品包装调查

现代商品包装除了保护商品、保证商品安全外，还要起到美化商品、宣传商品，从而吸引消费者购买的作用。对产品包装的调查，主要是要了解商品包装对消费者的吸引程度，什么样的产品包装能受到消费者的喜爱，现有的产品包装功能是否完善。

3. 产品生命周期调查

产品的生命周期包括引入期、增长期、成熟期和衰退期四个阶段。企业首先要明确自己所生产和经营的产品处于生命周期的哪一阶段,所以需要在产品的销售量、利润率、经营者和消费者对产品的兴趣等方面进行调查。当产品处于引入期时,产品初次进入市场,带有一定的风险性。此时市场调查的重点应是:消费者选择此种产品的动机,消费者对此种产品价格的承受力,消费者对此种产品的需求程度。当产品处于增长期时,产品已在市场上保住了自己的阵地,并开始出现上升的势头,这时的调查内容应包括:产品受欢迎的原因;产品在哪些方面尚有不足,还需要改进;是否出现了竞争产品;潜在的消费需求量有多大。在产品的成熟期,产品已进入销售的最高点,市场上出现了多家竞争企业,此时生产或经营单位应考虑转向或改进产品,因而对市场的调查应着重在:消费者减少购买的原因,竞争产品的优势。当企业已确定产品进入衰退期后,就要停止生产或经营,而转向其他产品,此时企业应着重调查有何新产品替代老产品。

(五)销售和促销调查

1. 销售渠道调查

销售渠道是指商品从生产者手中转移到消费者手中所经过的中间环节。销售渠道调查主要应调查:企业现有的销售渠道能否满足销售商品的需要;现有销售网点的布局是否合理、科学;销售渠道中各环节的商品运输、库存是否合理、经济;各类中间商的营销实力如何,各类中间商对经销本商品有何要求。对这些问题的调查,有助于企业选择更为合适的中间商,开辟更合理、效益更好的销售渠道。

2. 促销调查

促销的主要目的是向消费者传递商品和服务的信息,激发消费者的购买欲望,以便扩大销售。促销活动的形式多样,除了人员推销外,还包括广告宣传、公关活动、现场演示、降价销售、有奖销售等。促销活动调查应着重调查消费者对促销活动的反应,了解消费者最喜爱的促销形式。具体内容包括:调查各种促销形式的特点,促销活动是否独具一格,具有创新性;是否突出了产品和服务特点,消费者接受程度如何;能否给消费者留下深刻印象,效果与投入比有无不良反应;是否最终起到了吸引顾客、争取潜在消费者的作用。

3. 销售服务调查

商品售前、售中、售后服务已日益成为广大消费者购买商品时考虑的重要因素。在生活水平提高的情况下,小件商品的售后服务并不被人们特别看重,而在耐用家电和一些技术性产品的购买上,服务是非常重要的考虑内容。正因为如此,企业之间的竞争往往在服务上做文章。对销售服务的调查应了解消费者服务需要的具体内容和形式;企业目前所提供服务在网点数量、服务质量上能否满足消费者的要求,消费者对目前服务的意见反映;竞争者提供服务的内容、形式和质量情况。

(六)竞争对手状况调查

商场如战场,任何企业要想在市场中生存和发展,就面临着各种竞争。竞争可以是直接竞争,如生产或经营同类产品的厂家的竞争;也可以是间接竞争,即产品不同,但用途相同的产品的竞争,如矿泉水制造厂商对生产果汁、汽水的厂商来说就构成了间接竞争。不论何种竞争,不论竞争对手的实力如何,要想使自己处于有利地位,首先要对竞争对手进行调查,以确定企业的营销策略。

竞争对手状况调查的主要内容是:

(1)竞争对手的数量有多少,主要竞争对手是谁。

(2)竞争对手的实力如何,如竞争对手的生产经营规模、拥有资金、产品质量、技术开发能力等。

(3)竞争对手采取什么样的营销策略,如产品的定价、产品销售渠道和促销方式等。

(4)竞争对手的市场占有率。

(5)竞争对手产品质量与本企业产品质量的差距。

(6)消费者对竞争对手产品的认可程度和消费者对本企业产品的认可程度。

三、市场调查的原则

市场调查是一种复杂的认识市场现象及其变化规律的活动,必须坚持以下原则:

(一)客观性原则

这是市场调查最重要的原则。客观性原则要求市场调查收集到的市场信息和有关资料必须真实准确地反映市场现象和市场经济活动,不能带有虚假或错误的成分。坚持市场调查的客观性原则,首先在市场调查中必须对市场现象、市场经济活动做如实的描述,不能带有个人的主观倾向和偏见,保证市场调查资料客观地反映市场的真实情况;其次,在市场调查中力求市场调查资料的准确性,尽量减少错误。

(二)针对性原则

市场调查的针对性原则是指市场调查要围绕企业经营活动中存在的问题,即调查的目的来进行。任何市场调查都要耗费许多人力、物力、财力,因此市场调查不能盲目进行,企业必须根据要解决的问题(如企业销售额下降)来开展市场调查。市场调查的针对性还包括要针对竞争对手进行调查,因为对付竞争对手已经成为企业经营战略的重要组成部分,要想在竞争中取胜,就必须了解竞争对手的实力和优势,从而确定企业的营销策略。

(三)科学性原则

市场调查的科学性是指市场调查的整个过程要科学安排,要以科学的理论知识为基础,要应用科学的方法。

市场调查是企业为达到营销目的而进行的活动。为减少调查的盲目性和人力、财力、物力的浪费,对所需要收集的资料和信息及调查步骤要科学规划,例如,采用何种调查方式、问卷如何拟定、调查对象该有哪些等。在调查内容的确定上要科学设计,使调查内容能以简洁明了、通俗易懂、简便易答的方式呈现。

市场调查中无论是收集信息资料过程,还是整理分析信息资料过程,都要采用科学方法。

(四)全面性原则

市场调查的全面性原则是指要全面系统收集与企业生产营销活动有关的市场现象的信息资料。市场现象不是孤立、静止存在的,它与政治、经济、文化、风俗、法律等社会现象之间有着千丝万缕的联系;市场现象随着时间、地点、条件的变化而不断发生着变化。在进行市场调查时,必须对相互联系的市场现象的各种影响因素做全面性的调查,而绝不能片面地观察市场;必须对市场现象的发展变化的全过程进行系统性的调查。全面性原则,既是正确认识市场的条件,又是进行市场预测的需要。

(五)经济性原则

市场调查的经济性原则是指市场调查工作必须要考虑到经济效益,要以尽可能少的费用取得相对满意的市场信息资料。在市场调查中,必须根据明确的调查目的确定市场调查的内容项目,选择适合的调查方式、方法,在满足市场调查目的的前提下,尽量简化调查的内容与项目,不要加大调查的范围和规模,以免造成人力、物力、财力和时间的不必要的浪费。市场调查工作和其他各项工作一样,都要以提高经济效益为目的,做到少花钱、多办事。

四、市场调查的程序

市场调查是一项涉及面广、复杂的认识活动。要顺利进行市场调查,确保调查质量达到预期目的,必须科学安排市场调查过程中的各项工作。市场调查的一般程序如下:

(一)明确市场调查的任务

明确市场调查的任务是整个市场调查工作的起点,它包括提出企业经营中要解决的问题,并由此明确调查目的。明确调查任务,主要明确为什么要进行此项调查,通过调查要获取哪些市场信息、资料,调查结果有何用途。提出问题是明确市场调查任务的前提。一般情况下企业的问题主要牵涉以下方面:①企业未来的发展方向。企业的进一步发展需要更深层次地了解市场规模和结构,如有关新产品的开发问题,以及这种产品的需求量、市场潜力和发展前景等情况。②生产、经营中出现的困难。在生产、经营过程中会出现这样或那样的困难,如销售出现困难,导致产品的积压、资金呆滞、市场占有率下降等,需要找出产生问题的原因和解决问题的方法。

企业存在的问题提出后,就有了一个大致的调查范围或意图。如果提出的问题比较笼统,就必须对问题进行初步探索,找出具体的主要问题。如某商业企业在经营过程中出现商品销售额持续下降现象,需要分析发现问题的原因是商品售价偏高,还是经营商品结构不合理;是服务质量下降,还是消费者购买力发生转移;是企业资金不足、周转缓慢,还是企业促销不利。这些要考虑的问题涉及面较宽,问题也比较笼统,需要一个初步探索过程找出问题的主要原因,进而选择市场调查要解决的主要问题。明确了市场调查要解决的主要问题,也就明确了市场调查的任务。

(二)制定市场调查的方案

市场调查的任务明确后,接下去是围绕市场调查的任务制定市场调查的具体方案。它是市场调查过程中最复杂的工作。市场调查方案的制订是对调查工作各个方面和全部过程的通盘考虑,包括了整个调查工作过程的全部内容。市场调查方案主要包括下列内容:

1. 确定调查目的和调查项目

确定调查目的是制定市场调查方案的首要问题。确定市场调查目的,就是明确在调查中要解决哪些问题,通过调查要取得什么资料。可见,确定调查目的与明确调查任务是紧密相关的。调查项目是指对调查单位所要调查的主要内容,确定调查项目就是要明确向被调查者了解一些什么问题。调查项目是市场信息资料的来源。例如,在消费者需求调查中,消费者的性别、民族、文化程度、年龄、收入,消费者喜爱的商品品牌、规格、款式、价格,消费者对服务的满意程度等,都属于调查项目。选择调查项目取决于调查目的,即根据调查目的,对各项问题进行分类,规定每项问题应调查收集的资料。

2. 确定调查对象

确定调查对象主要是为了解决向谁调查和由谁来具体提供资料的问题。调查对象就是根据调查目的、任务确定调查的范围以及所要调查的总体，它是由某些性质上相同的许多调查单位所组成的。

确定调查对象，主要是确定调查对象应具备的条件，如有关性别、文化水平、收入水平、职业等方面的选择要求。确定调查对象应注意严格规定调查对象的含义，以免造成调查登记时由于界限不清而发生的差错。如：以城市职工为调查对象，就应明确职工的含义，划清城市职工与非城市职工、职工与居民等概念的界限。

3. 确定调查的时间和地点

确定调查时间是规定调查工作的开始时间和结束时间，包括从调查方案设计到提交调查报告的整个工作时间，也包括各个阶段的起始时间，其目的是使调查工作及时开展、按时完成。在调查方案中还要明确规定调查地点，即市场调查在什么地方进行，在多大范围内进行。确定调查地点首先要从市场调查的范围出发，如果是调查一个城市的市场情况，还要考虑是在一个区调查还是在几个区调查；其次是考虑调查对象的居住地点，是平均分布在不同地区，还是集中于某些地区。

4. 确定调查方式和方法

在调查方案中还要规定采用什么调查方式和方法取得调查资料。搜集调查资料的方式有普查、抽样调查等。具体调查方法有文案法、访问法、观察法和实验法等。在调查时，采用何种方式、方法不是固定和统一的，而是取决于调查对象和调查任务。在市场经济条件下，为准确、及时、全面地取得市场信息，尤其应注意多种调查方式的结合运用。

5. 确定调查人员

确定调查人员，主要是确定参加市场调查人员的条件和人数，包括对调查人员的必要培训。

由于调查对象是社会各阶层的生产者和消费者，思想认识、文化水平差异较大，因此，要求市场调查人员必须具备一定的思想水平、工作能力和业务技术水平。具体地讲，首先要求市场调查人员应具备一定的文化基础知识，能正确理解调查提纲、表格、问卷内容，能比较准确地记录调查对象反映出来的实际情况和内容。其次，要求市场调查人员应具备一定的市场学、管理学、经济学、统计学方面的知识。

6. 确定调查费用

每次市场调查活动都需要支出一定的费用，因此，在制订调查方案时，应编制调查费用预算，合理估计调查的各项开支。编制费用预算的基本原则是：在坚持调查费用有限的条件下，力求取得调查费用效果。或者是在保证实现调查目标的前提下，力求使调查费用支出最少。

市场调查方案是整个市场调查工作的行动纲领，它起到保证市场调查工作顺利完成的重要作用。市场调查的主持者应花大力气精心制定好市场调查方案。若市场调查方案中规定要有调查提纲和调查表格，应安排有关人员进行设计。

（三）具体实施调查方案，进行实地调查

具体实施市场调查的方案，就是按照调查方案的要求去收集市场信息资料，也就是进入实地调查过程。在整个市场调查工作中，收集市场信息资料阶段是唯一的现场实施阶段，是取得市场第一手资料的关键阶段。在此阶段，市场调查的组织者必须集中精力做好外部协调工作和内部指导工作，力求以最少的人力、最短的时间、最好的质量完成收集市场信息资料的任务。

(四)整理调查资料，撰写调查报告

1.整理资料

整理资料，就是运用科学方法对调查资料进行审核分类和分析，使之系统化、条理化，并以简明的方式准确反映调查问题的真实情况。

审核就是对收集到的资料进行检验、检查，验证各种资料是否真实可靠、合乎要求，剔除调查中取得的不符合实际的资料。具体做法是：首先，检查调查资料的真实性和准确程度。真实性检验，既可以根据以往的实践经验对调查资料进行判断，也可以通过各种数字运算来进行检查，如，检验各分组数字之和是否等于总数。其次，要检查收集到的资料是否齐全，有无重复或遗漏。

例如，调查某地区居民彩色电视机的拥有率。从表2-2中可以得知该地区彩色电视机的拥有率是85%，还可看出人均月收入水平越高的家庭，其彩色电视机拥有率越高，而且还可以使调查者了解到不同收入层次家庭彩色电视机的拥有率的情况。

表2-2　某地区消费者家庭彩色电视机拥有率分类统计表

家庭人均月收入	拥有率(%)	无电视机的比率(%)
200元以下	65	35
200～300元	80	20
300～400元	95	5
400元以上	100	0
平　　均	85	15

注：回答者数目为1 000户。

2.撰写调查报告

市场调查报告是市场调查研究成果的集中体现。市场调查报告要根据调查任务、目的和所收集到的市场信息资料，经过分析研究，做出判断性结论，提出建设性的措施、意见，使调查报告在企业生产、营销工作中起到指导性的作用。

市场调查报告应坚持用事实说话，切忌主观臆断；条理要清楚，文字要简明通俗。市场调查报告应在规定时间内写出，否则会使调查报告失去时效性。

第三节　市场调查常用的方法

任何市场调查都要借助一定的调查方法。所谓市场调查方法，是指市场调查者在实际调查过程中收集各种市场信息资料时所采用的各种方法的统称。市场调查中经常采用的方法有访问调查法、问卷调查法、观察调查法、实验调查法、文案调查法等。在市场调查过程中，调查者在选择调查对象时所采用的不同方法有两类：市场普查法和抽样调查法。

一、访问调查法

(一)访问调查法的含义和特点

访问调查法，是指调查人员通过询问的方式向被调查者了解、收集信息资料的调查方

法。访问调查法是市场调查中应用较普遍的方法。访问既可以通过口头语言访问,也可以采用书面形式访问。不论哪一种形式的访问,都可以向被调查者收集大量第一手的市场信息资料。

访问调查法与其他市场调查方法比较有以下特点:

(1)访问调查是调查者与被调查者相互作用、相互影响的过程,也是人际沟通过程。访问调查法一般是由访问者(即调查人员)提出问题,被访问者(即被调查者)回答问题的过程。这一过程不是单向作用,而是相互作用、相互影响的过程。访问过程中,访问者要努力掌握访谈过程的主动权,积极对被访问者施以影响、作用,激起被访问者回答问题的愿望。

(2)访问调查效果不仅取决于调查者的素质,而且取决于被调查者的素质和合作态度。观察调查、实验调查的效果只取决于调查者本人素质和工作态度,一般不取决于被调查者的素质和合作态度。而访问调查则不同,其调查结果受访谈双方的态度和素质的影响。如被调查者是否认真负责地提供资料,即他肯不肯回答问题、回答多少、真实程度如何,都会影响调查结果。

(二)访问调查法的主要类型

1.面谈调查法

面谈调查法是指调查人员通过与被调查者面对面直接询问、交谈来获取市场信息资料的方法。按参加面谈的被调查者人数不同,面谈调查法可分为个人面谈和集体面谈两种形式。

(1)个人面谈是指调查人员面对面询问个别被调查者来收集市场信息资料的方式。这种最方便、最灵活的访问调查法属于个人访问。个人面谈法比较适用于消费者需求状况,消费者对产品质量、服务态度评价等问题的调查。个人面谈的好处是可以对调查问题进行较深入的询问,谈话内容伸缩性强,彼此可以沟通,能够产生激励效果。个人面谈还可能控制问题的次序,谈话主题集中,有针对性,可获得较丰富的信息。但个人面谈受双方自身条件和双方合作态度限制,调查花费时间长,调查覆盖面不广。

(2)集体面谈也叫集体座谈。集体面谈是指调查者邀请若干被调查者通过召开座谈会形式,向被调查者了解、收集有关市场信息资料的调查方法。集体面谈的实质是每次都同时访问多个被调查者,因此也称为集体访问。采用集体座谈会形式进行访问,收集市场现象的有关信息资料时应把握以下要点:其一,明确访问主题,准备访问提纲和具体内容。集体访问必须向被调查者说明访问目的和具体内容,此外访问者还应具体落实访问时间、地点,并准确通知每位被访问者。其二,选择好被访问者。参加集体座谈会的被访问者人数一般在10人左右。根据调查问题的目的,必须选择那些具有代表性,了解市场情况,敢于发表见解,语言表达能力较强的人参加会议。其三,访问者在调查会中只起主持人和把握会议主题与进程的作用,对被访问者提供的市场信息进行记录。一般情况下访问者不对访问内容发表意见,也不对被访问者的意见加以评论,以免对被访问者产生倾向性影响。

面谈调查法是直接接触被调查者,通过深入询问能获得较多的第一手市场信息资料,能广泛了解一些市场现象。面谈调查法获得的资料比较可靠,这是因为访问者面对面地与被访问者交谈,可以发挥调查双方的积极性和主动性。访问者可以通过各种手段对访问过程加以控制,这就使得访问调查资料的可靠程度大大高于其他方法,对于市场的分析研究是很有利的。另外,面谈调查法有灵活性,一般能适用各种内容的调查。

面谈调查法的局限性是调查对象不广泛,调查花费时间较长,费用较高;访谈过程很难完全排除主观因素的影响。在面谈调查中,对于一些比较敏感的问题是不宜当面询问的,这也是面谈调查法存在的局限。

2. 电话调查法

电话调查法是指调查人员通过电话向被调查者询问有关内容来收集市场信息资料的调查方法。电话调查一般以电话簿为基础,进行随机抽样,然后拨通电话来调查。在发达国家,由于电话普及率很高,运用电话调查向分散的消费个人(或家庭)进行调查比较普遍。近年来由于我国经济的高速发展,通信事业不断进步,电话已进入消费者家庭,采用电话调查的条件已经具备。

电话调查的优点有:取得市场信息资料的速度快;节省调查时间和经费;覆盖面广,可以对任何有电话的地区、单位和个人进行调查;电话调查的方式十分方便灵活。

电话调查的缺点是:调查对象不全面,电话调查无法收集无电话的那一部分消费者的意见和看法;电话调查只能调查较为简单的问题,不能调查复杂问题,因为电话询问的时间不宜太长。

3. 邮寄调查法

邮寄调查,是指调查人员将设计印刷好的调查问卷通过邮政系统寄给已选定的被调查者,由被调查者按要求填写后再寄回来,调查者对调查问卷进行整理、分析,得到市场信息。采用邮寄调查法,首先是要选择好邮寄调查的对象。一般可利用各种通讯录、名册等,也可利用电脑,电脑中储存了大量客户的名单,从中抽选部分客户作为邮寄调查的对象。其次,要努力提高调查问卷的回收率。邮寄调查的问卷回收率低,为了提高问卷回收率,一般的方法有:一是在寄出调查问卷时一定要附上空白信封和邮票,在信封上已事先写好调查单位的地址,并贴上足额邮票,这会使被调查者感到真诚,并增强了回答问卷的责任感。二是物质上的激励,即随问卷附上某种有价值的东西,如优惠购物券、小礼物等。这些措施有利于提高问卷回收率。

邮寄调查法的优点有:调查的空间范围大,调查对象的数量可大大增加,不必受调查者所在地区限制;调查成本较低,只需花费少量邮资和印刷费用,可以节省大量的人力、物力、财力;被调查者有较充分的时间填写问卷。邮寄调查法的缺点是:问卷回收率较低,寄出的问卷往往不能按期收回;调查所需时间较长,邮寄往返和被调查者思考、填写都需要一定的时间;此外,邮寄调查无法对被调查者在填写问卷时进行必要的解释和指导,容易产生填写的差错。尽管如此,邮寄调查法仍是一种在国内外广泛采用的调查方法。

4. 留置调查法

留置调查法是调查人员将调查问卷当面交给被调查者,并详细说明调查目的和填写要求,留下问卷,由被调查者自行填写,再由调查人员定期收回问卷的一种调查方法。

留置调查法的优点是问卷回收率高,被调查者可以当面了解填写问卷的要求,避免由于误解提问内容而产生误差;填写时间较充裕,便于思考、回忆。其主要缺点是调查地域范围小,调查费用高。从方法本身而言,留置调查是介于邮寄调查和面谈调查之间的一种方法,调查问卷设计与邮寄调查相似,但提问方式可以更灵活、更具体,因为有不清楚的地方,填写人可当面澄清疑问。

5. 问卷调查法

问卷调查是标准化、书面化的调查，这就决定了问卷调查法既有许多突出的优点，也有明显的缺点。问卷调查法的优点是：它能突破时空的限制，在极大范围内对众多的调查对象同时进行调查。它适用于对各种社会经济现象的调查。问卷调查法也是一种节省人力、财力和时间的调查方法。问卷调查法可以在较短时间内同时调查很多被调查者，非常节省人力和费用。正因为问卷调查法具有这个明显的优点，才使很多市场调查研究人员把它作为首选的搜集资料方法。问卷调查法所取得的调查资料易于整理归纳和分析研究。

问卷调查法的缺点是：问卷调查只能获得书面的市场信息资料，而不能了解到具体、生动的市场现象，因此问卷调查不能代替实地调查；问卷调查的问卷回收率低，有时会影响市场调查的工作；问卷调查只能适用于有一定文字理解能力和表达能力的调查对象，而不适用于文化程度低的调查对象，从而影响了调查对象的广泛性、全面性。上述的不足并不影响问卷调查法在社会经济生活中的调查，尤其是在市场调查中的重要作用。

二、观察调查法

(一)观察调查法的基本含义

观察调查法是指调查者利用自身的感官或借助仪器设备观察被调查者的行为活动，从而获取市场信息资料的调查方法。

观察调查法最大的特点是被调查者是处在自然状态下接受调查的。即当被调查者被调查时，并不感觉到自己正在被调查。这是因为观察调查法不像访问调查法那样，在访问调查法中，调查者与被调查者直接见面谈话，或通过问卷向被调查者提出问题并要求回答，被调查者明显感觉到自己正在被调查；而在观察调查法中，调查者凭直观感觉或是利用录像机等仪器设备记录考察被调查者的行为活动，所以被调查者并不感到自己在被调查。例如，某厂要调查顾客喜爱什么样品牌、性能、价格的洗发水，就派人到销售现场调查，即观察顾客选购洗发水的行为状况。此时，顾客并没意识到自己正在被调查。观察调查法要求在自然状态下对调查对象进行考察。同时，观察调查法是观察者(即调查者)有目的、有计划地认识市场现象的活动，它不是随便看看而已，这也是观察调查法的重要特点。

(二)观察调查法的类型

1.人工观察和仪器观察

这是根据观察是否要借助仪器来划分的。人工观察是由调查人员凭借自己的感觉器官观察记录有关内容，由调查人员根据实际情况对观察到的现象做出合理的推断。仪器观察是随着科学技术的进步，一些先进的设备、手段，如录音、摄像等进入调查领域而出现的一种新的观察方法。如通过在商场的不同部位安装摄像系统，可以较好地记录售货人员和顾客的行为表现，借助仪器设备进行现场观察，记录效率较高，也比较客观。

2.结构观察和非结构观察

这是根据观察是否要设计观察卡片来划分的。观察卡片是一种标准化的观察工具，它对观察项目、要求事先做出明确的规定。结构观察是事先根据调查目的设计出观察卡片，对观察具体项目、要求作出规定，以此来实施观察。非结构观察是指不需要事先设计观察卡片，调查人员只要按调查目的、任务自行确定观察内容。显而易见，非结构观察有较大的灵活性。表2-3是某公司设计的牙膏销售计数的观察卡片，旨在了解消费者喜爱什么品牌的牙膏，各种品牌牙膏的市场占有率。

表 2-3　牙膏销售计数观察卡片

观察地点:__________　观察员:__________

观察时间:__________

品牌 售价	美加净	高露洁	白玉兰	草珊瑚	黑妹	洁银	…	其他
每支 3 元以下								
每支 3～5 元								
每支 5 元以上								

进行结构观察,并应用标准化记录工具进行记录,其记录结果即是对市场现象进行观察的最终资料。在结构观察中,观察记录标准化程度高,非常简练。

三、实验调查法

(一)实验调查法及其优缺点

实验调查法是一种特殊的市场调查方法。它是根据市场调查的目的,把调查对象置于一定的条件下,进行实验对比来收集市场信息资料的调查方法。例如某酒厂的瓶酒销售量上不去,初步分析可能是由于瓶酒包装太陈旧,缺乏吸引力。该厂决定对瓶酒包装进行更新的实验,即先对少量的瓶酒由旧包装改为新包装,而后再拿到市场上试销,看看新包装的瓶酒销售量能否增加。如果试销结果为销售量大增,那么企业就可以决策,对所有的瓶酒进行更换新包装。这种调查方法就是实验调查法。

上述例子说明,实验调查法是从影响调查问题的许多因素中选出一个或两个因素,将它们置于一定条件下进行小规模的实验,然后对实施结果做出分析,研究是否值得大规模推广。

实验调查法的优点:一是实验调查能获得市场情况的第一手信息资料,为预测未来的市场需求提供客观根据。企业要想知道改变老产品的质量、价格、包装、款式等会产生多大的促销效果,就可以运用实验调查法。在选择的特定的地区和时间内进行小规模实验改革,试探了解市场反应,然后根据实验的初步结果,再考虑是否需要大规模推广,或者决定推广的规模。这样做有利于提高经营活动的预见性,减少盲目性。二是这种实验取得的数据比较客观,可靠性较强,可信度较高,排除了主观推论的偏差,科学性强。三是实验调查更能发挥调查者在调查工作中的主动创造性。因为采用实验调查法进行市场调查,可以有控制地分析、观察某些市场现象间的因果关系及其相互影响程度。

实验调查法的局限性:一是实验效果的准确性不一定绝对可靠。实验调查法是从自然科学中的实验方法移植过来的。但是对市场上的各种因素进行实验,不可能像自然科学中的实验一样准确。这是因为市场上的实验对象要受到多种不可控因素的影响。因此,对实验效果要做认真分析。二是实验调查费用较高,时间长。三是实验调查只适合于对当前市场变量进行观察分析,无法研究过去的情况,也无法收集未来市场变化的信息。

(二)实验调查法的主要类型

1. 实验前、后对比实验

这是最简单的一种实验调查法。采用这种方法,在实验前对正常情况进行测量记录,然后再测量记录实验后的情况,进行事前事后对比,通过对比观察了解实验变化的效果。

$$实验变数效果=实验后的测量值-实验前的测量值=x_2-x_1$$

【例 2-1】　某酒厂为了增加瓶酒的销售量,经过对市场的初步分析,认为应该改变瓶酒的外包装。但对于新包装设计效果如何,能否增加销量、扩大市场占有率没有切实的把握,于是,企业决定采用实验前、后对比实验对市场进行一次实验调查。

该厂将其生产的3种式样瓶酒A、B、C作为实验对象。实验期定为1个月。实验过程中,首先统计汇总未改变包装前1个月内3种瓶酒的市场销售量,然后改变包装,经过在同一市场销售1个月后,再统计汇总新包装瓶酒的市场销售量。经过实验调查,结果如表2-4所示。

表2-4 事前事后对比实验数据表

单位:瓶

瓶酒	实验前销售量 x_1	实验后销售量 x_2	实验变动
A	1 300	1 600	+300
B	2 500	2 900	+400
C	2 100	2 500	+400
合计	5 900	7 000	+1 100

从实验前、后测量的瓶酒销售数据变化可以看出,实验前(旧包装)3种瓶酒销售量分别为1 300瓶、2 500瓶、2 100瓶,实验前销售总量 $x_1=1\ 300+2\ 500+2\ 100=5\ 900$(瓶)。实验后(新包装)3种瓶酒销售量分别为1 600瓶、2 900瓶、2 500瓶,实验后销售总量 $x_2=1\ 600+2\ 900+2\ 500=7\ 000$(瓶)。实验变数效果为 $x_2-x_1=7\ 000-5\ 900=1\ 100$(瓶)。这说明,改变瓶酒的包装对瓶酒销售影响较大,因此根据实验调查,该厂可以对瓶酒进行新包装,以扩大销售量,提高市场竞争力。

实验前、后对比实验也可以调查商品款式变化、品质变化、价格变化等对商品市场销售的影响。

2. 控制组和实验组对比实验

控制组是指非实验单位,实验组是指实验单位。控制组和实验组对比实验,是指在同一时间内以非实验单位与实验单位进行对比的一种实验调查法。在同一实验时期内,实验单位按一定的实验条件进行实验销售,非实验单位按原有条件进行销售,用来同实验单位进行对比,以测定实验的结果。在客观环境和主观经营能力大体相同的条件下,两种类型单位销售量的差别就可以比较正确地反映出实验的效果。

$$\text{实验变数效果}=\text{实验组的事后测量值}-\text{控制组的事后测量值}=x_2-y_2$$

【例2-2】 某奶制品公司为调查了解现场促销对牛奶销量的影响,决定采用控制组和实验组对比实验收集信息,进行决策。他们选定了A、B、C三家商店为控制组,不进行现场促销活动,商品正常在柜台销售,另选定D、E、F三家商店作实验组,派出营销人员现场促销,让顾客免费品尝,并发放广告材料。A、B、C一组三个商店与D、E、F一组三个商店在经营规模、所处位置等方面大体相似。实验时间为1个月,实验结果如表2-5所示。

表2-5 控制组与实验组对比实验数据表

单位:袋

控制组(无现场促销活动)		实验组(有现场促销活动)	
店名	销售量 y_2	店名	销售量 x_2
A	12 000	D	14 000
B	7 000	E	9 500
C	15 000	F	18 000
合计	34 000	合计	41 500

从表2-5中数据可以看出，作为实验组的D、E、F三个店由于开展现场促销活动，一个月牛奶销售量 x_2 为41 500袋，作为控制组的A、B、C三个店没有开展现场促销活动，一个月的牛奶销售量 y_2 为34 000袋。而原先A、B、C三个店与D、E、F三个店销售量差不多。现在由于D、E、F店开展了现场促销活动，牛奶销售量增加了7 500袋。通过控制组和实验组对比实验的调查，说明了现场促销活动能增加牛奶销售量。

控制组和实验组对比实验调查的优点是：实验组和控制组可以在同一时间内进行对比，不需要按时间顺序分事前事后对比，这样就可以排除由于对比时间不同而可能出现的外来变数的影响。例如，在实验对比时间不同的条件下，往往由于市场形势的发展，商品购买力变化，以及价格、消费心理、季节变动等，而不同程度地影响到实验效果。而在同一时间进行对比实验，则可大大提高实验的准确性。

但是应用控制组和实验组对比实验调查也仍有其局限性或难以达到的要求，即控制组与实验组之间的可比性，包括两组所处的客观环境和各种主、客观经营能力等。从理论上说，这些条件应完全一样才能进行对比，但事实上很难找到完全符合上述条件的两个组。

3. 控制组和实验组事前事后对比实验

这是最复杂也是最科学的一种实验调查法。它是指控制组事前事后同实验组事前事后之间进行对比的一种实验调查方法。应用控制组和实验组事前事后对比实验，必须对实验组和控制组分别进行事前测量和事后测量，然后再进行对比，以判断实验效果。不难看出，控制组和实验组事前事后对比实验是前两种实验方法的综合。

如果用 x_1、x_2 分别代表实验组事前事后的测量值，用 y_1、y_2 分别代表控制组事前事后的测量值，则实验变数效果如表2-6所示。

表2-6 控制组和实验组事前事后对比实验结果表

组别	事前测量	事后测量	变动	实验效果
实验组	x_1	x_2	x_2-x_1	$(x_2-x_1)-(y_2-y_1)$
控制组	y_1	y_2	y_2-y_1	

【例2-3】 某酒厂要调查瓶酒的新包装效果，选择甲、乙两家超市。其中，甲超市为实验组，销售新包装瓶酒；乙超市为控制组，销售旧包装瓶酒（甲、乙两家超市原来瓶酒销售量大致相等）。实验期为1个月，有关数据如表2-7所示。

表2-7 控制组和实验组事前事后对比实验数据表

单位：瓶

组别	实验前1个月内销量	实验后1个月内销量	变动量
实验组(甲超市)	$x_1=2\ 000$	$x_2=2\ 850$	+850
控制组(乙超市)	$y_1=2\ 000$	$y_2=2\ 150$	+150

从表2-7中可以看出实验组和控制组在实验前的瓶酒销售量均为2 000瓶；实验组在实验后的销售量为2 850瓶，控制组在实验后的销售量为2 150瓶。

实验效果为 $(x_2-x_1)-(y_2-y_1)=(2\ 850-2\ 000)-(2\ 150-2\ 000)=850-150=700$（瓶）。

通过控制组和实验组事前事后对比实验调查，说明改变瓶酒的外包装可以促进瓶酒的销售，因为甲超市仅仅一个月销售量就增加了700瓶。

实验效果为什么不是x_2-x_1，而是$(x_2-x_1)-(y_2-y_1)$？这是因为实验组的变动结果x_2-x_1包含着实验变数和外来变数两方面因素的影响；而控制组的变动结果y_2-y_1只包含外来变数一方面因素的影响，因此，实验变数结果$(x_2-x_1)-(y_2-y_1)$，实际上是在排除掉外来变数影响的情况下，实验变数影响的实际效果。所谓外来变数的影响，是指非实验变数的影响。

以例2-3来说，甲超市(实验组)瓶酒销售量一个月增加了850瓶，而这850瓶中既有实验变数(即改为新包装)带来的影响，也有外来变数(如节日期间销售量自然增加)的影响。而乙超市(控制组)虽然事前事后都是销售旧包装的瓶酒，但它由于受外来变数的影响，销售量也增加了150瓶。由于甲超市和乙超市在同一时期受外来因素影响程度大致相同，所以，从850瓶中减去外来变数影响的150瓶，余下的700瓶是改变新包装的真正实验效果。

由此可见，应用控制组和实验组事前事后对比实验，有利于消除外来因素影响，从而提高了把握实验变数效果的准确性。

四、文案调查法

(一)文案调查法的概念和特点

文案调查法是指调查人员从各种文献、档案材料收集有关历史和现实的各种市场经济活动资料的调查方法。文案调查法的调查对象是各种文献、档案中包含的信息资料。文献、档案资料，一般指图书、期刊、报纸、调查报告、政府文件、统计数据、会议记录、专刊文献、学术论文、档案材料等，也包括网络信息资料，如政府信息网、各种网络公司建立的信息数据库。

文案调查法最突出的特点是间接性。访问调查、观察调查、实验调查的直接对象是消费者和用户，而文案调查的直接对象不是消费者、用户，而是文献、档案材料，是间接的第二手市场资料。正因为如此，文案调查法也称为间接资料调查法。访问调查法、观察调查法、实验调查法属于直接资料调查法。文案调查法的另一个特点是无接触性，即它不直接接触被调查者，在调查过程中不存在与被调查者的人际关系。文案调查法作为一种间接资料调查法，有其他调查方法不可替代的作用，它特别适用于以往的产品销售状况调查、以往的市场占有率调查、现在的市场供求趋势调查和市场环境因素变化调查等。例如，要调查其地区前5年各种品牌啤酒的市场占有率就要采用文案调查法，从有关部门来获取相关资料；而直接资料调查法则难以做到。

(二)文案调查中资料的来源

文案调查中的资料来源可分外部资料来源和内部资料来源两个方面，其中外部资料来源是主要的。

1.外部资料来源

外部资料是指企业之外的机构、团体、媒介等所提供的资料，主要包括：

(1)各种大众传播媒介，如电视、广播、报纸、杂志及信息网数据库含有丰富的经济信息和相关因素的信息。

(2)政府机构及统计部门的有关方针、政策、法令、经济公报、统计公报等。

(3)行业协会经常发表和保存的有关行业销售情况、经营特点、发展趋势等的信息资料。

(4)图书馆里保存的大量商情资料。如图书馆有提供贸易统计数字和有关市场的基本经济资料,还有世界各国经济政治环境资料和世界贸易状况资料等。

(5)各种信息咨询机构,它们拥有各种市场经济活动信息,企业可以从这些信息咨询机构中获取有关资料。

2. 内部资料来源

内部资料是指企业内部各部门、机构保存的各种经营活动的资料,主要包括:

(1)企业职能部门提供的资料,例如会计、统计、计划部门的统计数字、报表、原始凭证、会计账目等。

(2)企业经营机构提供的资料,例如进货统计、销售报告、库存动态记录、合同签订执行情况、客户订货单、消费者意见反映等。

(3)企业保存的各种会议记录和以往的市场调查报告等。

(三)文案资料收集的基本原则

文案调查法的关键在于如何快捷、科学、全面地收集有关的文案资料。要保证文案调查法的成功应用,文案资料的收集必须遵循以下原则:

1. 针对性原则

针对性原则即文案资料的收集必须针对市场调查的目的、任务来进行,要把与调查主题密切相关的资料收集出来,要把对企业生产经营活动有用的资料收集出来。

2. 系统性原则

系统性原则即文案资料的收集必须全面、系统,能满足市场调查课题的要求。为此,要通过各种信息渠道,利用各种机会,采取多种方式广开信息源,大量收集各方面有价值的文献,并且在时序上要保持连续性,以便获得反映客观事物发展变化情况的资料。

3. 时效性原则

文献资料大多数是历史性资料,要求调查人员在资料的收集过程中,必须考虑资料的时间背景,摒弃过时的、与目前市场情况不相符的资料内容,确保收集的资料能够准确反映调查对象的发展规律。

4. 经济效益性原则

文案资料的收集必须要考虑其经济成本和使用后的效益。文案调查的好处就是省时、省钱,如果费用支出过高,就失去了它的经济效益。

(四)文案调查法的优缺点

1. 文案调查法的优点

调查人员只需花费较少的费用和时间就可以获得有用的信息资料。同时,文案调查可以不受时间和空间的限制,通过文献、档案资料的收集和分析,不仅可以获得有价值的历史资料,而且可以收集到比直接调查范围更为广泛的多方面资料。由于文案调查收集的资料都是书面形式的,因此不受调查人员和被调查者主观因素的干扰,反映的信息内容更为真实、客观。

2. 文案调查法的不足

首先,文案资料大都是历史的记载,随着时间的推移和市场环境的改变,这些数据资料难免会过时;其次,文献、档案中所记载的内容,大多数情况是为其他目的而做的,因此,很难与调查人员从事的调查活动要求相一致，需要进一步的加工处理；最后，文案调查法需要的调查人员要有较高的文化水平，如要有较强的语言文字处理能力、查找文献的能力等，这在一定程度上限制了该方法的应用。

文案调查法实例

日本公司为了使产品能进入美国市场，就专门查阅了美国的有关法律和美国进出口贸易法律条款。阅后得知，美国为了限制进口、保护本国工业，在进出口贸易法律条款中规定：美国政府收到外国公司商品报价单，一律无条件地提高50%。而美国法律中，本国商品的定义是“一件商品，美国制造的零件所含的价值，必须在这一商品总价值的50%以上”。日本公司针对这些规定，思谋出一条对策：生产一种具有20种零件的商品，在本国生产19种零件，在美国市场上购买一种零件，这一零件价值最高，其价值比率在50%以上，在日本组装后再送到美国销售，就成了美国国内的商品，就可以直接和美国公司竞争。

五、市场普查法

市场普查是对调查总体的所有组成单位逐一进行的调查，也就是对所有的调查对象无一例外地进行调查。普查适用于国情的调查，如全国人口普查、工业普查。在市场调查中，普查用于企业对产品的供应、销售量及库存的全面调查。如某水泥厂有100个用户，要调查明年水泥的需求量，对100个用户明年水泥需求量逐个调查就属于市场普查。

市场普查有两种方式：

(1)向调查总体的所有调查单位分发调查表，由调查单位根据本身的现有资料按规定时间填报。一般适用于企业、单位团体的调查。

(2)调查人员按照调查表项目的要求对调查单位直接进行访问、观察和登记。一般适用于居民家庭或个人的调查。

市场普查的优点，在于它能够取得调查对象全面的、准确的、可靠的原始资料和有关数据，它获得的市场信息资料的价值最高。同时它能够反映客观事物的基本状况，为企业科学的决策奠定基础。但是市场普查也有它明显的缺点：进行市场普查要消耗大量的人力、物力和财力。如果不从客观实际出发，推行市场普查等于不惜用大量的人力、物力、财力消耗去追求市场对象调查结果的高度准确性，这样做显然不符合经济效益的原则。

市场普查涉及调查对象母体的全部基本单位，工作量大，需要较长时间才能取得调查结果。另外，市场需求变化比较快，又不允许花费较长时间去等待市场调查结果。这样，取得调查结果同要求能及时做出经营决策之间便产生了时间上的矛盾。事实上，如果一次具有特定市场对象的调查时间拖得很长，即使调查结果非常准确，也会因市场的变化而失去意义，起不到指导业务活动的作用。

六、抽样调查法

(一)抽样调查法的概念

抽样调查法是指从调查总体中抽取部分单位作为样本进行调查，并以样本调查的结果去推断总体状况的调查方式。抽样调查是非全面调查，它特别适用于调查总体的单位个数众多的市场调查，如居民家庭收入状况、消费状况的市场调查。举一个例子来说，某粮油食品公司要调查某市居民月均食用油消费量，该市有15万户居民。现采用抽样调查，抽选500户居民家庭进行调查，并以500户居民月均食用油消费量去估计15万户居民月均食用油消费量。若用市场普查方式进行，就要对全市15万户居民逐一调查，需要耗费大量的人力、物力、财力，也没有必要这样做。

抽样调查的基本概念有以下方面：

1. 总体

总体也称全体，指调查单位的全部。总体数目用“N”这一英文字母来表示，上例中 $N=150\ 000$。

2. 样本

样本是指从总体中抽取出来进行调查的部分单位。如上例中，500户居民就是样本，样本数目记为“n”，即 $n=500$。每户居民就是一个样本单位。样本数目的多少取决于市场调查的要求，一般来说，样本数目不能少于30个，因为样本太少，就不能科学地去估计、推断总体。

3. 总体指标

总体指标是指根据全体各单位的标志值计算出来的综合指标。常见的总体指标有总体平均数、总体方差和均方差(总体标准差)。

4. 样本指标

样本指标是指根据样本各单位的标志值计算出来的综合指标。常见的样本指标有样本平均数、样本方差和样本均方差(样本标准差)。

5. 抽样误差

在抽样调查中，用样本指标去推断总体的状况时，样本指标和总体指标总会存在着不同程度的偏差，这种偏差就叫抽样误差。计算出抽样误差，可以把握抽样调查的精确度，即抽样误差小，抽样调查的精确度就高，反之亦然。

(二)抽样调查法的优缺点

抽样调查法是市场调查中应用最广泛的方式，它有以下主要的优点：

1. 调查费用低

抽样调查是以样本指标去推断总体指标，而样本单位数目总是大大少于总体单位数目，所以消耗人力、物力、财力比较少。

2. 节省时间、收效快

由于抽样调查涉及面较小，取得的调研结果比较快，能在短时间内获得同市场普查大致相同的效果。还可以运用抽样调查技术来检验普查及有关资料的正确性，并给予必要的修正。

3. 调查结果有较高的准确性

抽样调查是建立在有关数学原理基础上的，有高度的科学性。所取得的资料真实可靠，误差较小，是特别适用于不可能或不必要组织全面调查的科学方法。

抽样调查也存在某些局限性：抽样调查通常只能提供调查总体的一般资料，而不能提供详细的分类资料，在一定程度上难以满足企业对市场经济活动分析的需要。抽样调查存在着抽样误差，当抽样误差过大时，将会影响调查结果的准确性。

抽样调查尽管存在局限性，但这并不影响它是市场调查的主要方式。抽样调查特别适用于调查总体范围大、单位数目多的市场调查。调查总体范围愈大，单位数目愈多，抽样调查的优势也就愈突出。抽样调查对一些不可能或不必要进行全面调查的社会经济现象具有显著作用，如产品质量检查。

(三)抽样调查的一般步骤

1.确定调查总体，并对调查总体中每一个单位编号

确定调查总体是根据市场调查的目的要求，明确调查对象的内涵、外延及具体的总体单位数量，并对总体进行必要的分析。例如，对某地区居民购买力进行抽样调查，那么首先要明确居民购买力是居民具有货币支付能力的需求量；还要明确是城市居民还是乡镇居民；进而明确总体的数量是多少，若以户为单位进行调查，就要掌握该地居民总户数。

明确了调查总体范围后，还要对调查总体中每一个单位编号(非随机抽样无须这一步骤)，以便随机抽样，确保样本具有代表性。如果调查的总体范围大，可把随机抽样原理和分层、分群抽样方法结合使用，这样能大大减少编号的工作量。

2.设计样本和抽取样本

设计样本包括两项具体工作：一是确定样本数目的大小或样本容量的多少，即样本所要包含的部分单位的个数。二是选择具体的抽样方式。抽样方式有许多种，必须根据调查目的和调查总体的具体情况选择适当方式。

对样本进行周密设计后，就可以实际进行抽样，组成所要实际调查的样本。

3.对样本进行调查

运用不同的调查方法对抽选出来的样本单位进行逐个调查，取得样本的原始信息资料。一般情况下，不要轻易改变样本或减少样本，以保证样本资料的客观性和准确性。

4.用样本指标推断总体指标

对获得的样本资料进行整理分析，计算出样本指标，再用样本指标去推断总体指标。这一推断过程需要采用数理统计的有关知识。

以上是抽样调查的步骤，其各个步骤相互联系、缺一不可，进行抽样调查必须遵从这一程序。

(四)抽样调查的具体方法

如何按事先设计好的样本数目从调查总体中抽取具体的样本单位，这涉及抽取样本的方法问题。抽取样本的方法有两类，一类是随机抽样，另一类是非随机抽样。

1.随机抽样方法

所谓随机抽样法是指从调查总体中按照随机原则抽取样本的方法。随机原则，是指调查总体内每一个单位都有相同的机会(或概率)被抽取出来作为样本。所以，随机抽样又称为概率抽样。随机抽样不允许人为主观地去挑选样本单位，它坚持按随机原则产生样本，以使样本能最大限度地代表总体。随机抽样包括单纯随机抽样、分层随机抽样、等距离随机抽样和分群随机抽样。

随机抽样的基本特点有：①随机抽样是从总体中按照随机原则抽取一部分单位进行的调查。它的调查范围和工作量比较小，因此能省时、省力、省费用，同时，抽取的样本可以大致代表总体。②能够计算调查结果的可靠程度，可通过概率推算样本值与实际值的差异，即抽样误差(又称代表性误差)，并将误差控制在一定范围内。但随机抽样技术也存在不足之处：一是对所有调查样本都给予平等看待，难以体现重点；二是需要有一定的专业技术进行

抽样和资料分析,一般调查人员不具备这样的条件。

(1)单纯随机抽样是指总体中的每个基本单位都有相等的被选中的机会,样本抽选完全排除任何有目的的选择,按随机原则选择。它的优点是简便易行,抽样调查结果具有较高的可靠性。单纯随机抽样常用的方法有抽签法和随机号码表法。

①抽签法就是指用抽签的方法抽取样本,其具体做法是:

a.将调查总体的每个单位编号,如有 N 个单位,则将其编成从 1 到 N 的号码,即 $1,2,3,\cdots,N-1,N$。

b.将每一个数字号码写在一张卡片上,N 个数字就有 N 个卡片。

c.将写好的所有卡片扔在纸箱中,搅拌均匀,然后任意抽选。每选中一张卡片,卡片上的号码数字就代表了一个样本单位的产生,直到抽足规定的样本数目为止。

抽签法是所有随机抽样技术中最简便的方法。

②随机号码表法就是利用随机号码表抽取样本的方法。随机号码表又称为乱数表。它是将 0～9 的 10 个自然数,按编码位数的要求(如两位一组、三位一组、五位甚至十位一组),利用特制的摇码器(或电子计算机),自动地逐个摇出(或电子计算机生成)一定数目的号码编成表,以备查用。这个表内任何号码的出现都有同等的可能性。利用这个表抽取样本,可以大大简化抽样的烦琐程序。表 2-8 就是一个随机号码表。

表 2-8 随机号码表

03	47	43	73	86	36	96	47	36	61	46	98	63	71	62
97	74	24	67	62	42	81	14	57	20	42	53	32	37	32
16	76	02	27	66	56	50	26	71	07	32	90	79	78	53
12	56	85	99	26	96	96	68	27	31	05	03	72	93	15
55	59	56	35	64	38	54	82	46	22	31	62	43	09	90
16	22	77	94	39	49	54	43	54	82	17	37	93	23	78
84	42	17	53	31	57	24	55	06	88	77	04	74	47	67
63	01	63	78	59	16	95	55	67	19	98	10	50	71	75
33	21	12	34	29	78	64	56	07	82	52	42	07	44	28
57	60	86	32	44	09	47	02	96	54	49	17	46	09	62
18	18	07	92	46	44	17	16	58	09	79	83	86	19	62
26	62	38	97	75	84	16	07	44	99	83	11	46	32	24
23	42	40	54	74	82	97	77	77	81	07	45	32	14	08
62	36	28	19	95	50	92	26	11	97	00	56	76	31	38
37	85	94	35	12	83	39	50	08	30	42	34	07	96	88
70	29	17	12	13	40	33	20	38	26	13	89	51	03	74
56	62	18	37	35	96	83	50	87	75	97	12	25	93	47
99	49	57	22	77	88	42	95	45	72	16	64	36	16	00
16	08	15	04	72	33	27	14	34	09	45	59	34	68	49
31	16	93	32	43	50	27	89	87	19	20	15	37	00	49

随机号码表法应用的具体步骤是:

a.将调查总体单位一一编号。

b.在随机号码表上任意规定抽样的起点和抽样的顺序。

c.依次从随机号码表上抽取样本单位号码。凡是抽到编号范围内的号码，就是样本单位的号码，一直到抽满为止。

下面举一个具体的例子：某企业要调查消费者对某产品的需求量，要从 95 户居民家庭中抽选 10 户居民作样本。采用随机号码表法抽选样本的具体步骤如下。

第一步：将 95 户居民家庭编号，每一户家庭一个编号，即 01～95(每户居民编号为两位数)。

第二步：在表 2-8 中，随机确定抽样的起点和抽样的顺序。假定从第 1 行、第 5 列开始抽，抽样顺序从左往右抽(横的数列称为“行”，纵的数列称为“列”)。

第三步：依次抽出号码分别是 86、36、96、47、36、61、46、98、63、71，共 10 个号码。由于 96、98 两个号码不在总体编号范围内，应排除在外。再补充两个号码：62、74。

由此产生 10 个样本单位号码为 86、36、47、36、61、46、63、71、62、74。

编号为这些号码的居民家庭就是抽样调查的对象。

需要说明的是，编号为 36 的居民家庭两次出现在样本里，这属于重复抽样。所谓重复抽样，是指总体中某一单位被抽中作为样本后，再放回总体中，有可能第二次被抽中作为样本。

不重复抽样是指总体中的每个单位只可能抽中一次作为样本。即某一单位抽中作为样本后，不能再放回总体中，也就没有可能第二次被抽中作为样本。

上例中若要求是不重复抽样，10 个样本单位号码就应是 86、36、47、61、46、63、71、62、74、24。

上例中，若调查总体改为 800 户居民，样本数仍为 10 户，抽样起点为第 3 行、第 1 列，抽样顺序为从上往下抽。这 10 户样本居民号码如何产生呢?

首先，对调查总体 800 户居民编号，即 001～800(每户居民家庭号码为三位数)。其次，抽样起点应为“167”，从上往下抽，依次产生的 10 户样本单位编号分别是 167、125、555、162、630、332、576、181、266、234。

采用随机号码表法抽取样本，完全排除主观挑选样本的可能性，使抽样调查有较强的科学性。

(2)分层随机抽样是把调查总体按其属性不同分为若干层次(或类型)，然后在各层(或类型)中随机抽取样本。例如调查消费者需求，可将消费者按年龄、收入、职业、性别等标志划分为不同的阶层。分层时要注意各层之间要有明显的差异，不致发生混淆。只有这样才能使抽取的样本反映该层的特征，提高样本的代表性，减少抽样误差。

分层随机抽样主要有两种方法：分层比例抽样法和分层最佳抽样法。

①分层比例抽样法是指按各个层的单位数量占调查总体单位数量的比例分配各层的样本数量的方法。

其步骤如下：

a.将调查总体按一定的标志分层。

b.计算各层的样本数目。

其计算公式如下：

$$n_i = n\frac{N_i}{N}$$

式中:N——总体单位数目;

N_i——第 i 层单位数目;

n——样本总数;

n_i——第 i 层样本数目。

按各层样本数目从各层中随机抽选样本单位调查。

【例 2-4】 某地有居民 20 000 户,从中抽选 200 户家庭进行购买力调查。其中高收入户居民家庭为 4 000 户,中收入户家庭为 12 000 户,低收入户家庭为 4 000 户。用分层比例抽样法确定各层的样本数目。

按居民家庭高、中、低收入三种类型分为三个层:高收入层、中收入层、低收入层。则各层应抽取的样本数目是:

从高收入层的居民家庭中应抽取的样本数目:

$$n_{高} = n\frac{N_i}{N} = 200 \times \frac{4\ 000}{20\ 000} = 40(户)$$

从中收入层的居民家庭中应抽取的样本数目:

$$n_{中} = n\frac{N_i}{N} = 200 \times \frac{12\ 000}{20\ 000} = 120(户)$$

从低收入层的居民家庭中应抽取的样本数目:

$$n_{低} = n\frac{N_i}{N} = 200 \times \frac{4\ 000}{20\ 000} = 40(户)$$

确定了高、中、低收入户各层样本数目后,即可以按单纯随机抽样从各层中分别抽取 40 户、120 户、40 户家庭进行购买力调查,最后汇总推断出总体的购买力信息。

②分层最佳抽样法又称为非比例抽样法。它是根据各层基本单位标准差的大小,从而确定各层样本数目的抽样方法。在各层基本单位之间差异过分悬殊,某些层的重要性大于其他层的情况下,采取非比例抽样法,这些层抽取的样本数就多;反之,抽取的样本数就少。这样采取同时兼顾各层的大小和层内差异程度的大小来抽样,有利于提高综合样本对总体全貌的代表性,从而提高样本的可信程度。

采用分层最佳抽样法,确定各样本数目的计算公式如下:

$$n_i = n\frac{N_iS_i}{\sum N_iS_i}$$

式中:n_i——第 i 层应抽出的样本数目;

n——样本总数目;

N_i——第 i 层的调查单位数;

S_i——第 i 层的调查单位的样本标准差。

【例 2-5】 某地有居民 20 000 户,其中高、中、低收入户分别为 4 000 户、12 000 户、4 000户。又已知高收入户的标准差为 300 元,中收入户的标准差为 200 元,低收入户的标准差为 100 元。现要抽选 200 户作样本进行购买力的调查,用分层最佳抽样法分配各层的样本数目。

本例与上例比较多了一个已知条件,即各层居民收入标准差:$S_{高} = 300$ 元,$S_{中} = 200$

元，$S_{低}=100$ 元。为了便于计算，列表如表 2-9 所示。

表 2-9　分层随机抽样数据表

各层次 （不同经济收入）	各层的调查单位数 N_i（户）	各层的样本标准差 S_i（元）	乘积 N_iS_i
高	4 000	300	1 200 000
中	12 000	200	2 400 000
低	4 000	100	400 000
$\sum N_iS_i$			4 000 000

按公式计算，各层的样本数目为：

高收入层样本数目：

$$n_{高}=n\frac{N_iS_i}{\sum N_iS_i}=200\times\frac{1\ 200\ 000}{4\ 000\ 000}=60（户）$$

中收入层样本数目：

$$n_{中}=n\frac{N_iS_i}{\sum N_iS_i}=200\times\frac{2\ 400\ 000}{4\ 000\ 000}=120（户）$$

低收入层样本数目：

$$n_{低}=n\frac{N_iS_i}{\sum N_iS_i}=200\times\frac{400\ 000}{4\ 000\ 000}=20（户）$$

应用分层最佳抽样法计算出的各层样本抽取数同分层比例抽样法抽出的样本数相比较，可以看出，因各层标准差大小不同，家庭收入高的分层样本增加了 20 户（从 40 户变为 60 户），家庭收入中等的分层样本数仍然为 120 户，而家庭收入低的分层样本数减少了 20 户（从 40 户变为 20 户）。高收入户和低收入户在调查总体中单位数都是 4 000 户，为什么从高收入户中产生的样本数目是 60 户，而从低收入户中产生的样本数目只有 20 户？这是因为，高收入户的标准差大（300 元），从中抽取的样本数目就要多一些；低收入户的标准差小（100 元），从中抽取的样本数可以少一些。这样抽选到的综合样本比原先仅考虑分层比例抽样所得的综合样本更具有对调查总体的代表性，其抽样调查推断的总体结果准确性程度会有所提高。

从理论上说，各层中的标准差估计值，反映的是各层的单位特征值和各层平均值之间的差异。如果某层中各单位特征值比较接近，差异较小，那么从理论上说，标准差就小，因此，少抽取一些数目的样本，仍然可以代表、反映该层的大致情况。如果某层内各单位差异较大，那么标准差就较大，因而要适当多选一些样本才更合理。

（3）分群随机抽样也叫整群随机抽样，它是将调查总体划分为若干群体，然后用单纯随机抽样选出若干群体作为样本，对群体内各单位进行调查。

分群随机抽样和分层随机抽样有相似之处，它们都是首先根据某种标准把调查总体分为若干部分（层或群）。但二者又有很大的区别：

分层随机抽样要求所分各层之间有明显差异性，同层内部的单位具有相同性；分群随机抽样恰恰相反，要求各群体之间具有相同性，同一群体内部的单位具有差异性。假设调查居民家庭收入，采用分层随机抽样和分群随机抽样，其不同要求可以根据以下状况表示。

分层随机抽样各层及同层内部状况：

高收入层——高、高、高

中收入层——中、中、中

低收入层——低、低、低

分群随机抽样中各群及同群内部状况：

A群体——高、中、低

B群体——高、中、低

C群体——高、中、低

【例2-6】 某市有20万户居民，分为120个居民委员会，要抽选500户居民作样本，调查居民的粮食每月消费量，如何从20万户中抽选样本500户？

具体步骤如下：

(1)将全市20万户居民按居民委员会分群，120个居民委员会就是120个群。

(2)从120个群中随机抽出若干个群作样本。

假定抽出10个居民委员会(即10个群)作为样本。

(3)从每个样本居民委员会中各随机抽取50户居民做抽样调查(样本总数为500户，有10个样本居民委员会，所以每个样本居民委员会抽50户)。

上述分群随机抽样采用两段式分群抽样。也可根据实际需要采用三段式、四段式分群。如上例中，从市抽出街道，从街道抽出居民委员会，从居民委员会中再抽出居民家庭，就是三段式分群抽样。

2.非随机抽样方法

非随机抽样是指不按随机原则，而是根据调查人员主观判断抽取样本的抽样方式。非随机抽样包括任意抽样、判断抽样和配额抽样。

非随机抽样与随机抽样各有自己的利弊。随机抽样虽有明显优点，样本具有客观性，能够测定抽样误差指标并能对其大小加以控制，但是在很多情况下，随机抽样几乎无法进行。如对市场调查总体的外延无法具体确定，就根本无法进行随机抽样。另外，为了保证抽样的随机原则，对操作过程要求严格，实施起来就比较麻烦，费时、费力。因此，如果市场调查的目的仅仅是对问题做初步探索，或市场调查并不需要推断总体指标，抽样调查就并不一定要按随机原则，而可以采取非随机抽样。非随机抽样方法操作方便，省时、省力，若使用得当，就能对市场调查对象总体有较好的了解，抽样调查同样能获得成功。但是非随机抽样无法判断其误差，从而也无法检查调查结果的准确性。

因此，在实际调查中，调查人员应根据不同调查目的、要求去选择合适的抽样方式。

(1)任意抽样也叫便利抽样，是指调查人员根据自己的方便去选择样本的抽样方式。如在街头路口把行人作为调查对象，任选若干位行人进行访问调查；在商店柜台前把购买者当做调查对象，向他们中的任意部分人做市场调查等；在剧院、车站、码头等公共场所任意选择某些人进行调查。可见，任意调查完全是根据调查者的方便任意选取样本。

任意抽样法的基本理论依据是，认为被调查总体的每个单位都是相同的，因此把谁选为样本进行调查，其调查结果都是一样的。而事实上并非所有调查总体中的每一个单位都是一样的。只有在调查总体中各个单位大致相同的情况下，才适宜应用任意抽样法。

任意抽样法是非概率抽样中最简便、费用和时间最节省的一种方法。但是，如果总体中单位差异较大时，抽样误差也较大。因此，一般说来，任意抽样法多在市场初步调查或对调查情况不甚明了时采用。

(2)判断抽样是指根据调查人员的主观经验来选定样本的抽样方式。例如，要对今年福建省旅游市场状况进行调查，有关部门选择厦门、武夷山、泰宁金湖等旅游风景区作为样本调查，这就是判断抽样。判断抽样法适用于调查总体单位少、样本不太多的市场调查。

判断抽样法具有简便易行，符合调查目的和特殊需要，可以充分利用调查样本的已知资料，被调查者配合较好，资料回收率高等优点。但是，这种方法易发生主观判断而产生的抽样偏差。

基于这种情况，要充分发挥判断抽样法的积极作用，对总体的基本特征必须相当清楚，做到心中有数。只有这样，才可能使所选定的样本具有代表性、典型性，从而才可能透过对所选样本的调查研究，了解、掌握整个总体的情况。

(3)配额抽样也叫定额抽样，是指调查人员将调查总体按一定标志分类或分层，确定各类(层)单位的样本数额，在配额内任意抽选样本的抽样方式。

配额抽样和分层随机抽样既有相似之处，也有很大区别。配额抽样和分层随机抽样有相似的地方，都是事先对总体中所有单位按其属性、特征分类，这些属性、特征称之为“控制特性”，例如市场调查中消费者的性别、年龄、收入、职业、文化程度等。然后，按各个控制特性分配样本数额。但它与分层随机抽样又有区别，分层随机抽样是按随机原则在层内抽选样本，而配额抽样则是由调查人员在配额内主观判断选定样本。

配额抽样有两种：独立控制配额抽样和互相控制配额抽样。

①独立控制配额抽样是指调查人员只对样本独立规定一种特征(或一种控制特性)下的样本数额。如在消费者需求调查中，按年龄特征分别规定不同年龄段的样本数目，就属于独立控制配额抽样。人们通常把消费者的年龄、性别、收入分别进行配额抽样而不考虑三个控制特性的交叉关系。

【例 2-7】 某服装公司在某市进行服装消费需求调查，确定样本数目为 200 人，选择消费者年龄、性别、收入三个标准分类，即作为三个互相独立的控制特性，按独立控制配额抽样，见表 2-10。

表 2-10 独立控制配额抽样表

A

年龄	
18～30 岁	80
31～45 岁	60
46～60 岁	40
60 岁以上	20
总计	200

B

性别	
男	100
女	100
总计	200

C

收入	
高	40
中	60
低	100
总计	200

从表 2-10A 中可以看出，按年龄独立配额，200 个被调查者中 18～30 岁为 80 人，31～45岁为 60 人，46～60 岁为 40 人，60 岁以上为 20 人。从表 2-10B 中可以看出，按性别独立配额，200 人中男、女各 100 人。从表 2-10C 中可以看出，按收入独立配额，200 人中高

收入者占 40 人,中收入者占 60 人,低收入者占 100 人。

从表 2-10 中还可以看出,对被调查者年龄、性别、收入三个控制特性分别独立规定了样本数额,但没有规定三个控制特性之间的交叉关系。因此,调查人员在抽选不同年龄段的消费者时,完全可以不考虑其性别和收入的要求。同理,在抽选不同性别或收入的消费者时,也完全不用考虑其他两个方面的要求。

②互相控制配额抽样是指在按各类控制特性独立分配样本数额的基础上,再采用交叉控制安排样本的具体数额的抽样方式。

在例 2-7 中,如规定不同年龄段的消费者中,应考虑高、中、低收入比例为 2∶3∶5,男、女性别各占一半。采用互相控制配额抽样,见表 2-11。

表 2-11　互相控制配额抽样表

样本数 \ 收入 / 性别 / 年龄	高		中		低		总计
	男	女	男	女	男	女	
18～30 岁	8	8	12	12	20	20	80
31～45 岁	6	6	9	9	15	15	60
46～60 岁	4	4	6	6	10	10	40
60 岁以上	2	2	3	3	5	5	20
小　　计	20	20	30	30	50	50	200
合　　计	40		60		100		

表 2-11 中的数据是这样计算出来的:例如 18～30 岁年龄段样本数为 80 人,按高、中、低收入比例为 2∶3∶5 分配,这一年龄段中高收入应为 $80\times\frac{2}{10}=16$(人),男、女各半,即男 8 人、女 8 人。这一年龄段中中收入者应为 $80\times\frac{3}{10}=24$(人),男、女各半,即男 12 人、女 12 人。这一年龄段中低收入者应为 $80\times\frac{5}{10}=40$(人),男、女各半,即男 20 人、女 20 人。其他年龄段中高、中、低收入者及男、女人数依此类推。根据表 2-11,调查人员便可清楚地了解自己应该怎样抽取样本。例如 31～45 岁的被调查者中,高收入男、女各 6 人,中收入男、女各 9 人,低收入男、女各 15 人,总计 60 人。

互相控制配额抽样的一般步骤如下。

第一步:确定控制特征。调查人员可事先根据调查的目的和客观情况,确定调查对象的控制特征,作为总体分类的划分标准,如年龄、性别、收入、文化程度等。

第二步:根据控制特征对总体分层,计算各层占调查总体的比例,确定各层之间的比例关系,制定互相控制配额比例表。

第三步:确定每层的样本数。首先确定样本总数,然后根据每层占总体的比例决定每层抽取数目。

第四步:配额分配,确定调查单位。在各层抽取样本数确定后,调配人员就可在指定的样本配额限度内任意选择样本单位。

采取配额抽样法抽取样本简便易行，节省费用，也能较快地取得调查结果，而且样本不至于偏重于某一层。只要调查的项目设计得当，分析方法正确，所取得的结果也就比较可靠。

第四节　市场调查与市场预测的关系

市场研究就是通过一些方法收集市场活动的历史和现状的事实材料，并借助预测理论与方法对市场活动的未来发展趋势作出预计，推测市场活动发展变化可能达到的水平和规模，减少对未来市场活动认识的不确定性，为解决问题的方案及方案论证、评价、比较选择提供科学依据。显然市场研究包括市场调查和预测两个部分，并形成一门新兴的学科，但市场调查和预测又是不同的。

一、市场调查和市场预测的联系

市场调查和市场预测是市场研究的重要手段，它们密切相关又存在区别。市场调查的目的是了解市场活动的历史与现状，市场预测的目的则是预见市场未来的发展趋势。市场调查是市场预测的前提，调查结果不仅为市场预测提供原始的数据和资料，还可为修正预测值提供依据。市场预测要在市场调查的基础上进行科学分析，将调查中取得的资料、数据用于对未来变动趋势的预测之中，使调查结果不仅为总结市场实践经验提供依据，更有益于提高预测准确度和发现、利用市场机会发挥实际作用。

市场调查是市场预测的基础和前提。

1.市场调查可以为确定市场预测目标提供方向

企业在市场营销活动过程中需要处理的问题和矛盾很多，通过市场调查分析，可以发现问题的症结所在，从而使问题能较顺利地解决。即使不能完全解决问题，也可以为市场预测提供研究方向，帮助企业确定市场预测的目标。

2.市场调查可以为市场预测提供必需的信息资料

企业进行市场预测时，为保证预测结果的准确性，就必须对市场信息进行科学分析，从中找出规律性的东西。而市场调查获得的大量信息资料正是市场预测的资料来源，这些资料为市场预测数学模型的建立与求解提供了大量历史数据和现实数据，有助于取得较准确的预测结果。

3.市场调查方法丰富和充实了预测技术

市场调查方法大都具有简便使用、好懂易记的特点。市场预测的许多方法正是在市场调查方法的基础上充实、提高而形成的。如预测中的“专家意见法”就是吸收了市场调查的方法，经过反复实践而形成的，既简便适用，又避免了结果的不确定性和离散性。有些简单的市场调查方法，如问卷填表法、访问座谈法等，若在调查内容中加进预测项目，同样可以得到准确的预测结果。

4.市场预测的结论要依靠市场调查来验证和修订

市场预测不是凭空臆想的，而是建立在认识和把握客观规律的基础之上的一种预见和预计，是在科学理论指导下作出的有一定科学根据的假设。但假设毕竟是假设，预见不等于客观现实。市场预测的结论正确与否，最终还要由市场发展的实践来检验。因此，市场调查不仅能够检验前一段的预测结果，还能够分析、论证预测成功或失误的原因，总结经验教训，不断提高市场预测的水平。另外，在作出预测以后，也可以通过市场调查获得新的信息，对预测结果进行修正。

二、市场调查和市场预测的区别

市场调查和市场预测之间虽然存在着密切的联系，但二者并不是一回事，二者的主要区别在于：

1. 研究的侧重点不同

市场调查和市场预测虽然都研究市场上的供求关系及其影响因素，但市场调查侧重于市场现状和历史的研究，这是一种客观的描述性研究，目的是了解市场客观实际情况，弄清事实真相，并及时捕捉市场信息；市场预测则侧重于市场未来的研究，这是一种预测性研究，着重探讨市场供求关系的发展趋势及各种影响此趋势变化的因素，目的是对未来的市场作出推断和估计。

2. 研究的结果不同

进行市场调查和市场预测，其最终目的都是通过对市场的研究，为各种决策提供依据。但市场调查所获得的结果是市场的各种数据、资料和调查报告，这些都是对客观现实的反映，涉及的内容比市场预测要广泛得多，因而既可做市场预测的依据和资料，也可直接为经济管理部门和企业的日常决策提供依据。而市场预测所获得的结果是关于未来市场发展的预测报告，是一种有一定科学根据的假定，主要为制订计划和管理决策服务。

3. 研究的过程和方法不同

在市场营销活动中，由于对市场缺乏全面了解，需要进行初步的市场调查。一旦对市场有了清醒的认识，就可规划未来的发展目标，这时才需要进行市场预测。从研究方法看，市场调查的方法多属于了解情况、认识市场、捕捉信息的定性研究；而市场预测的方法则多是建立在定性分析基础上的定量测算，许多方面需要运用数学方法和建立预测模型。

市场研究是通过市场调查和市场预测收集商品从生产经营者转移到消费者过程中市场活动发展变化的市场信息，进行综合研究与系统分析，向企业经营管理者提供有价值的决策依据，实现正确决策的一种信息组织活动。市场研究在企业经营管理过程中，其任务是为企业的发展及时提供急需的各类市场信息，实现将市场与经营管理者紧密联系起来的信息沟通职能。

本章小结

市场信息是对市场运行过程与状况的客观描述，是各种经济事物运动变化状态及其相互联系的现实表现；市场调查是运用科学的方法，系统地搜集、记录、整理和分析有关市场的信息资料，从而了解市场发展变化的现状和趋势，为市场预测和经营决策提供科学依据的过程。市场调查与市场信息有着极为密切的联系，市场信息和市场调查在市场预测和决策中发挥着重要作用。

市场调查是一项涉及面广、复杂的认识活动。按照不同的角度、不同的标准，市场调查可以分为各种不同的类型；市场调查主要包括市场需求、市场环境、消费者行为、产品、销售和促销、竞争状况等相关内容的调查；市场调查应遵循客观性、针对性、科学性、全面性、经济性等原则；为了确保市场调查质量达到预期目标，市场调查各项工作的实施应按照市场调查一般程序来科学组织与安排。

市场调查方法，是市场调查者在实际调查过程中收集各种市场信息资料时所采用的各种方法。依据对市场信息获取的方式不同，市场调查可分为访问调查、问卷调查、观察调查、实验调查、文案调查等方法。在市场调查过程中，调查者在选择调查对象时可采用市场普查或市场抽样调查方式来进行资料收集和市场调查。每种市场调查方法都有其特点、适用范围和应用过程及注意事项。

市场调查和市场预测是市场研究的重要手段，它们密切相关又存在区别。通过市场调查可以了解市场活动的历史与现状，通过市场预测可以预见市场未来的发展趋势。市场调查是市场预测的前提和基础，市场预测是对市场调查中所获取的资料、数据进行科学分析，并将其用于对未来变动趋势的预测之中，不断摸索过去、现在与将来的发展趋势和规律，科学地预测未来，从而提高预测准确度和更好地发现、利用市场机会，做出正确决策。

关键概念

市场　Market　　市场信息　Market information

市场调查　Market investigation

访问调查法　Interview investigation

观察调查法　Observation investigation

实验调查法　Experiment investigation

文案调查法　Literature investigation

抽样调查法　Sampling investigation

随机抽样方法　Random sampling method

非随机抽样方法　Non-random sampling method

思考与练习

1. 企业和市场的关系怎样？
2. 市场信息的含义和特点是什么？
3. 市场调查的含义是什么？市场调查的类型有哪些？
4. 市场调查有何重要作用？
5. 市场调查的一般程序有哪些？
6. 访问调查法的特点是什么？访问调查法的分类有哪些？
7. 实验调查法的优缺点是什么？实验调查法的类型有哪些？
8. 什么是随机抽样和非随机抽样，各包括哪些方法？
9. 调查某市居民家电普及率状况，该市高、中、低层居民收入户分别为 4 500 户、15 000 户、10 500 户，若样本数目为 300 户：

(1)请用分层比例抽样法，求出高、中、低层居民家庭应各产生多少样本数目。

(2)若高、中、低收入户收入平均标准差分别为4、3、2,请用分层最佳抽样法求出高、中、低层居民家庭应各产生多少样本数目。

10. 某公司要抽取400名消费者作产品质量调查。要求调查对象年龄分布为:18～35岁占30%,36～45岁占30%,46～60岁占20%,60岁以上占20%;高、中、低收入者分别占20%、50%、30%;男、女性别各占50%。请用互相控制配额抽样分配样本数目。

【案例分析1】

对美国电话电报公司的定价策略调研

圣路易市Aragon咨询集团的调研部就AT&T(American Telephone and Telegraph Company——美国电话电报公司)的定价策略对在全国范围内随机抽取的401人进行了调查,这项定量研究是在广泛的试探性调研后实施的。调研结果显示,美国34.8%的成年人觉得15美分的固定话费率没有什么吸引力,不过,如果通话费降到每分钟9～10美分,他们会改变主意。调研还显示,19.7%的非AT&T用户无论价格水平如何都不会考虑选择AT&T。

"然而,如果所有长途电话公司的收费相同,然后让顾客进行选择的话,AT&T就成为他们的首选对象。"Aragon咨询集团的总裁格雷·米勒说,"在这种情形下,被调查者中有近51%的人愿意选择AT&T,其次选择最多的是当地电话公司(15.5%)。"近41%的AT&T的顾客说,他们注意到了公司15美分的话费率。然而,他们中仅有6.4%的人是受话费率的吸引转到AT&T的。"看起来并不是广告效果问题。人们知道他们可以选择固定话费率。"

米勒说,"事实上,被调查者中超过半数的人(50.4%)告诉我们,他们知道固定话费率服务。当谈到该项服务时,提及AT&T的为52%,Sprim为27.7%,MCI为24.8%,其他为6.9%。"

米勒说:"既然大多数顾客熟悉目前的固定话费率服务项目,电话公司就需要采取其他战略来赢得竞争。"他建议将其他服务与固定话费率组合在一起。"以AT&T的15美分固定话费率为例,几乎3/4的非AT&T的消费者说他们对这个计划不感兴趣,只有14.7%的人说有点兴趣。然而,如果电话公司提供一些额外的服务,情况将大不相同。"

Aragon的调研显示,如果将移动电话服务加入到服务组合中,移动电话顾客对15美分固定话费率的兴趣会大大提高。在这些顾客中,感兴趣的人增加到49.5%,而不感兴趣的人下降到39.7%。

类似的,Aragon的调研发现,如果可以免费上网的话,拥有家庭计算机的客户对15美分话费率更感兴趣,家庭计算机用户中对此感兴趣的比例上升到53.9%,而不感兴趣的比例下降到40.4%。

"如果向家庭计算机用户提供包括每分钟15美分话费、移动电话服务、免费上网等一揽子服务时,50%的人说他们感兴趣。"米勒说。

思考题

1. 这是一项什么性质的调研？说明理由。

2. 如果你是 AT&T 的营销经理，你将采取什么行动？

【案例分析 2】

西安葡萄酒市场消费者调查报告

一、调查方法

采用街头现场拦截面访。

二、抽样方法

样本设计实行随机抽样和非随机抽样结合的原则，即采用分群多阶段随机抽样和配额抽样法。

样本特征应满足以下条件：

1. 西安市常住人口或居住 5 年以上人口；
2. 年龄在 18～60 岁之间；
3. 知晓或购买过葡萄酒产品。

三、背景资料(此处略去)

四、数据分析

本次调查结果主要有几个特点：

(一)西安目前葡萄酒的主要消费群体以收入较高的中青年人为主，葡萄酒的消费者主要是公司职员，其所占比例占本次调查总人数的 37.9%；其次为个体经营者和商业职工，分别为 13.7%；文教科体卫工作者为 8.4%。另外，西安市葡萄酒的消费者一般是收入较高的工薪阶层，对葡萄酒消费最多的为收入在 1 001～1 500 元之间的消费者。

(二)消费葡萄酒的场合中有近一半在家里，三成左右在夜场，餐饮只占了一成。

(三)干红葡萄酒在市场中所占份额很大。由于受固有的消费习惯的影响，干红葡萄酒占到 71.6%，果酒占 12.6%，这跟葡萄酒消费引导有直接关系。

(四)西安市的葡萄酒消费市场中，品牌消费集中，长城、张裕、西夏王是在无提示情况下的三大首选知晓品牌，比例各占 69.6%、20.9%和 5.2%。长城市场反应如此之好，与长城实施的品牌战略和终端深耕策略是分不开的。

(五)从价位来看，消费者选择价位在 30～50 元的人占到 50%。在本次调查所列的酒品中，干红葡萄酒最受欢迎，被调查中 54%的人认可。这充分说明了中档干红葡萄酒是目前的一大卖点，同时葡萄酒市场在品种档次上有待进一步延伸。

(六)影响消费者选择葡萄酒品牌的主要因素有以下三个:

1. 调查结果表明,消费者选择葡萄酒时普遍最关注的是酒的口感,调查中24.7%的人持此观点;其次为品牌,选择此项的被访者占总人数的21.3%;调查中表示注重价格的占17.4%。综合起来,这些很看重口味的人主要以收入较高的中青年人为主,这也是葡萄酒市场的主要消费群体。

2. 有近一半的消费者选择的葡萄酒的价位在21~50元之间;25.7%的消费者选择20元以下的葡萄酒产品,由于他们收入偏低,因而价格成了购物时一个很重要的考虑因素。

3. 调查资料普遍反映出一个问题,即消费者选择葡萄酒时都很注重品牌,并且大部分人都选择当今最流行的葡萄酒品牌。这说明了消费者对葡萄酒的消费尚未成熟,从众心理严重。

(七)葡萄酒的价位选择特点。本次调查结果显示,价位在21~50元的中档葡萄酒目前最受西安市民欢迎,选择这一价位的人占总调查人数的42.4%,选择20元以下的葡萄酒的人数达25.7%。调查中选择价格在50元以上的人占总人数的30%,这说明高档葡萄酒的市场潜力有待很好地挖掘。

五、总结

从市场调查结果可以看出,目前葡萄酒在西安酒类市场中所占市场份额很小;消费者在选择葡萄酒时盲目从众,消费心理尚未成熟;品牌文化底蕴不足,长期战略匮乏等,这充分说明目前葡萄酒市场的运作还未真正成熟完善起来,葡萄酒制定新的营销方略势在必行。

思考题

就这份市场调查报告,讨论调查报告的结构,然后分组讨论这份报告有没有不足之处。

第三章

判断分析预测法

学习目的与要求

◉ 了解判断意见预测法的含义，通晓集合意见法、专家会议法、德尔菲法的特点和应用过程；

◉ 了解市场调研预测法的含义，掌握市场试销法、购买意向调查法、联测法的应用原理和方法；

◉ 知晓转导法、类比法的应用原理和内容；

◉ 了解主观概率法的特点和应用。

第一节 判断意见预测法

判断意见预测法是指按照预测要求，参与预测的有关人员依据自身经验知识，在个人判断基础上提出预测意见，再综合大家意见，做出市场预测的方法。它包括集合意见法、专家会议法和德尔菲法等。

一、集合意见法

集合意见法，是指企业内部经营管理人员、业务人员凭自己的经验判断，对市场未来需求趋势提出个人预测意见，再集合大家意见做出市场预测的方法。企业经营管理人员和业务人员，他们通过日常工作积累了丰富经验，掌握着大量的实际资料，他们最熟悉市场需求变化情况，对他们的意见进行充分调查并加以集中，可以对市场的未来情况做出预测。

采用集合意见法进行预测的一般步骤如下：

(1)预测组织者根据企业经营管理的要求，向参加预测的有关人员提出预测项目和预测期限的要求，并尽可能提供有关背景资料。

(2)预测有关人员根据预测要求及掌握的背景资料，凭个人经验和分析判断能力，提出各自的预测方案。在此过程中，预测人员应进行必要的定性分析和定量分析。定性分析主要分析历史的生产销售资料，目前市场状态，产品适销对路的情况，商品资源、流通渠道的情况及变化，消费心理变化，顾客流动态势等。定量分析主要确定未来市场需求的几种可能状态(如市场销路好或市场销路差等)，估计各种可能状态出现的主观概率及每种可能状态下的具体销售值。

(3)预测组织者计算有关人员的预测方案的方案期望值。方案期望值等于各种可能状态主观概率与状态值乘积之和。

(4)将参与预测的有关人员分类,如厂长(经理)类、管理职能科室类、业务人员类等,计算各类综合期望值。综合方法一般采用平均数统计法、加权平均数统计法或中位数统计法。

(5)确定最后的预测值。预测组织者将各类人员的综合期望值通过加权平均法等计算出最后的预测值。

【例3-1】 某零售企业为了预测明年烟酒销售额,要求经理和业务科、计划科、财务科及销售员做出年度销售预测。

运用集合意见法做出预测的具体步骤如下。

第一步:各位经理、科室负责人和售货员分别提出各自的预测方案意见,见表3-1、表3-2、表3-3(单位:万元)。

表3-1 经理预测方案

经理	销售估计值						期望值	权数
	销售好	概率	销售一般	概率	销售差	概率		
甲	500	0.3	420	0.5	380	0.2	436	0.6
乙	550	0.4	480	0.4	360	0.2	484	0.4

表3-2 科室负责人预测方案

科室负责人	销售估计值						期望值	权数
	销售好	概率	销售一般	概率	销售差	概率		
业务	600	0.5	400	0.2	360	0.3	488	0.3
计划	540	0.4	480	0.3	340	0.3	462	0.3
财务	580	0.3	440	0.3	320	0.4	434	0.4

表3-3 售货员预测方案

售货员	销售估计值						期望值	权数
	销售好	概率	销售一般	概率	销售差	概率		
甲	480	0.3	400	0.5	300	0.2	404	0.4
乙	520	0.3	440	0.4	360	0.3	440	0.3
丙	540	0.2	420	0.5	380	0.3	432	0.3

说明:

(1)未来的市场销售前景有三种可能性:销售好、销售一般、销售差,每一种可能性发生的机会称为概率。如销售好的概率为0.3,即指"销售好"发生的可能性有30%。销售好、销售一般、销售差三种可能性概率之和等于1。

(2)权数:由于不同人员在企业中的地位不同、权威性不同,他的预测意见的影响力也不同,如经理甲是正经理,经理乙是副经理,显然经理甲的权威性大于经理乙的权威性,因此,经理甲的权数应大于经理乙的权数。如经理甲权数为0.6,经理乙权数为0.4,两人的权数也可以是0.7和0.3,具体数字由预测人员主观确定。其他人员权数的意思也相同,凡是权威性大一些的人员,其权数也就大一些。

第二步:计算各预测人员的方案期望值。

方案期望值等于各种可能状态的销售值与对应的概率乘积之和。

如经理甲的方案期望值为：

$500\times0.3+420\times0.5+380\times0.2=436$(万元)；

业务科负责人的方案期望值为：

$600\times0.5+400\times0.2+360\times0.3=488$(万元)

售货员甲的方案期望值为：

$480\times0.3+400\times0.5+300\times0.2=404$(万元)

其他人员的方案期望值都依此计算，并填入表中。

第三步：计算各类人员的综合预测值。

即分别求出经理类、科室负责人类、售货员类的综合预测值。

综合预测值的公式为：

$$\hat{Y}=\frac{\sum W_i\hat{Y}_i}{\sum W_i}$$

式中：$\hat{Y}$——某类人员综合预测值；

$\hat{Y}_i$——某类人员的方案期望值；

W_i——某类人员的方案期望值权数。

经理类综合预测值为：

$$\frac{436\times0.6+484\times0.4}{0.6+0.4}=455\text{(万元)}$$

科室负责人类综合预测值为：

$$\frac{488\times0.3+462\times0.3+434\times0.4}{0.3+0.3+0.4}=459\text{(万元)}$$

售货员类综合预测值为：

$$\frac{404\times0.4+440\times0.3+432\times0.3}{0.4+0.3+0.3}=423\text{(万元)}$$

第四步：确定最后预测值。

对三类人员的综合预测值应用加权平均法再加以综合。由于三类人员的综合预测值的重要程度是不同的，所以应当为三类人员综合预测值给予不同的权数。现假定：经理类权数为 4，科室负责人类权数为 3，售货人员类权数为 2(权数可以是小数，也可以是正整数)。

最后预测值为：

$$\frac{455\times4+459\times3+423\times2}{4+3+2}=\frac{1\ 820+1\ 377+846}{9}=449\text{(万元)}$$

二、专家会议法

专家会议法，是指邀请有关方面的专家，通过会议的形式，对市场未来需求趋势或企业某个产品的发展前景做出判断，并在专家们分析判断的基础上，综合专家们的意见，进行市场预测的方法。

如预测某地区彩电普及率达 80%的时间，这一预测就可以由专家会议法来完成。

专家会议法预测能否取得成功、能否顺利，很大程度上取决于专家的选择。专家应符合以下要求：

(1)专家要有丰富的经验和广博的知识。专家一般应具有较高学历，有丰富的与预测课题相关的工作经验，思维判断能力敏锐，语言表达能力较强。

(2)专家要有代表性。专家组应由各个方面的专家组成，如市场营销专家、管理专家、财务专家、生产技术专家等。

(3)专家要有一定的市场调查和市场预测方面的知识和经验。

专家会议法的实施步骤如下：

(1)邀请专家参加会议。邀请出席会议的专家人数不宜太多，也不能太少，一般以8～12人为好，要包括各个方面的有关专家，都能独立思考，不受一两个权威所左右。

(2)会议主持人提出预测题目，要求大家充分发表意见，提出各种各样的方案。主持人不要谈自己持有的设想、看法或方案，以免影响与会专家的思路。对专家所提出的各种各样的方案和意见，不应持否定态度，应表示欢迎。

(3)强调会议上不要批评别人的方案，大家畅谈自己的方案，敞开思想，各谈各的，方案多多益善。会议气氛应民主、活跃，大家畅所欲言。

(4)会议结束后，主持人再对各种方案进行比较、评价、归类，最后确定预测方案。

为了使专家会议法取得成效，会议前也需要进行一定的调查研究，提供一定的资料，如市场动态资料，不同厂家所生产的同类产品的质量、性能、成本、价格对比资料，以及同类产品的历史销售资料，等等。同时，会议前也需要做一些组织准备工作。组织准备工作中有两个问题：①如何选择专家，包括确定专家的数目。②如何让专家充分发表意见。在专家会议上，会议主持人应让与会者畅所欲言，各抒己见，自由讨论；召集会议的预测者不发表可能影响会议的倾向性观点，只是广泛听取意见，在充分讨论的基础上，综合各专家的意见，形成有关市场未来变化发展的趋势或某一产品未来需求前景的预测结果。

专家会议法的优点是：与会专家能自由发表意见，各种观点能互相启发、互相借鉴，有利于集思广益，有利于各种意见得到修改、补充和完善。同时，专家会议法节省时间，节省费用，应用灵活方便。专家会议法的缺点是：会议上与会人员易受个别有权威的专家所左右，导致意见一片倒。由于与会人员的个性和心理状态，如不愿发表与多数人不同的意见，出于自尊心不愿当场修改原来发表过的、即使是根据不充分的意见，因此，会议的最后综合意见可能并不完全反映与会专家的全部正确意见。但是，在难以进行量的分析的情况下，专家会议法不失为很有实用价值的预测方法。

三、德尔菲法

德尔菲法也叫专家小组法，是美国兰德公司在20世纪40年代末所首创，最先用于科技预测，20世纪60年代以来在市场预测中也得到广泛应用。德尔菲(Delphi)是阿波罗神殿所在地的希腊古城之名，传说阿波罗是预言神，众神每年集会于德尔菲以预测未来。

德尔菲法是为了克服专家会议法的缺点而产生的一种新的专家预测方法。所谓德尔菲法，是指采用背对背的通信函询方式征询专家小组成员的预测意见，经过几轮征询，使专家小组预测意见趋于集中，最后做出符合市场未来发展趋势的预测结论。如果说专家会议法是专家们面对面开会进行预测，那么，德尔菲法就是专家们以“背靠背”方式进行预测，即专家之间互不往来，彼此之间都不知道对方是谁。采用“背靠背”的形式，就克服了在专家会议法中经常发生的各专家不能充分发表意见，权威人物的个人意见往往左右其他人的意见等弊病。各位专家能真正充分地发表自己的预测意见。

德尔菲法的一般步骤为：

1．确定预测题目，选定专家小组

确定预测题目即明确预测目的和对象，选定专家小组则是决定向谁做有关的调查。这两点是有机地联系在一起的，即被选定的专家必须是对确定的预测对象具有丰富知识的人，既包括理论方面的专家，也包括具有丰富实际工作经验的专家，这样组成的专家小组才能对预测对象提出可信的预测值。专家人数一般为10～20人。

2．制定征询表，准备有关材料

预测组织者要将预测对象的调查项目按次序排列绘制成征询表，准备向有关专家发送。同时还应将填写要求、说明一并设计好，使各专家能够按统一要求做出预测值。

3．采用匿名方式进行多轮函询

第一轮：预测组织者将预测课题、征询表和背景材料邮寄给每位专家，要求专家一一作答，提出个人初步预测结果。

第二轮：预测组织者将第一轮汇总整理的意见、预测小组的要求和补充的背景材料反馈给各位专家，进行第二轮征询意见。

专家们在接到第二轮资料后，可以了解其他专家的意见，并由此做出新的预测判断，他们既可以修改自己原有的意见，也可以仍然坚持第一轮的意见，并将第二轮预测意见按期寄给预测组织者。

第三轮：预测组织者将第二轮汇总整理的意见、补充材料和预测小组的要求反馈给各位专家进行第三轮征询意见。要求每位专家根据收到的资料再发表第三轮的预测意见。专家们将第三轮意见（修改的或不修改的）再次按期寄回。这样，经过几次反馈后，各位专家对预测问题的意见会逐步趋于一致。

4．运用数学统计分析方法对专家的最后一轮预测意见加以处理，做出最后的预测结论

用德尔菲法征询专家意见一般要求在三轮以上，只有经过多次的征询，专家们的看法才能更加成熟、全面，并使预测意见趋于集中。

一般采用平均数法和中位数法处理专家们的预测数据，得出最终预测值。

（1）平均数法

$$Y=\frac{\sum X_i}{n}$$

式中：X_i——各位专家的预测值；

n——专家人数。

（2）中位数法

中位数的位置为 $i=\frac{n+1}{2}$。具体做法是：将最后一轮专家的预测值从小到大排列，遇到重复的数值舍去，那么中位数所处的位置（第$\frac{n+1}{2}$位）的数据就是中位数。

【例3-2】　某企业开发一种新产品，相关人员难以确定新产品的年销售量，因而聘请10位专家用德尔菲法进行预测。具体数据见表3-4。

表 3-4　德尔菲法预测值汇总表　　单位:万台

专家编号 / 专家意见 / 征询次数	1	2	3	4	5	6	7	8	9	10
第一轮	70	80	75	52	75	45	50	60	54	63
第二轮	70	75	73	55	65	47	54	65	60	63
第三轮	70	73	70	62	72	55	58	60	63	65

从表 3-4 中不难看出,在发表第二轮预测意见时,大部分的专家都修改了自己的第一轮预测意见,只有编号为 1 和 10 的专家坚持自己第一轮的预测意见。专家们发表第三轮预测意见时也都作了相应改变。经过三轮征询后,专家们预测值的差距在逐步缩小。在第一轮征询中,专家的最大预测值是 80,与最小预测值 45 相差 35;第二轮征询中,专家的最大预测值 75 与最小预测值 47 相差 28;第三轮征询中,专家的最大预测值 73 与最小预测值 55 相差 18。

若用平均数法确定最终预测值,则:

$$
\begin{aligned}
Y &= \frac{\sum X_i}{n} \\
&= \frac{70+73+70+62+72+55+58+60+63+65}{10} \\
&= \frac{648}{10} = 64.8(\text{万台})
\end{aligned}
$$

即预测新产品年销售量为 64.8 万台。

若用中位数法确定最终预测值,则步骤如下:

首先,将表 3-4 中专家第三轮预测值按其数值从小到大排列:55,58,60,62,63,65,70,72,73(有两个 70,舍去 1 个)。其次,确定中位数所在的位置,$i=\frac{n+1}{2}=\frac{9+1}{2}=5$。那么,第 5 个数据为中位数。即预测新产品的年销售量为 63 万台。

德尔菲法是定性预测法中的一种常用的方法。

德尔菲法具有以下特点:

(1)匿名性。背靠背地分头向各位专家征询意见。参加预测小组的专家互不见面,姓名保密,只需同预测组织者单独联系。匿名性比召开专家会议面对面地讨论好,使专家打消顾虑,能独立思考判断,既依靠了专家,又克服了专家会议法的缺点。

(2)反馈性。向一组专家轮番分头征询意见,每次征询都要把预测组织者的要求和各位专家匿名的意见反馈给全组专家,使各位专家在了解各种不同意见及其理由、掌握全局情况的基础上,开拓思路,提出独立的新见解。

(3)统计性。对专家经过多次轮番征询意见和反馈后,意见渐趋一致,用统计方法加以集中整理,可以得出定量化的综合预测结果。

德尔菲法和专家会议法同属于专家意见法,它们都适用于缺乏数据资料的市场预测。与专家会议法相比较,德尔菲法的优点是:参与预测的专家能独立思考,各抒己见,能充分表达个人的预测判断,不受权威人物的影响,可以参考别的专家的看法,避免主观片面性,提高预测质量。德尔菲法的主要缺点是：轮番函询需花费较长的时间，预测主要是凭借专家的主观判断，缺乏一定的客观标准。

第二节　市场调研预测法

市场调研预测法，是指预测者以市场调查获得的直接资料为依据，经过分析、测算，对市场未来的需求状况做出预测的方法。

市场调研预测法与其他定性预测法（如各种经验判断分析法）相比较，具有预测结果较为客观的特点。市场调研预测法根据直接调查获得的客观实际资料进行分析推断，人为主观判断较少，可以在一定程度上减少主观性和片面性，故也有人称其为客观性市场预测方法。市场调研预测法的另一个特点是适用性较强，尤其是在缺乏历史资料的情况下，通过直接调查，也能获得较为可靠的预测结果，如新产品的需求预测等。市场调研预测法主要包括市场试销法、购买意向调查法、联测法等。

一、市场试销法

市场试销法是指试销商品在小范围内进行销售实验，直接调查消费者对试销商品的反应和喜爱程度，并以此调查资料为依据进行市场预测的方法。

试销的商品一般是指尚未在当前市场上销售过或还未正式进入市场的新产品或改进的老产品。这种方法应用范围广泛，凡是试制的新产品或老产品改变了性能、款式、花色、包装、价格等，预测其市场销售前景时，均可采用此法。市场试销方式是多样的，如可设试销专柜或建立试销门市部，也可委托商店试销。因为市场试销要求顾客直接付款购买，所以能够真实地了解顾客对试销商品的购买态度；了解消费者对产品花色、外观、质量的意见；了解产品价格是否合适，以及顾客消费量等市场需求情况。所以通过市场试销，可依据销售实验数据资料进行预测。

应用市场试销法进行预测，其公式如下：

$$Y=QND$$

式中：Y——年销售预测值；

Q——每单位用户（家庭）年内平均消费量；

N——整个市场的用户（家庭）总数；

D——用户中重复购买率。

【例 3-3】 某日用化工厂试制出一种新型洗衣粉，选择某城市某一典型区域试销该产品。试销结果显示，有 35% 的家庭购买过这一种洗衣粉，其中又有 24% 的家庭重复购买，每户家庭平均购买 4.5 袋新型洗衣粉。该市有居民 16 万户。根据试销资料，预测新型洗衣粉在该市的年销售量。

根据题意可知：$N=16$ 万户，$Q=4.5$，D 是未知的。

第一步，计算重复购买率：

$D=35\%\times24\%=8.4\%$

第二步，计算新型洗衣粉的年销售量预测值：

$Y=QND$

=4.5×16×8.4%

=6.048(万袋)

这表明,在该市新型洗衣粉年销售量预测值达6.048万袋。

二、购买意向调查法

购买意向调查法在国外也称买主意向调查法,这种调查法是指通过一定的调查方式(如抽样调查、典型调查等)选择一部分或全部的潜在购买者,直接向他们了解未来某一时期(即预测期)购买商品的意向,并在此基础上对商品需求或销售做出预测的方法。在缺乏历史统计数据的情况下运用这种方法,可以取得数据资料,做出市场预测。

应用购买意见调查法时,首先,要把消费者的购买意向分为不同等级,用相应的概率来描述其购买可能性大小。一般分为5个等级:"肯定购买",购买概率是100%;"可能购买",购买概率是80%;"未确定",购买概率是50%;"可能不买",购买概率是20%;"肯定不买",购买概率为0。具体见表3-5。

表3-5 购买意向分级

购买意向	肯定购买	可能购买	未确定	可能不买	肯定不买
概率描述(P)	100%	80%	50%	20%	0

其次,向被调查者说明所要调查的商品的性能、特点、价格,市场上同类商品的性能、价格等情况,以便使购买者能准确地做出选择判断,并请被调查者明确购买意向,即属于表3-5五种购买意向中的哪一种。

再次,对购买意向调查资料进行综合,列出汇总表,见表3-6。

表3-6 购买意向汇总表

购买意向	肯定购买	可能购买	未确定	可能不买	肯定不买
概率描述(P)	100%	80%	50%	20%	0
人数(户数)X_i	X_1	X_2	X_3	X_4	X_5

从表3-6可以清楚知道,表示"肯定购买"有多少人(户),"可能购买"有多少人(户)……"肯定不买"有多少人(户)。

最后,计算购买比例的期望值,再计算购买量的预测值。

购买比例的期望值公式如下:

$$E=\frac{\sum P_iX_i}{\sum X_i}$$

式中:P_i——不同购买意向的概率值;

X_i——不同购买意向的人数(户数)。

购买量预测值公式如下:

$$Y=EN$$

式中:E——购买比例的期望值;

N——预测范围内总人数(总户数)。

【例3-4】 某电器销售公司要预测某市下半年音响设备的销售量,对该市居民进行音响设备购买意向调查。该市居民为 12 万户，样本为 300 户。调查资料显示："肯定购买"4 户，"可能购买"10 户，"未确定"20 户，"可能不买"110 户，"肯定不买"156 户。

(1)计算购买比例期望值

$$E=\frac{\sum P_iX_i}{\sum X_i}$$

$$=\frac{4\times100\%+10\times80\%+20\times50\%+110\times20\%+156\times0}{300}$$

$$=\frac{4+8+10+22}{300}=14.7\%$$

(2)计算下半年音响设备销售量预测值

$Y=EN=14.7\%\times12=1.764$(万件)

即该市下半年音响设备销售量预测值为 1.764 万件。

购买意向调查法一般适用于高档耐用消费品和生产资料等商品销售的预测，因为这些商品的购买都需要事先计划；而一般消费品购买不必经过事先计划，故很难了解购买意愿，使用购买意向调查法的效果不好。值得指出的是，当市场上有多种性能、价格都类似的产品存在时，企业很难就某种特定的产品进行购买意向的调查，因为不少消费者往往要到商店现场购买时，才能决定买何种牌号的产品。购买意向调查法也用来预测对商品花色、品种、款式、规格、价格等方面的需求，以便生产经营企业能向市场提供适销对路的产品。

三、联测法

联测法是指以某一企业的调查资料或某一地区抽样调查资料为基础，进行分析、判断、联测，从而预测某一行业或整个市场的需求量的方法。

由于主、客观条件的限制，企业不可能对整个市场进行全面普查，只能是局部普查或抽样调查。因此，在许多情况下，运用局部普查资料或抽样调查资料，经过分析、判断，对整个行业或整个市场进行联测，就成为客观需要。运用联测法，其关键在于局部普查资料应具有典型性，抽样调查的样本应是总体的缩影，即能反映总体的面貌特征。

下面举一个具体例子说明联测法的具体应用。

【例 3-5】 某电冰箱厂为了开拓 4 个城市电冰箱的需求市场，用联测法预测 2013 年 4 个城市电冰箱总需求量。

用 X_1、X_2、X_3、X_4 分别代表企业要开拓电冰箱销售的 4 个城市市场。居民对电冰箱的需求与居民收入水平、供电和住宅状况有关，而 X_1、X_2、X_3、X_4 4 个城市的居民收入、住房条件、供电状况大致相同。因此，可以用对某一城市电冰箱需求作抽样调查，如对 X_1 城市做调查，并以这一城市抽样调查资料为依据，联测其他 3 个城市的电冰箱需求量。其具体步骤如下。

第一步：收集 4 个城市 2012 年电冰箱销售数字和居民户数的资料，并计算销售率。通过间接调查，这一方面资料如表 3-7 所示。

表 3-7　2012 年电冰箱销售资料

市　　场	X_1	X_2	X_3	X_4
实际销售量(台)	6 000	7 600	8 400	5 300
居民家庭(万户)	4	5.2	6	3.5

$$\text{销售率 } C_i=\frac{\text{实际销售量}}{\text{居民户数}}$$

4 个城市 2012 年电冰箱销售率分别为：

X_1 城市销售率 $C_1=\frac{6\ 000}{40\ 000}=0.15$

X_2 城市销售率 $C_2=\frac{7\ 600}{52\ 000}=0.146$

X_3 城市销售率 $C_3=\frac{8\ 400}{60\ 000}=0.14$

X_4 城市销售率 $C_4=\frac{5\ 300}{35\ 000}=0.151$

第二步：计算 4 个城市 2013 年的电冰箱需求率。

由于对 X_1 城市居民进行抽样调查，得知每百户居民电冰箱需求量为 11 台。若用 D_i 表示需求率，则：

X_1 城市需求率 $D_1=\frac{\text{居民需求量}}{\text{居民调查户数}}=\frac{11}{100}=0.11$

对 X_2、X_3、X_4 城市没有进行抽样调查，它们的电冰箱需求率 D_2、D_3、D_4 无法直接求得。但通过联测可以间接求得。

由于 4 个城市 2012 年销售率差异可以近似反映 4 个城市 2013 年需求的差异，这样，两个城市的销售率之比近似等于两个城市需求率之比。即：

$$\frac{D_2}{D_1}=\frac{C_2}{C_1}\left(\text{或}\frac{D_3}{D_1}=\frac{C_3}{C_1},\frac{D_4}{D_1}=\frac{C_4}{C_1}\right)$$

由此，不难求出 X_2、X_3、X_4 城市的需求率 D_2、D_3、D_4。

$D_2=\frac{C_2}{C_1}D_1=\frac{0.146}{0.15}\times 0.11=0.107$

$D_3=\frac{C_3}{C_1}D_1=\frac{0.14}{0.15}\times 0.11=0.103$

$D_4=\frac{C_4}{C_1}D_1=\frac{0.151}{0.15}\times 0.11=0.11$

第三步：根据城市需求率推算 4 个城市电冰箱需求量。

$$\text{需求量}=\text{需求率}\times\text{居民户数}$$

X_1 城市需求量$=0.11\times 40\ 000=4\ 400$(台)

X_2 城市需求量$=0.107\times 52\ 000=5\ 564$(台)

X_3 城市需求量$=0.103\times 60\ 000=6\ 180$(台)

X_4 城市需求量$=0.11\times 35\ 000=3\ 850$(台)

最后，确定 4 个城市 2013 年电冰箱需求量预测值：

$Y=4\ 400+5\ 564+6\ 180+3\ 850=19\ 994$(台)

以上就是仅根据 X_1 城市抽样调查资料而联测出 X_2、X_3、X_4 3 个城市的需求量。

第三节　转导法与类比法

转导法与类比法都是利用间接资料，经过分析、类比、判断，了解市场发展前景，测算预测值的方法。

一、转导法

转导法也称连续比率法，是以间接调查所得的某项经济指标预测值为基础，依据该指标与预测目标间相关比率的资料，转导出预测值的一种方法。这种方法简便易行，在市场预测中被广泛采用。转导法预测模型为：

$$Y = G(1+k)\eta_1\eta_2\cdots\eta_n$$

式中：Y——预测目标下的预测值；

G——本期某个参考经济指标观察值；

k——参考经济指标下增或减的比率；

$\eta_1\eta_2\cdots\eta_n$——预测目标与参考经济指标间客观存在的相关经济联系的比率系数；

n——相关经济联系的层次数。

【例 3-6】 某服装商店经营各类服装，现在要预测商店儿童服装 2013 年在当地市场的销售额。

可按以下步骤进行预测：

(1)取得有关的间接资料。首先，通过国家政府或当地政府所公布的资料，收集当地市场 2012 年的商品零售总额及与 2012 年比较 2013 年的增长速度。假设当地市场 2012 年的商品零售总额为 85 亿元，2013 年的增长速度为 8%。然后，经过调查，收集当地服装市场占地区零售总额的比重、该商店经营服装在当地服装市场中的市场占有率和该商店的儿童服装占商店服装销售额的比重等资料。假设分别为 10%、3%和 20%。

(2)将收集的资料代入转导预测模型，便可计算出 2013 年商店在当地市场上儿童服装的销售额预测值为 550.8 万元。即：

$$\begin{aligned} Y &= 850\,000\times(1+8\%)\times0.1\times0.03\times0.2 \\ &= 550.8(\text{万元}) \end{aligned}$$

(3)对市场进行分析。550.8 万元仅仅是企业在当地市场上儿童服装的销售总额预计值。为了使销售计划更符合实际，还需要对市场进行分析。首先，要分析当地儿童服装市场上的竞争情况，对自己及主要竞争对手在市场上的竞争实力及企业市场占有率的变化要做到心中有数；其次，要分析儿童服装市场需求变化情况，如服装的式样、规格、面料质量与花色等的需求倾向变化情况，同时还要对 80%以上的消费者能够接受的价格水平进行预测；最后，分析企业采取何种促销手段使消费者更容易接受。根据以上分析，就能对下年度当地市场儿童服装销售总量作一个明确的预测结论。

二、类比法

类比法是遵循类比原则，把预测目标与其同类的或相似的先行事物加以对比分析，来推断预测目标未来发展趋向与可能水平的一种预测方法。类比法的应用形式很多,如由点推算面,由局部类推整体,由类似产品类推新产品,由相似国外市场类推国内市场等。类比法一般适用于开拓新市场,预测潜在购买力和需求量,预测新商品长期的销售变化规律等。它适合于中、长期的预测。

1.由点到面的类比

它广泛适用于一般消费品和耐用消费品的需求量预测。比如,通过典型调查或抽样调查,某市彩电年销售率为4%(即销售数与百户居民数之比,也就是每百户居民中有4户购买彩电),以此销售率来推算其他城市的彩电销售率。

【例3-7】 某市2009—2012年组合音响的销售率平均为4.5%,用类比法预测某省8个城市180万户家庭2013年组合音响的销售量。

计算如下:

2013年组合音响的销售量=180×4.5%=8.1(万台)

计算结果表明,某省8个城市2013年将向180万户家庭销售组合音响8.1万台。

许多消费品的需求量可以采用由点到面或由部分到全部的类比推算预测法求得短、近期预测值。

2.以国外同类产品销售趋势来预测

这种推算方法是把所要预测的产品市场同国外同类产品市场的发展过程或变动趋向相比较,找出某些共同的相类似的变化规律性,用来推测目标的未来变化趋向。比如,可以参照国外某些产品更新换代过程的时间及条件来分析预测我国同类产品更新换代的时间。

例如,在日本吸尘器市场需求发展过程中,1966年时,日本国民经济的人均收入达到1 000美元,1970年吸尘器普及率达到68.3%。我国和日本同属东方国家,人民生活习惯也相近,在20世纪80年代初步形成一定吸尘器市场需求,考虑在20世纪末国民经济人均收入可以达到1 000美元,为此,以日本1970年吸尘器普及率为我国2000年吸尘器普及率的预测值,以1982年我国居民吸尘器普及率0.15%为起点,再参照日本吸尘器市场1970年之前普及率发展的不同阶段,将1983—2000年发展过程相应划分为两个不同阶段:1983—1990年和1991—2000年。类推出两个不同阶段的普及率增长量分别为3%和6%。那么,就可以先计算出1983—2000年逐年的普及率,再考虑逐年的全国居民户数,进一步测算出吸尘器市场逐年的需求量。

3.以国内相近产品类推新产品

这种对比类推往往用于新产品开发预测,以相近产品的发展变化情况来类比预测某种新产品的发展方向和变化趋势。可以举几个例子加以说明:如有的日用化工厂为了发展新产品,根据市场调查了解到牙膏生产与销售和糖果有类似之处,它们都需要放入口内,因此,都有一个如何选择色、香、味的问题。过去人们喜欢吃水果糖,日用化工厂生产了香型牙膏,如留兰香型、橘子香型牙膏等;在国外,前几年男女老幼都喜欢吃各式巧克力糖,因此,牙膏也制成巧克力香型,取名为"爱的可乐",结果销路很好,青年人尤其喜欢使用。

以上实例表明,用相近产品类推新产品往往可以收到意想不到的效果,其应用范围也日益广泛。例如,人参酒是由饮用酒发展到营养酒和药酒的新品种,许多牙膏也发展了药物牙膏以防治牙病。由此可见,把类比法用于新产品的市场预测,是一种常用且有效的预测方法。类比法广泛应用于:商品寿命周期的分析预测,新产品的分析预测,中、长期某些商品的销售量预测以及由点到面、由局部到整体的预测等。

第四节　主观概率法

一、主观概率法的概念及其特点

(一)主观概率法的概念

主观概率法是预测者对预测事件发生的概率(即可能性大小)做出主观估计,或者说对事件变化动态的一种心理评价,然后计算它的平均值,以此作为预测事件结论的一种定性预测方法。

主观概率是预测者对经验结果所做主观判断的度量,即可能性大小的确定。主观概率也必须符合概率论的基本定理,即:

$$\begin{cases} 0 \leqslant P(E_i) \leqslant 1 \\ \sum P(E_i) = 1 \end{cases} \quad (i = 1,2,3,\cdots,n)$$

式中,E_i 为实验样本的一次事件。这个基本定理的含义是:第一,所确定的概率必须大于或等于 0,且小于或等于 1;第二,经验判断所需的全部事件中各个事件概率之和必须等于 1。

在市场预测中由于缺乏历史数据,难以按照“大数”规律来确定预测事件出现的客观概率,只能凭经验来判断事物的可能性;或者当专家意见很不一致,难以协调时,也可结合主观概率法进行推断。

(二)主观概率法的特点

主观概率是一种心理评价,判断中具有明显的主观性。对同一事件,不同人对其发生的概率判断是不同的,主观概率的测定因人而异,受人的心理影响较大。某一判断要接近实际,主要取决于预测者的经验、知识水平和对预测对象的把握程度。

在实际中,主观概率与客观概率的区别是相对的,因为任何主观概率总带有客观性,预测者的经验和其他信息是市场客观情况的具体反映,因此不能把主观概率看成纯主观的东西。另一方面,任何客观概率在测定过程中都难免带有主观因素,因为实际工作所取得的数据资料很难达到“大数”规律的要求。所以在现实中,即无纯客观概率,又无纯主观概率。

二、主观概率法的应用

每一个预测者对同一事件所得出的主观概率是不同的,这样可以得到一系列主观概率的正态分布。如一个预测者认为未来某一商品销售量超过 1 600 台的主观概率是 0.125,超过 1 400 台的主观概率是 0.5,超过 1 200 台的主观概率是 0.875。

主观概率的正态分布取决于分布的平均值,$\overline{X}=1\ 400$ 台。标准差 S 可依据下列公式确定:

$$S = \frac{X - \overline{X}}{t}$$

式中:t——对应于 X 的主观概率的分布值(可以查标准正态分布表得到);

X——销售量预测值。

只要掌握预测者的主观概率正态分布,就可以根据这个分布进一步推测一系列的主观概率。

例如,某企业的某种商品月平均销售量为 1 400 台,某专家判断下个月销售量将超过 1 600台,其概率是 12.5%,试根据这位专家的主观概率的分布推断下个月销售量超过1 150 台的概率。

已知主观概率的分布中心是 $\overline{X}=1\ 400$ 台,销售预测值为 1 600 台,$X>1\ 600$ 的主观概率 $P=0.125$,查标准正态分布表得相应于 $P=0.125$(或者 $1-P=0.875$)的分布值是 $t=1.15$。于是,这位专家的主观概率分布的标准差可以确定如下:

$S=(X-\overline{X})/t=(1\ 600-1\ 400)/1.15=174$(台)

这样,他的主观概率的分布是以 1 400 台为平均值,174 台为标准差的正态分布。根据这个规律,并采用公式 $t=\dfrac{X-\overline{X}}{S}$,可以预测有关销售量情况的主观概率。

例如要预测 $X>1\ 150$ 的主观概率,只要将 $X=1\ 150$,$\overline{X}=1\ 400$,$S=174$ 代入 $t=\dfrac{X-\overline{X}}{S}$,即得:

$$t=\frac{1\ 150-1\ 400}{174}=-1.436\ 8$$

再查正态分布表,当 $t=-1.436\ 8$ 时,概率是 0.924,即 92.4%。

这个例子说明:①如果知道预测者的主观概率的分布规律,就不必对他进行提问,而只要用公式 $t=\dfrac{X-\overline{X}}{S}$ 和标准正态分布表,就可以预测相应于任何一个 X 的主观概率。②如果知道预测者的主观概率的分布规律,还可以用其检查通过提问得到的主观概率的准确性。例如,预测者认为 $X>1\ 150$ 的概率是 85%,而根据分布规律,这个概率应是 92.4%。

本章小结

判断意见预测法包括集合意见法、专家会议法和德尔菲法等。集合意见法,是指依据企业内部经营管理人员、业务人员的经验判断,对市场未来需求趋势先提出个人预测意见,再集合大家意见做出集体市场预测的方法。专家会议法,是邀请有关方面的专家,通过会议的形式,对市场未来需求趋势做出判断、分析和讨论,集思广益,最后综合专家们的意见进行市场预测的方法。德尔菲法,是采用“背对背”的通信函询方式征询相关专家的预测意见,经过几轮征询,各位专家对市场未来需求趋势进行独立预测和不断修正,使专家小组预测意见趋于集中,最后做出市场未来发展趋势的预测结论。

市场调研预测法,是预测者以市场调查获得的直接资料为依据,经过分析、测算,对市场未来需求状况做出预测的方法,包括市场试销法、购买意向调查法、联测法等。市场试销法指试销商品在小范围内进行销售实验,直接调查消费者对试销商品的反应和喜爱程度,并以此调查资料为依据进行市场预测的方法。购买意向调查法,是指通过一定的调查方式选择一部分或全部的潜在购买者,直接向他们了解未来某一时期购买商品的意向,并在此基础上对商品需求或销售做出预测的方法。联测法是指以某一企业的调查资料或某一地区抽样调查资料为基础,进行分析、判断、联测,从而预测某一行业或整个市场需求量的方法。

转导法与类比法都是利用间接资料，经过分析、类比、判断，了解市场发展前景，测算预测值的方法。转导法是以间接调查所得的某项经济指标预测值为基础，依据该指标与预测目标间相关比率的资料，转导出预测值的一种方法。类比法是遵循类比原则，把预测目标与其同类的或相似的先行事物加以对比分析，来推断预测目标未来发展趋向与可能水平的一种预测方法。

主观概率法是预测者对预测事件发生的概率做出主观估计，然后计算它的平均值，以此作为预测事件结论的一种定性预测方法。主观概率是对事件变化动态的一种心理评价，判断中具有明显的主观性。但在市场预测中如果缺乏历史数据，难以按照"大数"规律来确定预测事件出现的客观概率时或者当专家意见很不一致，难以协调时，可以结合主观概率法进行推断。只要掌握预测者的主观概率的正态分布规律，就可以根据这个分布进一步推测其一系列的主观概率。

关键概念

集合意见法　Gathering view　　专家会议法　Specialist meeting

德尔菲法　Delphi method

市场调研预测法　Market research prediction

市场试销法　Market selling test

购买意向调查法　Buying inclination investigation

联测法　Related prediction　　转导法　Deriving prediction

类比法　Analogy prediction

主观概率法　Subjectivity probability prediction

思考与练习

1. 专家会议法的含义及步骤是什么？

2. 德尔菲法的含义及步骤是什么？它有何特点？如何统计结果？

3. 什么是市场调研预测法？它包括哪些方法？

4. 转导法与类比法的原理是什么？

5. 联测法的预测步骤及其预测方法是什么？

6. 什么是主观概率法？

7. 某企业预测明年A牌化妆品的销售额，各类人员的预测方案如表3-8所示。经理类、科室管理人员类、业务员类权数各为5、3、2。请用集合意见法预测明年A牌化妆品的销售额。

8. 某企业开发生产新型洗发露在某地试销，有28%的居民家庭使用过，其中有15%的家庭重复购买。每个家庭年均购买11盒洗发露。假设该地有居民12.5万户，请用市场试销法预测该地新型洗发露的年销售量。

表 3-8　销售额预测

	权数	销售状况好	概率	销售状况一般	概率	销售状况差	概率
经理甲	0.6	600	0.3	560	0.5	500	0.2
经理乙	0.4	540	0.2	520	0.5	500	0.3
业务科	0.4	650	0.4	600	0.4	550	0.2
财务科	0.3	550	0.2	500	0.5	400	0.3
技术科	0.3	600	0.2	560	0.5	500	0.3
业务员甲	0.3	700	0.3	660	0.5	600	0.2
业务员乙	0.3	600	0.3	560	0.5	500	0.2
业务员丙	0.4	660	0.2	600	0.4	560	0.4

9. 某家电公司在某市抽选150户居民调查微波炉购买意向。表示肯定购买的有12户，可能购买的有45户，未确定的有40户，可能不买的有28户，肯定不买的有25户。该市有居民20.8万户，请用购买意向预测法预测该市微波炉的年销售量。

10. 某洗衣机厂收集到2012年4个城市的洗衣机销售量资料和居民户数资料，如表3-9所示。该厂又对x_1城市进行抽样调查，得知2013年每百户居民对洗衣机的需求量为9台，请用联测法预测2013年4个城市洗衣机的总需求量。

表 3-9　2012年4个城市洗衣机销售状况表

市　　场	x_1	x_2	x_3	x_4
实际销售量(台)	2 500	2 100	3 600	4 000
居民家庭(万户)	8.2	7.4	10.6	11.2

11. 某市有21.2万户居民，现有录像机普及率为25%，有关专家预测6年后可达饱和普及率90%。若录像机平均使用寿命为6年，请预测下一年度该市录像机的需求量。

【案例分析】

市场预测出了什么问题?

一、痛定思痛:市场预测出了问题

2005年春天，贵州赵先生旅居美国的朋友聊起在美国颇受欢迎的一种血糖仪，这种家庭型仪器从手指取出一小点血，通过配套的试纸可以每天动态监测血糖指标状况，从而指导日常饮食。该血糖仪配套的试纸价格较贵(每天两条试纸，共计人民币8元)，但它比通过尿液来检测的同类仪器更为准确，还能给痛苦的糖尿病人解决科学、适度控制饮食的问题，是糖尿病人理想的家庭诊断仪器。赵先生知晓中国的糖尿病人有3 000万，即使按万分之一的市场份额，其市场空间仍是可观的。于是赵先生激动地把经销国外血糖仪的"点子"告诉了一位做医疗仪器的朋友，说服他从日本进口了100台这种血糖仪，并窃喜赚钱的时候来了。

然而，春去夏来，血糖仪的销路并不如所预测的乐观，寥寥几台的销售“业绩”，并没有给赵先生及朋友带来预期的利润。赵先生开始反思，难道是市场预测出了问题？

二、诊断：修正预测之谬误

中国是具有几千年文化传统的国家，市场经济刚刚起步，市场预测工作呈现出主观与客观、科学与迷信多种方式并存的奇特现象。在中国，95%的新产品上市，在9个月的时间里就会失败，每天约有一千万元以上的资本因为新产品而损失。市场预测如果凭借预言家式的直觉，判断的错误会导致惨痛的结局。

市场预测的主要目的，是要了解对未来的经营活动与决策有重要意义的各种不肯定因素和未知事件，为决策提供可靠的依据。赵先生提出的问题是普遍存在的，市场预测是投资项目分析中的关键内容，需要进行市场需求影响因素分析、市场预测方法选择和获取相关数据三个方面的工作。

市场预测的需求函数可以表示为$Y=f(X_1,X_2,X_3,\cdots)$。其中Y代表市场需求，X_1，X_2，X_3，…代表影响市场需求的各种因素，包括人口、收入、价格、气候、消费习惯、互补品和替代品的价格等多种因素。但是，人们往往将此需求函数简单化。

赵先生血糖仪市场预测的不足是对市场需求的影响因素的分析不够全面，具体表现在没有看到中国作为一个发展中国家，其居民的收入结构、消费水平、保健消费习惯和文化背景与发达国家存在差异，从而对我国家庭保健诊断市场进行了非全面的判断。

近年来，家庭保健诊断逐步兴起，并在发达国家广泛应用，但发展中国家对家庭保健诊断尚处于“吆喝”阶段。原因是多方面的：

从收入结构上，美国贫富如纺锤形分布，即大部分为中等收入的小康阶层，而特别富有和特别贫穷的人口仅占总人口的一小部分。占美国人口大部分的小康阶层是美国的消费主流，他们具有接受家庭保健诊断的消费能力。而我国主流的消费阶层与美国主体消费的小康阶层的消费能力尚存在距离。我国居民用于保健消费的费用较低，对于中国普通收入的大部分消费者来说，每天在试纸上花费8元钱来检测血糖的具体指标，该消费还不现实。

如果将产品的目标市场定位在高收入的糖尿病患者，是不是就可以争取到这部分消费者呢？不一定。中美在家庭保健诊断的消费习惯和文化背景方面还有不同之处：家庭保健诊断在美国已有时日，并已经为消费者所认同和习惯。美国的糖尿病患者乐于每天在家里检测血糖的指标，以动态指导饮食。中国还没有家庭保健诊断的意识，即使高收入的消费者也倾向于认为“每天检查有什么用，反正知道自己有糖尿病”，只要少吃或者不吃一些含糖丰富的食物，按医嘱吃药就行了，没有必要每天花8元钱买试纸和扎一小针来定量检测血糖的指标。

家庭保健诊断在我国尚处于引导阶段，还属于较为前卫的消费。一方面其市场潜力大，另一方面，投资该类产品需要有充分的实力去引导消费者，说服消费者，需要有一流的销售队伍，有强大的实力在市场引导期大量投入去引导市场。

根据以上案例资料可知：企业采用主观判断法进行市场分析判断预测时，应根据各种预测方法，考虑恰当的应用条件，对影响因素和实际问题进行全面的分析研究，以得出正确的预测结果。

思考题

1. 叙述本案中市场预测出现的问题有哪些?
2. 本案中市场预测出现问题的原因是什么?
3. 结合案例,企业采用主观判断法进行市场预测时应注意的条件、因素和问题有哪些?

第四章

预警分析法

学习目的与要求

- 了解预警的概念及预警指标体系；
- 掌握先期指标预测法的含义、步骤及应用条件；
- 掌握扩散指数预测法的含义及步骤。

由经济变量构成的预警指标体系，是利用预先发出预警信号来预测宏观经济的市场行情波动的前景，从而反映经济周期循环波动的经济循环变量，结合宏观和微观经济环境来指导企业管理决策。

第一节 预警分析

一、预警概述

(一)预警的含义

预警(Early warning)是指在灾害及其他需要提防的危险发生之前，根据以往的规律或观测得到的可能性前兆信号，向相关部门发出紧急信号，报告危险情况，以避免危害在不知情或准备不足的情况下发生，从而最大限度地减低危害所造成的损失的行为。

预警源于军事用语。它是通过预警飞机、预警雷达、预警卫星等工具来提前发现、分析和判断敌人的进攻信号，并把这种进攻信号的威胁程度报告给指挥部门，以提前采取应对措施。

军事预警在社会、经济及环境保护等各领域有着广泛应用的前景。在公共管理领域有城市安全预警、失业预警、环境预警、经济预警等。

在经济领域，预警研究包括宏观经济预警和微观经济预警两个层面，微观经济预警的研究主要是指企业预警。

(二)经济预警研究的发展过程

在宏观经济领域的预警研究中，美国是研究最早的国家。经济预警研究的发展是伴随着宏观经济预警研究的发展而发展起来的。主要是采用数学方法建立模型进行经济预警。

20 世纪 30 年代，美国经济统计学家穆尔主持了在 30 年代监测指标系统基础上进行新的景气监测系统的建立工作。该系统由先行、同步、滞后三类指标构成，以宏观经济综合状态为检测对象，采用多指标综合方法——扩散指标法(Diffusion index)来构建美国宏观经济预警系统，这种模式沿用至今。20 世纪 60 年代，对景气监测系统的研究进入了一个新的阶段，出现了构造预警系统的另一基本方法——合成指数法。

微观经济领域预警的研究主要集中在企业财务预警研究，在方法上以实证分析为主，主要研究企业危机发生后如何应对和摆脱危机的策略问题。从20世纪70年代开始，国外相继出现了战略风险管理、基于风险价值的资产评估、对待风险的个体差异研究，这些研究促进了对中小企业预警系统研究的发展。

(三)预警的类型

(1)自然灾害(地震、泥石流、天气)预警；

(2)公共安全(危机、疾病、产品、食品)预警；

(3)金融、财务等方面的预警。

二、预警指标体系

由经济变量构成预警指标体系，利用预先发出预警信号来预测宏观经济的市场行情波动的前景，从而反映经济周期循环波动的经济循环变量，结合宏、微观经济环境来指导企业管理决策。

预警依赖于监测，监测离不开指标。相关指标的经济内容是经济发展过程的变量特征及经济变量之间的数量关系特征。国民经济的经济指标种类繁多，关系复杂，不可能一一进行观察监测，只有有目的、有重点地进行观察监测，才有助于人们对总体运行特征的把握，掌握反映国民经济运行特征的变量指标。这些指标波动与经济循环周期波动在时间上通常有领先、同步和落后三种现象，所以，预警指标体系通常包括反映经济周期循环波动的经济循环变量，有先期指标、同步指标和滞后指标。

(一)先期指标

先期指标是指其循环转折变化出现的时间稳定地领先于经济景气循环相应转折变化的经济指标。这类指标是预警指标体系的主体，它的变动对市场行情变动始终起预警作用。例如，订单、库存变动、建筑合同、原料批发价格指数(不含粮食与饲料)等这些指标与经济景气行情的密切关系是不难理解的。它们反映了对经济活动提前几个月作出的决策或承诺，而经济决策的效果需要一定时间才产生。可见，先期指标只是由于它对周期变动的反应更为敏感，先于反映周期变动的总体经济行为，所以具有预兆意义。

(二)同步指标

同步指标是指其循环转折变化与经济景气循环转折变化几乎同时出现(误差不超过2个月)的经济指标。这类指标是总体经济行为的衡量标志，如国民生产总值、工业生产、个人收入、制造业和商业销售等。这些指标的上升和下降，差不多与经济循环景气一致，它显示一般经济的进展情况，在预警分析中可用它们描述当前经济过程所处的景气状态，同时通过这类指标和先期指标在转折点上的时差，可由先期指标的转折点预示出同步指标何时出现相关的转折点。

(三)滞后指标

滞后指标是指其循环转折变动出现的时间稳定地落后于经济景气循环变动相应转折点(约3个月以上，半个周期以内)的经济指标，如单位产品劳动成本、抵押贷款利息率、商业库存、未清偿债务等。这些指标在经济意义上可作为过剩和失衡的标志，在预警分析中，其作用在于检验宏观经济波动过程是否确已超过某个转折点，进入了另一景气状态。

选择哪些指标作为预警分析的指标体系，预示市场行情波动，可由理论分析和经验观测两种方式确定。通常对历史资料的分析，可以寻找并发现各种指标对经济周期反映在时间上的先期、同步、落后的关系，从中选择有代表性的、具有明显规律的指标，按其先期、大体同步或落后于经济周期转折点而发生变动的重复性和规则性，根据相关关系来预测未来的经济变动。

第二节　先期指标预测法

利用先期指标进行预测是企业常用的预测方法。通过市场调研，分析和掌握先期指标的变动及其方向，是对市场景气预测的重要内容。由此可知，确定先期指标是一个非常重要的环节。

一、先期指标的类型

经济景气周期性波动决定了再生产具体发展过程的周期性变化，反映具体发展过程的各类经济指标在周期变化中形成的时间上的关联次序，使一些指标领先。先期指标在景气行情的周期性变化中在时间上领先，显然不能由这种时态现象中的领先落后关系取代本质的因果关系。但是，市场行情研究很大程度上是直接考察经济景气状态周期规律的时态。因此，由于周期规律的作用而使再生产具体发展过程中出现的先期指标，用来作短期行情分析和预测以及经济环境的研究是有意义的。在许多情况下，企业也可研究并发现一些经济指标同本企业销售的领先落后关系，从而建立一些领先指标预估本企业的经营活动。

预警预测是为未来市场发展趋势提供信息依据。它的特点是以月、季度统计观察数据为基础，以短期变动明显的经济变量为分析对象，根据先期指标作出预测。因而，合理地选定先期指标系列是预警分析的关键。选择先期指标的原则可以按以下步骤进行。

(一)从企业决策的角度选择先期指标

社会主义市场经济条件下，企业拥有决策自主权。企业的决策受市场信号的指导，形成决策付诸实施后，会反作用于市场。就企业投资决策而言，企业决策与经济增长波动的关系表现为：企业根据市场情况、盈利前景和自身存货量来调整投资行为，企业投资的变动导致企业固定资产投资、原材料储备、产成品存货的变动，进而影响市场存货变动、社会投资总量变动、社会总产值变动、资金供求状况变动、瓶颈障碍变动、投资利润率变动，这些变动又影响企业投资决策。在从企业决策到宏观经济波动的相互影响中，必然存在价格的变化、存货的变化以及与利润率相对的成本等的变化。为此，从企业决策角度看先期指标应该包括：

(1)对企业决策有指导性的价格指数。包括生产者价格指数，主要原材料、燃料、动力购进价格指数，消费品零售价格总指数。

(2)反映在价格信号指导下的企业决策进而影响其后阶段产量的存货变动指标。包括工业企业产成品库存额和工业企业原材料、燃料库存额。

(3)影响企业产量的产品单位成本指数。

(二)从企业生产条件的角度选择先期指标

企业生产条件主要有劳动力、固定资产和流动资金等。

(1)反映生产中劳动力投入的指标。国外有采用制造业加班加点时间的；有采用制造业生产工人平均工作周数的。在我国,有人提出采用后者,但也有人认为目前尚无实证分析说明我国制造业的劳动投入先行于经济波动。再者,在生产中劳动投入的数量和质量变动同产出水平变动在逻辑关系上应该说基本是同时的。因此选用劳动力生产条件先期指标要慎重。

(2)反映固定资产投资状况的指标。从我国几十年经济发展实践看,投资是经济发展的主要推动力,即增长的高速度主要依靠固定资产和劳动量的投入来维持。几十年经济增长中出现的波动绝大多数来自投资与积累量的变动。固定资产投资来自国家投资和企业自筹投资,其中企业自筹投资多少又取决于企业经济活动结果和投资环境,显然投资环境先行于经济产量变动。所以,反映固定资产投资状况的先期指标应是国家投资额和资金利润率。

(3)反映工业企业流动资金占用状况的指标。主要有企业流动资金占用,包括劳动报酬,原材料、燃料储备,在制品、半成品库存和产成品库存等方面的占用。严格地讲,应该分别考虑各方面占用与经济波动的逻辑关系,分别选定先期指标。考虑到这些占用变动中,原材料、燃料储备占用变动振幅大,且在逻辑上先行于经济循环波动,所以,一般仍选用工业企业流动资金占用指标为先期指标。

(三)从企业环境约束的角度选择先期指标

企业环境约束来自能源、原材料、货物运输、商业、金融等方面,可以考虑选择的先期指标有:能源方面,一次能源生产量、发电量;主要原材料方面,钢材、线材、水泥、木材等产量;货物运输方面,铁路货运量与货物周转量、水路货运量与货物周转量;商业方面,国内工业品纯购量、期末库存额、国内纯销售量;金融方面,居民储蓄存款、工业贷款、商业贷款、物资供销费款、现金流通量、货币流通量、存款准备金。

综上所述,先期指标选择应该符合经济上的合理性、统计上的充分性和实际运动与经济周期时序关系的确定性等原则要求。即通过市场调查,按照它们过去与当前情况和经济的重要性,有可能证明它们在预示和识别市场经济周期的复苏和衰退时是有用的。为了提高预测的有用性,无论做什么判断,都必须根据相当数量的先期指标统计数据的情况作出判断。为此,预警分析中,对先期指标系列观察结果要进行剔除与修正,调整季节变动影响,以此反映变量稳定关系,然后利用先期指标系列的变量变化估计下期经济运行状态,对其所属的景气状态作出预报。

二、先期指标预测步骤

首先对掌握的历史资料进行分析,找出有规律的代表性经济指标,具体应用如下:

(一)确定关系(Ensuring relation)

通过画图,分析两个时间序列 X_t 和 Y_t 是否存在一定的类似关系(超前、同步或落后指标),如图 4-1 所示。

若先期指标在 $t=t_3$ 时达到最低点,则可预测同步指标也将在 $t=t_3$ 时达到最低点。同理,可根据先期指标预测落后指标达到最低点的时间 $t_4=t_3+\tau$。

(二)确定两者的函数关系(Function)

通过图形分别确定两者的函数关系(类似)。

(三)确定平均比例系数(Average rate coefficient)$\bar{k}$

由图 4-1 可以得到:

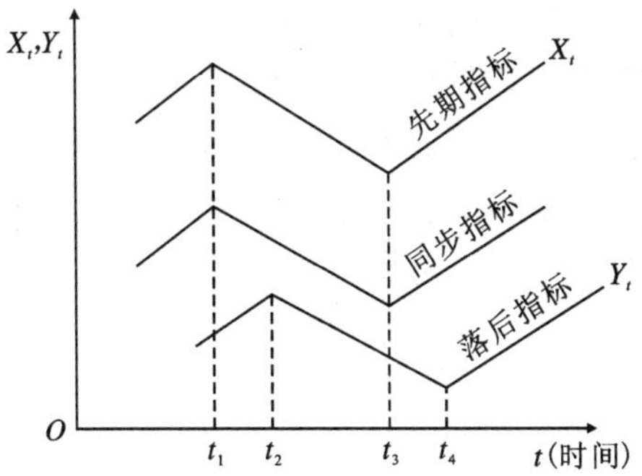

图 4-1　先期、同步和落后指标关系示意图

t_1—先期指标、同步指标出现最高点的时间；

t_2—落后指标出现最高点的时间；

t_3—先期指标、同步指标出现最低点的时间；

t_4—落后指标出现最低点的时间。

$$k_1 = \frac{y_2}{x_1},\quad k_2 = \frac{y_3}{x_2},\quad k_3 = \frac{y_4}{x_3},\quad \cdots,\quad k_t = \frac{y_t}{x_{t-1}}$$

$$\bar{k} = \frac{k_1 + k_2 + \cdots + k_i}{i} \quad (i = 1,2,\cdots,n)$$

(四)根据函数关系预测

$$\hat{y}_t = \bar{k}x_{t-1}$$

【例 4-1】 某市第 1～4 年基建投资额与建材工业产值资料如表 4-1 所示。试预测第 5 年建材工业产值。

表 4-1　某市基建投资额与建材工业产值资料表　　单位:亿元

年	1	2	3	4
基建投资额(x_t)	20	15	30	25
建材工业产值(y_t)	10	15	10	20

根据上表数据作图(见图 4-2)。

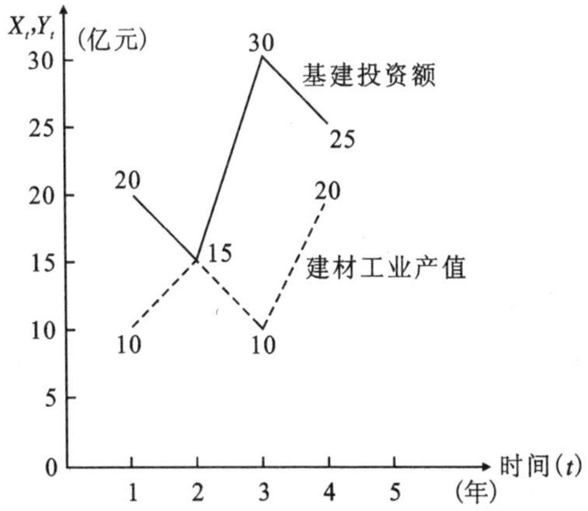

图 4-2　基建投资额与建材工业产值对比关系示意图

从图 4-2 可以看出：当上一年基建投资额上升时，下一年建材工业产值就上升；当上一年基建投资额下降时，下一年建材工业产值就下降。其时间先后顺序都是一年。因此，可以将基建投资额作为建材工业产值的先期指标，将建材工业产值作为基建投资额的滞后指标。以下一年的建材工业产值与上一年的基建投资额相比，其比值 $\frac{y_{t+1}}{x_t}$ 为：

$$\frac{y_2}{x_1}=\frac{15}{20}=0.75$$

$$\frac{y_3}{x_2}=\frac{10}{15}=0.67$$

$$\frac{y_4}{x_3}=\frac{20}{30}=0.67$$

将上述计算结果加以平均得：

$$\bar{k}=\frac{1}{3}\left(\frac{y_2}{x_1}+\frac{y_3}{x_2}+\frac{y_4}{x_3}\right)=\frac{0.75+0.67+0.67}{3}=0.697$$

即建材工业产值大约是上一年基建投资额的 69.7%。按此比例计算，已知第 4 年的基建投资额为 25 亿元，则第 5 年的建材工业产值为：

$$y_5=\bar{k}x_4=25\times0.697=17.425\text{(亿元)}$$

三、用先期指标法进行预测的局限性

(1)先期指标一般可预测行情的转折点和指明未来变动方向，对变化幅度难以预测。

(2)先期指标只是时态上的领先，它只能成为行情上升或下降的先兆，并不一定就是经济周期变动的信号。因为影响行情变化的不仅有周期性因素，还有许多非周期性因素，先期指标的变动往往是两类因素共同作用的结果。

(3)个别先期指标波动频繁，甚至会发生偏离，使观察分析产生困难。用指数将主要先期指标综合化可以减少观察困难。而综合指数是运用数学方法的结果，用何种方法编制指数存在一定的主观分析带来的任意性。

第三节　扩散指数预测法

一、扩散指数法的概念

(一)扩散指数法

扩散指数法是依据综合性的循环指标，即扩散指数所提供的预警信号进行经济循环波动的预警。该方法把整个经济循环波动过程划分为景气区与非景气区，依据扩散指数来判断一定时间上经济活动所处的循环阶段。预测的时间较短，通常在半年以内。预测的精度较粗，只能预测市场经济活动何时进入景气区运行，何时走出景气区步入非景气区。

(二)扩散指标

扩散指标(Diffusion index，DI)是指某一定时间长度内循环指标呈上升(扩张)的指标占观察期同类指标内全体指标的百分数。在预警分析中，通常要对先期、同步、滞后三类指标分别计算扩散指数，即先期指标扩散指数、同步指标扩散指数和滞后指标扩散指数。在实

际应用中，先期指标扩散指数为预警信号，依据它来判断未来市场的景气情况；同步指标扩散指数和滞后指标扩散指数是检验所定时间预警信号真伪的依据。

先期指标扩散指数的计算要点为：首先选择一批先期指标，记下总数 C；分析这些先期指标在一定观察期内的变化趋势，如某一指标在某个月与前一个月（或前几个月，取决于编制方法）相比，增加记 1 个“＋”号，持平记 0.5 个“＋”号，否则不记“＋”号；求出相同时间呈上升和持平变化的“＋”号之总数为 A；用 A 除以 C，并转换成百分数，就是先期指标扩散指数。

扩散指数的数值范围为 0～100%。扩散指数为 50%表示总体经济中扩张和收缩力量均等，无升降变化；扩散指数为 50%～100%为景气区；扩散指数为 0～50%为非景气区。扩散指数同经济循环波动的关系如图 4-3 所示。

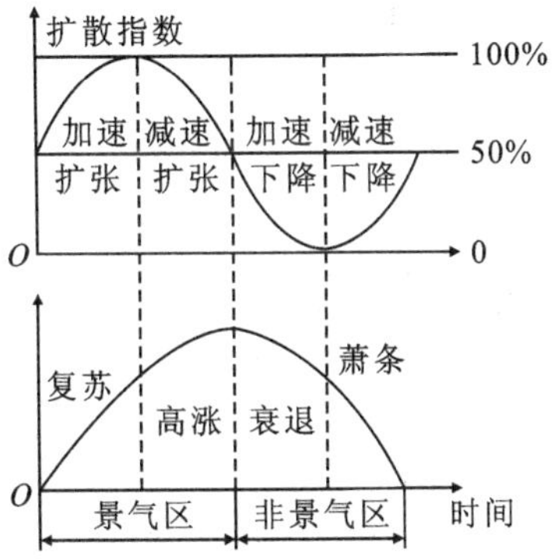

图 4-3　扩散指数与经济循环波动的关系

二、扩散指数法的运用

运用扩散指数法进行市场预测，其步骤如下：

(一)确定影响预测因素的一批先期经济指标

选择先期指标的思路是：

(1)从企业决策的形成角度选择，如生产者价格指数、消费品零售价格总指数、工业企业产成品库存额、产品单位成本指数等。

(2)从企业生产的角度选择，如劳动就业人数、国家投资额、资金利润率、企业流动资金占用等。

(3)从企业环境的约束角度选择，如国内工业品购买量、期末库存、国内纯销售量、居民储蓄额、银行信贷额、货币流通量等。

(二)收集确定的一批先期指标在一定观察时间长度内的数据

如收集 5～8 个观察期的数据，进而判断相邻两个周期指标值是上升还是下降或持平。增加记 1 个“＋”号；下降记 1 个“－”号；持平记 1 个“0”号，代表 0.5 个“＋”号。

例如，某市场预测项目选择 12 个先期指标的 6 个观察期数据，观察期数值变化资料如表 4-2 所示。

表 4-2　扩散指数计算表

时序 t \ 指标	1	2	3	4	5	6	7	8	9	10	11	12	上升或持平总数 A	扩散指数 A/C
1	+	+	+	−	−	+	+	+	+	−	−	+	8	67%
2	+	+	−	+	+	−	−	+	+	+	−	−	7	58%
3	−	+	+	0	0	−	−	+	0	0	−	−	5	42%
4	−	+	+	+	−	−	−	+	−	−	−	−	4	33%
5	0	0	+	−	−	+	+	+	+	+	+	+	9	75%
6	−	−	−	−	−	−	+	+	+	+	+	−	5	42%

(三)根据先期指标数值变化资料计算观察期的扩散指数

$$DI_t=\frac{A_t}{C}\times 100\%$$

式中：A_t——t 观察期上升或持平指标的“+”号总和；

C——全部领先指标总数。

(四)根据所求得的扩散指数，对市场景气情况进行判断预测

(1)持续计算各观察期扩散指数能形成一个扩散指数时间序列 DI_t。扩散指数为 50%～100%对应市场发展景气区，扩散指数为 0～50%对应市场发展非景气区。

(2)扩散指数为 50%，表明市场总体发展中扩张和收缩力量均等，为市场发展景气区的转折点。若 DI_t 是从大于 50%向小于 50%变化，穿过 50%时市场经济循环达到高峰。若 DI_t 由小向大变化，穿过 50%时，市场经济循环达到谷底。

(3)扩散指数 DI_t 由 50%向变大的方向变化，到最大值时，一般表明市场发展由复苏进入高涨发展。

(4)扩散指数 DI_t 由 50%向变小的方向变化，到最小值时，一般表明市场发展在非景气区由衰退进入萧条期。

依据上述扩散指数与市场经济循环波动关系，可以画出某市场扩散指数与景气循环分析图，如图 4-4 所示。由图可以看出，当持续计算各时期的扩散指数时，就形成一个扩散指数的时间序列。从扩散指数序列中，可以看到扩散指数从上向下变化穿过 50%时，经济循环达到高峰；扩散指数从下向上变化穿过 50%时，经济循环达到谷底。因此，通过扩散指数来判断一定时间上经济活动的发展方向，提供有关行情循环转折的信息是具有一定可行性的。

不足之处是它不能反映市场发展循环波动的变化幅度，即波谷的具体高低，这样就不便于预测未来市场的繁荣或衰退程度。此外，计算扩散指数时，选择的各个指标在经济循环波动中的重要性视为相同，假如此前提得不到满足，会使预示转折点的信息产生偏差。所以，扩散指数法如能与综合指数景气法和因果分析法结合应用，将能得到更全面的信息。

先期指标预测法和扩散指数预测法的优点是简单易行；缺点是把各种指标看作时间的函数，而没有分析指标之间的相互关系，对经济周期分析并不深入，是凭借经验进行的一种定性预测。预测经济周期转折与市场发展转折等，不能用来对经济指标进行定量预测。

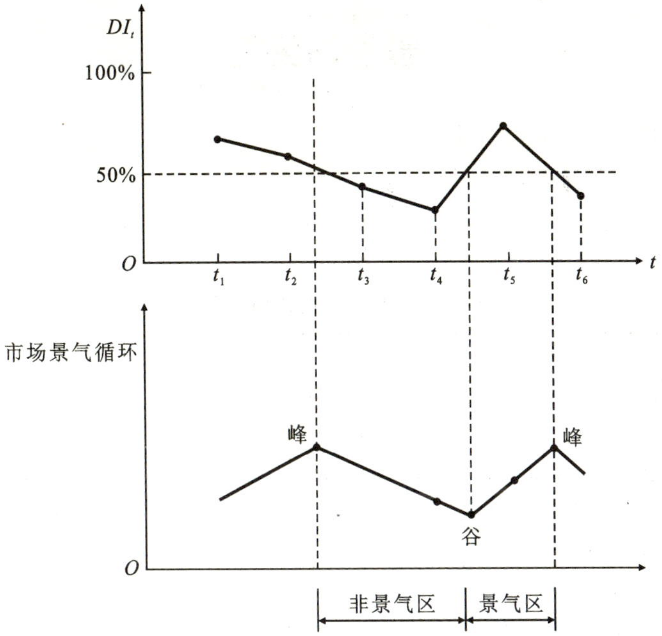

图 4-4　某市场扩散指数与景气循环分析图

本章小结

预警是利用相关经济指标的内容反映经济发展过程中的变量特征及经济变量之间的数量关系特征。预警指标体系主要由先期指标、同步指标和滞后指标组成。

预警的方法有先期指标预测法和扩散指数预测法。

先期指标预测法是利用两种事件发生的时间上有差异但形式上相似的经济指标，借用先行、同类、相似的事件的有关资料，来判断预测落后(目标)事件未来发展趋势的方法。

扩散指数预测法是依据综合性的循环指标，即扩散指数所提供的预警信号进行经济循环波动的预警。该方法把整个经济循环波动过程划分为景气区与非景气区，依据扩散指数来判断一定时间上经济活动所处的循环阶段。预测的时间较短，通常在半年以内。预测的精度较粗，只能预测市场经济活动何时进入景气区运行，何时走出景气区和步入不景气区。

关键概念

预警　Early warning　　先期指标　Leading index

同步指标　Synchronization index　　滞后指标　Lagging index

扩散指标　Diffusion index　　循环周期　Cycle

思考与练习

1. 预警体系的构成要素是什么?

2. 先期指标预测法的步骤是什么?

3. 某市第1~4年的外贸产品投资额与出口额资料如表4-3所示,试预测第5年该市的外贸产品出口额。

表4-3 外贸产品投资额与出口额 单位:亿美元

年	1	2	3	4
外贸产品投资额(x_i)	3	4.5	5	7.5
外贸产品出口额(y_i)	7	12	18	21

4. 已知几个先期指标的时间序列先后数值的增减变化资料如表4-4所示:

(1)计算6个时间序列的扩散指数;

(2)画出扩散指数的图形;

(3)指出相对应的经济循环周期的峰点和谷点。

表4-4 扩散指数计算表

时序 t \ 指标	1	2	3	4	5	6	7	8	9	10	11	12	上升或持平总数 A	扩散指数 A/C
1	+	+	−	−	−	+	−	+	−	−	−	+		
2	+	+	−	−	−	−	−	+	+	+	−	−		
3	−	+	+	0	0	−	−	+	0	0	−	−		
4	−	+	+	+	−	−	−	+	−	−	−	−		
5	0	0	+	−	−	+	+	+	+	+	+	+		
6	−	−	+	−	−	−	+	+	+	+	+	−		

【案例分析】

南方雪灾谁之过?

通常,在冬天,北方下雪很正常,不下雪是不正常的,而南方下雪则比较少见,形成雪灾就更是几十年甚至百年不遇了。而不幸的是,中国2008年遇上了,安徽、河南、湖南、湖北、重庆、四川、贵州、陕西、甘肃、新疆都相继发生雪灾,10省雪灾已死亡8人。雪灾的发生导致中南部地区交通大面积瘫痪,交通电力设施及大量的民房、民用设施遭受严重损毁,其中贵州的电网损毁最为严重,已经被大雪压垮了3个电力架,很多县处于黑暗之中,参与抢修的武警甚至动用冲锋枪击碎电线上厚厚的覆冰。受灾民众多达3 000多万人,灾区民众生活极度困难,有些地区甚至停水,重庆酉阳被冰雪围困半月,30万人缺水,用雪水煮饭,有些山区米、盐等生活必需品严重短缺,几乎成了孤岛,外面的救援无法到达,里面的民众无法出来。物品短缺造成部分地区物价疯狂上涨，贵州停电造成物价上涨，1 斤大米 15 元，萝卜 10 元 1 斤。灾区民众除了生活严重受影响外，生存也受到了极其严重的威胁，最要命的是寒冷！在我的印象里，长江以南地区，冬天基本上都是不结冰的，也就是说，气温基本上都能保持在 0 摄氏度以上，而今年的南方雪灾已经造成了罕见的冰冻气候！天气预报甚至报出了长沙、贵州等地区由雨夹雪转冻雨，在南方冻雨这个词在我的记忆里还是头一次听说，顾名思义，就是撒雨成冰！而长江以南地区因为冬天气候达不到供暖的条件，所以，除了酒店、宾馆这些场所之外，其他地方都没有保暖设施，室内室外几乎是同样的温度。信息时报今天报道，广州昨日又有一名流浪人员在街头被冻死，这已经是入冬以来见诸报端的第 3 例疑因天寒冻死人的案例，广州仅仅是下小雪已然如此寒冷，可以想见，那些雪灾地区的民众，夜晚的寒冷该是多么的难以忍受！在寒冷面前，一些带有供暖设施的宾馆、酒店爆满，因为家里实在太冷，一位受访者对着镜头说：在家里盖两床被子都冻得不行，所以，只好弃家住宾馆了。而重庆更是喊出了要确保不冻死人的动员令。中央气象台还在发布着暴雪、大雪的预警警报，一些雪灾发生地已经紧急启动了救灾Ⅳ级预案，从这些信息中可以肯定，雪灾还在继续，灾难很有可能还会进一步扩大。

民政部救灾救济司提供的数字显示，截至 2008 年 1 月 28 日 14 时，1 月 10 日以来的雨雪天气过程已造成安徽、江西、河南、湖南等 14 个省(区、市)7 786.2 万人受灾，因灾死亡 24 人，因灾直接经济损失 220.9 亿元。

（资料来源：网易博客　南方雪灾谁之过？[尘封]）

思考题

联系企业，结合 2008 年 1 月在我国南方发生的雪灾谈谈建立预警系统的意义。

第五章

时间序列预测法

学习目的与要求

- 了解时间序列的概念、特征及假设条件；
- 了解时间序列的四种表现形式；
- 了解时间序列预测的程序；
- 掌握移动平均法、指数平滑法、季节指数法；
- 掌握时间序列不同的表现形式，选用不同的预测方法。

时间序列预测法是市场预测方法中一种经常采用的定量分析方法。它是把某一经济变量的实际观察值按时间先后顺序依次排列，构成一组统计的时间序列，然后应用某种数学方法建立模型，使其向外延伸，来预测该经济变量未来发展变化趋势和变化规律的一种预测技术。

要正确地应用时间序列分析法进行市场预测，一要注意数据的完整性。即编制的时间序列的数据资料必须准确、系统、完整，否则，将直接影响预测值的精度。二要注意数据资料的可比性。即各种经济变量所发生的时间间隔应该一致，否则，就无法反映该经济变量在相同时间内所发生的经济现象的数量关系。三要保证数据资料的一致性。即采集的观察期数据资料要保证其计算原理、计算方法和计量单位的一致性，还要保证各数据资料所反映的预测对象总体范围的前后一致性。只有满足上述三点要求，才能应用这组数据去引申历史，推断未来。

本章首先介绍时间序列的假设前提、变动趋势、组合形式及时间序列分析法的一般程序，然后介绍时间序列常用定量预测方法的类型、特征、运用程序，并列举了较多的例子，帮助加深理解和应用。

第一节 时间序列的模式分析

一、时间序列的假设前提

在应用时间序列对经济变量的未来变化趋势进行预测时，假设前提为：

(一)假设时间序列总存在一个过程

时间序列过程大体经历了由过去到现在，从现在到未来的按时间先后变化的过程。在这个变化过程中，影响经济变量的各种因素会发生不同性质与不同程度的变化。

(二)假设时间序列只发生量变而不发生质变

假设在一定时期内，各种因素的变化仅仅是量的变化，而不发生质的变化。即在数量的渐变过程中，时间序列的变化不会出现质的转折。因此，时间序列的未来发展是其原来的延续或自然延伸。要满足这一量变质不变的假设，必须保证预测期限足够短，短到时间序列未来发展变化过程会沿其历史变化规律同样得到延伸。

（三）假设时间是影响预测目标的唯一变量

在时间序列分析法中，预测目标的每个观察值的大小，是受众多不同因素共同影响的结果。如某商品的月销售量，要受到商品本身价格因素的影响，也受到与其相关商品（替代商品、互补商品）价格的影响，还受到居民收入水平、商品质量、商品包装、商品广告、商品售后服务以及季节变化等众多因素的影响。要把每一影响因素的变化对预测目标（销售量）的影响一一加以分析，测定影响数值的大小，估计未来发展变化的趋势，那是很复杂的，也是很困难的。因此，时间序列分析法回避了各个因素对预测目标的具体影响，并假设把影响预测目标变化的所有因素都由“时间”这个单独变量综合起来，把时间作为唯一的影响变量去预测目标变量的变化趋势。

鉴于上述三点假设前提，决定了时间序列分析方法只适用于近期与短期的市场预测，不适用于中期与长期的市场预测。

二、时间序列的变动趋势

时间序列，由于受到多种因素的影响，使之在不同时期的观察数值存在差异，所呈现出来的变动趋势也不完全一致，这是因为时间序列经常受到一种乃至多种变动因素共同作用的结果。一般而言，各种可能发生变化的因素对时间序列变动趋势的影响，按其变动趋势的性质不同可分为长期趋势变动、无趋势变动、季节变动、循环变动和不规则变动五种。

（一）长期趋势变动模式

长期趋势变动是指时间序列数据由于受某种根本性因素的影响，使时间序列在较长的时间内朝一定的方向，按线性或非线性变化规律，呈上升或下降变化趋势。它包括按线性（或非线性）呈上升变动趋势，如图5-1（a）所示；按线性（或非线性）呈下降变动趋势，如图 5-1（b）所示。

（二）无趋势变动模式

无趋势变动（水平变动趋势）是指时间序列数据由于受某种根本性因素的影响，使时间序列维持在某一水平上下波动，如图 5-1（c）所示。

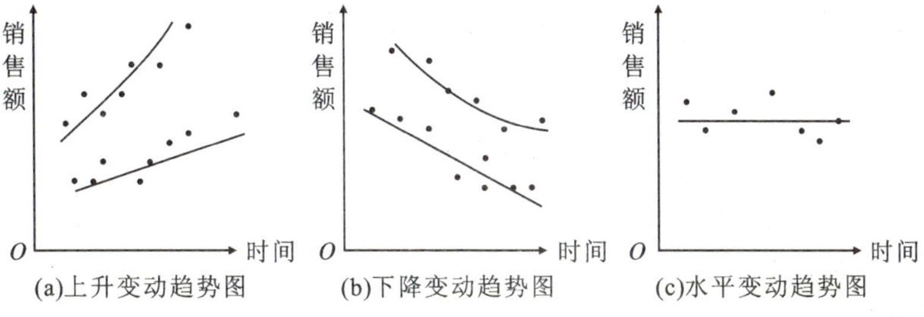

图 5-1　时间序列数据长期趋势变化曲线

（三）季节变动模式

季节变动是指由于自然条件和社会条件的影响，时间序列数据在一年内随着季节的变化而引起的周期性变动。如随着每年的春夏秋冬四季变化，啤酒的月销量在夏、秋季节呈旺季，而在冬、春季节呈淡季。还有如空调器、电风扇、电热器、时装等商品的销售量都会随季节变化而呈周期性波动。季节变动的周期性比较稳定，一般以年为单位作周期变动。季节变动趋势图如图5-2所示。

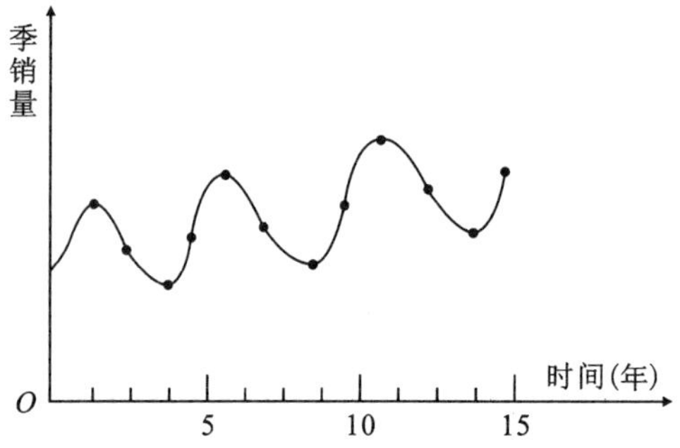

图 5-2　时间序列数据季节变化曲线

(四)循环变动模式

循环变动是以数年(一般不等)为周期的变动。它与长期趋势变动不同，它不是朝着单一方向作持续递增(或递减、或水平)趋势变化，而是按涨落相间的波浪式起伏变动。它与季节变动趋势也不同，其波动的时间较长，而且变动周期长短不等，短则一两年，长则数年、数十年。循环变动趋势图如图5-3所示。

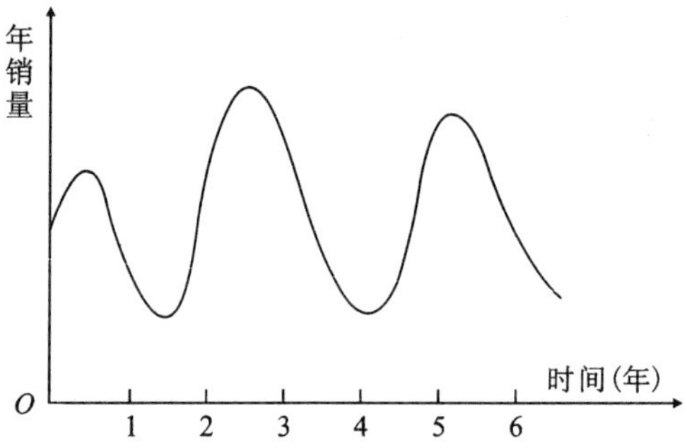

图 5-3　时间序列数据循环变化曲线

(五)不规则变动模式

不规则变动是指由于战争、灾害、地震、洪灾等意外事件，或由于国家制定发展战略、发展规划、方针政策等而引起的变动。这种因各种偶然性因素引起的非周期性的随机变动，称之为不规则变动。

三、时间序列的组合形式

时间序列是由长期趋势变动、季节变动、循环变动及不规则变动四种类型组成的。其组合方式常见的有以下几种：

(一)加法型

$$y_t = T_t + S_t + C_t + I_t \tag{5-1}$$

式中：y_t——时间序列的全部变动；

T_t——长期趋势变动；

S_t——季节变动；

C_t——循环变动；

I_t——不规则变动。

(二)乘法型

$$y_t = T_t S_t C_t I_t \tag{5-2}$$

(三)混合型

$$\left.\begin{aligned} y_t &= T_t S_t + C_t + I_t \\ y_t &= T_t + S_t + C_t I_t \end{aligned}\right\} \tag{5-3}$$

或

对于一个具体的时间序列，应采用哪种组合方式，要根据掌握的数据资料、时间序列的性质及研究的目的等具体情况灵活确定。

四、时间序列分析法的预测程序

时间序列分析法的预测程序大体包括如下五个步骤：

(1)绘制观察期数据的散点图，确定其变化趋势的类型。

(2)对观察期数据加以处理，以消除季节变动、周期变动和不规则变动因素的影响，使经过处理后的数据仅包括反映长期趋势变动的影响；或消除周期变动和不规则变动因素的影响，仅包括长期趋势变动和季节变动的影响。

(3)建立数学模型。根据数据处理后的长期趋势变动，结合预测的目的及期限，建立时间序列的预测模型，并对模型进行模拟运算。

(4)修正预测模型。考虑季节变动、周期变动及不规则变动等因素对预测模型的影响并加以修正。

(5)进行预测。采用定量分析与定性分析相结合的方式，对目标变量加以预测，并确定市场未来发展变化的预测值。

第二节　简易平均预测法

在应用时间序列分析法进行市场预测时，最简单的方法有算术平均法、几何平均法、加权平均法，统称简易平均预测法。它是最简单的数学方法，不需要复杂的运算过程，简便易行。它适用于波动不明显而又受随机波动影响小的时间序列的预测。

一、算术平均预测法

算术平均预测法，是以 n 个观察期数据之和除以 n 求得平均值作为预测值。具体如下。

设 $x_1, x_2, \cdots, x_n$ 为 n 期观察资料，则算术平均值可依下列公式求得：

$$\bar{x} = \frac{\sum_{i=1}^{n} x_i}{n} \qquad (i = 1, 2, \cdots, n)$$

或简写为

$$\bar{x} = \frac{\sum x_i}{n} \tag{5-4}$$

式中：x_i——第 i 期的观察值；

n——观察期的期数；

$\bar{x}$——n 个观察期的算术平均值。

预测公式为：

$$\hat{y}_{t+1} = \bar{x} \tag{5-5}$$

应用条件：时间序列波动较小的情况（在某一水平线上下波动）。

一般情况下，当时间序列波动比较小，其观察期可取得短一些；当时间序列波动比较大，其观察期可以长一些，这样可减小预测误差，至于取多少，要结合实际问题具体分析。下面结合具体的例子介绍如下：

【例 5-1】 假设食盐最近 4 年的每月销售额如表 5-1 所示，试预测第 5 年的每月销售额。

表 5-1 食盐第 1～4 年的每月销售额及平均值 单位：千元

年 月	第 1 年	第 2 年	第 3 年	第 4 年
1 月	328	330	298	335
2 月	331	324	317	321
3 月	360	348	328	346
4 月	318	360	330	363
5 月	324	327	323	329
6 月	294	342	348	327
7 月	342	360	342	368
8 月	348	357	351	350
9 月	357	321	318	341
10 月	321	297	336	312
11 月	330	318	354	327
12 月	348	354	358	351
年合计	4 001	4 038	4 003	4 070
月平均	333.4	336.5	333.6	339.2

分析：观察表 5-1 中 4 年来食盐的销售额可知，每个月的销售额围绕着月平均值上下波动，且波动不大，可用算术平均法。

$$\bar{x}=\frac{4\ 001+4\ 038+4\ 003+4\ 070}{48}=335.7(\text{千元})$$

则第 5 年的每月销售量预测值为：$\hat{y}_5=\bar{x}=335.7$(千元)。

二、加权平均预测法

加权平均预测法，是在求平均值时，根据各观察期时间序列重要性的不同，分别给以不同的权重后加以平均的方法。其特点是：所求得的平均值已包含了长期趋势变动。具体如下。

设：$x_1,x_2,x_3,\cdots,x_n$ 为观察期的观察值，$\omega_1,\omega_2,\cdots,\omega_n$ 为各观察期的观察值相对应的权重。求加权平均值 $\bar{x}$ 的计算公式为：

$$\bar{x} = \frac{x_1\omega_1 + x_2\omega_2 + \cdots + x_n\omega_n}{\omega_1 + \omega_2 + \cdots + \omega_n} \tag{5-6}$$

则预测公式为：

$$\hat{y}_{t+1}=\overline{x} \tag{5-7}$$

应用条件：时间序列具有长期增加或下降趋势的情况。

加权平均法的关键是合理确定权重 ω。目前，对于权重的确定尚无统一的标准，完全凭预测者对时间序列的分析，从而做出主观的判断，但有一个大致的原则。

一般来说，近期观察值对未来发展趋势的影响大一些，应赋予的权重大一些；而远期数据对未来发展趋势的影响小一些，则远期数据应赋予的权重小一些。

（1）当 x_t 变动不大时，采用等差级数的形式，如 1，2，…，n 或 0.2，0.3，0.5，…

（2）当 x_t 变动较大时，采用等比级数的形式，如 1，2，4，8…，或 0.2，0.4，0.8，…

加权平均法对各个历史数据具体分析，区别对待，给予不同程度的重视，在这点上优于算术平均法。这种方法能较真实地反映时间序列的规律，考虑了事件的长期发展趋势。

【例 5-2】 某商店近 5 年来的商品销售额如表 5-2 所示。试预测第 6 年的该商品销售额。

表 5-2　某商店近 5 年商品销售额及加权值　　单位：万元

观察期(年)	销售额 x_i	权重 ω_i	$x_i\omega_i$
1	40	1	40
2	60	2	120
3	55	3	165
4	75	4	300
5	85	5	425
$\sum$	315	15	1 050

分析：观察表 5-2 中的时间序列，商品的销售额是随时间的变化而递增的，可考虑用加权平均预测法进行预测。由于时间序列波动不大，取权重分别为 1、2、3、4、5。

算术平均值 $\overline{x}=\dfrac{315}{5}=63$（万元），即 $\hat{y}_6=\overline{x}=63$（万元）

加权平均数 $\overline{x}=\dfrac{1\ 050}{15}=70$（万元），即 $\hat{y}_6=\overline{x}=70$（万元）

很显然，用算术平均法求得的平均数作为预测值不能很好地反映商店销售的发展趋势。

三、几何平均预测法

几何平均预测法是以一定观察期内预测目标的时间序列的几何平均数作为某个未来时期的预测值的预测方法。即：设 $x_1,x_2,x_3,\cdots,x_n$ 为观察期的时间序列，则其几何平均值为：

$$G=\sqrt[n]{x_1x_2\cdots x_n} \tag{5-8}$$

式中：G——几何平均值；

n——观察期的个数。

预测模型为：

$$\hat{y}_{t+T}=G^T a_t \tag{5-9}$$

式中：$\hat{y}_{t+T}$——第 $t+T$ 期的预测值；

T——预测期与当期的间隔数；

a_t——第 t 期的观察值。

特别说明：当时间序列 $x_1, x_2, x_3, \cdots, x_n$ 中，若各年的环比指数 $\frac{a_1}{a_0}, \frac{a_2}{a_1}, \cdots, \frac{a_n}{a_{n-1}}$ 大约相等，此时

$$G=\sqrt[n]{\frac{a_1}{a_0}\frac{a_2}{a_1}\cdots\frac{a_n}{a_{n-1}}}\approx\sqrt[n]{\frac{a_n}{a_0}} \tag{5-10}$$

应用范围：时间序列具有长期趋势，且波动不是很大的情况。

【例5-3】 某企业第1～14年的销售额资料如表5-3所示，试预测该企业第15年的销售额。

表5-3　某企业第1～14年的销售额

年份(年)	1	2	3	4	5	6	7	8	9	10	11	12	13	14
销售额(万元)	71	81	83	90	89	87	92	96	100	95	145	105	120	142

分析：观察表5-3中历年来的销售状况可知，其销售额是随时间递增而递增的，且波动不是很大，可以考虑用几何平均法。各年的环比指数见表5-4。

表5-4　第1～14年的销售额及几何发展速度　　单位：万元

观察期	实际销售额(万元)	环比指数(%)
0(基期)	71.00(a_0)	—
1	81.00(a_1)	114.08(x_1)
2	83.00(a_2)	102.47(x_2)
3	90.00(a_3)	108.43(x_3)
4	89.00(a_4)	98.89(x_4)
5	87.00(a_5)	97.75(x_5)
6	92.00(a_6)	105.75(x_6)
7	96.00(a_7)	104.35(x_7)
8	100.00(a_8)	104.17(x_8)
9	95.00(a_9)	95.00(x_9)
10	145.00(a_{10})	153.63(x_{10})
11	105.00(a_{11})	72.41(x_{11})
12	120.00(a_{12})	114.29(x_{12})
13	142.00(a_{13})	118.33(x_{13})

求环比指数的几何平均值 G 可用两种方法：

(1)直接相乘求 G

$$G=\sqrt[n]{x_1x_2\cdots x_n}=\sqrt[13]{114.08\%\times102.47\%\times\cdots\times118.33\%}=105.53\%$$

(2)利用环比指数求 G

$$G=\sqrt[n]{\frac{a_1}{a_0}\frac{a_2}{a_1}\cdots\frac{a_n}{a_{n-1}}}=\sqrt[13]{\frac{a_{13}}{a_0}}=\sqrt[13]{\frac{142}{71}}=105.48\%$$

两种方法所得结果稍有差异,是由于计算中四舍五入的原因。

利用模型预测:

$$\hat{y}_{t+T}=\hat{y}_{14}=G^1a_{13}=105.48\%\times 142=149.78(\text{万元})$$

第三节 移动平均预测法

移动平均预测法是将时间序列 $x_1,x_2,x_3,\cdots,x_t$ 的观察值,按时间先后顺序排列,然后由远及近,以一定的跨越期 n 进行移动平均。每次移动平均总是在上次移动平均的基础上,去掉一个最远期的数据,增加一个紧挨跨越期后面的新数据,保持跨越期不变,每次只向前移动一步,逐项移动,滚动前移。这种向前移动平均的过程(吐故纳新),称之为移动平均预测法。

移动平均预测法对于原观察期的时间序列的观察值进行移动平均,所求得的各移动平均值,不仅构成了新的时间序列,而且新的时间序列数据与原时间序列数据相比较,具有明显的修匀效果。它既保留了原时间序列的趋势变动,又削弱了原时间序列的季节变动、周期变动、不规则变动的影响,因此,在市场预测中得以广泛的应用。

移动平均预测法可分为简单移动平均和加权移动平均两类,而简单移动平均又可细分为一次移动平均和二次移动平均两种。

一、一次移动平均法

(一)一次移动平均法的原理

假设:时间序列 $x_1,x_2,x_3,\cdots,x_t$ 为时间 t 的观察值($t=1,2,\cdots,n$),$M_t^{(1)}$ 为原时间序列中时间为 t 的一次移动平均值,n 为跨越期间隔数,则一次移动平均值的计算公式为:

$$M_t^{(1)}=\frac{x_t+x_{t-1}+\cdots+x_{t-n+1}}{n} \tag{5-11}$$

当 $n=9$ 时

$$M_9^{(1)}=\frac{x_9+x_8+x_7+x_6+x_5+x_4+x_3+x_2+x_1}{9}$$

$$M_{10}^{(1)}=\frac{x_{10}+x_9+x_8+x_7+x_6+x_5+x_4+x_3+x_2}{9}$$

$$=M_9^{(1)}+\frac{x_{10}-x_1}{9}$$

$$M_{11}^{(1)}=\frac{x_{11}+x_{10}+x_9+x_8+x_7+x_6+x_5+x_4+x_3}{9}$$

$$=M_{10}^{(1)}+\frac{x_{11}-x_2}{9}$$

……

由上述 $M_9^{(1)}$、$M_{10}^{(1)}$、$M_{11}^{(1)}$ 的三个移动平均值的公式,可以得出计算一次移动平均值的递推公式:

$$M_t^{(1)} = M_{t-1}^{(1)} + \frac{x_t - x_{t-n}}{n} \tag{5-12}$$

(二)一次移动平均值的位置

用式(5-11)或式(5-12)计算的移动平均值 $M_t^{(1)}$,理应置于跨越期的中间位置上,但式(5-11)或式(5-12)实际上是在跨越期末的位置,这就出现了滞后偏差,它使预测值落后于实际值$\frac{n-1}{2}$期。由于一次移动平均法是以接近预测期的最后一个移动平均值 $M_t^{(1)}$ 为依据建立模型进行预测的,所以,为了纠正这种偏差,将第一个移动平均值 $M_t^{(1)}$ 置于跨越期的中间位置上,即$\frac{n+1}{2}$的位置。若跨越期为奇数,如 $n=9$,则应置于$\frac{9+1}{2}=5$ 的位置上,也就是说,第一个移动平均值 $M_9^{(1)}$ 应置于 x_5 时间段上,其他顺推;若跨越期为偶数,如 $n=12$,则应置于$\frac{12+1}{2}=6.5$ 的位置上,即第一个移动平均值 $M_{12}^{(1)}$ 应置于 x_6 与 x_7 中间的位置上。

(三)一次移动平均法的预测步骤

(1)绘制散点图。

(2)选择跨越期 n。首先根据散点图,观察时间序列波动的大小,再来选择跨越期 n 的大小。n 的大小直接影响着对时间序列的修匀程度。n 越大,则修匀效果越好,曲线越平滑;反之,n 越小,则一次移动平均值与观察值越接近。其次,跨越期的选取,还要看观察期数据的数量多少。如果时间序列观察期少,则跨越期 n 适宜小一些;反之,时间序列观察期多,则跨越期 n 应相应大一些。当然,如果要选择一个较理想的跨越期 n,可以通过预选几个不同的 n 值,分别计算不同 n 值下的标准差,并进行比较,则标准差小的所对应的 n 是比较理想的跨越期。

(3)计算移动平均值 $M_t^{(1)}$。

(4)计算趋势变动值 m。趋势变动值是当期的移动平均值与上期的移动平均值之差,即:

$$m = M_t^{(1)} - M_{t-1}^{(1)} \tag{5-13}$$

(5)计算趋势变动值的绝对平均值$\overline{m}$。

(6)建立预测模型并预测。

$$\hat{y}_{t+T} = M_t^{(1)} + T \times \overline{m} \tag{5-14}$$

式中:$\hat{y}_{t+T}$——第 $t+T$ 期预测值;

$M_t^{(1)}$——当期的一次移动平均值;

T——预测期与当期的间隔数。

特别要指出的是:

(1)移动平均预测法的应用条件:时间序列具有波动不大的长期趋势情况。

(2)移动平均法的修匀效果取决于跨越期 n 的大小,n 大则修匀效果明显;反之则修匀效果就差些。

(3)移动平均法需要的时间序列数据比较多。

【例 5-4】 我国某地区第 1~21 年的年发电总量如表 5-5 所示,试用一次移动平均法预测第 22 年和第 23 年的发电总量。

表 5-5　某地区年发电总量　　单位:百万千瓦·时

年份	1	2	3	4	5	6	7	8	9	10	11
发电量	676	825	774	716	940	1 159	1 384	1 524	1 668	1 688	1 958
年份	12	13	14	15	16	17	18	19	20	21	
发电量	2 031	2 234	2 566	2 820	3 006	3 093	3 277	3 514	3 770	4 107	

(1)绘制散点图(见图 5-4)。由散点图 5-4 可以看出,发电总量基本呈直线上升趋势,可以用一次移动平均法预测。

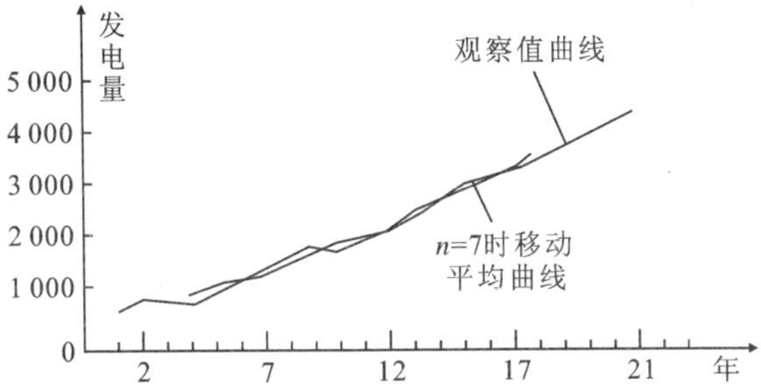

图 5-4　某地区第 1～21 年发电量及其 $M_t^{(1)}$ 的散点图

(2)选择跨越期 n。根据图 5-4,选择 $n=7$。

(3)计算移动平均值 $M_t^{(1)}$。

当 $n=7$ 时:

$$M_7^{(1)}=\frac{676+825+774+716+940+1\ 159+1\ 384}{7}=924.86$$

$$M_8^{(1)}=M_7^{(1)}+\frac{x_8-x_1}{7}=924.86+\frac{1\ 524-676}{7}=1\ 046.00$$

$$M_9^{(1)}=M_8^{(1)}+\frac{x_9-x_2}{7}=1\ 046.00+\frac{1\ 668-825}{7}=1\ 166.43$$

……

依此类推(见表 5-6)。

表 5-6　某地区年发电总量的一次移动平均值计算表　　单位:百万千瓦·时

观察期(年)	观察值(x_t)	$M_t^{(1)}$ ($n=7$)	m
1	676		
2	825		
3	774		
4	716	924.86	
5	940	1 046.00	121.14
6	1 159	1 166.43	120.43
7	1 384	1 297.00	130.57
8	1 524	1 474.43	177.43

续表 5-6

观察期(年)	观察值(x_t)	$M_t^{(1)}$ ($n=7$)	m
9	1 668	1 630.29	155.86
10	1 688	1 783.86	153.57
11	1 958	1 952.72	168.86
12	2 031	2 137.86	185.14
13	2 234	2 329.00	191.14
14	2 566	2 529.71	200.71
15	2 820	2 718.14	188.43
16	3 006	2 930.00	211.86
17	3 093	3 149.43	219.43
18	3 277	3 369.57	220.14
19	3 514		
20	3 770		
21	4 107		

(4)第一个 $M_7^{(1)}$ 的位置：$M_7^{(1)}$ 应置于 $\frac{n+1}{2}=\frac{7+1}{2}=4$，即第 4 年水平上。

(5)计算趋势变动值 m 和绝对平均趋势变动值 $\overline{m}$。

当 $n=7$ 时，第 5 年的趋势变动值 $m=1\ 046.00-924.86=121.14$；

第 6 年的趋势变动值 $m=1\ 166.43-1\ 046.00=120.43$；

……

依此类推，具体见表 5-6。

$\overline{m}=(121.14+120.43+\cdots+220.14)/14=174.62$

(6)建立预测模型进行预测。

$\hat{y}_{22}=M_{18}^{(1)}+4\times\overline{m}=3\ 369.57+4\times 174.62=4\ 068.05$(百万千瓦·时)

$\hat{y}_{23}=M_{18}^{(1)}+5\times\overline{m}=3\ 369.57+5\times 174.62=4\ 242.67$(百万千瓦·时)

二、二次移动平均法

(一)二次移动平均法的原理

二次移动平均法是对时间序列 $x_1,x_2,x_3,\cdots,x_t$ 先后进行两次移动平均，即在一次移动平均值的基础上，再进行第二次移动平均，并根据最后的两个移动平均值的结果建立预测模型，求得预测值。

二次移动平均法与一次移动平均法关系密切。首先，由于一次移动平均法存在滞后偏差，使移动平均值总是滞后于实际观察值的 $\frac{n+1}{2}$ 期，而二次移动平均法正是利用这一滞后偏差，把一次、二次移动平均值置于跨越期末水平上，并以此建立数学模型，求得预测值，所以，它适用于时间序列数据呈线性变化的预测。其次，二次移动平均法不是一种独立的预测方法，它必须在一次移动平均值的基础上再进行第二次移动平均，而且还必须与一次移动平均值(最后一项的一次移动平均值)一起方能建立模型、进行预测。

(二)二次移动平均值的计算方法

假设：$M_t^{(1)}, M_{t-1}^{(1)}, \cdots, M_{t-n+1}^{(1)}$为时间序列的一次移动平均值，$M_t^{(2)}$为时间 t 的二次移动平均值，则

$$M_t^{(2)} = \frac{M_t^{(1)} + M_{t-1}^{(1)} + \cdots + M_{t-n+1}^{(1)}}{n} \tag{5-15}$$

$$M_{t+1}^{(2)} = \frac{M_{t+1}^{(1)} + M_t^{(1)} + \cdots + M_{t-n}^{(1)}}{n} \tag{5-16}$$

……

同理，根据公式(5-12)得二次移动平均法的递推公式：

$$M_{t+1}^{(2)} = M_t^{(2)} + \frac{M_{t+1}^{(1)} - M_{t-n+1}^{(1)}}{n} \tag{5-17}$$

由于二次移动平均值应置于跨越期末的最后一个时间的水平上，所以，二次移动平均法的预测模型为：

$$\hat{y}_{t+T} = a_t + b_t T \tag{5-18}$$

其中：

$$a_t = 2M_t^{(1)} - M_t^{(2)} \tag{5-19}$$

$$b_t = \frac{2}{n-1}(M_t^{(1)} - M_t^{(2)}) \tag{5-20}$$

式中：$\hat{y}_{t+T}$——第 $t+T$ 期的预测值；

$M_t^{(1)}$——当期的一次移动平均值；

$M_t^{(2)}$——当期的二次移动平均值；

T——预测期与当期的间隔数；

a_t、b_t——待定参数。

(三)二次移动平均法的预测步骤

(1)选择跨越期 n(一次与二次移动平均值的跨越期相同)；

(2)计算一次移动平均值 $M_t^{(1)}$；

(3)计算二次移动平均值 $M_t^{(2)}$；

(4)计算 a_t、b_t；

(5)建立预测模型并预测。

【例 5-5】 时间序列的数据资料同例 5-4，试用二次移动平均法预测下一年的发电量。其预测步骤如下：

(1)选择跨越期。跨越期 n 的确定方法同前，这里取 $n=7$，且在求一次、二次移动平均值时采用的跨越期都保持一致，即 $n=7$。

(2)计算一次移动平均值。

$$M_7^{(1)} = \frac{676+825+774+940+1\ 159+1\ 384}{7} = 924.86$$

$$M_8^{(1)} = M_7^{(1)} + \frac{x_8 - x_1}{7} = 924.86 + \frac{1\ 524-676}{7} = 1\ 046.00$$

……

依此类推。只是每次计算的一次移动平均值($M_7^{(1)}, M_8^{(1)}, \cdots$)分别置跨越期末的位置

上，此点与前面的一次移动平均法不同。

(3)计算二次移动平均值。

$n=7$ 时二次移动平均值为：

$$M_7^{(2)}=\frac{924.86+1\,046.00+\cdots+1\,783.86}{7}=1\,331.84$$

$$M_8^{(2)}=M_7^{(2)}+\frac{M_8^{(1)}-M_1^{(1)}}{7}=1\,331.84+\frac{1\,952.72-924.86}{7}=1\,478.67$$

同理，每次计算的二次移动平均值($M_7^{(2)}$，$M_8^{(2)}$，…)也分别置各自跨越期末的水平上(见表5-7)。

表5-7 某地区年发电总量的一次、二次移动平均值计算表 单位：百万千瓦·时

观察期(年)	观察值(x_t)	$M_t^{(1)}(n=7)$	$M_t^{(2)}(n=7)$
1	676		
2	825		
3	774		
4	716		
5	940		
6	1 159		
7	1 384	924.86	
8	1 524	1 046.00	
9	1 668	1 166.43	
10	1 688	1 297.00	
11	1 958	1 474.43	
12	2 031	1 630.29	
13	2 234	1 783.86	1 331.84
14	2 566	1 952.72	1 478.67
15	2 820	2 137.86	1 634.65
16	3 006	2 329.00	1 800.74
17	3 093	2 529.71	1 976.84
18	3 277	2 718.14	2 154.51
19	3 514	2 930.00	2 340.18
20	3 770	3 149.43	2 535.26
21	4 107	3 369.57	2 737.67

(4)建立二次移动平均法预测模型。

根据最后一项的一次、二次移动平均值，分别计算待定系数 a_t、b_t。

$$a_t=2M_t^{(1)}-M_t^{(2)}=2\times3\,369.57-2\,737.67\approx4\,001.47$$

$$b_t=\frac{2}{n-1}(M_t^{(1)}-M_t^{(2)})=\frac{2}{7-1}\times(3\,369.57-2\,737.67)=210.63$$

则二次移动平均法预测模型为：

$$\hat{y}_{t+T}=a_t+b_tT=4\,001.47+210.63T$$

$$\hat{y}_{22}=4\,001.47+210.63\times1=4\,212.10(\text{百万千瓦·时})$$

三、加权移动平均法

（一）加权移动平均法的原理

加权移动平均法是根据跨越期内时间序列数据重要性不同，分别给予不同的权重，再按移动平均法原理求出移动平均值，并以最后一项的加权移动平均值为基础进行预测的方法。

（二）加权移动平均值的计算方法

假设：x_t 为时间序列第 t 期的观察值，$t=1,2,\cdots,n$；ω_i 为时间序列数据中第 i 期权重值，$i=1,2,\cdots,n$；F_t 为第 t 期加权移动平均值，则

$$F_t=\frac{\omega_i x_t+\omega_{i-1}x_{t-1}+\cdots+\omega_{i-n+1}x_{t-n+1}}{\sum\omega_i} \tag{5-21}$$

1. 一次加权移动平均法

一次加权移动平均法的预测步骤如下：

（1）画散点图；

（2）选择跨越期 n 和权重 ω_i；

（3）计算加权移动平均值 $F_t^{(1)}$，确定第一个 $F_t^{(1)}$的位置；

（4）计算趋势变动值 m 及$\overline{m}$；

（5）建立预测模型：

$$\hat{y}_{t+T}=F_t^{(1)}+\overline{m}\times T \tag{5-22}$$

（6）根据预测模型进行预测。

【例 5-6】 某省第 1～10 年的原煤生产量如表 5-8 所示。若选择跨越期 $n=3$，权重 ω_1、ω_2、ω_3 分别为 1、2、3，试用加权一次移动平均法预测下一年的原煤产量。

表 5-8　某省第 1～10 年原煤生产量和加权一次移动平均值计算表　　单位：百万吨

观察期（年）	观察值（x_t）	$F_t^{(1)}$	m
1	6.35		
2	6.20	6.235	
3	6.22	6.437	0.202
4	6.66	6.832	0.395
5	7.15	7.438	0.606
6	7.89	8.182	0.744
7	8.72	8.692	0.510
8	8.94	9.073	0.381
9	9.28	9.483	0.410
10	9.80		

（1）计算加权移动平均值

$$F_3^{(1)}=\frac{\omega_1x_1+\omega_2x_2+\omega_3x_3}{\omega_1+\omega_2+\omega_3}=\frac{6.35\times1+6.20\times2+6.22\times3}{1+2+3}=6.235$$

$$F_4^{(1)}=\frac{6.20\times1+6.22\times2+6.66\times3}{1+2+3}=6.437$$

依此类推。$F_3^{(1)}$置于$\frac{3+1}{2}=2$ 的水平上，而后的 $F_4^{(1)}$，…紧接其后。

(2)计算趋势变动值 m

第3年的趋势变动值 $=F_4^{(1)}-F_3^{(1)}=6.437-6.235=0.202$

第4年的趋势变动值 $=F_5^{(1)}-F_4^{(1)}=6.832-6.437=0.395$

依此类推。

(3)求趋势变动值的平均值 $\overline{m}$

$$\overline{m}=\frac{0.202+0.395+0.606+0.744+0.510+0.381+0.410}{7}$$

$$=0.464$$

(4)建立预测模型并预测

$\hat{y}_{t+T}=F_t^{(1)}+\overline{m}\times T=9.483+0.464\times T$

$\hat{y}_{11}=9.483+0.464\times 2=10.41$(百万吨)

即根据一次加权移动平均法可预测下一年原煤生产量为10.41百万吨。

2.二次加权移动平均法

二次加权移动平均法的预测步骤与一次加权移动平均法的步骤基本一致(略)。

【例5-7】 时间序列数据资料如表5-9所示,试用二次加权移动平均法求第11年的原煤生产量。

表5-9 某省第1~10年原煤生产量和二次加权移动平均值计算表 单位:百万吨

观察期(年)	观察值(x_1)	$F_t^{(1)}$	$F_t^{(2)}$
1	6.35		
2	6.20		
3	6.22	6.235	
4	6.66	6.437	
5	7.15	6.832	6.501
6	7.89	7.438	6.902
7	8.72	8.182	7.481
8	8.94	8.692	8.104
9	9.28	9.073	8.649
10	9.80	9.483	9.083

(1)确定跨越期

选择 $n=3$,其权重由远至近分别为1、2、3。

(2)计算加权一次移动平均值

$$F_3^{(1)}=\frac{6.35\times 1+6.20\times 2+6.22\times 3}{1+2+3}=6.235$$

$$F_4^{(1)}=\frac{6.20\times 1+6.22\times 2+6.66\times 3}{1+2+3}=6.437$$

依此类推。$F_3^{(1)}$置于第3年的水平上,而后的$F_4^{(1)}$,…紧接在$F_3^{(1)}$的后面置放。

(3)计算二次移动平均值

$F_3^{(2)}=\frac{6.235+6.437+6.832}{3}=6.501$，置于第 5 年时间上

$F_4^{(2)}=\frac{6.437+6.832+7.438}{3}=6.902$，置于第 6 年时间上

依此类推，如表 5-9 所示。

(4)建立预测模型并预测

因为$a_t=2F_t^{(1)}-F_t^{(2)}=2\times9.483-9.083=9.883$

$$b_t=\frac{2}{n-1}(F_t^{(1)}-F_t^{(2)})=\frac{2}{3-1}\times(9.483-9.083)=0.4$$

所以$\hat{y}_{t+T}=a_t+b_tT=9.883+0.4T$

$$\hat{y}_{11}=9.883+0.4\times1=10.283\text{(百万吨)}$$

根据二次加权移动平均法可预测第 11 年的原煤生产量为 10.283 百万吨。

第四节　指数平滑预测法

指数平滑预测法是在移动平均预测法的基础上加以发展的一种特殊加权移动平均预测法。它可分为一次指数平滑法、二次指数平滑法等。

一、一次指数平滑法

(一)一次指数平滑法的原理

设时间序列 $x_0,x_1,x_2,\cdots,x_t$ 为观察期的观察值，当观察期的 $t=0,1,2,\cdots,n$ 时，则 $S_0^{(1)},S_1^{(1)},S_2^{(1)},\cdots,S_t^{(1)}$ 为时间序列 $x_0,x_1,x_2,\cdots,x_t$ 的一次指数平滑值；α 为时间序列的平滑指数，且有 $0\leqslant\alpha\leqslant1$。则有时间序列各观察值的一次指数平滑法公式为：

$$S_t^{(1)}=\alpha x_t+(1-\alpha)S_{t-1}^{(1)} \tag{5-23}$$

即当期一次指数平滑值等于当期实际值 x_t 的 α 倍加上上期一次指数平滑值 $S_{t-1}^{(1)}$ 的$1-\alpha$ 倍。

(二)一次指数平滑法的特点

对式(5-23)展开：

$$S_t^{(1)}=\alpha x_t+(1-\alpha)S_{t-1}^{(1)}$$

$$S_{t-1}^{(1)}=\alpha x_{t-1}+(1-\alpha)S_{t-2}^{(1)}$$

……

$$S_1^{(1)}=\alpha x_1+(1-\alpha)S_0^{(1)}$$

将以上各式的 $S_1^{(1)}$ 代入 $S_2^{(1)}$，$S_2^{(1)}$ 代入 $S_3^{(1)}$，…，$S_{t-1}^{(1)}$代入 $S_t^{(1)}$，则有

$$\begin{aligned}S_t^{(1)}&=\alpha x_t+(1-\alpha)[\alpha x_{t-1}+(1-\alpha)S_{t-2}^{(1)}]\\&=\alpha x_t+\alpha(1-\alpha)x_{t-1}+(1-\alpha)^2[\alpha x_{t-2}+(1-\alpha)S_{t-3}^{(1)}]\\&=\alpha x_t+\alpha(1-\alpha)x_{t-1}+\alpha(1-\alpha)^2x_{t-2}\\&\quad+\cdots+\alpha(1-\alpha)^{t-1}x_1+(1-\alpha)^tS_0^{(1)}\end{aligned}$$

因为$(1-\alpha)<1$，当 $t\to\infty$时，$(1-\alpha)^t\to0$，则有：

$$S_t^{(1)}=\alpha x_t+\alpha(1-\alpha)x_{t-1}+\alpha(1-\alpha)^2x_{t-2}+\cdots+\alpha(1-\alpha)^{t-1}x_1 \tag{5-24}$$

可见,一次指数平滑法有如下特点:

(1)指数平滑法是以首项系数为 α,公比为 $1-\alpha$ 的等比数列作为权重的加权平均法。在平滑过程中,越接近预测期的权重越大,而离预测期越远的权重越小,体现了"近重远轻"的赋权原则。

(2)各权重之和为1。即:

$$\sum \omega_i = 1$$

$$\begin{aligned}\sum \omega_i &= \alpha + \alpha(1-\alpha) + \alpha(1-\alpha)^2 + \cdots + \alpha(1-\alpha)^{t-1} \\ &= \alpha[1 + (1-\alpha) + (1-\alpha)^2 + \cdots + (1-\alpha)^{t-1}] \\ &= \alpha\left[\frac{1-(1-\alpha)^t}{1-(1-\alpha)}\right] \\ &= 1-(1-\alpha)^t\end{aligned}$$

因为 $0 \leqslant \alpha \leqslant 1$,当 $t \to \infty$ 时,则有:$\lim[1-(1-\alpha)^t]=1$。

(3)指数平滑的修匀效果。与移动平均法一样,指数平滑预测法对时间序列观察值也具有修匀作用。指数平滑预测法的修匀效果取决于平滑指数 α 的大小,α 越小,则修匀效果越明显;反之,α 越大,则修匀程度就越差。

(三)平滑指数 α 的选择

在指数平滑预测法中,平滑指数 α 的选择尤为重要。α 取值的大小直接影响着预测值。α 值越大,则平滑值所占的份额就越大,而时间序列观察值所占的份额相应减少;反之亦然。因此,在短期预测时,希望能尽快地反映观察值的变化,这就要求提高 α 值;若又希望能较好地排除季节波动对时间序列的干扰,借以平滑随机误差的影响,又要求降低 α 值。在这种鱼与熊掌不能兼得情况下,只能采取折中办法。

就一般而言,α 取值的大小主要取决于预测目的。

(1)当指数平滑预测法的目的在于用指数平滑值反映时间序列中所包含的长期趋势时,则应取较小的 α 值,如取 $\alpha=0.1\sim0.3$;

(2)当指数平滑预测法的目的在于用指数平滑值反映时间序列的季节波动的影响、不规则变动的影响时,则应取较大的 α 值,如取 $\alpha=0.6\sim0.8$。

(四)初始值的确定

一次指数平滑预测法,除了选择合适的 α 值外,还要确定一次指数平滑法的初始值 $S_0^{(1)}$。确定 $S_0^{(1)}$ 的一般原则为:

(1)当时间序列的数据资料较多时,如 $n \geqslant 10$,这时初始值对以后预测值的影响甚小,可直接选用第一期实际观察值作为初始值;

(2)当时间序列的数据资料较少,如 $n<10$,则因初始值对以后预测值的影响较大,这时一般采用最初几期的实际值的算术平均数作为初始值。

(五)一次指数平滑法的预测模型

$$\hat{y}_{t+1} = S_t^{(1)} \tag{5-25}$$

即下期的预测值等于当期的一次指数平滑值。

【例5-8】 某商店第1~10年的销售额如表5-10所示,试用一次指数平滑法预测第11年的销售额。(分别取 $\alpha_1=0.2$,$\alpha_2=0.5$,$\alpha_3=0.8$。)

表 5-10　某商店的销售额　　单位:万元

年份	1	2	3	4	5	6	7	8	9	10
销售额	400	450	503	551	602	657	709	758	809	862

(1)确定初始值

因为 $n \geqslant 10$,所以 $S_0^{(1)}=400$。

(2)计算一次指数平滑值

当 $\alpha_1=0.2$ 时:

$S_1^{(1)}=0.2\times450+(1-0.2)\times400=410$

$S_2^{(1)}=0.2\times503+(1-0.2)\times410=428.6$

……

$S_9^{(1)}=0.2\times862+(1-0.2)\times638.9=683.5$

当 $\alpha_2=0.5$ 时:

$S_1^{(1)}=0.5\times450+(1-0.5)\times400=425$

$S_2^{(1)}=0.5\times503+(1-0.5)\times425=464$

……

$S_9^{(1)}=0.5\times862+(1-0.5)\times758.4=810.2$

当 $\alpha_3=0.8$ 时:

$S_1^{(1)}=0.8\times450+(1-0.8)\times400=440$

$S_2^{(1)}=0.8\times503+(1-0.8)\times440=490.4$

……

$S_9^{(1)}=0.8\times862+(1-0.8)\times796.3=848.9$

将上述计算结果填入表 5-11,并根据第 1～10 年销售额及三组一次指数平滑值绘制平滑曲线,如图 5-5 所示。

表 5-11　第 1～10 年商品销售额及一次指数平滑法计算表　　单位:万元

年份	销售额	$S_t^{(1)}$			误差$(y_i-\hat{y}_i)$		
		$\alpha_1=0.2$	$\alpha_2=0.5$	$\alpha_3=0.8$	$\alpha_1=0.2$	$\alpha_2=0.5$	$\alpha_3=0.8$
1	400	400	400	400	0	0	0
2	450	410	425	440	40	25	10
3	503	428.6	464	490.4	74.4	39	12.6
4	551	453.1	507.5	538.9	97.9	43.5	12.1
5	602	482.9	554.8	589.4	119.1	47.2	12.6
6	657	517.7	605.9	643.5	139.3	51.1	13.5
7	709	556.0	657.4	695.9	153.0	51.6	13.1
8	758	596.4	707.7	745.6	161.6	50.3	12.4
9	809	638.9	758.4	796.3	170.1	50.6	12.7
10	862	683.5	810.2	848.9	178.5	51.8	13.1

可见，$\alpha=0.2$ 时，指数平滑法对时间序列观察值的修匀效果最好，曲线比较平坦；$\alpha=0.5$ 的修匀效果居中；$\alpha=0.8$ 的修匀程度最小。

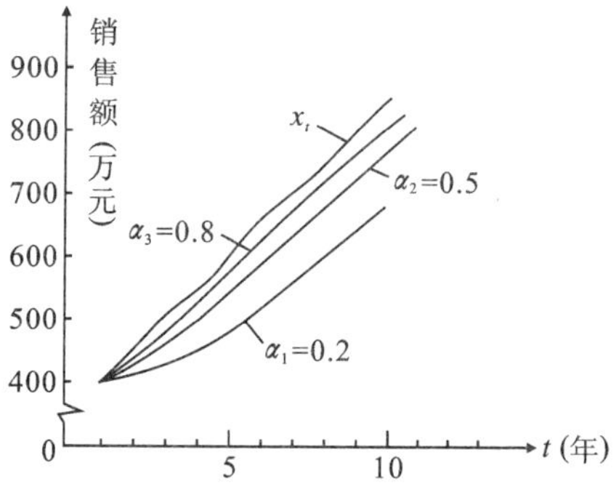

图 5-5 $\alpha_1=0.2$、$\alpha_2=0.5$、$\alpha_3=0.8$ 时一次指数平滑曲线

(3)确定预测值

$\alpha=0.2$ 时，$\hat{y}_{11}=683.5$(万元)

$\alpha=0.5$ 时，$\hat{y}_{11}=810.2$(万元)

$\alpha=0.8$ 时，$\hat{y}_{11}=848.9$(万元)

由上述计算结果可见，平滑指数 α 取不同数值，预测值相差很大。为了确定一个适当的 α 值，可根据计算不同的 α 时各自的均方差 S 的大小来确定。

$$S=\frac{1}{n}\sum_{i=1}^{n}e_i^2=\frac{1}{n}\sum_{i=1}^{n}(y_i-\hat{y}_i)^2 \tag{5-26}$$

$\alpha=0.2$ 时，$S_1=16\ 062.9$

$\alpha=0.5$ 时，$S_2=1\ 931.4$

$\alpha=0.8$ 时，$S_3=140.4$

由均方差计算结果表明，$\alpha=0.8$ 时，$S_3=140.4$ 最小，所以取 $\alpha=0.8$ 时，预测值为：$\hat{y}_{11}=848.9$(万元)。

如果预测者经验丰富，可直接选取 α 进行预测。

二、二次指数平滑法

(一)二次指数平滑法的原理

与一次移动平均法类似，用一次指数平滑法进行预测时，同样存在滞后偏差问题，因此，也需要进行修正。二次指数平滑法的滞后偏差修正方法与二次移动平均法相类似，即在一次指数平滑法的基础上再进行第二次指数平滑，并根据一次、二次的最后一项的指数平滑值建立直线趋势预测模型进行预测。

(二)二次指数平滑值的计算方法

与一次指数平滑法公式(5-23)相类似，二次指数平滑法的基本公式为：

$$S_t^{(2)}=\alpha S_t^{(1)}+(1-\alpha)S_{t-1}^{(2)} \tag{5-27}$$

式中：$S_t^{(2)}$——当期的第二次指数平滑值；

$S_t^{(1)}$——当期的第一次指数平滑值；

$S_{t-1}^{(2)}$——上期的第二次指数平滑值；

α——平滑指数，且 $0\leqslant\alpha\leqslant1$。

二次指数平滑法的预测模型为：

$$\hat{y}_{t+T}=a_t+b_tT \tag{5-28}$$

式中：$\hat{y}_{t+T}$——第 $t+T$ 期的预测值；

t——预测模型所处的当前时期；

T——预测期与当期之间的间隔期；

a_t、b_t——预测模型的待定系数。

$$a_t=2S_t^{(1)}-S_t^{(2)} \tag{5-29}$$

$$b_t=\frac{\alpha}{1-\alpha}(S_t^{(1)}-S_t^{(2)}) \tag{5-30}$$

(三)二次指数平滑法的预测步骤

(1)确定初始值；

(2)选定平滑系数；

(3)计算一次、二次指数平滑值 $S_t^{(1)}$、$S_t^{(2)}$；

(4)计算待定系数，建立预测模型并预测。

【例 5-9】 某公司第 1～15 年的销售收入 y_t 如表 5-12 所示，应用二次指数平滑法预测第 16 年、第 17 年的销售收入。

表 5-12　某公司第 1～15 年销售收入及二次指数平滑法计算表　　单位：万元

年份	y_t	$S_t^{(1)}$	$S_t^{(2)}$
1	676	676.0	676.0
2	825	720.7	689.4
3	774	736.7	703.6
4	716	730.5	711.7
5	940	793.3	736.2
6	1 159	903.0	786.2
7	1 384	1 047.3	864.5
8	1 524	1 190.3	962.3
9	1 468	1 273.6	1 055.7
10	1 668	1 391.9	1 156.5
11	1 958	1 561.8	1 278.1
12	2 031	1 702.5	1 405.4
13	2 234	1 862.0	1 542.4
14	2 566	2 073.2	1 701.6
15	2 820	2 297.2	1 880.3

(1)确定初始值。假设 $S_0^{(1)}=S_0^{(2)}=y_1=676.0$。

(2)选定平滑系数。假设 $\alpha=0.3$。

(3)计算一次、二次指数平滑值$S_t^{(1)}$、$S_t^{(2)}$,并将结果填入表5-12中。

(4)计算待定系数,建立预测模型。

$$a_t=2S_{15}^{(1)}-S_{15}^{(2)}=2\times2\ 297.2-1\ 880.3=2\ 714.1$$

$$b_t=\frac{\alpha}{1-\alpha}(S_{15}^{(1)}-S_{15}^{(2)})=\frac{0.3}{1-0.3}\times(2\ 297.2-1\ 880.3)=178.7$$

于是,预测模型为:

$$\hat{y}_{15+T}=2\ 714.1+178.7T$$

$$\hat{y}_{16}=2\ 714.1+178.7\times1=2\ 892.8(\text{万元})$$

$$\hat{y}_{17}=2\ 714.1+178.7\times2=3\ 071.5(\text{万元})$$

即第16年、第17年的销售收入的预测值分别为2 892.8万元、3 071.5万元。

特别需要指出的是:指数平滑预测法与移动平均预测法相比较,二者都适用于具有线性长期趋势的时间序列预测,但指数平滑法不需要很多时间序列,且其计算比移动平均法的计算简单。因此,指数平滑预测法的应用更广泛。

第五节 季节指数预测法

由于受自然条件、生产条件和消费习俗的影响,许多商品的供应、需求以及与之联系的产品价格,都会随着季节的转换而呈现周期性变动,下面介绍季节指数预测法。

一、季节指数预测法概述

(一)季节变动

季节变动是指时间序列受到自然气候、生产条件、生活习惯等因素的影响,在若干年中每一年随季节的变化都呈现出周期的变动。例如农产品中的蔬菜、水果等供应量随季节发生变化,家电产品中的空调、电扇、取暖器等需求量随季节发生变化,节日商品如月饼等会随节日的来临销售量大增等。对于预测这类经济现象所组成的时间序列,由于伴随着季节因素的影响比较大,可以建立季节模型进行预测。

(二)特征

1. 波动性(Fluctuation)

某经济现象在一定周期内,月度或季度数值波动比较大。例如在武汉的夏季或冬季,空调的需求量比春季或秋季大。

2. 重复性(Repetition)

某经济现象在不同周期的相同季节会呈现相同的态势。例如啤酒在每年的夏季销售量大。

3. 固定性(Fixity)

经济现象变动的周期长度一般是每年的某月、某季度等。例如,某商店4年来汗衫的月销售量如表5-13所示。

4. 可预见性(Prediction)

某经济现象在未来的变动方向、态势是可以预见的。如啤酒的销售量在夏季最大、秋季下降、冬季达到最小,在未来大体也是如此。

表 5-13　某商店汗衫的月销售量统计表　　单位:百元

年 月	第 1 年	第 2 年	第 3 年	第 4 年
1	16.0	17.3	20.1	17.8
2	19.0	21.0	22.0	20.7
3	21.3	23.0	25.0	23.1
4	25.0	27.0	29.2	25.7
5	32.8	36.0	38.5	35.8
6	65.2	70.2	77.0	70.8
7	99.0	107.0	118.0	108.0
8	131.0	140.2	152.8	141.3
9	80.5	87.2	94.0	87.2
10	38.0	41.4	45.0	41.5
11	22.2	24.0	26.0	24.1
12	18.4	19.8	22.5	20.2

(三)季节指数法(Season exponential method)

根据季节变动规律,采用一定的分析方法预测未来的某经济事件趋势。

在季节指数法中,反映季节变动的指标有两个:一是季节指数(商品的供应量、需求量和价格等变化);二是季节变差(各种季节变动因素对市场影响的绝对程度)。

(四)应用条件

(1)须掌握 2～3 年以上的月份或季度等历史资料;

(2)时间序列中须含有明显的季节变动。

二、无趋势变动的季节模型

(一)概念

无趋势变动的季节模型是指时间序列不含趋势变动,只含季节变动。可用季节水平预测模型。

(二)方法

按月展开或按季度展开,具体如下:

1. 计算历年相同的月或相同的季度平均值

设历年相同的月平均值为 $r_i(i=1,2,\cdots,12)$

$$\left.\begin{aligned} r_1 &= \frac{1}{n}(y_1+y_{13}+\cdots+y_{12n-11}) \quad (\text{第 1 月}) \\ r_2 &= \frac{1}{n}(y_2+y_{14}+\cdots+y_{12n-10}) \quad (\text{第 2 月}) \\ &\cdots\cdots \\ r_{12} &= \frac{1}{n}(y_{12}+y_{24}+\cdots+y_{12n-0}) \quad (\text{第 12 月}) \end{aligned}\right\} \tag{5-31}$$

2. 计算历年的月平均值

$$\left.\begin{aligned}&\bar{y}_1=\frac{1}{12}(y_1+y_2+\cdots+y_{12})\quad(\text{第 1 年})\\&\bar{y}_2=\frac{1}{12}(y_{13}+y_{14}+\cdots+y_{24})\quad(\text{第 2 年})\\&\cdots\cdots\\&\bar{y}_n=\frac{1}{12}(y_{12n-11}+y_{12n-10}+\cdots+y_{12n-0})\quad(\text{第 } n \text{ 年})\end{aligned}\right\}\tag{5-32}$$

3. 计算各月的季节指数 α_i

设 α_i 表示第 i 时段的季节指数,$\bar{y}$ 表示整个时期的每个时段平均值,则有:

$$\alpha_i=\frac{r_i}{\bar{y}}\times 100\%\tag{5-33}$$

$$\bar{y}=\frac{1}{12n}\sum_{i=1}^{12n}y_i\tag{5-34}$$

4. 预测模型

设 $\hat{y}_t$ 为第 t 时段预测值,α_i 为第 i 时段季节指数,则预测模型为:

$$\hat{y}_t=\alpha_i\bar{y}_{t-1}\tag{5-35}$$

(三)应用条件

此模型适用于时间序列无长期趋势的季节波动,如图 5-6 所示。

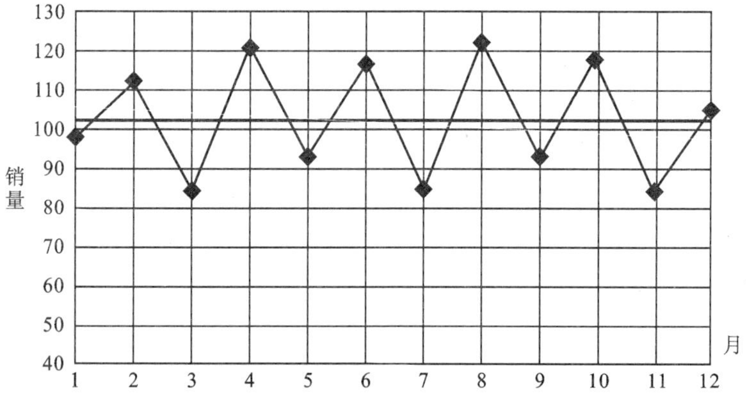

图 5-6　无趋势的季节指数

【例 5-10】 某百货大楼第 1～4 年某种商品的销售量如表 5-14 所示。

表 5-14　某商品的销售量　　单位:百件

季度＼年	1	2	3	4
1	12.4	12.3	11.6	13.2
2	54.5	53.6	52.8	55.1
3	37.8	38.6	40.1	36.9
4	7.9	7.6	6.9	8.2

注:第 5 年的市场环境基本与第 4 年的市场环境相同。

(1)试预测第 5 年各季度的销售量;

(2)若第5年的第1、第2季度销售量分别为13.3百件和54.8百件，试预测第5年第3、第4季度的销售量。

预测过程如下：

(1)①画散点图，确定预测方法(略)；可知，可用无趋势季节指数法。

②计算历年相同季度的平均值

历年相同季度的平均销售量分别为：

第一季度：$r_1=(12.4+12.3+11.6+13.2)/4=12.375$(百件)

第二季度：$r_2=(54.5+53.6+52.8+55.1)/4=54.000$(百件)

第三季度：$r_3=(37.8+38.6+40.1+36.9)/4=38.350$(百件)

第四季度：$r_4=(7.9+7.6+6.9+8.2)/4=7.650$(百件)

4年的季度平均值为：

$$\bar{y}=\frac{12.375+54.000+38.350+7.650}{4}=28.094\text{(百件)}$$

③计算各季节指数 $\alpha_i(i=1,2,3,4)$

$$\alpha_1=\frac{r_1}{\bar{y}}\times 100\%=\frac{12.375}{28.094}\times 100\%=44.05\%$$

同理可得：$\alpha_2=192.21\%$，$\alpha_3=136.51\%$，$\alpha_4=27.23\%$，并填入表5-15中。

表5-15 某商品的销售量及季节模型计算表 单位：百件

季度 \ 年	1	2	3	4	季度的平均销售量(r_i)	季节指数 α_i(%)
1	12.4	12.3	11.6	13.2	12.375	44.05
2	54.5	53.6	52.8	55.1	54.000	192.21
3	37.8	38.6	40.1	36.9	38.350	136.51
4	7.9	7.6	6.9	8.2	7.650	27.23
每年季度的平均值	28.150	28.025	27.850	28.350	28.094	100.00

④根据预测模型进行预测

第5年的4个季度销售量分别为：

$\hat{y}_1=\alpha_1\cdot\bar{y}_{第4年}=44.05\%\times 28.35=12.49$(百件)

$\hat{y}_2=\alpha_2\cdot\bar{y}_{第4年}=192.21\%\times 28.35=54.49$(百件)

$\hat{y}_3=\alpha_3\cdot\bar{y}_{第4年}=136.51\%\times 28.35=38.70$(百件)

$\hat{y}_4=\alpha_4\cdot\bar{y}_{第4年}=27.23\%\times 28.35=7.72$(百件)

(2)求第5年的全年季度平均值

因为$\bar{y}_{第5年}=\dfrac{\dfrac{13.3}{44.05\%}+\dfrac{54.8}{192.21\%}}{2}=29.35$(百件)

所以$\hat{y}_3=\alpha_3\cdot\bar{y}_{第5年}=136.51\%\times 29.35=40.07$(百件)

$\hat{y}_4=\alpha_4\cdot\bar{y}_{第5年}=27.23\%\times 29.35=7.99$(百件)

三、含趋势变动的季节模型

在大量含季节变动的市场现象中，单纯表现为季节变动的只是少数情况，大部分市场现象的季节变动是与长期趋势变动交织在一起的。在研究这些市场现象季节变动的同时，还必须考虑其长期趋势变动，即采用含趋势变动的市场现象季节变动预测模型。根据趋势变动与季节变动之间相互作用方式的不同，在研究时采取不同的方法。

(一)季节型叠加趋势预测模型

若所研究和预测的时间序列既有季节变动又有趋势变动，而且其每年都出现的季节变动的变动幅度随趋势变动而变化，需要采取季节型叠加趋势模型。

季节型叠加趋势模型为：

$$\hat{y}_t = a + bt + \alpha_i \tag{5-36}$$

式中：$a+bt$——线性的趋势值部分；

α_i——季节增量。

模型的建立分为两步：先分离出线性趋势变动，再计算季节增量。

1.确定线性趋势方程

线性趋势方程的参数 a、b，可用最小二乘法、目估法和经验公式确定。若采用经验公式，其步骤如下：

求 $\overline{Y}_{(1)}$、$\overline{Y}_{(j)}$，以及 $\overline{Y}_{(1)}$ 和 $\overline{Y}_{(j)}$ 分别为时序数据第一年和最后一年的平均值。

$$b=\frac{\overline{Y}_{(j)}-\overline{Y}_{(1)}}{t-12} \tag{5-37}$$

$$a=\overline{Y}_{(1)}-6.5b \tag{5-38}$$

线性趋势方程：

$$F_t=a+bt \tag{5-39}$$

2.确定季节增量 α_i

先利用下式计算已知各月的季节增量 α_t

$$\alpha_t = Y_t - F_t \tag{5-40}$$

再根据下式计算已知年份同月季节增量 α_i

$$\alpha_i = \frac{\alpha_t + \alpha_{t+T} + \cdots + \alpha_{t+(m-1)T}}{m} \tag{5-41}$$

式中：i——月份，$i=1,2,3,\cdots,12$(若为季度数据，则 $i=1,2,3,4$)；

T——时序数据的季节周期长度；

m——已知时序数据季节周期数。

【例5-11】 表5-16是某家电连锁销售商第1、第2年各月的电视机销售量。试预测第3年各月的销售量。

表5-16 电视机销售量

单位:台

时序(t)	时间	销售量(Y_t)	趋势值(F_t)	各期季节增量(α_t)
1	第1年1月	112	98.06	13.94
2	2	118	97.29	20.71
3	3	115	96.52	18.48
4	4	100	95.75	4.25
5	5	94	94.98	−0.98
6	6	82	94.21	−12.21
7	7	74	93.44	−19.44

续表 5-16

时序(t)	时间	销售量(Y_t)	趋势值(F_t)	各期季节增量(α_t)
8	8	77	92.67	−15.67
9	9	80	91.9	−11.9
10	10	79	91.13	−12.13
11	11	88	90.36	−2.36
12	12	97	89.59	7.41
13	第 2 年 1 月	116	88.82	27.18
14	2	118	88.05	29.95
15	3	99	87.28	11.72
16	4	93	86.51	6.49
17	5	76	85.74	−9.74
18	6	77	84.97	−7.97
19	7	71	84.2	−13.2
20	8	69	83.43	−14.43
21	9	62	82.66	−20.66
22	10	72	81.89	−9.89
23	11	72	81.12	−9.12
24	12	90	80.35	9.65

利用表 5-16 中的数据绘制时序曲线图，如图 5-7 所示。从图中可以看出，电视机销售量有下降趋势，且有明显的季节变动，时序的波动幅度变化不大。可以考虑建立季节性叠加趋势模型。

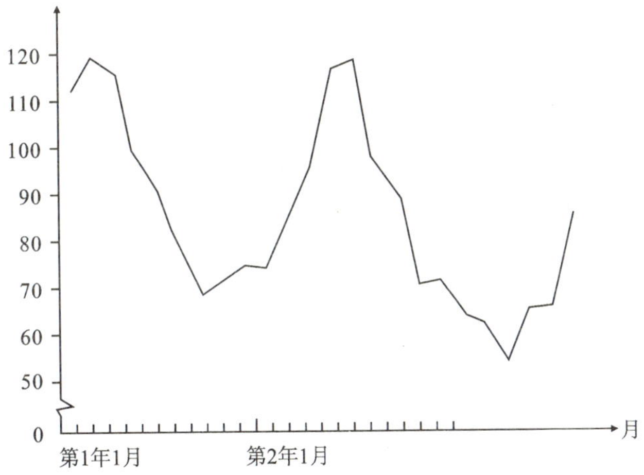

图 5-7　电视机销售量

(1)假定线性趋势方程

这里采用经验公式法计算 $\overline{Y}_{(1)}$ 和 $\overline{Y}_{(2)}$，得 $\overline{Y}_{(1)}=93.83$，$\overline{Y}_{(2)}=84.58$。

$$b=\frac{\overline{Y}_{(2)}-\overline{Y}_{(1)}}{24-12}=\frac{84.58-93.83}{12}=-0.77$$

$$a=\overline{Y}_{(1)}-6.5b=93.83-6.5\times(-0.77)=98.83$$

则直线趋势方程为：

$F_t=a+bt=98.83-0.77t$

计算各期趋势值 F_t，列入表 5-16 中。

(2)确定季节增量 α_i

利用 Y_t 及 F_t 数量计算各期季节增量 α_t，结果也列入表 5-16 中。根据式(5-41)可以确定各月季节增量 α_i，结果列入表 5-17。

表 5-17　各月季节增量

单位：台

月份	α_i	月份	α_i
1	20.6	7	−16.3
2	25.3	8	−15.1
3	15.1	9	−16.3
4	5.4	10	−11.0
5	−5.4	11	−5.7
6	−10.1	12	8.5

预测模型为：

$\hat{y}_t=98.83-0.77t+\alpha_i$

(3)预测

根据建立的预测模型预测出第 3 年各月该家电连锁销售商的电视机销售量(见表 5-18)。

表 5-18　第 3 年各月销售量预测值

单位：台

月份	销售量	月份	销售量
1	105	7	59
2	104	8	59
3	93	9	57
4	83	10	62
5	71	11	66
6	66	12	80

从预测结果看，如果销售的条件不改变，销售量将越来越小。要增加销售量，企业就要分析销售量减少的原因。如果内部经营管理的不足是最主要原因，就要设法提高经营管理的水平，更好地运用各项影响措施。

(二)季节型交乘趋势模型

有些时间序列，既存在明显的季节变动又含有长期趋势变动，而且时间序列的季节变动幅度随着季节现象的趋势变动而加大。对于这样的市场现象，在预测时要采用季节型交乘趋势模型。

$$\bar{Y}_t=(a+bt)\alpha_i \tag{5-42}$$

式中，$a+bt$ 为时间序列线性趋势变动部分；α_i 为时间序列各月(季)的季节指数。模型的建立分为两步，先分离出时序趋势变动，再求出季节指数。

1. 确定趋势直线方程

趋势直线的参数 a、b 可用最小二乘法、目估法和经验公式确定。

2. 计算季节指数 α_i

先用下式计算样本季节指数 S_t

$$S_t = \frac{Y_t}{F_t} \tag{5-43}$$

由于这些季节指数是用样本直接计算的，所以称为样本季节指数。它只反映季节影响给各期带来的实际波动。反映时间序列季节变动规律的是理论季节指数 α_i，它通过各个周期内相应的样本季节指数平均得到，即

$$\alpha_i = \frac{S_t + S_{t+T} + S_{t+2T} + \cdots + S_{t+(m-1)T}}{m} \quad (i = 1,2,\cdots,T) \tag{5-44}$$

【例 5-12】 现有某地区的某种产品产量近 3 年的月资料（见表 5-19）。试预测该种产品第 4 年各月的产量。

表 5-19 某种产品产量

单位：万件

时序(t)	时间	产量(Y_t)	趋势值(F_t)	季节指数(S_t)
1	第 1 年 1 月	6	7.81	0.77
2	2	7	8.32	0.84
3	3	8	8.83	0.91
4	4	8	9.34	0.86
5	5	10	9.84	1.02
6	6	14	10.35	1.35
7	7	16	10.86	1.47
8	8	22	11.37	1.93
9	9	20	11.87	1.68
10	10	10	12.38	0.81
11	11	5	12.89	0.39
12	12	6	13.40	0.45
13	第 2 年 1 月	9	13.90	0.65
14	2	10	14.41	0.69
15	3	12	14.92	0.80
16	4	13	15.43	0.84
17	5	15	15.93	0.94
18	6	20	16.44	1.22
19	7	24	16.95	1.42
20	8	29	17.46	1.66
21	9	26	17.96	1.45
22	10	15	18.47	0.81
23	11	9	19.98	0.45
24	12	10	19.49	0.51

续表 5-19

时序(t)	时间	产量(Y_t)	趋势值(F_t)	季节指数(S_t)
25	第3年1月	12	19.99	0.60
26	2	15	20.50	0.73
27	3	17	21.01	0.81
28	4	19	21.52	0.88
29	5	21	22.02	0.95
30	6	25	22.53	1.11
31	7	36	23.04	1.56
32	8	42	23.55	1.78
33	9	38	24.05	1.58
34	10	22	24.56	0.90
35	11	16	25.07	0.64
36	12	14	25.58	0.55

绘制该时间序列的曲线图(见图 5-8),从图中可以看出该现象既有明显的季节变动,也含明显的趋势变动,而且季节变动的幅度随趋势增加而加大,用季节型交乘趋势模型对它进行预测是适合的。

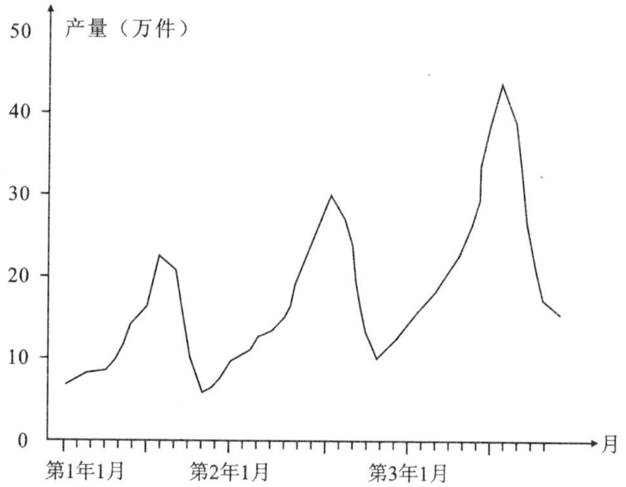

图 5-8 产品月产量

(1)确定趋势线性方程

这里采用最小二乘法。估计出参数 $a=7.306\ 3$,$b=0.507\ 5$。

趋势线性方程为:$F_t=a+bt=7.306\ 3+0.507\ 5t$

用上式算出各期的趋势值(见表 5-19)。

(2)计算季节指数

利用公式计算出各期的样本季节指数(见表 5-19)。在此基础上计算各期的理论季节

指数(见表 5-20)。预测模型为:

$$\bar{Y}_t=(a+bt)\alpha_i=(7.3063+0.5075t)\alpha_i$$

表 5-20　各月的理论季节指数

月份	α_i	月份	α_i
1	0.67	7	1.48
2	0.75	8	1.79
3	0.84	9	1.57
4	0.86	10	0.84
5	0.97	11	0.49
6	1.23	12	0.50

(3)预测

根据建立的预测模型预测出第 4 年该地区该种产品各月的产量(见表5-21)。

表 5-21　第 4 年各月的产量预测　　单位:万件

月份	产量	月份	产量
1	17.48	7	43.12
2	19.95	8	53.06
3	22.77	9	47.33
4	23.74	10	25.75
5	27.27	11	15.30
6	35.21	12	15.84

本章小结

时间序列预测法是市场预测方法中一种经常采用的定量分析方法。时间序列有以下几种变动模式:长期趋势变动模式、无趋势变动模式、季节变动模式、循环变动模式和不规则变动模式。

简单平均预测法中最常用的有算术平均法、几何平均法和加权平均法。算术平均法适用于时间序列按照某一水平趋势上下波动的情况。几何平均法适用于时间序列按照某一趋势上下波动的情况。加权平均法是根据时间序列的重要性不同,分别给以不同的权重后再取平均值。

移动平均预测法是将时间序列按时间先后顺序排列,然后由远及近,以一定的跨越期进行移动平均。每次移动平均总是在上次移动平均的基础上去掉一个最远期的数据,增加一个紧挨跨越期后面的新数据,保持跨越期不变,每次只向前移动一步,逐项移动,滚动前移。移动平均预测法又可分为一次移动平均法和二次移动平均法。它可用于时间序列具有长期趋势变动的情况。

指数平滑预测法是在移动平均预测法的基础上加以发展的一种特殊加权移动平均预测方法。它可分为一次指数平滑法、二次指数平滑法等。它可用于时间序列有长期趋势变动和季节变动的预测。

季节指数预测法适用于时间序列以季节的循环周期为特征的情况,它首先要分析时间序列季节波动的形式,可分为三种:①无趋势变动的季节模型;②季节型叠加趋势预测模型;③季节型交乘趋势模型。每种季节变动形式不同,其预测方法也不同,其中第一种方法最简单。

关键概念

时间序列 Time sequence　　加权平均法 Weighted average method

移动平均法 Remove average method

指数平滑法 Exponential smoothing method

季节指数法 Seasons exponential method

趋势变动值 Trend change value

思考与练习

1. 什么是时间序列?它的模式有哪几类?各类的特点是什么?
2. 试比较算术平均预测法、几何平均预测法、加权平均预测法的应用范围。
3. 什么是移动平均法?它的步骤有哪些?
4. 试比较一次、二次移动平均法的模型有哪些不同。在应用时应注意什么?
5. 试比较一次移动法与指数平滑法的异同点。
6. 二次指数平滑预测法与二次移动平均预测法有何异同点?
7. 某商店在第1～9年的销售额如表5-22所示,试用几何平均预测法预测第10年和第11年的销售额。

表5-22　某商店的销售额　　单位:万元

年度	1	2	3	4	5	6	7	8	9
销售额	520	540	580	610	640	670	710	740	770

8. 某市2012年1～11月份洗涤剂的销售额如表5-23所示,试用一次移动平均预测法预测12月份的销售额(取 $n=3$、$n=5$ 的两种情况),并比较 n 的大小对预测结果的影响。

表5-23　洗涤剂的销售额　　单位:万元

月份	1	2	3	4	5	6	7	8	9	10	11
销售额	400	270	380	396	620	350	310	260	440	540	470

9. 某电动车厂第1～11年的产量如表5-24所示:

(1)试用一次指数平滑法预测第12年的电动车的产量(取 $\alpha=0.3$ 和 $\alpha=0.7$)。

(2)你认为选择哪一个平滑系数更合适,为什么?

表5-24　电动车的产量　　单位:万台

年度	1	2	3	4	5	6	7	8	9	10	11
产量	26	28	30	23.6	33	36.2	24	46	60	75	90

10. 某月库存量如表5-25所示,试用二次移动平均预测法预测第26期的库存量是多少

（取 $n=5$）。

表 5-25　月库存量　　单位：千克

期数	1	2	3	4	5	6	7	8	9	10	11	12	13
库存量	280	318	272	314	346	262	354	376	308	358	360	320	364
期数	14	15	16	17	18	19	20	21	22	23	24	25	
库存量	384	448	376	396	412	406	476	456	462	442	518	546	

11. 某商品 3 年来各季度销售量如表 5-26 所示，若第 4 年计划销售 3 000 箱，试用季节指数法预测第 4 年各季度的销售量。

表 5-26　季度销售量　　单位：箱

年＼季度	1	2	3	4
1	190	617	1 570	580
2	363	1 070	1 750	96
3	38	1 300	1 580	74

12. 某公司第 1～9 年的产品销售情况如表 5-27 所示，作图判断变动趋势，并选择相应的方法预测第 10 年该产品的销售量。

表 5-27　第 1～9 年的销售量　　单位：万件

年	销售量
1	4.9
2	6.0
3	7.2
4	7.6
5	8.4
6	8.5
7	8.6
8	9.2
9	9.0

13. 某旅游风景区第 1～3 年各季度的旅游收入如表 5-28 所示，试用季节指数法预测第 4 年各季度的旅游收入。

表 5-28　各季度的旅游收入　　单位：万元

季度	第 1 年	第 2 年	第 3 年
1	163	222	250
2	892	1 008	1 886
3	1 106	1 661	5 134
4	134	130	157

第六章

弹性分析预测法

学习目的与要求

- 了解需求价格弹性、收入弹性、交叉价格弹性的概念；
- 了解供给弹性和广告效果弹性的概念；
- 了解需求弹性预测法和多种弹性综合预测法；
- 会应用弹性分析预测法进行市场预测。

在市场经济中，商品的需求和供给的变化主要随价格的波动产生影响。而一定的价格变化都会造成商品的需求和供给的相应变化，这种变化的数量大小是由该种商品的需求和供给弹性大小所决定的。因此，本章介绍利用商品的弹性分析进行市场预测的方法。

第一节　需求的弹性预测法

一、需求函数

首先给出对某一商品的市场需求量的概念。对某一商品的市场需求量是指一定时期内，在一定条件下(商品的价格、消费者的可支配收入等)，消费者愿意购买的该种商品(或服务)的数量。

消费者对某一商品的市场需求量要受到多种因素的影响，影响商品市场需求量的主要因素有以下几个方面。

(1)该商品的价格。在通常情况下，价格上涨，消费者对这种商品的市场需求量就减少；价格下降，消费者对这种商品的市场需求量就增加。这就是说，市场需求量与价格一般成反比。

(2)其他商品的价格。某一商品的市场需求量不但受自身价格的影响，同时还要受其他商品价格变动的影响。其他商品主要是指互代品(替代品)和互补品。所谓互代品，是指它们对消费者具有相似的效用，其中一种可以代替另一种使用，如棉布与化纤布、牛肉与猪肉等。互补品是指两者必须合并使用才能对消费者产生更大效用的商品，如汽车与汽油。对某一商品来说，当它的互代品价格上涨时，这种商品的市场需求量就增加；反之，这种商品的市场需求量就减少。当互补品价格上涨时，尽管这种商品的价格保持不变，其市场需求量也要减少；反之，其市场需求量就会增加。

(3)消费者的可支配收入。一般来说，消费者的可支配收入增加，对商品的市场需求量就会增加；反之，对商品的市场需求量就会减少。例如，近几年，随着人们收入的增加，对家用电器(如彩电、空调器等)的市场需求量明显增加。当然对一些低档商品来说则恰恰相反。

对商品市场需求量产生影响的还有其他一些因素，如消费者的爱好、广告费用、消费者对商品的价格预期等。

把商品的市场需求量与影响需求量诸因素之间的关系用一个函数来表示，这个函数就叫做需求函数。用 Q 表示对第 i 种商品的市场需求量，P 表示该商品的价格，Y 表示消费者的可支配收入，P_j 表示其他商品(互代品或互补品)的价格，其他因素的影响假定很小，不予考虑，则需求函数的一般形式为：

$$Q = f(P, Y, P_j) \tag{6-1}$$

这里，需求函数仅是一般的表示式，根据具体问题，可给出具体的函数形式。

二、需求的价格弹性预测法

假定某一商品的需求函数为已知，如方程(6-1)所示，需求的价格弹性定义为：

$$E_d = \frac{\partial Q}{\partial P} \cdot \frac{P}{Q}$$

式中：E_d——价格的相对变动对需求量相对变动的影响。

一般情况下，需求函数是未知的，需求的价格弹性可用增量的形式表示：

$$E_d = \frac{\Delta Q}{Q_0} \bigg/ \frac{\Delta P}{P_0} = \frac{\Delta Q}{\Delta P} \cdot \frac{P_0}{Q_0} \tag{6-2}$$

式中：P_0、Q_0——商品原来的价格和需求量；

ΔP——价格的增量(改变量)；

ΔQ——需求量的增量(改变量)。

需求的价格弹性也称作需求弹性，反映了价格的相对变动对需求量相对变动的影响程度。式(6-2)可以解释为，当商品的价格变动 1%时需求量变动的百分数。对于正常商品而言，需求的价格弹性为负数。这是由于当价格上涨时，需求量减少；当价格下降时，需求量增加。只有少量商品的价格弹性为正，即价格上涨时，需求量反而增加；价格下降时，需求量减少。

(1) $|E_d| > 1$，表示当价格下降或上涨时需求量变化的幅度大于价格变化的幅度，称作需求弹性高，或称作富于弹性的需求。

(2) $|E_d| < 1$，表示需求量变化的幅度小于价格变化的幅度，称作需求弹性低，或称作缺乏弹性的需求。

(3) $|E_d| = 1$，表示需求量变化的幅度等于价格变化的幅度，称作单元弹性。

下面导出利用需求的价格弹性对需求量进行预测的公式。

由式(6-2)得：

$$\Delta Q = \frac{E_d \times \Delta P \times Q_0}{P_0} \tag{6-3}$$

需求量预测公式为：

$$Q = Q_0 + \Delta Q \tag{6-4}$$

将式(6-3)代入式(6-4)得：

$$Q = Q_0 + \frac{E_d \times Q_0 \times \Delta P}{P_0}$$

$$= Q_0 \times \left(1 + E_d \times \frac{\Delta P}{P_0}\right) \tag{6-5}$$

这里,Q_0 为上期实际需求量,P_0 为上期的价格,ΔP 为价格的变化量。记 $K_p = \frac{\Delta P}{P_0}$ 为价格变化幅度,则式(6-5)可写作:

$$Q = Q_0 \times (1 + E_d \times K_p) \tag{6-6}$$

【例 6-1】 对某市几家大型商场销售国产大屏幕彩电进行统计,资料如表 6-1 所示。

表 6-1 大屏幕彩电降价前后的销售量统计表

商　品	平均价格(元/台)		销售量(台)	
	降价前	降价后	降价前	降价后
彩色电视机	6 570	6 210	4 100	5 800

已知该市去年全年销售国产大屏幕彩电 25 000 台,平均价格 6 350 元/台,预计今年国产大屏幕彩电平均每台降价 400 元,试预测今年国产大屏幕彩电的销售量。

首先根据几家商场的销售统计资料计算出国产大屏幕彩电的价格弹性。

$$E_d = \frac{5\ 800 - 4\ 100}{6\ 210 - 6\ 570} \times \frac{6\ 570}{4\ 100} = -7.57$$

利用式(6-5)预测今年的销售量:

$$Q = 25\ 000 \times \left[1 + (-7.57) \times \left(-\frac{400}{6\ 350}\right)\right] = 37\ 000(\text{台})$$

三、需求的收入弹性预测法

需求的收入弹性表示收入的相对变动对需求量相对变动的影响。已知需求函数见式(6-1),需求的收入弹性定义为:

$$E_y = \frac{\partial Q}{\partial Y} \cdot \frac{Y}{Q}$$

需求的收入弹性用增量的形式表示:

$$E_y = \frac{\Delta Q}{Q_0} \Big/ \frac{\Delta Y}{Y_0} = \frac{\Delta Q}{\Delta Y} \cdot \frac{Y_0}{Q_0} \tag{6-7}$$

式中:Y_0——消费者原来的可支配收入量;

　　ΔY——收入的增量(改变量)。

需求的收入弹性式(6-7)可以解释为,消费者的收入变动 1%需求量变动的百分数。对于正常商品而言,当人们的收入增加时,其需求量也随之增加,所以收入弹性是一个正数。当 $E_y>1$ 时,说明收入的增加引起对该商品需求量较大幅度的增加,称这种商品有需求收入弹性,如耐用消费品、奢侈品、娱乐用品等。当 $0<E_y<1$ 时,说明收入的变动不会引起对该商品需求量的较大变动,称这种商品缺乏需求收入弹性。一般来说,生活必需品的收入弹性比较小。当 $E_y<0$ 时,说明随着收入的增加人们减少对这种商品的需求量,这种商品通常为低档品。

利用收入弹性和未来收入的变动幅度可预测未来的市场需求量。

由式(6-7)可得:

$$\Delta Q = Q_0 \times E_y \times \frac{\Delta Y}{Y_0}$$

记 $K_y = \frac{\Delta Y}{Y_0}$ 为收入的变动幅度，对未来市场需求量的预测公式为：

$$Q = Q_0 + \Delta Q = Q_0 \times (1 + E_y \times K_y) \quad (6\text{-}8)$$

【例 6-2】 已知某地区去年城镇居民对六类商品的销售额及需求收入弹性如表 6-2 所示。

表 6-2　商品的销售额及需求收入弹性统计资料

项目	食品	衣着	设备用品	交通、通信	文娱用品	其他商品
收入弹性	0.56	0.76	1.33	1.62	1.21	1.10
销售额(亿元)	612.57	166.69	58.68	22.20	86.00	27.75

预计今年该地区城镇居民收入比上年增长 10%，试预测今年对各类商品的需求量。

利用式(6-8)分别进行预测：

食品类：

$Q=612.57\times(1+0.56\times10\%)=646.87$(亿元)

衣着类：

$Q=166.69\times(1+0.76\times10\%)=179.36$(亿元)

设备用品类：

$Q=58.68\times(1+1.33\times10\%)=66.48$(亿元)

交通、通信类：

$Q=22.20\times(1+1.62\times10\%)=25.80$(亿元)

文娱用品类：

$Q=86.00\times(1+1.21\times10\%)=96.41$(亿元)

其他商品类：

$Q=27.75\times(1+1.10\times10\%)=30.80$(亿元)

四、需求的交叉价格弹性预测法

需求的交叉弹性，表明某一商品价格变动影响另一种商品需求量的变动程度。已知需求函数为式(6-1)，第 j 种商品价格的变动对第 i 种商品需求量影响的交叉价格弹性定义为：

$$E_{ij} = \frac{\partial Q_i}{\partial P_j} \cdot \frac{P_j}{Q_i}$$

交叉价格弹性用增量形式表示：

$$E_{ij} = \frac{\Delta Q_i}{Q_i} \Big/ \frac{\Delta P_j}{P_j} = \frac{\Delta Q_i}{\Delta P_j} \cdot \frac{P_j}{Q_i} \quad (6\text{-}9)$$

它表示第 j 种商品价格相对变动对第 i 种商品市场需求量相对变动的影响。若第 j 种商品与第 i 种商品是互代品，则 $E_{ij}>0$；若第 j 种商品与第 i 种商品是互补品，则 $E_{ij}<0$。因此，考虑第 i 种商品的需求量，往往考虑它的可互代品和互补品。

如果知道了第 i 种商品基期的需求量和第 j 种商品预测期的价格变动幅度，则可预测

第 i 种商品的需求量。预测公式为：

$$Q = Q_0 \times \left(1 + E_{ij} \times \frac{\Delta P_j}{P_j}\right) \tag{6-10}$$

式中，Q_0 为第 i 种商品基期的需求量；令 $K_j = \frac{\Delta P_j}{P_j}$，表示第 j 种商品预测期价格的变化幅度，则式(6-10)可写作：

$$Q = Q_0 \times (1 + E_{ij} \times K_j) \tag{6-11}$$

【例 6-3】 乙商品是甲商品的互代品，根据统计资料测算，乙商品价格对甲商品需求量影响的交叉价格弹性 $E_{甲乙}=1.15$。已知某公司上期销售甲商品2 000单位，预计本期乙商品的价格可能降低 5%以利竞争，试预测当期甲商品的市场销售量。

利用公式(6-11)预测当期甲商品的市场销售量：

$Q=2\ 000\times[1+1.15\times(-0.05)]=2\ 000\times0.94=1\ 880$(单位)

五、多种弹性综合预测法

多种弹性综合预测法就是将需求的价格弹性、需求的收入弹性、需求的交叉价格弹性结合起来，对市场需求量进行预测。因为市场销售环境有可能同时出现消费者收入、某种商品本身的价格、互代品和互补品的价格发生变化，所有这些变化都会引起消费需求量的变化，因此，多种弹性综合预测法具有较强的实用性。其预测公式如下：

$$Q = Q_0 \times [1 + (E_y \times K_y + E_d \times K_p + E_{ij} \times K_j + E_{ig} \times K_g)] \tag{6-12}$$

式中：Q_0——基期实际销售量；

E_y——需求的收入弹性；

K_y——收入的变化幅度；

E_d——需求的价格弹性；

K_p——该商品价格的变化幅度；

E_{ij}——互代品的价格弹性；

K_j——互代品价格的变化幅度；

E_{ig}——互补品的价格弹性；

K_g——互补品价格的变化幅度。

对于正常商品来说，收入弹性和互代品价格弹性为正值；价格弹性和互补品价格弹性为负值。

【例 6-4】 通过调查已知某种商品的收入弹性为 0.9，需求的价格弹性为 −1.1，互代品的价格弹性为 0.7，互补品的价格弹性为 −0.5。该商品基期实际销售量为 20 000 件，预测期内收入增加 20%，该商品的价格可能上涨 12%，其互代品和互补品的价格可能分别上涨 20%和 16%，试预测该商品的市场需求量。

将有关数据代入预测公式(6-12)得：

$Q=20\ 000\times(1+0.9\times20\%-1.1\times12\%+0.7\times20\%-0.5\times16\%)$

$\quad=20\ 000\times(1+0.108)=22\ 160$(件)

预测得该商品的市场需求量为 22 160 件。

第二节　供给的弹性预测法

一、供给函数

首先给出供给量的概念。供给量是指在一定时期内和一定条件下(商品的价格、生产成本等),企业(或行业)愿意向消费者提供的某种商品(或服务)的数量。

影响企业(或行业)供给量的因素很多,主要有以下两方面:

(1)商品价格和利润的预期。一般来说,如果企业预计价格看涨,同时意味着利润也要增加,就会增加其产量,从而导致供应量增加。反之,如果企业预计价格下跌,便会减少供应量。

(2)生产成本。如果商品市场价格既定,生产成本越高,利润就越少,企业就会减少供应量。反之,生产成本越低,企业就会增加供应量。

影响商品供应量的还有其他一些因素,如其他有关商品价格的变化、生产和销售这一商品的厂家数量、政府的财政税收政策等。

把商品的供给量与影响供给量诸因素之间的关系用一个函数来表示,这个函数叫做供给函数,仍用 Q 表示某种商品的供给量,P 表示这一商品的价格,C 表示生产该商品的成本,假定其他因素对供给量的影响很小,不予考虑。供给函数的一般形式可写作:

$$Q = f(P,C) \tag{6-13}$$

在影响供给量的诸因素中,价格是最灵敏、最重要的因素,如果假定其他因素不变,仅研究价格与供给量之间的关系,可引入供给弹性来表示。

二、供给弹性预测法

供给弹性是表示商品的价格相对变动影响商品供给量相对变动程度的度量指标,供给函数已知如式(6-13)时,供给弹性定义为:

$$E_s = \frac{\partial Q}{\partial P} \cdot \frac{P}{Q}$$

供给函数未知时,供给弹性用增量形式表示:

$$E_s = \frac{\Delta Q}{\Delta P} \cdot \frac{P_0}{Q_0} \tag{6-14}$$

式中:P_0、Q_0——商品原来的价格和供给量;

ΔQ——供给量的增量(改变量);

ΔP——价格的增量(改变量)。

供给弹性式(6-14)表示,当商品价格变动1%时其供给量变动的百分数。

如同利用需求弹性对市场需求量进行预测一样,利用供给弹性可以对市场的供给量进行预测。其预测公式为:

$$Q = Q_0 + \Delta Q \tag{6-15}$$

由式(6-14)得:

$$\Delta Q = \frac{E_s \times Q_0 \times \Delta P}{P_0} \tag{6-16}$$

将式(6-16)代入式(6-15)得：

$$Q = Q_0 \times (1 + E_s \times K_p) \tag{6-17}$$

式中，$K_p = \dfrac{\Delta P}{P_0}$，即价格变化幅度。

【例6-5】 通过测算已知某一种商品的市场供给弹性为 $E_s=1.2$，由统计资料知，这种商品上一期市场供给量为200万件，当年价格上调15%，假定影响供给量的其他因素不变，试预测当年该商品的市场供给量。

这里 $E_s=1.2$，$Q_0=200$ 万件，$K_p=0.15$，代入预测公式(6-17)得市场供给量：

$Q=200\times(1+1.2\times0.15)=236$(万件)

第三节 广告效果弹性分析预测法

商业广告是指卖方利用有偿媒介传递有关其商品、服务的有说服力的信息，是扩大销售的一种有效促销手段。广告与市场是不可分割的，随着商品的市场竞争加剧，广告的作用对销售者来说也显得越来越重要，广告费的支出也越来越多，有的企业广告费占销售额的5%，有的行业，如化妆品等，该比例甚至高达20%。花费巨资做广告，到底效果如何，这是企业应关心的问题。

对广告效果的评估有多个方面，但主要评估两个方面：

(1)信息传递效果。即评估广告是否将信息有效地传递给目标听(观)众和读者。这种评估可以在事前邀请顾客代表对已经准备好的广告进行评估，了解其效果，征求意见进行改进；也可在事后通过调查了解广告的收听率、收视率、读者率，以及目标顾客对广告的记忆、印象等情况。

(2)销售效果评估。即评估广告使销售量增长了多少，这是企业做广告的直接目的。对广告效果的准确评估是比较困难的问题，因为销售量的增长受多种因素的影响，不仅取决于广告，还取决于消费者的偏好与收入的增长、产品本身质量的提高与功能的改进、成本的逐步降低与价格的合理调整、销售渠道的畅通与效率的提高等。目前，一般是运用历史的或实验分析方法来评价销售效果。弹性分析方法是这类分析方法中应用较普遍的一种方法。

广告效果弹性可定义为销售额(量)相对变化与广告费用相对变化的比率。广告效果弹性用 E_a 表示：

$$E_a = \frac{\Delta Q}{Q_0}\bigg/\frac{\Delta A}{A_0} = \frac{\Delta Q}{\Delta A}\cdot\frac{A_0}{Q_0} \tag{6-18}$$

式中：A_0、Q_0——变动前的广告费和销售额(量)；

ΔA——广告费的变动量；

ΔQ——销售额(量)的变动量。

在市场销售正常的情况下，加强广告宣传后，销售额(量)的增长率大于广告费支出的增长率，即 $E_a>1$，说明广告的销售效果好。

利用广告效果弹性对销售额(量)进行预测的公式为：

$$Q = Q_0 \times \left(1 + E_a \times \frac{\Delta A}{A_0}\right) \tag{6-19}$$

令 $K_A=\dfrac{\Delta A}{A_0}$，为广告费的变化幅度，则式(6-19)可改写为：

$$Q=Q_0\times(1+E_a\times K_A)$$

【例 6-6】　设某公司在一小范围内做广告效果实验，广告费提高 20%，其销售额增加 35%。已知上一年某公司销售额为 500 万元。计划当年广告费比上一年增加 30%，假定其他条件不变，试预测今年可能达到的销售额。

先计算广告效果弹性：

$E_a=\dfrac{35\%}{20\%}=\dfrac{0.35}{0.20}=1.75$

预测当年销售额：

$Q=Q_0\times(1+E_a\times K_A)=500\times(1+1.75\times0.30)=762.5$(万元)

本章小结

需求价格弹性是指需求量变动对某种因素变动的反应程度。用公式表示为：$E_d=\dfrac{\partial Q}{\partial P}\cdot\dfrac{P}{Q}$。

收入弹性是指需求量变动对收入变动的反应程度。用公式表示为：$E_y=\dfrac{\partial Q}{\partial Y}\cdot\dfrac{Y}{Q}$。

需求的交叉弹性是指某一商品价格变动影响另一种商品需求量的变动程度。已知需求函数 $Q=f(P,Y,P_j)$，则有第 j 种商品价格的变动对第 i 种商品需求量影响的交叉价格弹性定义为：$E_{ij}=\dfrac{\partial Q_i}{\partial P_j}\cdot\dfrac{P_j}{Q_i}$。

多种弹性综合预测法是将需求的价格弹性、需求的收入弹性、需求的交叉价格弹性结合起来，对市场需求量进行预测。

供给弹性是表示商品的价格相对变动影响商品供给量相对变动程度的度量指标，供给函数已知时，供给弹性可表示为：$E_s=\dfrac{\partial Q}{\partial P}\cdot\dfrac{P}{Q}$。

广告效果弹性是销售额(量)相对变化与广告费用相对变化的比率。广告效果弹性用 E_a 表示：$E_a=\dfrac{\Delta Q}{Q_0}\Big/\dfrac{\Delta A}{A_0}=\dfrac{\Delta Q}{\Delta A}\cdot\dfrac{A_0}{Q_0}$。

关键概念

价格弹性　Price elastic　　收入弹性　Income elastic

交叉价格弹性　Cross elastic　　供给弹性　Supply elastic

多种弹性综合预测　Multiple elastic to sum up

广告效果弹性　Advertising effects elastic

思考与练习

1. 什么是需求的价格弹性、收入弹性和需求的交叉价格弹性?进行比较和分析。

2. 试比较需求的价格弹性预测法、收入弹性预测法、交叉价格弹性预测法的异同。

3. 简述供给弹性概念和供给弹性预测法。

4. 如何评估广告效果?如何做广告效果的弹性分析?

5. 某地区城调队经过抽样调查计算出某种商品的价格弹性 $E_d=-3.66$,已知该种产品上一年全地区的销售量为 250 000 件,当年估计这种商品从上年的平均价格 500 元/件下降到平均价格 470 元/件,试预测当年这种商品可能的销售量。

6. 已知某市居民需求的收入弹性如表 6-3 所示。

表 6-3　不同商品的需求收入弹性

项目	食品	衣着	日用品	文娱用品	其他商品	非商品
收入弹性	0.57	0.83	1.35	1.52	0.96	0.73

根据统计资料可知,该市去年各类商品及服务的销售额如表 6-4 所示。

表 6-4　各类商品的销售额数据资料　　单位:百万元

项目	食品	衣着	日用品	文娱用品	其他商品	非商品
销售额	550	142	168	69	31	70

预计当年该市居民收入将比上年增长 12%,试预测该市当年对各类商品及服务的需求量。

7. 通过市场调查,已知某种商品需求的收入弹性为 0.93,需求的价格弹性为 -2.1,某种互代品的交叉价格弹性为 0.81,其互补品的交叉价格弹性为 -0.7。该商品基期实际销售量为 30 000 台,预计消费者收入增加 20%,该商品价格可能上涨 10%,其互代品和互补品的价格可能分别上涨 15%和 12%,试预测该商品的市场需求量。

8. 对某种商品的市场供应情况通过实验调查得到以下数据:当价格为 12 元/件时,供应量为 1 600 件;当价格上涨到 14.4 元/件,供应量为 1 984 件。已知去年该商品市场供应量为 800 万件,预计今年这种商品的市场价格将上涨 25%,试预测今年的市场供应量。

【案例分析】

学费应该提高吗?

美国一家州立大学面临财务危机。按现有学费水平,每年亏损 750 万美元。校长提出应把每一学生的平均学费从现在的 3 000 美元提高到 3 750 美元,即增加 25%。此提案遭到学生的强烈反对。该校共有 10 000 名学生,且学校的大部分开支与学生人数无关。估计大学入学人数对学费变化的弹性是 -1.3。

思考题

如果你是该校的一名学生,应向校长提什么样的建议?

第七章

回归分析预测法

学习目的与要求

- 了解回归分析预测的原理、方法与步骤；
- 掌握一元线性和二元线性回归方程预测实际问题的方法；
- 了解非线性回归方程转换为线性回归方程的条件、方法；
- 了解虚拟变量的含义、应用条件、回归模型。

经济现象在发展变化过程中往往与包括政治、经济、科技、自然、社会在内的其他因素之间存在着一定的因果关系。许多经济现象的变动通常受到其他因素的制约，并随其他因素的变动而变动。回归分析预测法是从经济现象的因果关系出发，应用数理统计方法建立回归方程，揭示经济现象与其他因素之间的数量依存关系，并根据其他现象的变化去推测经济现象变化的一种定量分析预测方法。本章主要介绍一元线性回归预测法、多元线性回归预测法和虚拟变量回归预测法。

第一节　一元线性回归预测法

一、相关性与回归模型

在生产活动、科学实验与经济现象中会遇到许许多多相关的量。例如，在某一市场，研究某一商品的价格时，商品销售量 X 与收入 Y 之间有一定的关系。给定商品的销售量 X，就有一确定的收入 Y 与之对应，这一对应关系是确定性关系，在数学中称为函数关系。这里的函数关系是自变量与因变量之间的一种关系。是不是变量与变量之间都存在确定的函数关系呢？来看下面的问题：当研究市场上某一商品的价格 P 与供给量 Y 之间的关系时，会发现，对一给定的价格 P，供给量 Y 与价格 P 有相当大的密切关系。但价格 P 不能唯一地决定供给量 Y，因为，供给量的大小除取决于价格 P 之外，还要受到代用品价格、其他商品价格、顾客心理、天气等多方面因素的影响。因此对一给定价格 P，供给量 Y 可取不同的值，也就是说 Y 的值是随机的。类似可以举出许多例子：单位面积土地上农作物施肥与收获量之间的关系、产量与成本之间的关系等，这些关系都是一种不确定的关系，在经济领域中这种关系是大量存在的，它不能由一种(或几种)市场变量与另一市场变量的函数关系来表示，这种关系叫做相关关系。比如 X 与 Y 具有相关性，可用模型表示为：

$$Y = f(X) + u \tag{7-1}$$

其中 u 为一随机变量。模型(7-1)为相关模型。

如果一种(或几种)变量 X(或 X_1、X_2、…、X_k)自行变化时,按照一定的规律影响另一变量 Y,而 Y 的变化不能影响 X(或 X_1、X_2、…、X_k)。也就是说,变量 X(或 X_1、X_2、…、X_k)是变量 Y 的变化原因,这时就说 X(或 X_1、X_2、…、X_k)与 Y 具有因果关系。

对于模型(7-1),若 X 与 Y 具有因果关系,则称模型(7-1)为回归模型。X 叫做自变量(或解释变量),Y 叫做因变量(或被解释变量)。由此可以看出"相关"与"回归"是两个不同的概念。相关不考虑变量之间的因果关系,而回归恰好正是考虑了一个变量(或几个变量)与另一变量的因果关系。如果两个变量具有回归关系则一定是相关关系,反之不成立。这是因为具有相关关系的两个变量可以不具有因果关系。

对于回归模型(7-1),若 $f(X)$ 为一线性函数,不妨设 $f(X)=b_0+b_1X$,则模型(7-1)可写作:

$$Y = b_0 + b_1X + u \tag{7-2}$$

称模型(7-2)为线性回归模型。其中 X 为自变量(或解释变量),Y 为因变量(或被解释变量),u 为随机项。对于模型中随机项 u 的引进作以下说明。

先看上面所举的例子,很显然某种商品的价格 P 与供给量 Y 之间具有回归关系,但是影响供给量 Y 的因素除了主要商品的价格 P 之外,还有其他商品的价格、代用品的价格,甚至天气,人们的心理、爱好等都会对 Y 产生影响。这些因素有些是可度量的(如代用品的价格等),有些是不可度量的(如天气、人们的心理变化等)。这些在模型中统一用一个随机项 u 来综合,由此可以看出随机项 u 是那些没有包含在模型中的自变量和其他一些随机因素对 Y 的总影响。

二、一元线性回归模型

一个自变量的线性回归模型叫做一元线性回归模型。模型(7-2)就是一元线性回归模型的一般形式。设给定 X、Y 的 n 次观察值(样本值)$(X_i,Y_i)(i=1,2,\cdots,n)$,代入模型(7-2),则一元线性回归模型的一般形式可写作:

$$Y_i = b_0 + b_1X_i + u_i \qquad (i = 1,2,\cdots,n) \tag{7-3}$$

其中 b_0 为常数(截距),b_1 为回归系数。为了对模型(7-3)进行讨论,先给出一些标准统计假定,这些假定是:

1. $E(u_i)=0(i=1,2,\cdots,n)$

这就是对 X 的每个观察值来说 u 可以取不同的值,有些大于零,有些小于零,考虑 u 的所有可能取值,它们的平均值为零。

2. $Var(u_i)=\sigma_u^2(i=1,2,\cdots,n)$ (7-4)

$Cov(u_i,u_j)=0(i,j=1,2,\cdots,n;i\neq j)$ (7-5)

式(7-4)表明,各项观测值中 u 具有相同的方差,也就是各次观察值所受的随机影响的程度相同,称作等方差性。式(7-5)表明,在任意两次观察时,u_i、u_j 是不相关的,即 u 在某次观察中取的值与任何其他观察中取的值互不影响,称作无序列相关性。

3. $Cov(u_i,X_i)=0$

这一假定是设随机项 u_i 与自变量 X_i 不相关。事实上在这里往往是假定 X 是确定的,是可以控制和预先给定的,因此这一假定成立。

进一步假定随机项 u 服从正态分布,即:

$$u \sim N(0, \sigma_u^2)$$

这些假定有时也称作最小二乘法的假定。

三、回归分析预测

对预测对象进行分析，建立以它为因变量的回归模型(一元或多元)，所建立的回归模型可以是线性的，也可以是非线性的。这里仅介绍线性回归模型，非线性回归模型将在本章第三节作介绍。对于回归模型，首先根据样本数据对模型中的参数进行估计，求得回归方程；然后，对所得的参数估计值和回归方程进行统计检验；最后，利用检验后的回归方程对预测对象进行预测。此过程称为回归分析，所进行的预测叫回归分析预测。

四、一元线性回归的参数估计

设因变量 Y 为预测对象，具有因果关系的相关因素为自变量 X，则一元线性回归模型为：

$$Y_i = b_0 + b_1 X_i + u_i$$

给定 n 对样本数据：

$$(X_1, Y_1), (X_2, Y_2), \cdots, (X_n, Y_n)$$

将 n 对数据在直角坐标系中绘出散点图，如图 7-1 所示。

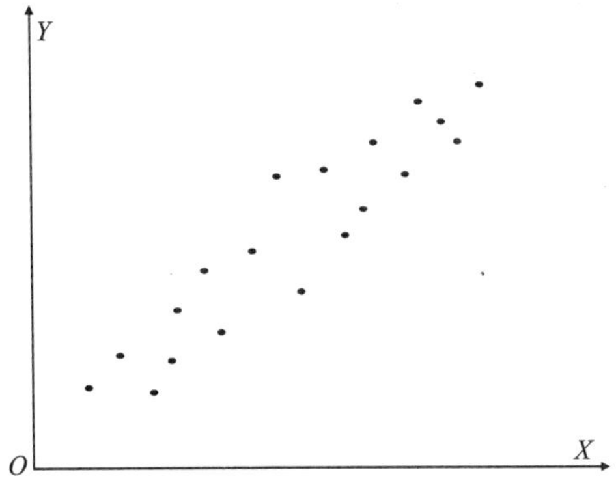

图 7-1　散点图

当散点图中的大多数点可用一条直线描述时，就可通过散点图作一条直线使它能够拟合这些点，近似地描述 X 与 Y 之间的相互关系，这条直线称为回归线性方程，如图 7-1 所示，记作：

$$\hat{Y}_i = \hat{b}_0 + \hat{b}_1 X_i \tag{7-6}$$

式(7-6)叫做一元线性回归方程，其中 $\hat{Y}_i$ 表示第 i 期 Y_i 的预测值。

五、最小二乘法

如何根据散点图得出拟合得最好的回归直线？通过散点图可以作无数条直线，但只有一条直线与这些散点拟合得最好。设直线 $\hat{Y}_i = \hat{b}_0 + \hat{b}_1 X_i$ 是与散点拟合得最好的一条直线，Y 的样本值 Y_i 用直线上的拟合值 $\hat{Y}_i$ 表示，其误差 $e_i = \hat{Y}_i - Y_i$ 叫做残差。拟合得最好的标准是使全部样本值的残差平方和最小。通过使式(7-7)取最小值而求得的 $\hat{b}_0$、$\hat{b}_1$ 分别是模型(7-3)中参数 b_0、b_1 的估计值。

$$Q(\hat{b}_0,\hat{b}_1) = \sum e_i^2 = \sum[Y_i - (\hat{b}_0 + \hat{b}_1 X_i)]^2 \tag{7-7}$$

根据微分学的极值原理,对式(7-7)中的 $\hat{b}_0$ 和 $\hat{b}_1$ 分别求一阶偏导,并令其等于零,即:

$$\frac{\partial Q}{\partial \hat{b}_0} = -2\sum(\hat{Y}_i - \hat{b}_0 - \hat{b}_1 X_i) = 0$$

$$\frac{\partial Q}{\partial \hat{b}_1} = -2X_i\sum(\hat{Y}_i - \hat{b}_0 - \hat{b}_1 X_i) = 0$$

记

$$\overline{X} = \frac{1}{n}\sum X_i,\quad \overline{Y} = \frac{1}{n}\sum Y_i$$

解这个方程组得:

$$\hat{b}_1 = \frac{\sum X_i Y_i - \overline{X}\sum Y_i}{\sum X_i^2 - \overline{X}\sum X_i} \tag{7-8}$$

$$\hat{b}_0 = \overline{Y} - \hat{b}_1\overline{X} \tag{7-9}$$

估计量 $\hat{b}_0$、$\hat{b}_1$ 叫做 b_0、b_1 的最小二乘估计量。

若记 $x_i = X_i - \overline{X}$,$y_i = Y_i - \overline{Y}$

可以证明

$$\sum x_i y_i = \sum X_i Y_i - \overline{X}\sum Y_i$$

$$\sum x_i^2 = \sum X_i^2 - \overline{X}\sum X_i$$

因此估计量 $\hat{b}_1$ 可写作

$$\hat{b}_1 = \frac{\sum x_i y_i}{\sum x_i^2} \tag{7-10}$$

【例 7-1】 已知一个工厂的年产值与电的年供应量之间存在一元线性回归关系,如表 7-1 所示,试求该回归方程。

表 7-1 电供应量与产值统计资料

产值(万元)	213	242	286	305	306	342	351	373
电供应量(万度)	12.5	16.3	20.7	22.4	23.0	28.6	30.1	32.5
产值(万元)	379	377	384	395	387	402	418	
电供应量(万度)	33.2	33.0	35.4	37.9	37.0	39.2	40.7	

根据题意建立一元线性回归模型:

$$Y_t = b_0 + b_1 X_t$$

根据式(7-9)、式(7-10),要估计参数 b_0 和 b_1,需计算 $\overline{Y}$、$\overline{X}$、x_t、y_t、$\sum x_t^2$、$\sum x_t y_t$ 这些数据,如表 7-2 所示。

$$\sum x_t y_t = 7\ 324 \qquad \sum x_t^2 = 1\ 050.6$$

由式(7-9)与式(7-10)得

$$\hat{b}_1 = \frac{\sum x_t y_t}{\sum x_t^2} = \frac{7\ 324}{1\ 050.6} = 6.971$$

$\hat{b}_0=\bar{Y}-\hat{b}\bar{X}=344-6.971\times29.5=138.35$

表 7-2 估计参数 b_0 和 b_1 的计算表

产值 Y_t(万元)		电供应量 X_t(万度)	y_t	x_t	x_t^2	x_ty_t
213		12.5	−131	−17	289	2 227
242		16.3	−102	−13.2	174.24	1 346.4
286		20.7	−58	−8.8	77.44	510.4
305		22.4	−39	−7.1	50.41	276.9
306		23.0	−38	−6.5	42.25	247
342		28.6	−2	−0.9	0.81	1.8
351		30.1	7	0.6	0.36	4.2
373		32.5	29	3	9	87
379		33.2	35	3.7	13.69	129.5
377		33.0	33	3.5	12.25	115.5
384		35.4	40	5.9	34.81	236
395		37.9	51	8.4	70.56	428.4
387		37.0	43	7.5	56.25	322.5
402		39.2	58	9.7	94.09	562.6
418		40.7	74	11.2	125.44	828.8
$\sum$	5 160	442.5			1 050.6	7 324
$\frac{1}{n}\sum$	344	29.5				

所求回归方程为：

$\hat{Y}_t=138.35+6.971X_t$

六、一元线性回归参数估计值的检验

当用最小二乘法估计了模型参数，确立了回归方程之后，从理论上就可用回归方程进行预测。这里需要提出的一个问题是，参数估计值和所得到的回归方程是否符合实际方程。必须进行市场检验和一系列的统计假设检验。只有通过检验证明是正确的且显著性成立，才能够利用回归方程进行预测。

(一)经济检验

经济检验就是用经济理论与实际经验的检验。主要检验参数估计量的符号和大小是否与经济理论与经济实际相符合，能否解释市场现象，即是否有经济意义。例如，要对某一商品的需求量进行预测，建立需求量(Q)和该商品价格(P)的回归模型 $Q_i=b_0+b_1P_i+u_i$，若 b_1 的估计值为负号，说明估计的结果与需求理论相符，需求量与该商品的价格之间的符号应是相反的。如果估计值的大小与符号失去市场意义，则应该调查原因。其原因可能是由于所建立的模型不能反映变量之间的关系，也可能是样本数据不足或样本数据不具有代表性，或者最小二乘假定与经济现象不符等，然后根据具体情况进行处理。

(二)统计检验

1. 相关系数 r 的检验

由数理统计学可知，X 与 Y 之间的样本相关数 r 为：

$$r=\frac{\sum x_iy_i}{\sqrt{\sum x_i^2}\sqrt{\sum y_i^2}} \tag{7-11}$$

式中 $x_i=X_i-\overline{X}$，$y_i=Y_i-\overline{Y}$，r 通常称作相关系数。

对于预测变量 Y，建立 Y 与 X 的线性回归模型，有必要利用样本值计算一下它们的相关系数 r。

r 的绝对值越接近于1，说明 X 与 Y 样本线性相关越密切，即 X 与 Y 的线性关系越好；r 的绝对值越接近于0，说明 X 与 Y 样本线性相关越差，可认为二者没有显著线性关系。

r 的值多大才可以确定 X 和 Y 具有线性关系呢？必须通过相关性检验加以界定。为了方便起见，人们将 r 的临界值列成了专门的表(见附表1)。用式(7-11)计算得到的 r 值，必须大于表中的相应数值，才能考虑所建立的线性回归模型(7-3)是显著的；否则，就要重新选择 X。r 的检验经常在建立线性回归模型时使用。

2. 对回归系数估计量 $\hat{b}_1$ 的 t 检验

对回归系数的最小二乘估计量 $\hat{b}_1$ 应进行检验，即检验总体系数 $b_1\neq0$ 在给定的显著水平 α(一般 $\alpha=0.05$ 或 $\alpha=0.01$)下是否显著成立。

为了计算 t 检验统计量，首先定义回归系数估计量 $\hat{b}_1$ 的样本标准差。记 $S(\hat{b}_1)$ 为 $\hat{b}_1$ 的样本标准差，可通过下式计算

$$S(\hat{b}_1)=\sqrt{\frac{\sum e_i^2}{(n-2)\sum x_i^2}}$$

对回归系数 b_1 的估计量 $\hat{b}_1$ 的检验程序为：

(1)提出原假设 $H_0:b_1=0$；对立假设 $H_1:b_1\neq0$。

(2)计算统计量值 $T=\dfrac{\hat{b}_1}{S(\hat{b}_1)}$。

(3)给定显著水平 α，查 t 分布表(见附表2)，得临界值 $t_{\alpha/2}$。

(4)判断：当 $|T|<t_{\alpha/2}$ 时，则接受 $H_0:b_1=0$，即认为总体 Y 与 X 是非线性的，因此应该修改原模型。当 $|T|>t_{\alpha/2}$ 时，则拒绝 H_0，接受 $H_1:b_1\neq0$，即认为总体是线性的，因此回归方程显著成立。

另外，对回归方程还可以进行 F 检验，仍然是检验回归系数 $b_1=0$ 的可能性，目的与 t 检验完全相同，这里不作介绍。

(三)*DW* 检验

DW 检验是对经济计量的检验，即模型随机项 u 序列相关检验。

由前面可知，最小二乘法假定模型的随机项 u 无序列相关，这一假定对于具体的问题是否成立，要进行检验。著名的检验就是杜宾-瓦特森(Dubin-Watson)检验，简称 *DW* 检验。

检验统计量为：

$$DW=\frac{\sum_{i=2}^{n}(e_i-e_{i-1})^2}{\sum_{i=2}^{n}e_i^2} \tag{7-12}$$

式中：$e_i=\hat{Y}_i-Y_i$。

如图 7-2 所示，随机项 u 无序列相关的情况下，DW 的分布大体上以 2 为中心，两边对称。DW 的下限 d_L、上限 d_U 取决于样本容量 n 的大小和自变量的个数，其数值可查 DW 统计表得到(见附表 4)。

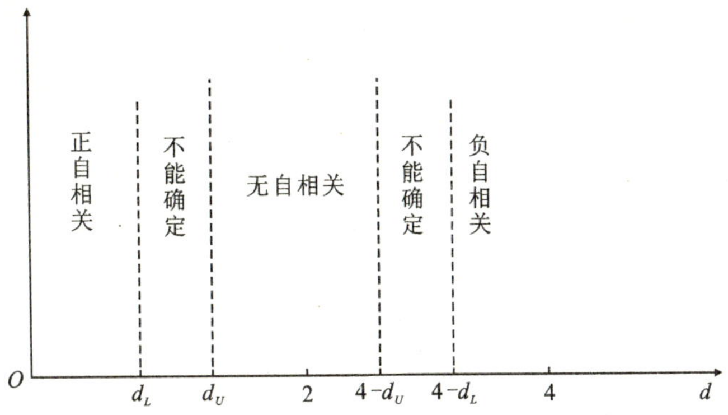

图 7-2　DW 的分布图

(1)当 $DW<d_L$ 时，u 存在正自相关；

(2)当 $d_U<DW<4-d_U$ 时，u 无自相关；

(3)当 $DW\geqslant 4-d_L$ 时，u 存在负自相关；

(4)当 $d_L\leqslant DW<d_U$ 或 $4-d_U<DW<4-d_L$ 时，不能确定。

【例 7-2】 试对例 7-1 模型的随机项 u 进行序列相关检验。

首先计算 e_t、$\sum e_t^2$ 及 $\sum(e_t-e_{t-1})^2$，如表 7-3 所示。

表 7-3　DW 检验计算表

Y_t	$\hat{Y}_t$	e_t	e_t^2	$(e_t-e_{t-1})^2$
213	225.49	16.00	156.00	
242	251.98	9.98	99.60	6.30
286	282.65	−3.35	11.22	177.69
305	294.50	−10.50	110.25	51.12
306	298.68	−7.32	53.58	10.11
342	337.72	−4.28	18.32	9.24
351	348.18	−2.82	7.95	2.13
373	364.91	−8.09	65.45	27.77
379	369.79	−9.21	84.82	1.25
377	368.39	−8.61	74.13	0.36
384	385.12	1.12	1.25	94.67
395	402.55	7.55	57.00	41.34
387	396.28	9.28	86.12	2.99
402	411.61	9.61	92.35	0.11
418	422.07	4.07	16.56	30.69
$\sum$			934.60	455.77

因此有

$$DW=\frac{\sum_{t=2}^{n}(e_t-e_{t-1})^2}{\sum_{t=2}^{n}e_t^2}=\frac{455.77}{934.60}=0.4877$$

查 DW 统计表，当 $n=15$，$k=1$ 时，有 $d_L=1.08$，显然 $DW<d_L$，故该模型的随机项 u 存在正自相关。

七、一元线性回归方程的预测

当根据经济理论建立了一元线性回归模型(7-3)，利用统计资料求出回归方程(7-6)，并经过检验认为是合理后，可利用式(7-6)进行预测。

所谓预测，就是给定了自变量 X 的一个特定值，譬如 $X=X_0$，利用回归方程对因变量 Y 的值进行估计。对因变量 Y 的预测通常有两种：一种是点预测；另一种是区间预测。

(一)点预测

假定 Y 与 X 的回归方程为

$$\hat{Y}_i=\hat{b}_0+\hat{b}_1X_i$$

设 X 给定值为 X_0，则利用该方程可以求得

$$\hat{Y}_0=\hat{b}_0+\hat{b}_1X_0$$

$\hat{Y}_0$ 为 Y_0 的预测值，称这种预测为点预测。例如，当研究某地区居民的每月收入(X)与消费支出(Y)的关系时，得出回归方程为

$$\hat{Y}_i=104.27+0.5091X_i$$

当给定 $X_0=300$ 时，则可计算得 $\hat{Y}_0=257$，则该值可以作为每月收入为300元的每月消费支出 Y_0 的预测值。

(二)区间预测

在实际应用当中，对某一经济变量有时往往不在于求它的一个固定预测值，即点预测值，而需要的是求它的一个预测区间，这就需要进行区间预测。

一般的情况下，$\hat{Y}_0$ 作为 Y_0 的预测值并不等于实际值，称预测值与实际值的差 $\hat{Y}_0-Y_0$ 为预测误差，记作 e_0

$$e_0=\hat{Y}_0-Y_0$$

由于 Y_0 是随机变量，因此 e_0 也是随机变量，可以证明

$$e_0\sim N[\sigma^2(e_0)]$$

其中

$$\sigma^2(e_0)=\sigma_u^2\left[1+\frac{1}{n}+\frac{(X_0-\bar{X})^2}{\sum x_i^2}\right] \tag{7-13}$$

对于区间预测，其目的是求出一个区间，使预测值以一定的概率出现在这个区间内。给定置信水平 $1-\alpha$（一般为0.95或0.99，即 $\alpha=0.05$ 或 $\alpha=0.01$），由数理统计学可知

$$P\mid \hat{Y}_0-t_{\alpha/2}\hat{\sigma}(e_0)<Y_0<\hat{Y}_0+t_{\alpha/2}\hat{\sigma}(e_0)\mid=1-\alpha \tag{7-14}$$

这里：$t_{\alpha/2}$ 为 $n-2$ 个自由度的 t 分布临界值。

$$\hat{\sigma}(e_0)=\hat{\sigma}_u\sqrt{1+\frac{1}{n}+\frac{(X_0-\bar{X})^2}{\sum x_i^2}} \tag{7-15}$$

其中

$$\hat{\sigma}_u = \sqrt{\frac{\sum e_i^2}{n-2}} \tag{7-16}$$

式(7-14)说明在 $1-\alpha$ 的置信水平(或概率)下,Y_0 的置信区间为

$$(\hat{Y}_0 - t_{\alpha/2}\hat{\sigma}(e_0), \hat{Y}_0 + t_{\alpha/2}\hat{\sigma}(e_0)) \tag{7-17}$$

置信区间又叫预测区间。这里 $\hat{Y}_0 - t_{\alpha/2}\hat{\sigma}(e_0)$ 称为 Y_0 的预测下限,$\hat{Y}_0 + t_{\alpha/2}\hat{\sigma}(e_0)$ 称为 Y_0 的预测上限。

【例 7-3】 表 7-4的第二列和第三列列出了某地区第 1～10 年中个人消费收入和支出资料,试预测第 11 年的收入为 213 亿元时的消费支出额。

表 7-4　个人消费支出和收入资料

年	个人收入 X_i(亿元)	消费支出 Y_i(亿元)	x_i	y_i	x_iy_i	x_i^2	y_i^2
1	64	56	−47.4	−36.9	1 749.1	2 246.8	1 361.6
2	70	60	−41.4	−32.9	1 362.1	1 714.0	1 082.4
3	77	66	−34.4	−26.9	925.4	1 183.4	723.6
4	82	70	−29.4	−22.9	673.3	864.4	524.4
5	92	78	−19.4	−14.9	289.1	376.4	222.0
6	107	88	−4.4	−4.9	21.6	19.4	24.0
7	125	102	13.6	9.1	123.8	185.0	82.8
8	143	118	31.6	25.1	793.2	998.6	630.0
9	165	136	53.6	43.1	2 310.2	2 873.0	1 857.6
10	189	155	77.6	62.1	4 819.0	6 021.8	3 856.4
$\sum$	1 114	929			13 066.8	16 482.8	10 364.8

利用一元线性回归分析进行预测,可分以下四步:

1. 对预测对象进行分析,建立以预测对象为因变量的回归模型

作 Y 与 X 的散点图,如图 7-3 所示,由散点图可以看出 X 与 Y 呈线性趋势。因此可以建立如下线性回归模型:

$$Y_i = b_0 + b_1X_i + u_i$$

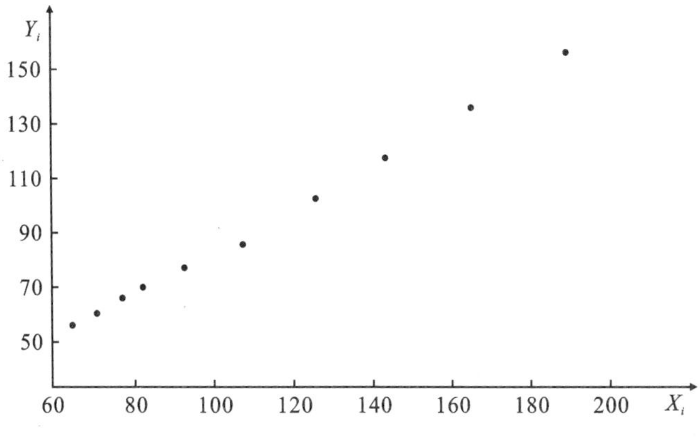

图 7-3　散点图

2. 对模型参数进行估计,求回归方程

根据式(7-9)、式(7-10),要估计参数 b_0、b_1,需求出 $\sum x_i y_i$、$\sum x_i^2$、$\bar{Y}$、$\bar{X}$,可由表 7-4 得到:

$$\bar{X} = \frac{1}{n}\sum X_i = \frac{1}{10} \times 1\,114 = 111.4$$

$$\bar{Y} = \frac{1}{n}\sum Y_i = \frac{1}{10} \times 929 = 92.9$$

$$\sum x_i y_i = 13\,066.8$$

$$\sum x_i^2 = 16\,482.8$$

根据式(7-10) 有

$$\hat{b}_1 = \frac{\sum x_i y_i}{\sum x_i^2} = \frac{13\,066.8}{16\,482.8} = 0.792\,8$$

$$\hat{b}_0 = \bar{Y} - \hat{b}_1 \bar{X} = 92.9 - 0.792\,8 \times 111.4 = 4.582$$

由此得到一元线性回归方程为

$$Y_i = 4.582 + 0.792\,8X_i$$

3. 检验

(1)经济检验

从经济理论和实际经验看,消费支出和个人收入之间是存在关系的,收入决定支出。回归方程 X 的系数 0.792 8 说明,收入每增加 1 个货币单位,用于消费的就有0.792 8个货币单位,在目前我国低收入水平下,这是符合实际的。

(2)相关系数检验

$$r = \frac{\sum x_i y_i}{\sqrt{\sum x_i^2}\sqrt{\sum y_i^2}} = \frac{13\,066.8}{\sqrt{16\,482.8} \times \sqrt{10\,364.8}} = 0.999\,6$$

这说明 X 与 Y 具有很高的线性相关性。

(3)对 $\hat{b}_1$ 的 t 检验

可以证明(这里不再证明)

$$\sum e_i^2 = \sum y_i^2 - \sum \hat{y}_i^2$$

由 $\hat{y}_i = \hat{b}_1 x_i$,得 $\sum \hat{y}_i^2 = \hat{b}_1^2 \sum x_i^2$,因此

$$\sum e_i^2 = \sum y_i^2 - \hat{b}_1^2 \sum x_i^2 \qquad (7\text{-}18)$$

由此得

$$\sum e_i^2 = 10\,364.8 - (0.792\,8)^2 \times 16\,482.8 = 4.8$$

$$S(\hat{b}_1) = \sqrt{\frac{\sum e_i^2}{(n-2)\sum x_i^2}} = \sqrt{\frac{4.8}{(10-2) \times 16\,482.8}} = 0.006\,0$$

对 $\hat{b}_1$ 进行 t 检验。

①提出原假设:$b_1 = 0$;对立假设:$b_1 \neq 0$。

②计算统计量值

$$T=\frac{\hat{b}_1}{S(\hat{b}_1)}=\frac{0.7928}{0.0060}=132.1$$

③设给定 $\alpha=0.05$，查自由度为 $n-2=8$ 的 t 分布表，得临界值 $t_{\alpha/2}=2.306$。

④判断。显然 $T>t_{\alpha/2}$，因此接受对立假设 $b_1\neq0$，即认为总体是线性的，因此回归方程显著成立。

(4)DW 检验

计算得各 e_i，如表 7-5 所示。

表 7-5　DW 检验计算表

年份	1	2	3	4	5	6	7	8	9	10
Y_i	56	60	66	70	78	88	102	118	136	155
$\hat{Y}_i$	55.32	60.07	65.63	69.59	77.52	89.41	103.68	117.95	135.39	154.42
e_i	0.68	−0.07	0.37	0.41	0.48	−1.41	−1.68	0.05	0.61	0.58

$$\sum_{i=2}^{10}(e_i-e_{i-1})^2=7.50$$

$$DW=\frac{\sum_{i=2}^{10}(e_i-e_{i-1})^2}{\sum_{i=2}^{10}e_i^2}=\frac{7.50}{6.06}=1.24$$

由 DW 统计表可以看到，当 n 较小时，d_U 接近于 1，因此，$d_U<DW<4-d_U$，所以随机项 u 无自相关。

4.进行预测

通过以上检验可知，回归方程是符合实际的，因此可以用它来进行预测。

将第 11 年个人收入 213 亿元代入回归方程得：

$\hat{Y}_{11}=4.582+0.7928\times213=173.45$(亿元)

即第 11 年当个人收入为 213 亿元时，消费收支的预测值为 173.45 亿元。

下面进行区间预测。根据式(7-16)得：

$$\hat{\sigma}_u=\sqrt{\frac{\sum e_i^2}{n-2}}=\sqrt{\frac{6.06}{8}}=0.87$$

由式(7-15)知

$$\hat{\sigma}(e_0)=\hat{\sigma}_u\sqrt{1+\frac{1}{n}+\frac{(X_0-\bar{X})^2}{\sum x_i^2}}=1.14$$

当给定 $\alpha=0.05$ 时，可查得 $t_{0.025}(8)=2.306$，则：

$t_{\alpha/2}\hat{\sigma}(e_0)=2.306\times1.14=2.63$

$\hat{Y}_0-t_{\alpha/2}\hat{\sigma}(e_0)=173.45-2.63=170.82$(亿元)

$\hat{Y}_0+t_{\alpha/2}\hat{\sigma}(e_0)=173.45+2.63=176.08$(亿元)

因此，第 11 年消费支出 Y 的 95%的置信水平下的预测区间为(170.82,176.08)。

第二节　多元线性回归预测法

经济领域中有许多问题，一个经济变量往往受多个因素的影响。例如，一个工厂的生产量受到劳动力、资金、原材料、能源等投入量的影响,商品的销售量受到商品本身的价格、消费者收入、代用品价格及其他商品价格等因素影响。因此,仅建立一元回归模型进行预测是不合适的,需要建立多元回归模型进行预测。多元回归预测的原理与一元回归预测的原理基本相同,但计算更复杂。可借助 Eview 软件进行,本节仅限于线性回归模型。

一、多元线性回归预测模型的建立

假定通过分析可知,因变量 Y 与自变量 $X_1, X_2, \cdots, X_k$ 之间具有以下线性关系:

$$Y = b_0 + b_1 X_1 + \cdots + b_k X_k + u \quad (k \geqslant 2) \tag{7-19}$$

则称式(7-19)为多元线性回归模型。

当 $k=2$ 时

$$Y = b_0 + b_1 X_1 + b_2 X_2 + u \tag{7-20}$$

称式(7-20)为二元线性回归模型。

对模型(7-19),取 n 期样本值($Y_i, X_{1i}, X_{2i}, \cdots, X_{ki}$),把 $i=1,2,\cdots,n$ 代入,记

$$\underset{n\times1}{\boldsymbol{Y}} = \begin{bmatrix} Y_1 \\ Y_2 \\ \vdots \\ Y_n \end{bmatrix} \qquad \underset{n\times(k+1)}{\boldsymbol{X}} = \begin{bmatrix} 1 & X_{11} & X_{21} & \cdots & X_{k1} \\ 1 & X_{12} & X_{22} & \cdots & X_{k2} \\ \vdots & \vdots & \vdots & & \vdots \\ 1 & X_{1n} & X_{2n} & \cdots & X_{kn} \end{bmatrix}$$

$$\underset{(k+1)\times1}{\boldsymbol{b}} = \begin{bmatrix} b_0 \\ b_1 \\ \vdots \\ b_k \end{bmatrix} \qquad \underset{n\times1}{\boldsymbol{U}} = \begin{bmatrix} u_1 \\ u_2 \\ \vdots \\ u_n \end{bmatrix}$$

$\boldsymbol{Y}$ 和 $\boldsymbol{X}$ 分别为因变量与自变量样本值矩阵,$\boldsymbol{b}$ 为参数矩阵,$\boldsymbol{U}$ 为随机项矩阵。模型(7-19)可写成如下矩阵形式:

$$\boldsymbol{Y} = \boldsymbol{Xb} + \boldsymbol{U} \tag{7-21}$$

同一元线性回归分析一样,对多元线性回归模型提出如下统计假定。

(1)$E(u_i)=0(i=1,2,\cdots,n)$

或

$$E(\boldsymbol{U}) = \begin{bmatrix} E(u_1) \\ E(u_2) \\ \vdots \\ E(u_n) \end{bmatrix} = 0 \tag{7-22}$$

(2)$Var(u_i)=\sigma_u^2(i=1,2,\cdots,n)$ (7-23)

$Cov(u_i, u_j)=0(i,j=1,2,\cdots,n; i\neq j)$ (7-24)

式(7-23)、式(7-24)利用矩阵表示为

$$E(\boldsymbol{UU'}) = \sigma_u^2 I \tag{7-25}$$

(3)$Cov(X_j, u_i)=0(i=1,2,\cdots,n; j=1,2,\cdots,k)$ (7-26)

(4)$r_k(\boldsymbol{X})=k+1$,且 $k+1<n$ (7-27)

即矩阵 $\boldsymbol{X}$ 的秩等于参数个数,说明 $X_1, X_2, \cdots, X_k$ 不相关。

进一步需假定 U 服从正态分布,即:

$$U \sim N(0, \sigma_u^2 I)$$

二、多元线性回归模型的参数估计

与一元线性回归模型的参数估计类似，利用最小二乘法可得（这里不再推导）模型(7-21)参数的估计量

$$b=(X'X)^{-1}X'Y \tag{7-28}$$

由二元线性模型(7-21)，得参数最小二乘估计量的表达式为

$$\hat{b}_0=\bar{Y}-\hat{b}_1\bar{X}_1-\hat{b}_2\bar{X}_2 \tag{7-29}$$

$$\hat{b}_1=\frac{L_{1Y}L_{22}-L_{2Y}L_{12}}{L_{11}L_{22}-L_{12}^2} \tag{7-30}$$

$$\hat{b}_2=\frac{L_{2Y}L_{11}-L_{1Y}L_{12}}{L_{11}L_{22}-L_{12}^2} \tag{7-31}$$

其中：$L_{11}=\sum x_{1i}^2$　　$L_{12}=\sum x_{1i}x_{2i}$

$L_{22}=\sum x_{2i}^2$　　$L_{1Y}=\sum x_{1i}y_i$

$L_{2Y}=\sum x_{2i}y_i$　　$x_{1i}=X_{1i}-\bar{X}_1$

$x_{2i}=X_{2i}-\bar{X}_2$　　$y_i=Y_i-\bar{Y}$

并且可以证明

$$Var(\hat{b}_1)=\sigma^2(\hat{b}_1)=\frac{L_{22}\sigma_u^2}{L_{11}L_{22}-L_{12}^2} \tag{7-32}$$

$$Var(\hat{b}_2)=\sigma^2(\hat{b}_2)=\frac{L_{11}\sigma_u^2}{L_{11}L_{22}-L_{12}^2} \tag{7-33}$$

三、多元线性回归方程和参数估计值的检验

同样的，当确立回归方程之后，在利用它进行预测之前，需要对回归方程和参数估计值进行检验。首先进行经济检验，然后进行统计检验，即回归方程检验和回归系数检验。

1. 回归方程的显著性检验——F 检验

对于多元线性回归方程，必须检验其是否显著成立，即因变量 Y 与自变量 $X_1,X_2,\cdots,X_k$ 之间的总体线性关系是否显著，需进行如下 F 检验。

(1)提出原假设 $H_0:b_1=b_2=\cdots=b_k=0$；对立假设 H_1：线性回归方程显著成立。

(2)计算统计量

$$F=\frac{\sum(\hat{Y}_i-\bar{Y})^2/k}{\sum(\hat{Y}_i-Y_i)^2/(n-k-1)}$$

对于二元线性回归方程，有：

$$F=\frac{(\hat{b}_1L_{1Y}+\hat{b}_2L_{2Y})/2}{\sum e_i^2/(n-3)}$$

(3)给定 α，查 F 分布临界值表，得临界值 $F_\alpha(k,n-k-1)$。

(4)判断。当 $F>F_\alpha$ 时，应拒绝 H_0，回归方程显著成立；当 $F<F_\alpha$ 时，接受 H_0，回归方程不显著成立。

2. 回归系数的显著性检验——t 检验

当回归方程显著成立,并不意味着每个自变量对因变量的影响都是显著的,如果某个自变量对因变量的影响不显著,即可从回归模型中把它剔除掉,重新建立更为简单的回归方程,以利于对 Y 进行更精确的预测,为此需要对每个回归系数进行检验。其检验步骤为:

(1)提出原假设 $H_0:b_i=0,i=1,2,\cdots,k$;对立假设 $H_1:b_i\neq 0$。

(2)计算统计量

$$T=\frac{\hat{b}_i}{S(\hat{b}_i)}\sim t(n-k-1) \tag{7-34}$$

其中
$$S(\hat{b})=\sqrt{\hat{\sigma}_u^2(X'X)_{ii}^{-1}}$$

$(X'X)_{ii}^{-1}$ 表示矩阵 $(\boldsymbol{X'X})^{-1}$ 对角线的第 i 个元素。对于二元的情况有:

$$S(\hat{b}_1)=\sqrt{\frac{L_{22}\hat{\sigma}_u^2}{L_{11}L_{22}-L_{12}^2}} \tag{7-35}$$

$$S(\hat{b}_2)=\sqrt{\frac{L_{11}\hat{\sigma}_u^2}{L_{11}L_{22}-L_{12}^2}} \tag{7-36}$$

式中:$\hat{\sigma}_u^2=\dfrac{\sum e_i^2}{n-3}$。

(3)给定 α,查 t 分布临界值表,得临界值 $t_{\alpha/2}(n-k-1)$。

(4)判断。当 $|T|<t_{\alpha/2}$,接受 H_0,X_i 与 Y 线性不显著;当 $|T|>t_{\alpha/2}$,接受 H_1,X_i 与 Y 线性显著,则认为 $\hat{b}_1$ 显著。

四、多元线性回归预测

对于所求得的回归方程

$$\hat{Y}_i=\hat{b}_0+\hat{b}_1X_{1i}+\hat{b}_2X_{2i}+\cdots+\hat{b}_kX_{ki} \tag{7-37}$$

通过以上检验是显著的,即可利用该方程进行预测,设给定自变量的某一组特定值 $X_{10},X_{20},\cdots,X_{k0}$,将其代入式(7-37),得到与之相应的因变量 Y 的预测值 $\hat{Y}_0$。

$$\hat{Y}_0=\hat{b}_0+\hat{b}_1X_{10}+\hat{b}_2X_{20}+\cdots+\hat{b}_kX_{k0}$$

$\hat{Y}_0$ 称为 Y_0 的点预测值。同样地,也可以求出 Y_0 的预测区间,但由于计算比较繁复,不做详细介绍。

【例 7-4】 某省根据第 1～11 年收集的城镇储蓄存款资料(如表 7-6 所示)预测第 12 的年吸储率。

吸储率为该省城镇储蓄存款增加额在当年全省城镇居民生活费收入中占的比率,这里用 Y 表示。通过分析,找出影响吸储率的两个主要因素:一个是城镇储户预测期储蓄实际利率,用 X_1 表示。该变量的定义是,城镇储蓄平均利率与当年城镇储户对存款期限内生活费用价格变动的年平均预测值之差。其计算方法是,以该年各种存期的储蓄存款分别在全部储蓄存款中所占的比重为权重,算出该年各种储蓄存款利率的加权平均值,作为城镇储蓄平均利率。根据城镇生活费用价格指数,求出当年城镇生活费用价格涨(跌)幅度,以此作为当年城镇储户对存款期限内生活费用价格变动的年平均预期值。另一个因素是以第 8 年不变价格为基础的币值表示的全省城镇居民人均生活费收入,用 X_2 表示。Y、X_1、X_2 的历年统计数据(其中对个别数据进行了修正)如表 7-6 所示。

表 7-6　历年城镇储蓄存款资料

年份	1	2	3	4	5	6
Y(%)	4.035 9	9.441 5	6.916 0	8.311 8	10.132 7	13.301 2
X_1(%)	4.674 1	−0.485 4	1.383 7	2.901 2	4.361 3	0.769 1
X_2(百元)	2.674 9	4.377 9	4.283 6	4.440 2	4.445 6	4.921 7
年份	7	8	9	10	11	
Y(%)	12.684 9	14.309 9	15.088 4	11.331 0	16.425 4	
X_1(%)	−5.741 6	4.610 8	−3.500 3	−22.771 2	3.501 4	
X_2(百元)	5.452 8	6.374 7	6.367 5	6.111 1	6.275 0	

假设预测对象 Y 与变量 X_1、X_2 之间的相关关系是线性的，于是 Y 的二元线性回归模型为

$$Y = b_0 + b_1 X_1 + b_2 X_2 + u$$

根据表 7-6 数据得计算表格，如表 7-7 所示。

表 7-7　二元线性回归模型计算表

年份	Y	X_1	X_2	y	x_1	x_2
1	4.035 9	4.674 1	2.674 9	−7.053 1	5.610 2	−2.387 4
2	9.441 5	−0.485 4	4.337 9	−1.647 5	0.450 7	−0.724 4
3	6.916 0	1.383 7	4.283 6	−4.173 0	2.319 8	−0.778 7
4	8.311 8	2.901 2	4.440 2	−2.777 2	3.837 3	−0.622 1
5	10.132 7	4.361 3	4.445 6	−0.956 3	5.297 4	−0.616 7
6	13.301 2	0.769 1	4.921 7	2.212 2	1.705 2	−0.140 6
7	12.684 9	−5.741 6	5.452 8	1.595 9	−4.805 5	0.390 5
8	14.309 9	4.610 8	6.374 7	3.220 9	5.546 9	1.312 4
9	15.088 4	−3.500 3	6.367 5	3.999 4	−2.564 2	1.305 2
10	11.331 0	−22.771 2	6.111 1	0.242 0	−21.835 1	1.048 8
11	16.425 4	3.501 4	6.275 0	5.336 4	4.437 5	1.212 7
$\sum$	121.978 7	−10.296 9	55.685 0			
$\frac{1}{n}\sum$	11.089 0	−0.936 1	5.062 3			
年份	y^2	x_1^2	x_2^2	$x_1 y$	$x_2 y$	$x_1 x_2$
1	49.746 2	31.474 3	5.699 7	−39.569 3	16.838 6	−13.393 8
2	2.714 3	0.203 1	0.524 8	−0.742 5	1.193 4	−0.326 5
3	17.413 9	5.381 5	0.606 4	−9.680 5	3.249 5	−1.806 4
4	7.712 8	14.724 9	0.387 0	−10.656 9	1.727 7	−2.387 2
5	0.914 5	28.062 4	0.380 3	−5.065 9	0.589 8	−3.266 9
6	4.893 8	2.907 7	0.019 8	3.772 2	−0.311 0	−0.239 8
7	2.546 9	23.092 8	0.152 5	−7.669 1	0.623 2	−1.876 5
8	10.374 2	30.768 1	1.722 4	17.866 0	4.227 1	7.279 8
9	15.995 2	6.575 1	1.703 5	−10.255 3	5.220 0	−3.346 8
10	0.058 6	476.771 6	1.100 0	−5.284 1	0.253 8	−22.900 7
11	28.477 2	19.691 4	1.470 6	23.680 3	6.471 5	5.381 4
$\sum$	140.847 6	639.652 9	13.767 0	−43.605 1	40.083 6	−36.883 4

由表 7-7 可得：

$\overline{Y}=11.0890\quad \overline{X}_1=-0.9361\quad \overline{X}_2=5.0623$

$L_{YY}=140.8476\quad L_{11}=639.6529\quad L_{22}=13.7670$

$L_{1Y}=-43.6051\quad L_{2Y}=40.0836\quad L_{12}=-36.8834$

求得参数估计量

$$\hat{b}_1=\frac{L_{1Y}L_{22}-L_{2Y}L_{12}}{L_{11}L_{22}-L_{12}^2}$$

$$=\frac{(-43.6051)\times13.7670-40.0836\times(-36.8834)}{639.6529\times13.7670-(-36.8834)^2}$$

$$=\frac{878.1080}{7445.7163}=0.1179$$

$$\hat{b}_2=\frac{L_{2Y}L_{11}-L_{1Y}L_{12}}{L_{11}L_{22}-L_{12}^2}$$

$$=\frac{40.0836\times639.6529-(-43.6051)\times(-36.8834)}{639.6529\times13.7670-(-36.8834)^2}$$

$$=\frac{24512.2615}{7445.7163}=3.2921$$

$$\hat{b}_0=\overline{Y}-\hat{b}_1\overline{X}_1-\hat{b}_2\overline{X}_2$$

$$=11.0890-0.1179\times(-0.9361)-3.2921\times5.0623$$

$$=-5.4662$$

于是回归方程为

$$\hat{Y}=-5.4662+0.1179X_1+3.2921X_2 \tag{7-38}$$

这里对回归方程进行检验。

计算统计量

$$F=\frac{(\hat{b}_1L_{1Y}+\hat{b}_2L_{2Y})/2}{\sum e_i^2/(n-3)}=29.9108$$

当给定 $\alpha=0.05$,可查得 $F_\alpha(2,8)=4.46$,由于 $F>F_\alpha$,因此认为回归方程显著成立。

对该省第12年的城镇储蓄增加额进行预测。

利用某种方法得到第12年 X_1 和 X_2 的估计值分别为 -4.4032 和 6.3203,将它们代入回归方程(7-38)得 Y 的预测值为14.82。

该省第12年城镇居民人口为1 358.48万人,以当年货币表示全省城镇居民人均生活费收入为1 171.24元,于是可得该省城镇储蓄增加额的预测值为23.45亿元。

由上例可以看出回归分析预测的计算是比较麻烦的,尤其是多元回归,可以利用现有的软件,如Excel、SPSS、Eview等计算。

第三节　非线性回归预测法

前面所讨论的预测问题,都是假定作为预测对象的经济变量与其他相关的因素(变量)之间存在着线性关系,建立线性回归模型进行预测。但在实际应用中,预测对象的经济变量和其他的相关因素之间并非呈线性关系。例如研究生产问题,对产出量进行预测,可知,资金投入和劳动力投入是影响产出的两个主要因素。大量研究表明,产出量 Y 与资金投入 K

和劳动力投入L之间并不是线性关系，而呈一种指数函数关系即科布-道格拉斯生产函数关系，其模型为：

$$Y = AL^{\alpha}K^{\beta}e^{u} \tag{7-39}$$

式(7-39)称作非线性模型。对于许多预测问题往往要建立非线性模型进行预测。

一、非线性回归模型的几种常见形式

在讨论市场问题中时常遇到的非线性回归模型有以下几种：

1. 多项式函数模型

$$Y_i = b_0 + b_1 X_i + b_2 X_i^2 + \cdots + b_k X_i^k + u_i \tag{7-40}$$

2. 双曲函数模型

$$Y_i = b_0 + b_1 \frac{1}{X_i} + u_i \tag{7-41}$$

3. 对数函数模型

常见的对数函数模型有半对数函数模型和双对数函数模型两类。双对数函数模型的表达式如下：

$$\ln Y_i = b_0 + b_1 \ln X_i + u_i \tag{7-42}$$

4. 指数函数模型

$$Y_i = b_0 X_i^{b} e^{u} \tag{7-43}$$

二、非线性回归模型的参数估计

非线性回归模型的参数估计一般是采用变量直接或间接代换的方法，把非线性模型转化为线性模型，从而利用线性回归模型的参数估计方法来估计原模型中的参数。

例如，对多项式函数模型，可以利用变量直接代换方法使模型线性化，令$X_{1i}=X_i$，$X_{2i}=X_i^2$，…，$X_{ki}=X_i^k$，则原模型可转化为

$$Y_i = b_0 + b_1 X_{1i} + b_2 X_{2i} + \cdots + b_k X_{ki} + u_i \tag{7-44}$$

即可利用多元线性回归分析的方法来估计原模型中的参数b_0、b_1、…、b_k。

对双曲函数模型，令$X_i^* = \frac{1}{X_i}$，则

$$Y_i = b_0 + b_1 X_i^* + u_i \tag{7-45}$$

即可用一元线性回归分析法来估计参数b_0、b_1。

对于双对数函数模型，令$Y_i^* = \ln Y_i$，$X_i^* = \ln X_i$，则双对数函数模型可转化为

$$Y_i^* = b_0 + b_1 X_i^* + u_i \tag{4-46}$$

从而利用一元线性回归方法来进行参数估计。

对于有些函数模型，不能通过变量的直接代换而转化为线性形式，但模型的两边取对数后，即可利用上面直接代换的方法化为线性模型，此方法叫变量间接代换法。

如对科布-道格拉斯生产函数模型两边取对数得

$$\ln Y = \ln A + \alpha \ln L + \beta \ln K + u \tag{7-47}$$

【例7-5】 某市百货商店销售额X与流通费率Y满足双曲函数模型

$$Y_i = b_0 + b_1 \frac{1}{X_i} + u_i$$

对 9 个商店的销售额与流通费率的统计资料如表 7-8 所示。

表 7-8　某市百货商店销售额与流通费率

商店编号	1	2	3	4	5	6	7	8	9
销售额 X(万元)	1.5	4.5	7.5	10.5	15.5	16.5	19.5	22.5	25.5
流通费率 Y(%)	7.0	4.8	3.6	3.1	2.7	2.5	2.4	2.3	2.2

令 $X_i^* = \dfrac{1}{X_i}$,则模型变为

$$Y_i = b_0 + b_1 X_i^* + u_i$$

表 7-9　双曲函数模型计算表

商店编号	销售额 X(万元)	流通费率 Y(%)	X^*	X^{*2}	X^*Y
1	1.5	7.0	0.666 7	0.444 5	4.666 9
2	4.5	4.8	0.222 2	0.049 4	1.066 6
3	7.5	3.6	0.133 3	0.017 8	0.479 9
4	10.5	3.1	0.095 2	0.009 1	0.295 1
5	15.5	2.7	0.064 5	0.004 2	0.174 2
6	16.5	2.5	0.060 6	0.003 7	0.151 5
7	19.5	2.4	0.051 3	0.002 6	0.123 1
8	22.5	2.3	0.044 4	0.002 0	0.102 1
9	25.5	2.2	0.039 2	0.001 5	0.086 2
$\sum$		30.6	1.377 4	0.534 8	7.145 6
$\frac{1}{n}\sum$		3.4	0.153 0		

根据表 7-8 得计算表格 7-9,则:

$$\hat{b}_1 = \frac{\sum X^* Y - \overline{X}^* \sum Y}{\sum X^{*2} - \overline{X}^* \sum X^*}$$

$$= \frac{7.145\,6 - 0.153\,0 \times 30.6}{0.534\,8 - 0.153\,0 \times 1.377\,4}$$

$$= 7.602\,0$$

$$\hat{b}_0 = \overline{Y} - \hat{b}_1 \overline{X}^*$$

$$= 3.4 - 7.602\,0 \times 0.153\,0 = 2.236\,9$$

原模型的估计方程为

$$\hat{Y}_i = 2.236\,9 + \frac{7.602\,0}{X_i}$$

假设某百货商店明年计划销售额为 30 万元,记 $X_0 = 30$ 万元,则流通费率为

$$\hat{Y}_0 = 2.236\,9 + \frac{7.602\,0}{30} = 2.49$$

即流通费率的预测值为2.49%。

第四节　虚拟变量回归分析预测法

一、虚拟变量和虚拟变量回归模型

建立回归模型的一个基本要求，就是模型中的所有变量都是可以用数值计量的。前面所讨论的变量都是数值变量，都可以运用一定的统计调查方法获取相应的数据。但有些经济现象在发展变化过程中，除受到产销量、收入、价格等因素的影响外，往往还受到性别、文化程度、职业、宗教信仰、战争、自然灾害、季节、地形地貌、消费心理以及政治和政府政策体制变化等品质变化的影响，尤其是当品质发生重大变化时，所研究的经济现象的数值也会随之出现异常波动，破坏了经济现象在发展变化过程的相对稳定结构。在前面建立回归模型时，常因这些因素无法度量而不作为自变量纳入模型中，而是将其归纳到随机扰动中。这既不能全面反映经济现象与其他影响因素之间的相互关系，也不利于提高模型的准确度。因此，在建立回归模型进行预测时，需要采取一定的方式，除将影响研究对象的一些数值变量纳入模型外，还应尽可能将对研究对象有较大影响的品质变量引入模型之中。

品质变量不像数值变量那样，它可以不用数量表现，而是以品质、属性、种类等具体形式来表现，比如战争或地震表现为有或无，季节有春、夏、秋、冬，文化程度有研究生、本科、专科、高中及以下，政府政策体制可表现为改变前或改变后，地区可表现为城镇、农村或东部、中部、西部等。品质变量不能直接引入模型之中，必须采用一定的方法将其量化。这种把反映品质因素变化、只取0和1的人工变量称为虚拟变量，并常用D表示：

当$D=1$时，表明品质因素对所研究的经济现象发生作用；

当$D=0$时，表明品质因素对所研究的经济现象不发生作用。

即：

$$D=\begin{cases}1 & (\text{发生作用})\\0 & (\text{不发生作用})\end{cases}$$

将含有虚拟变量的回归模型称为虚拟变量回归模型。虚拟变量回归模型有如下三种形式：

1.加法型虚拟变量回归模型

$$Y_i=a+bX_i+\alpha D_i+u_i \qquad (7\text{-}48)$$

在此模型中，虚拟变量与其他自变量表现为相加关系。该模型又可以表示为以下等价形式：

$$Y_i=a+bX_i+u_i \qquad (D_i=0)$$

$$Y_i=(a+\alpha)+bX_i+u_i \qquad (D_i=1)$$

可见，用加法方式引入虚拟变量可以在一定程度上反映品质因素对模型截距的影响。

2.乘法型虚拟变量回归模型

$$Y_i=a+bX_i+\beta XD_i+u_i \qquad (7\text{-}49)$$

其中，$XD_i=X_i\times D_i$

在此模型中虚拟变量与其他自变量表现为相乘关系。该模型又可以表示为以下等价形式：

$$Y_i = a + bX_i + u_i \qquad (D_i = 0)$$
$$Y_i = a + (b+\beta)X_i + u_i \qquad (D_i = 1)$$

可见，以乘法方式引入虚拟变量可以在一定程度上反映品质因素对模型斜率的影响。

3. 混合型虚拟变量回归模型

$$Y_i = a + bX_i + \alpha D_i + \beta XD_i + u_i \tag{7-50}$$

在此模型中虚拟变量与其他自变量既表现为相加关系，又表现为相乘关系。该模型又可以表示为以下等价形式：

$$Y_i = a + bX_i + u_i \qquad (D_i = 0)$$
$$Y_i = (a+\alpha) + (b+\beta)X_i + u_i \qquad (D_i = 1)$$

在实际应用中，一般是先建立混合型虚拟回归模型，再利用 t 检验法判断 D_i 和 XD_i 对 Y_i 的影响是否显著，进而确定用何种方式引入虚拟变量更为恰当。

二、虚拟变量的设置原则

(一)一个因素多个属性表现

进行市场预测时，如果在影响所研究经济现象变动的众多品质因素中，具有较大影响的因素只有一个且有 $m(m\geqslant 2)$ 个属性表现，则需要在模型中引入 $m-1$ 个虚拟变量。

例如，在对某种季节性商品的需求量进行预测时，影响该商品需求量的因素除了居民收入、该商品自身价格、相关商品价格外，季节因素也不容忽视，否则，所建立的回归模型对样本数据的拟合程度将很低，产生的预测误差较大。如果利用季度数据建立预测模型，为研究四个季度对该商品需求量的季节影响，可以引入三个虚拟变量：

$$D_1 = \begin{cases} 1 & (\text{第一季度}) \\ 0 & (\text{其他}) \end{cases} \quad D_2 = \begin{cases} 1 & (\text{第二季度}) \\ 0 & (\text{其他}) \end{cases} \quad D_3 = \begin{cases} 1 & (\text{第三季度}) \\ 0 & (\text{其他}) \end{cases}$$

则商品需求量模型为(假设以加法方式引入)：

$$Y_i = b_0 + b_1 x_i + b_2 p_1 + b_3 p_0 + m_1 D_{1i} + m_2 D_{2i} + m_3 D_{3i} + u_i \tag{7-51}$$

式中：x_i——居民收入；

p_1——商品自身价格；

p_0——相关商品价格；

m_1、m_2、m_3、b_0——第一、第二、第三、第四季度对商品需求量的平均影响程度。

模型(7-51)等价于：

$Y_i = (b_0 + m_1) + b_1 x_i + b_2 p_1 + b_3 p_0 + u_i$ $(D_1 = 1, D_2 = D_3 = 0)$ 　第一季度商品需求量

$Y_i = (b_0 + m_2) + b_1 x_i + b_2 p_1 + b_3 p_0 + u_i$ $(D_2 = 1, D_1 = D_3 = 0)$ 　第二季度商品需求量

$Y_i = (b_0 + m_3) + b_1 x_i + b_2 p_1 + b_3 p_0 + u_i$ $(D_3 = 1, D_1 = D_2 = 0)$ 　第三季度商品需求量

$Y_i = b_0 + b_1 x_i + b_2 p_1 + b_3 p_0 + u_i$ $(D_1 = D_2 = D_3 = 0)$ 　第四季度商品需求量

(二)多个因素两个属性表现

在进行市场预测时，如果对所研究市场现象变动有较大影响的品质因素有 $m(m\geq 2)$ 个，且每个品质因素有两个属性表现，则需要在模型中引入 m 个虚拟变量。

例如，在研究居民住房消费支出函数时，影响居民住房消费支出的因素，除居民收入水平外，还有居民身份差异因素和收入层次因素。若将居民身份分为城镇居民和农村居民两种属性表现，将居民收入层次分为高收入家庭和低收入家庭两种类型，用虚拟变量 D_1、D_2 分别表示居民身份和收入层次，且

$$D_1=\begin{cases}1 & (\text{农村居民})\\0 & (\text{城镇居民})\end{cases}\qquad D_2=\begin{cases}1 & (\text{高收入家庭})\\0 & (\text{低收入家庭})\end{cases}$$

这样居民住房消费函数可以表示为(假定以加法方式引入虚拟变量)：

$$Y_i=a+bx_i+m_1D_{1i}+m_2D_{2i}+u_i \tag{7-52}$$

其中 Y_i、x_i 分别是居民住房消费支出和可支配收入。

这样可以反映各类居民家庭的住房消费支出情况：

$Y_i=a+bx_i+u_i$　　(城镇低收入家庭 $D_1=0,D_2=0$)

$Y_i=(a+m_2)+bx_i+u_i$　　(城镇高收入家庭 $D_1=0,D_2=1$)

$Y_i=(a+m_1)+bx_i+u_i$　　(农村低收入家庭 $D_1=1,D_2=0$)

$Y_i=(a+m_1+m_2)+bx_i+u_i$　　(农村高收入家庭 $D_1=1,D_2=1$)

(三)多个因素多个属性表现

在进行市场预测时，当对所研究经济现象变动有较大影响的品质因素有 $m(m\geq 2)$ 个，且每个品质因素有两个及以上不同属性表现，则需要参照“一个因素多个属性表现”的原则来设置虚拟变量。

例如在建立居民消费支出函数时，将居民收入分为三个层次：高、中和低收入家庭，其他不变。此时可以在模型中设置三个虚拟变量，即

$$D_1=\begin{cases}1 & (\text{农村居民})\\0 & (\text{城镇居民})\end{cases}\quad D_2=\begin{cases}1 & (\text{高收入家庭})\\0 & (\text{其他})\end{cases}\quad D_3=\begin{cases}1 & (\text{中收入家庭})\\0 & (\text{其他})\end{cases}$$

$$Y_i=a+bx_i+m_1D_{1i}+m_2D_{2i}+m_3D_{3i}+u_i \tag{7-53}$$

模型(7-53)等价于：

$Y_i=(a+m_2)+bx_i+u_i$　　(城镇高收入家庭 $D_1=0,D_2=1,D_3=0$)

$Y_i=(a+m_3)+bx_i+u_i$　　(城镇中收入家庭 $D_1=0,D_2=0,D_3=1$)

$Y_i=a+bx_i+u_i$　　(城镇低收入家庭 $D_1=0,D_2=0,D_3=0$)

$Y_i=(a+m_1+m_2)+bx_i+u_i$　　(农村高收入家庭 $D_1=1,D_2=1,D_3=0$)

$Y_i=(a+m_1+m_3)+bx_i+u_i$　　(农村中收入家庭 $D_1=1,D_2=0,D_3=1$)

$Y_i=(a+m_1)+bx_i+u_i$　　(农村低收入家庭 $D_1=1,D_2=0,D_3=0$)

在划分品质因素属性表现时，要注意遵循全面和互斥两个原则。“全面”是指把品质因素的属性表现全部列举出来(需要确定属性表现个数)；“互斥”是指各属性表现之间不能存在包含或被包含的关系。

【例 7-6】 某年某地区农村居民人均收入与彩电每百户拥有量统计资料如表 7-10 所示。试建立该地区农村家庭彩电需求量模型。

表 7-10　某年某地区农村居民家庭抽样调查资料

收入等级	彩电拥有量(台/百户)	人均收入(元/年)
困难户	83.64	2 198.88
最低收入户	87.01	2 476.75
低收入户	96.75	3 303.17
中等偏下收入户	100.90	4 107.26
中等收入户	105.89	5 118.99
中等偏上收入户	109.64	6 370.59
高收入户	115.13	7 877.69
最高收入户	122.54	10 962.16

(1)彩电每百户拥有量(Y)随着居民人均收入水平(X)的提高而增加,两者存在正相关关系。

(2)绘制相关图,如图 7-4。

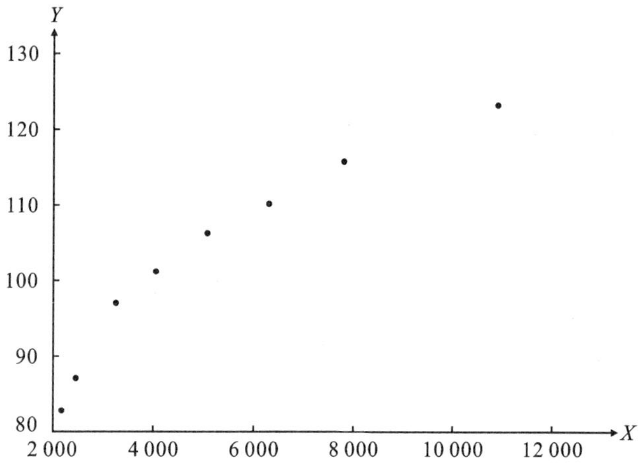

图 7-4　彩电每百户拥有量 Y 与居民人均收入 X 相关图

(3)由图 7-4 可以看出,前 3 个点基本围绕一条直线变动,后 5 个点大体围绕一条直线变动,这两条直线的截距和斜率都是不同的。也就是说收入层次差异对农村居民家庭彩电需求量可能会产生影响。现将前 3 个收入等级归为一类——低收入家庭,将后 5 个收入等级归为另一类——中、高收入家庭,设置虚拟变量 D,且

$$D=\begin{cases}1 & (\text{中、高收入家庭}) \\ 0 & (\text{低收入家庭})\end{cases}$$

可得该地区农村居民家庭收入的品质因素计算表,如表 7-11 所示。

此时,可得该地区农村居民的彩电需求函数模型为:

$$Y_i = a + bX_i + \alpha D_i + \beta XD_i + u_i$$

利用 Eview 软件估计模型参数。该地区农村居民的彩电需求函数的估计结果为:

$\hat{Y}=57.61+0.011\,9X_i+31.837\,1D_i-0.008\,8XD_i$

表 7-11　某年某地区农村居民家庭收入的品质因素计算表

收入等级	彩电拥有量 Y_i(台/百户)	人均收入 X_i(元/年)	D_i	DX_i
困难户	83.64	2 198.88	0	0
最低收入户	87.01	2 476.75	0	0
低收入户	96.75	3 303.17	0	0
中等偏下收入户	100.90	4 107.26	1	4 107.26
中等收入户	105.89	5 118.99	1	5 118.99
中等偏上收入户	109.64	6 370.59	1	6 370.59
高收入户	115.13	7 877.69	1	7 877.69
最高收入户	122.54	10 962.16	1	10 962.16

α、β 的 t 检验都是显著的，表明该地区农村居民低收入家庭，中、高收入家庭对彩电的消费需求，在截距和斜率上都存在着明显差异，各自的需求函数为：

低收入家庭($D=0$)

$\hat{Y}_i=57.61+0.011\,9X_i$

中、高收入家庭($D=1$)

$\hat{Y}_i=(57.61+31.837\,1)+(0.011\,9-0.008\,8)X_i$

$=89.44+0.003X_i$

由此可以看出，该地区农村居民家庭对彩电消费需求的特点为：对于人均年收入在3 300元以下的低收入家庭，需求量随着收入水平的提高而快速上升，人均年收入每增加1 000元，百户拥有量将平均增加 12 台；对于人均年收入在 4 100 元以上的中、高收入家庭，虽然需求量随着收入水平的提高也在增加，但增速趋缓，人均年收入每增加 1 000 元，百户拥有量只增加 3 台。

本章小结

相关关系：当一个变量变动时，另一个变量也会发生变动，但变动的结果是不确定的，也就是说给定一个变量的值，不能唯一决定另一个变量的值，这样的关系称为相关关系。

回归分析：两个变量 X 和 Y，若 X 的变化影响 Y，即变量 X 的变化是变量 Y 变化的原因，则称变量 X 和 Y 之间具有因果关系，其中 X 为因，Y 为果。对于具有因果关系的变量的分析就称为回归分析。

注意相关与回归之间的区别：

(1)相关不考虑变量之间的因果关系，而回归则考虑变量之间具有因果关系。

(2)回归关系一定是因果关系，但反之却不成立。

回归方程的显著性检验：

(1)自由度是指某一统计量中取值不受限制的变量的个数，常用 DF(Degree of freedom)表示。

(2)t 检验是指对回归系数的最小二乘估计量 $\hat{b}_1$ 应进行检验，即检验总体系数 $b\neq0$ 在给定的显著水平 α(一般 $\alpha=0.05$ 或 $\alpha=0.01$)下是否显著成立。

(3)F 检验是指 F 统计量值的大小直接反映了变量 X 和 Y 之间线性关系的强弱。

虚拟变量反映品质因素的变化。它不用数量表现，而是用品质、属性、种类等具体形式来表现,只取0或1。

含虚拟变量的回归分析:反映品质因素变化、只取0或1的人工变量称为虚拟变量。在建立回归模型进行预测时,需要采取一定的方式,除将影响研究对象的一些数值变量纳入模型外,同时也将对研究对象有较大影响的品质变量引入模型之中。

关键概念

线性 Linear　变量 Variable

相关系数 Correlation coefficient　回归模型 Regression Model

r 检验 r test　t 检验 t test

F 检验 F test　显著性检验 Significance check-up

点预测 Point forecast　区间预测 Change forecast

思考与练习

1. 对于什么样的预测问题可建立回归模型,利用回归分析进行预测?
2. 简述一元线性回归分析预测的步骤。
3. 什么是 r 检验、F 检验、t 检验?为什么要进行 DW 检验?
4. 一元线性回归方程必须做哪些检验?
5. 虚拟变量设置的原则是什么?
6. 已知某地区历年的货币收入(x)和已实现的购买力(y)的资料如表7-12所示。

表7-12　某地区历年的货币收入和已实现的购买力资料　单位:百万元

$y \to x$	2	3	5	6	7	9	10	12
$x \to y$	6	8	11	14	16	19	22	25

(1)建立一元线性回归方程。

(2)进行相关系数 r 和 t 检验。

7. 已知某公司14年来的年利润额(Y)、年销售额(X_1)、年经营费(X_2)的统计数据如表7-13所示。

表7-13　某公司年利润额、年销售额与年经营费的统计资料　单位:万元

时间(年)	1	2	3	4	5	6	7
利润额(Y)	12.3	16.0	15.7	21.2	17.9	18.8	15.4
销售额(X_1)	263.3	275.4	278.3	296.7	309.3	315.8	318.8
经营费(X_2)	93.1	93.9	92.5	89.2	91.7	96.5	100.0
时间(年)	8	9	10	11	12	13	14
利润额(Y)	19.0	20.0	18.4	21.8	24.1	25.6	30.0
销售额(X_1)	333.0	340.2	350.7	367.3	381.3	406.5	430.8
经营费(X_2)	103.9	102.5	102.5	102.1	101.5	101.2	99.0

(1)确定二元线性回归方程。

(2)若未来一年的销售额为450万元，经营费用控制在100万元，那么未来一年实现的利润可望为多少？

8. 某市百货商店销售额 X 与流通费率 Y 之间呈双曲函数模型

$$Y = b_0 + \frac{b_1}{X} + u$$

9个商店的销售额与流通费率的统计资料如表7-14所示。

表7-14　销售额与流通费率统计资料

商店编号	1	2	3	4	5	6	7	8	9
销售额 X(万元)	1.5	4.5	7.5	10.5	15.5	16.9	19.5	22.5	25.5
流通费率 Y(%)	7.0	4.8	3.6	3.1	2.7	2.5	2.4	2.3	2.2

试确定函数模型。

【案例分析】

回归分析法的实际运用

某班11名学生的几何与代数考试成绩如表7-15所示。运用回归分析法可以对这些信息进行推断分析，提出的问题是：

表7-15　学生成绩表

几何 X	89	75	77	73	68	78	81	90	70	74	79
代数 Y	92	82	76	78	70	84	83	85	75	80	77

(1)能否根据学生几何考试的成绩预测代数考试的成绩？

(2)估计和预测的效果如何？

分析：根据数据资料画散点图(略)可知代数考试成绩与几何考试成绩呈线性关系。

第一步，设一元线性回归方程：

$$Y_i = b_0 + b_1 X_i$$

确定 b_0、b_1，得一元线性回归方程为：

$$\hat{Y} = 25.08 + 0.71X$$

第二步，参数估计值的检验：

(1)r 检验，得 $r=0.83$。

(2)给定显著性水平 $\alpha=0.01$，自由度 $DF=n-2=11-2=9$，查相关系数界值表得到临界值 $r_\alpha=0.735$，将一次样本的相关系数的值 $r=0.83$ 与临界值 $r_\alpha=0.735$ 进行比较，由于 $r=0.83>r_\alpha=0.735$，所以变量 X 与 Y 存在显著的线性相关。说明回归的效果也显著。

第三步，利用回归方程进行估计和预测：

由于回归的效果比较显著，则可以利用回归方程 $\hat{Y}=25.08+0.71X$，由变量 X 来预测变量 Y。

例如,当 $X=60$ 时,$\hat{Y}=25.08+0.71X=25.08+0.71\times60\approx68$,所以几何考试得 60 分的学生,其代数考试估计可以得到 68 分。

思考题

以上分析是否正确?

第八章

非线性趋势外推预测法

学习目的与要求

◉了解趋势外推法的基本思想和假设条件；

◉了解趋势外推法的步骤；

◉了解多项式的表现形式和二次多项式曲线的特征；

◉了解三点法、三段求和法的方法和步骤；

◉了解对数、指数特征和预测方法；

◉掌握生命曲线四个不同阶段的特征和图形。

第一节 多项式曲线趋势预测法

一、趋势外推法的基本思想

某些客观事物的发展变化相对于时间推移，常表现出一定的规律性：

例如，销售量随着时间 t 的推移呈现某种上升或下降趋势，这时 t 的变化又没有明显的季节性波动迹象，理论上就可以找到一条合适的函数曲线反映其变化趋势，并可建立相应的变化趋势模型(曲线方程)。

当有理由相信这种趋势可能会延伸到未来时，对于未来时点的某个 Y 值(经济指标未来值)就可由上述变化趋势模型给出。

趋势外推的条件为：①变化趋势的时间稳定性；②曲线方程存在。

二、趋势预测的概念与假设条件

(一)趋势预测的概念

趋势预测(Trend extension)是指根据变量(预测目标)的时间序列数据资料及其发展变化规律，建立适当的数学模型推断其未来变化的趋势。

(二)假设条件

(1)假设事物发展不但决定了过去、现在，而且在很大程度上决定了未来发展，即过去、现在、未来的发展过程中内外因素基本保持不变；

(2)假设事物的变化属于渐进式而非跳跃式的变化，即不变或变化不大。

当预测对象主要受线性变化趋势影响，但伴随着随机性、季节性的因素影响不大，这时利用指数平滑法、移动平均法就可消除随机性、季节性变化因素的影响，显示主要特征：线性变化趋势。但是,对于经济领域中的许多问题,其预测对象随时间的变化并不是呈线性变化趋势,而是非线性变化趋势。例如多项式曲线、指数曲线、修正指数曲线、龚伯兹曲线、罗吉斯曲线等。后三种曲线又称为生命曲线,这些曲线可描述自然界的生物整个过程的生长规律。许多经济现象随时间的变化也符合生命曲线的变化。例如产品经历的导入、成长、成熟、衰退四个阶段,就可以用生命曲线来描述。生命曲线又可称为成长曲线或增长曲线。本章主要介绍几种常见的非线性曲线趋势模型及三点法、三段求和法的预测方法。

三、趋势外推预测法的步骤

趋势外推预测法的步骤详见图8-1。

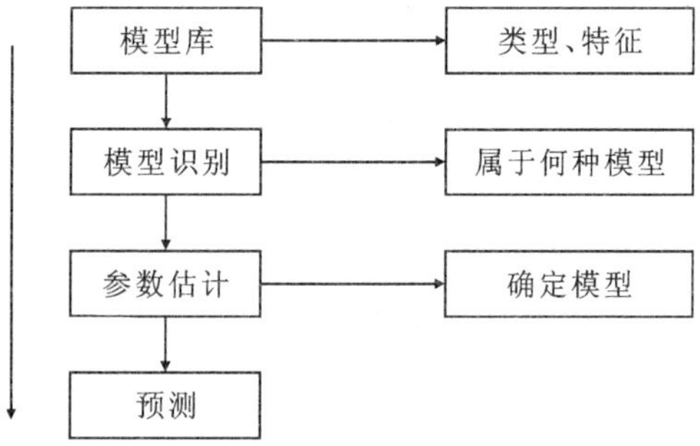

图8-1 趋势外推预测法的步骤

四、趋势预测法的模型识别

趋势预测是通过绘制散点图来进行的,即将时间序列的数据绘制成以时间 t 为横轴、时序观察值为纵轴的图形,观察并将其变化曲线与各类函数曲线模型的图形进行比较,以便选择较为合适的模型。

1. 差分法

利用差分法把数据修匀,使非平稳序列变成平稳序列。

一阶差分可以表示为:$y'_t=y_t-y_{t-1}$;

二阶差分可以表示为:$y''_t=y'_t-y'_{t-1}$;

一阶差分环比可表示为:$\frac{y'_t}{y'_{t-1}}$。

2. 常用模型的特征(表8-1)

表8-1 常用模型的差分特征

模型类型	一般函数表达式	差分或差分环比特征
一次曲线模型	$y=b_0+b_1x$	$y'=b_1$
二次曲线模型	$y=b_0+b_1x+b_2x^2$	$y''=b_2$
三次曲线模型	$y=b_0+b_1x+b_2x^2+bx^3$	$y'''=b_3$
指数曲线模型	$y=ab^t$	$\frac{y_t}{y_{t-1}}=b$
修正指数曲线模型	$y=k+ab^t$	$\frac{y'_t}{y'_{t-1}}=b$
龚伯兹曲线模型	$y=ka^{b^t}$	$\frac{1}{y'_t}\bigg/\frac{1}{y'_{t-1}}=b$

五、二次多项式曲线趋势预测

设时间变量作为自变量，则多项式曲线参数模型可表示为：

$$Y_t = b_0 + b_1 t + b_2 t^2 + \cdots + b_k t^k \tag{8-1}$$

该模型叫多项式曲线趋势模型。

式中：Y_t——作为因变量的市场变量；

t——作为自变量的时间变量；

$b_i(t_i=0,1,2,\cdots,k)$——模型中的参数；

k——多项式的次数。

（1）当 b_0、$b_1 \neq 0$，其余为 0，则模型（8-1）为线性趋势模型；

（2）当 b_0、b_1、$b_2 \neq 0$，其余为 0，则模型（8-1）为二次曲线趋势模型；

（3）当 b_0、b_1、b_2、$b_3 \neq 0$，其余为 0，则模型（8-1）为三次曲线趋势模型，等等。

由于参数个数越多，计算越复杂，因此，多项式曲线趋势预测一般地只局限于二次或三次形式。

二次多项式曲线趋势模型为：

$$Y_t = b_0 + b_1 t + b_2 t^2 \tag{8-2}$$

它含有三个参数 b_0、b_1、b_2，常用最小二乘法和三点法估计这三个参数。当把时间变量 t 看成 X_t 时，则式（8-2）可用最小二乘法进行参数估计。

由于式（8-2）中的 t 是时间变量，模型中的参数估计可采用一种简便算法——三点法。三点法的基本方法是：从时间序列的首尾两端和正中间分别取一定量的项，然后对这些项进行算术平均或加权平均，得到三组算术平均数值或加权平均数值（$\bar{t}_1, \bar{Y}_1$）、（$\bar{t}_2, \bar{Y}_2$）、（$\bar{t}_3, \bar{Y}_3$），以该三组值作为曲线上的三个点，代入式（8-2），可得三个方程，联立求解该方程组，则可得 b_0、b_1、b_2 的估计值。三点法的具体计算步骤如下：

设 n 为时间序列总项数（取奇数），$\bar{Y}_1$、$\bar{Y}_2$、$\bar{Y}_3$ 分别为初期、中期、近期的加权平均数，d 为正中项，且 $d=\frac{n+1}{2}$。

当 $n \geqslant 15$ 时，可各取五项加权平均（当 $n<15$ 时，可取相应数量的项，如二项或三项），权重由远及近，一般地可分别取为 1、2、3、4、5，则 Y_t 的各加权平均数为：

$$\bar{Y}_1 = \frac{\sum \omega_i Y_i}{\sum \omega_i} = \frac{Y_1 + 2Y_2 + 3Y_3 + 4Y_4 + 5Y_5}{1+2+3+4+5} \tag{8-3}$$

$$\bar{Y}_2 = \frac{Y_{d-2} + 2Y_{d-1} + 3Y_d + 4Y_{d+1} + 5Y_{d+2}}{1+2+3+4+5} \tag{8-4}$$

$$\bar{Y}_3 = \frac{Y_{n-4} + 2Y_{n-3} + 3Y_{n-2} + 4Y_{n-1} + 5Y_n}{1+2+3+4+5} \tag{8-5}$$

时间变量 t 的样本值设为 $t=1,2,\cdots,n$，则也可取相应的加权平均值：

$$\bar{t}_1 = \frac{1\times1 + 2\times2 + 3\times3 + 4\times4 + 5\times5}{1+2+3+4+5} = \frac{11}{3} \tag{8-6}$$

$$\bar{t}_2 = \frac{(d-2) + 2(d-1) + 3d + 4(d+1) + 5(d+2)}{1+2+3+4+5} \tag{8-7}$$

$$= d + \frac{2}{3} = \frac{3n+7}{6}$$

$$\bar{t}_2 = \frac{(n-4)+2(n-3)+3(n-2)+4(n-1)+5n}{1+2+3+4+5} \tag{8-8}$$

$$= n - \frac{4}{3}$$

即可得三个点：

$$\left(\frac{11}{3}, \bar{Y}_1\right), \quad \left(\frac{3n+7}{6}, \bar{Y}_2\right), \quad \left(n-\frac{4}{3}, \bar{Y}_3\right)$$

代入式(8-2)可得

$$\bar{Y}_1 = b_0 + \frac{11}{3}b_1 + \left(\frac{11}{3}\right)^2 b_2$$

$$\bar{Y}_2 = b_0 + \frac{3n+7}{6}b_1 + \left(\frac{3n+7}{6}\right)^2 b_2$$

$$\bar{Y}_3 = b_0 + \left(n-\frac{4}{3}\right)b_1 + \left(n-\frac{4}{3}\right)^2 b_2$$

解之，得参数估计值为：

$$\hat{b}_2 = \frac{2(\bar{Y}_1 + \bar{Y}_3 - 2\bar{Y}_2)}{(n-5)^2} \tag{8-9}$$

$$\hat{b}_1 = \frac{\bar{Y}_3 - \bar{Y}_1}{n-5} - \frac{3n+7}{3}\hat{b}_2 \tag{8-10}$$

$$\hat{b}_0 = \bar{Y}_1 - \frac{11}{3}\hat{b}_1 - \frac{121}{9}\hat{b}_2 \tag{8-11}$$

同理，三项加权平均时(权重由远及近，分别取1、2、3)，可求得参数估计值为：

$$\hat{b}_2 = \frac{2(\bar{Y}_1 + \bar{Y}_3 - 2\bar{Y}_2)}{(n-3)^2} \tag{8-12}$$

$$\hat{b}_1 = \frac{\bar{Y}_3 - \bar{Y}_1}{n-3} - \frac{3n+5}{3}\hat{b}_2 \tag{8-13}$$

$$\hat{b}_0 = \bar{Y}_1 - \frac{7}{3}\hat{b}_1 - \frac{49}{9}\hat{b}_2 \tag{8-14}$$

二次多项式曲线趋势模型，又称抛物线曲线趋势模型。当预测对象在其发展过程中经过一段时期的增长后就开始下降；或者相反，经过一段时期的下降后开始增长，这样的发展趋势可用二次多项式曲线趋势模型来拟合和进行外推预测。

已知时间序列，如何判断其发展趋势符合二次多项式曲线趋势模型呢？

这里有两种方法：简单直观方法和数据分析法。

简单直观方法是将时间序列绘制成散点图，观察其发展趋势。这种方法简单、直观，但是，由于人们的目测受到图形大小、比例等因素的影响，因此不够准确。

为了说明数据分析法，作以下简要分析。

对于模型(8-2)，记 ΔY_t 为 Y_t 的一阶差分，则

$$\begin{aligned}\Delta Y_t &= Y_t - Y_{t-1} \\ &= (b_0 + b_1 t + b_2 t^2) - [b_0 + b_1(t-1) + b_2(t-1)^2] \\ &= b_1 - b_2 + 2b_2 t\end{aligned}$$

记 $\Delta^2 Y_t$ 为 Y_t 的二阶差分，则

$$\begin{aligned}\Delta^2 Y_t &= \Delta Y_t - \Delta Y_{t-1} \\ &= (b_1 - b_2 + 2b_2 t) - [b_1 - b_2 + 2b_2(t-1)] \\ &= 2b_2\end{aligned}$$

由上可以看出二次多项式曲线模型的一个特点是：二阶差分为一常数($2b_2$)。

对于时间序列，逐期求二阶差分，若各期的二阶差分接近于一个常数或二阶差分比较平稳，时间序列的发展趋势近似于二次多项式曲线趋势，可配合二次多项式曲线模型进行预测。

【例 8-1】 某市第 1～9 年某种农作物的产量如表 8-2 所示，试预测第 10 年这种农作物的产量。

表 8-2　农作物产量及计算　　单位：万吨

年份	1	2	3	4	5	6	7	8	9
产量 Y_t	54.5	64.1	76.4	92.3	110.7	132.2	156.8	183.6	214.0
一阶差分 ΔY_t		9.6	12.3	15.9	18.4	21.5	24.6	26.8	30.4
二阶差分 $\Delta^2 Y_t$			2.7	3.6	2.5	3.1	3.1	2.2	3.6

首先计算第 1～9 年某种农作物产量序列的一阶、二阶差分，列于表 8-2 中。从计算结果可以看出，二阶差分是比较平稳的。因此，可配合二次多项式曲线趋势模型进行预测。设模型为：

$$Y_t = b_0 + b_1 t + b_2 t^2$$

利用三点法估计 b_0、b_1、b_2。因为时间序列共有 9 项，采用三项加权平均，权重由远及近分别取 1、2、3，计算得三点坐标为：

$$\overline{Y}_1 = \frac{54.5 + 2\times 64.1 + 3\times 76.4}{1+2+3} = \frac{411.9}{6} = 68.65$$

$$\overline{Y}_2 = \frac{92.3 + 2\times 110.7 + 3\times 132.2}{6} = \frac{710.3}{6} = 118.383\ 3$$

$$\overline{Y}_3 = \frac{156.8 + 2\times 183.6 + 3\times 214.0}{6} = \frac{1\ 166}{6} = 194.333\ 3$$

代入式(8-12)、式(8-13)、式(8-14)得

$$\begin{aligned}\hat{b}_2 &= \frac{2(\overline{Y}_1 + \overline{Y}_3 - 2\overline{Y}_2)}{(n-3)^2} \\ &= \frac{2(68.65 + 194.333\ 3 - 2\times 118.383\ 3)}{(9-3)^2} \\ &= \frac{52.433\ 4}{36} = 1.456\ 5\end{aligned}$$

$$\begin{aligned}\hat{b}_1 &= \frac{\overline{Y}_3 - \overline{Y}_1}{n-3} - \frac{3n+5}{3}\hat{b}_2 \\ &= \frac{194.333\ 3 - 68.65}{9-3} - \frac{3\times 9+5}{3}\times 1.456\ 5 \\ &= 5.411\ 2\end{aligned}$$

$$\hat{b}_0 = \overline{Y}_1 - \frac{7}{3}\hat{b}_1 - \frac{49}{9}\hat{b}_2$$

$=68.65-\frac{7}{3}\times5.411\,2-\frac{49}{9}\times1.456\,5$

$=48.094\,1$

于是,所求得的二次多项式曲线预测模型为:

$$\hat{Y}_t = 48.094\,1 + 5.411\,2t + 1.456\,5t^2 \qquad (8\text{-}15)$$

将 $t=10$ 代入预测模型(8-15)得第 10 年这种农作物的产量:

$\hat{Y}_t=48.094\,1+5.411\,2\times10+1.456\,5\times10^2$

$=247.856$(万吨)

即第 10 年某种农作物的产量预测值为 247.856 万吨。

由本例可见,利用三点法进行参数估计比较简单,其计算方法也易于掌握。但是,三点法往往不能充分利用样本信息,如时间序列数据较多时会有一部分数据未被利用,因此三点法是否运用还需根据预测误差加以判别。

六、三次多项式曲线趋势预测

有些情况下,因变量随时间变量 t 的递增(减)速度比较快,尤其是当 t 值比较大时,这时如果用式(8-2)进行预测,可能误差会很大。如果样本点在散点图上基本呈三次曲线形状时,则可以建立三次多项式曲线趋势模型:

$$Y_t = b_0 + b_1 t + b_2 t^2 + b_3 t^3 \qquad (8\text{-}16)$$

模型(8-16)有四个参数 b_0、b_1、b_2、b_3,除利用最小二乘法估计外,同样可利用三点法原理确定四点,然后建立四个方程,求解这四个方程构成的方程组,得 b_0、b_1、b_2、b_3 的估计值。其步骤如下:

将 Y_t 构成的时间序列分为四段,每段取五项(如果时间序列小于 20 项时,只取三项或两项)数值,按序以 1、2、3、4、5 为权重,计算四个加权平均数。

设参加平均的初期、中前期、中后期、近期的样本点的中项分别为 d_1、d_2、d_3、d_4,取项平均时可取 $d_1=3$,$d_2=\frac{n+4}{3}$,$d_3=\frac{2n-1}{3}$,$d_4=n-2$,这里 d_1、d_4 为整数。则

$$\bar{Y}_1=\frac{\sum\omega_i Y_i}{\sum\omega_i}=\frac{Y_1+2Y_2+3Y_3+4Y_4+5Y_5}{1+2+3+4+5}$$

$$\bar{Y}_2=\frac{Y_{d_2-2}+2Y_{d_2-1}+3Y_{d_2}+4Y_{d_2+1}+5Y_{d_2+2}}{1+2+3+4+5}$$

$$\bar{Y}_3=\frac{Y_{d_3-2}+2Y_{d_3-1}+3Y_{d_3}+4Y_{d_3+1}+5Y_{d_3+2}}{1+2+3+4+5}$$

$$\bar{Y}_4=\frac{Y_{n-4}+2Y_{n-3}+3Y_{n-2}+4Y_{n-1}+5Y_n}{1+2+3+4+5}$$

相对应,t 的加权平均数点为:

$$\bar{t}_1=\frac{1\times1+2\times2+3\times3+4\times4+5\times5}{1+2+3+4+5}=\frac{11}{3}$$

$$\bar{t}_2=\frac{(d_2-2)+2(d_2-1)+3d_2+4(d_2+1)+5(d_2+2)}{1+2+3+4+5}$$

$$= d_2 + \frac{2}{3} = \frac{n+4}{3} + \frac{2}{3} = \frac{n+6}{3}$$

$$\bar{t}_3 = \frac{(d_3-2)+2(d_3-1)+3d_3+4(d_3+1)+5(d_3+2)}{1+2+3+4+5}$$

$$= d_3 + \frac{2}{3} = \frac{2n-1}{3} + \frac{2}{3} = \frac{2n+1}{3}$$

$$\bar{t}_4 = \frac{(n-4)+2(n-3)+3(n-2)+4(n-1)+5n}{1+2+3+4+5}$$

$$= \frac{3n-4}{3}$$

因此可求得四点

$$\left(\frac{11}{3}, \bar{Y}_1\right), \quad \left(\frac{n+6}{3}, \bar{Y}_2\right), \quad \left(\frac{2n+1}{3}, \bar{Y}_3\right), \quad \left(\frac{3n-4}{3}, \bar{Y}_4\right)$$

代入式(8-16)得

$$\begin{cases} \bar{Y}_1 = b_0 + \frac{11}{3}b_1 + \left(\frac{11}{3}\right)^2 b_2 + \left(\frac{11}{3}\right)^3 b_3 \\ \bar{Y}_2 = b_0 + \frac{n+6}{3}b_1 + \left(\frac{n+6}{3}\right)^2 b_2 + \left(\frac{n+6}{3}\right)^3 b_3 \\ \bar{Y}_3 = b_0 + \frac{2n+1}{3}b_1 + \left(\frac{2n+1}{3}\right)^2 b_2 + \left(\frac{2n+1}{3}\right)^3 b_3 \\ \bar{Y}_4 = b_0 + \frac{3n-4}{3}b_1 + \left(\frac{3n-4}{3}\right)^2 b_2 + \left(\frac{3n-4}{3}\right)^3 b_3 \end{cases}$$

解之，得参数的估计值为：

$$\hat{b}_3 = \frac{9(-\bar{Y}_1 + 3\bar{Y}_2 - 3\bar{Y}3 + \bar{Y}_4)}{2(n-5)^2} \tag{8-17}$$

$$\hat{b}_2 = \frac{9(\bar{Y}_1 + 3\bar{Y}_2 - 2\bar{Y}_2)}{2(n-5)^2} - (n+6)\hat{b}_3 \tag{8-18}$$

$$\hat{b}_1 = \frac{3(\bar{Y}_2 - \bar{Y}_1)}{(n-5)^2} - \frac{n+17}{3}\hat{b}_2 - \frac{n^2+23n+223}{9}\hat{b}_3 \tag{8-19}$$

$$\hat{b}_0 = \bar{Y}_1 - \frac{11}{3}\hat{b}_1 - \frac{121}{9}\hat{b}_2 - \frac{1\,331}{27}\hat{b}_3 \tag{8-20}$$

这里，要使 d_2、d_3 为整数，n 需满足 $n=20+3r$（r 是整数）。当 n 不满足该式时，可增减几个样本点使其满足。

第二节　对数曲线和指数曲线趋势预测法

一、对数曲线趋势预测法

某些经济变量与时间 t 的关系往往满足对数关系，因而所建立的模型为对数曲线模型。常见的有如下三种：

$$\ln Y_t = a + bt \tag{8-21}$$

$$Y_t = a + b\ln t \tag{8-22}$$

$$\ln Y_t = a + b\ln t \tag{8-23}$$

上述三个模型中都含有两个参数 a、b,当把 t 看成 X_t 时,则可参照最小二乘法估计 a、b。但由于 t 是时间变量,则有时也可用简单的方法进行估计,现以模型(8-21)为例加以说明。

1. 方法一:确定二点法

设已有的样本资料为$(1,Y_1)$,$(2,Y_2)$,…,(n,Y_n)。(t,Y_t)中 t 表示时序,设 $n=2m$,则可以把样本资料分为两部分:

$$(1,Y_1),(2,Y_2),\cdots,(m,Y_m);$$

$$(m+1,Y_{m+1}),(m+2,Y_{m+2}),\cdots,(n,Y_n)$$

对每部分求平均值,或分别抽取一定量的项求加权平均值,则可得两点$(\bar{t}_1,\bar{Y}_1)$、$(\bar{t}_2,\bar{Y}_2)$。譬如求平均值,则有

$$\bar{Y}_1 = \frac{Y_1 + Y_2 + \cdots + Y_m}{m}$$

$$\bar{t}_1 = \frac{1+2+\cdots m}{m} = \frac{m+1}{2} = \frac{n+2}{4}$$

$$\bar{Y}_2 = \frac{Y_{m+1} + Y_{m+2} + \cdots + Y_{2m}}{m}$$

$$\bar{t}_2 = \frac{(m+1)+(m+2)+\cdots+2m}{m} = \frac{3m+1}{2} = \frac{3n+2}{4}$$

因此可得两点$\left(\frac{n+2}{4}、\bar{Y}_1\right)$、$\left(\frac{3n+2}{4},\bar{Y}_2\right)$,代入式(8-21)得:

$$\begin{cases} \ln\bar{Y}_1 = a + \frac{n+2}{4}b \\ \ln\bar{Y}_2 = a + \frac{3n+2}{4}b \end{cases}$$

解之,得参数估计值为:

$$\hat{a} = \ln\bar{Y}_1 - \frac{n+2}{2n}\ln\frac{\bar{Y}_2}{\bar{Y}_1} \tag{8-24}$$

$$\hat{b} = \frac{2}{n}\ln\frac{\bar{Y}_2}{\bar{Y}_1} \tag{8-25}$$

2. 方法二:分段方程相加法

设样本资料为$(1,Y_1)$,…,(m,Y_m);$(m+1,Y_{m+1})$,…,$(2m,Y_{2m})$,则分别代入式(8-21)得

$$\ln Y_1 = a + b$$

$$\ln Y_2 = a + 2b$$

……

$$\ln Y_m = a + mb$$

$$\ln Y_{m+1} = a + (m+1)b$$

……

$$\ln Y_{2m} = a + 2mb$$

分别把前 m 个方程和后 m 个方程相加得

$$\ln Y_1+\ln Y_2+\cdots+\ln Y_m=ma+(1+2+\cdots+m)b$$

$$\ln Y_{m+1}+\ln Y_{m+2}+\cdots+\ln Y_{2m}=ma+[(m+1)+(m+2)+\cdots+2m]b$$

即

$$\ln Y_1Y_2\cdots Y_m=ma+\frac{m(m+1)}{2}b$$

$$\ln Y_{m+1}Y_{m+2}\cdots Y_{2m}=ma+\frac{m(3m+1)}{2}b$$

解之，得参数估计值为：

$$\hat{a}=\frac{1}{m}\ln Y_1Y_2\cdots Y_m-\frac{m+1}{2m^2}\ln\frac{Y_{m+1}Y_{m+2}\cdots Y_{2m}}{Y_1Y_2\cdots Y_m} \quad (8\text{-}26)$$

$$\hat{b}=\frac{1}{m^2}\ln\frac{Y_{m+1}Y_{m+2}\cdots Y_{2m}}{Y_1Y_2\cdots Y_m} \quad (8\text{-}27)$$

对于模型(8-22)和模型(8-23)，也可用类似的方法估计 a、b，这里就不多介绍了。

【例 8-2】 已知近 8 年来的某种产品的产量如表 8-3 所示，试预测第 9 年该产品的产量。

表 8-3　产品产量

年度 t	1	2	3	4	5	6	7	8
产量 Y_t(万吨)	1.4	2	2.9	4.1	5.9	8.4	12	17.1

把表 8-3 中的样本数据画成散点图，如图 8-2 所示，从图中可以看出，Y_t 和 t 之间的关系可用模型 $\ln Y_t=a+bt$ 来描述。

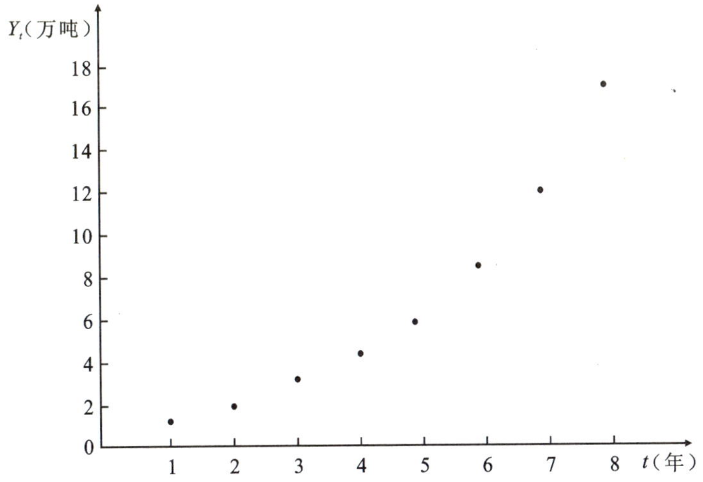

图 8-2　散点图

对 a、b 的估计，可采用两种方法。

(1)确定二点法

此题 m 可取 4，则

$$\bar{Y}_1=\frac{Y_1+Y_2+Y_3+Y_4}{4}=\frac{1.4+2+2.9+4.1}{4}=2.6$$

$$\bar{Y}_2=\frac{Y_5+Y_6+Y_7+Y_8}{4}=\frac{5.9+8.4+12+17.1}{4}=10.85$$

代入式(8-24)、式(8-25)得

$$\hat{a}=\ln\bar{Y}_1-\frac{n+2}{2n}\ln\frac{\bar{Y}_2}{\bar{Y}_1}$$

$$=\ln 2.6-\frac{8+2}{2\times 8}\times\ln\frac{10.85}{2.6}$$

$$=0.0626$$

$$\hat{b}=\frac{2}{n}\ln\frac{\bar{Y}_2}{\bar{Y}_1}=\frac{2}{8}\times\ln\frac{10.85}{2.6}=0.3572$$

即所求模型为:

$$\ln\hat{Y}_t=0.0626+0.3572t$$

(2)分段方程相加法

利用分段方程相加法所得的式(8-26)、式(8-27)可得:

$$\hat{a}=\frac{1}{m}\ln Y_1Y_2\cdots Y_m-\frac{m+1}{2m^2}\ln\frac{Y_{m+1}Y_{m+2}\cdots Y_{2m}}{Y_1Y_2\cdots Y_m}$$

$$=\frac{1}{4}\ln Y_1Y_2Y_3Y_4-\frac{4+1}{2\times 4^2}\times\ln\frac{Y_5Y_6Y_7Y_8}{Y_1Y_2Y_3Y_4}$$

$$=\frac{1}{4}\ln 1.4\times 2\times 2.9\times 4.1-\frac{5}{32}\ln\frac{5.9\times 8.4\times 12\times 17.1}{1.4\times 2\times 2.9\times 4.1}$$

$$=-0.0177$$

$$\hat{b}=\frac{1}{m^2}\ln\frac{Y_{m+1}\cdots Y_{2m}}{Y_1\cdots Y_m}=\frac{1}{4^2}\ln\frac{Y_5Y_6Y_7Y_8}{Y_1Y_2Y_3Y_4}$$

$$=\frac{1}{16}\ln\frac{5.9\times 8.4\times 12\times 17.1}{1.4\times 2\times 2.9\times 4.1}=0.3576$$

即所求模型为:

$$\ln\hat{Y}_t=-0.0177+0.3576t$$

预测第 9 年的产量,即把 $t=9$ 代入模型。当代入方法一所得的模型时,有

$$\ln\hat{Y}_9=0.0626+0.3572\times 9=3.2774$$

$$\hat{Y}_9=26.5068$$

代入方法二所得的模型,有

$$\ln\hat{Y}_9=-0.0177+0.3576\times 9=3.2007$$

$$\hat{Y}_9=24.5497$$

由此可见,即使对同一个模型,因用不同的方法进行参数估计,其预测结果也会不同,究竟采用哪种估计方法好,则需利用预测误差进行评估和选择。

二、指数曲线趋势预测法

形如指数函数

$$Y_t=ab^t \tag{8-28}$$

模型(8-28)称为指数曲线模型。其中,a、b 为模型的参数,t 为时间变量。

指数曲线模型的特点是环比为一常数。

$$\frac{Y_t}{Y_{t-1}} = b$$

因此，分析时间序列，对于不同时期的 t，若环比大致为一常数，这时可以建立指数曲线模型。

对于指数曲线模型(8-28)，两边取对数可得

$$\ln Y_t = \ln a + t\ln b$$

令 $a^* = \ln a, b^* = \ln b$，则

$$\ln Y_t = a^* + b^* t$$

该形式与式(8-21)等同，因此模型(8-28)的参数 a、b 的估计可采用式(8-21)的参数估计方法。这里不再赘述。

第三节　生命曲线趋势预测法

市场上每种产品都存在一定的市场生命周期。科学地分析和预测产品的市场生命周期阶段，把握产品所处市场生命周期的特点，给企业制定有效的营销组合策略提供科学的依据，是企业的基础工作和重要的环节。

一、产品生命曲线的含义和特征

(一)生命曲线的含义

生命曲线是指一种产品从研制成功投入市场试销开始到被市场淘汰为止所经历的全部时间的过程。

产品的生命曲线不同于产品的使用寿命，产品的使用寿命是指产品的耐用期，是从投入使用到损坏报废为止所经历的时间。这是两个不同的概念。有的产品使用寿命较长，但生命曲线可能很短，例如，女性时装款式流行的生命周期远比服装的使用周期短；而有的产品使用寿命短而生命周期长，如肥皂、牙膏等日用品。

(二)生命曲线的特征

产品的生命曲线一般经过导入期、成长期、成熟期和衰退期四个阶段，并在不同的阶段呈现出不同的市场特点，具体如下：

1. 导入期

导入期是指新产品或新品种小批量投入市场试销的一个时期。由于该产品还没有被市场所接受，大多数消费者对这种产品还不熟悉，不愿改变已有的消费习惯，抱有观望态度，不轻易购买，同时由于生产批量小而产品单位成本和销售价格高，购买对象只是少数出于好奇或收入较高的消费者，加上这一时期的销售渠道也比较狭窄，因此销售量往往也少，销售增长速度缓慢。导入期亦称为试销期。

2. 成长期

成长期是指产品通过试销，已被市场接受，打开了销路，大批量进入市场的畅销时期。随着销售网络的建立健全，广告宣传力度的加大以及消费示范效应的影响，产品形象在市场上已经确立，这时，原来抱观望态度的潜在顾客纷纷加入购买者的行列，从而使产品销售增长速度急剧上升，在成长期后期竞争者开始出现。成长期又称为畅销期。

3. 成熟期

成熟期是指产品已经为消费者所接受,产品销售增长速度逐渐缓慢直至平稳的时期。在成熟期前期,竞争者大量涌现,该种产品市场供应量迅速增加,但随着消费需求的不断满足和普及程度的提高,产品的销售量仍在增加但增幅趋缓,在消费需求达到饱和时,产品的销售量达到最大值。在成熟期后期,由于市场上出现性能更为完善的替代品或新产品,消费者的需求兴趣开始转移,该种产品的销售量开始下降。成熟期的市场竞争更加激烈。成熟期又称为饱和期。

4. 衰退期

衰退期是指产品滞销、增长率为负数、销售量下降的时期。在衰退期,由于新产品大量上市,消费者对该产品的需求锐减,造成该产品销售量迅速下降,并逐渐退出市场。

不同产品的生命曲线阶段和周期阶段长度是有所不同的。大多数产品的生命曲线如图 8-3 所示。

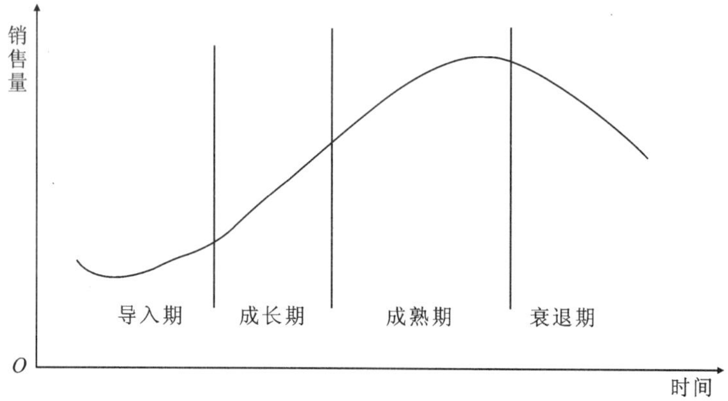

图 8-3　典型产品生命周期曲线

(三)影响产品生命曲线的因素

产品生命曲线的变化既体现了需求的发展变化趋向,也反映着产品生产和供应的变动趋势,所以,影响产品供求的因素直接或间接地在不同程度上影响产品生命周期的变化。影响产品生命周期的因素主要有以下几个方面:

1. 产品使用价值

产品使用价值的大小对其生命曲线具有决定性的影响。产品使用价值是指它的基本功能满足人们的生产、生活的需要。在一定的价格条件下,产品功能高低、实用性大小,是人们挑选产品的主要依据。产品功能高、实用性大,它的生命周期就长;反之生命周期就短,必然被其他产品所替代。

2. 购买力水平

一般说来,随着购买力水平的不断提高,一些低档产品的生命周期缩短,逐步为高档产品所替代。由于各个地区市场购买力水平不同,会使同一产品在不同地区市场处于不同的生命曲线阶段。购买力水平较高的地区,产品的更新换代要求较为迫切。

3. 消费需求变化

当人们的生活水平提高的幅度大、发展速度快、消费者生活方式和购买欲望变化较大时,产品的生命周期会相应缩短;反之,相应延长。同时,消费心理、消费习惯的变化,对某些产品的生命周期有一定的影响，特别是对某些流行品的影响更大。

4. 技术进步程度

科学技术的发展，新技术、新工艺、新材料的推广应用，对产品生命曲线的影响越来越大。科技发展使产品功能不断提高，更新换代加快，从而使产品的生命曲线呈不断缩短的趋势。

5. 产品的成本和价格

产品的成本、价格对同类产品中不同品牌产品的生命周期影响比较大。在产品质量一定的条件下，产品的成本低、价格低，产品的竞争力就强，可以较快地打入市场，进入成长期，从而延长产品的生命周期。

6. 国家政策法规

国家政策鼓励生产和消费的产品，其生命曲线就相对较长；而国家政策法规限制生产和消费的产品，其生命曲线就相对较短。

7. 产品供求与竞争状况

产品供求与竞争状况对产品品种、规格、花色、款式等的更替影响较大。一般说来，供不应求的产品，产品生命周期较长；供过于求、竞争激烈的产品，其生命曲线相对较短。

二、产品生命曲线的预测方法

由于产品生命曲线各阶段反映的产品的销售量、普及率不同，因此，可以根据产品销售量和普及率的变化来判断产品所处的生命周期阶段及其变动趋势。注意，这里的产品销售量指的是整个市场该产品的销售量，而非单个企业该产品的销售量。

(一)类比预测法

类比预测法是以市场上类似产品的生命曲线为对比参照系来判断本产品生命周期阶段的方法。这里的类似产品包括同类型的产品，同系列的产品、替代品等。如根据彩色电视机的生命曲线来分析判断液晶电视机的生命周期。

(二)销售量增长率预测法

销售量增长率预测法是根据产品销售量增长率来分析判断产品所处生命曲线阶段的方法。这种方法应用的关键是合理确定该产品不同增长阶段销售量增长率的理论值或经验值。根据一般经验可作如下判断：

当销售量增长率由 0 上升至 10%时，产品处于导入期；

当销售量增长率超过 10%时，产品处于成长期；

当销售量增长率由 10%以上渐渐降至 10%以内时，产品处于成熟期；

当销售量增长率小于 0 时，产品处于衰退期。

不同产品销售量增长率的理论值或经验值是不同的。

在应用此方法时，要注意观察较长时期销售量增长率的连续变动，不能以某一时期或较短时期销售量增长率的变动判断生命曲线阶段，后者容易受偶然因素的影响而产生误判。

(三)产品普及率预测法

产品普及率预测法主要用于耐用消费品生命曲线的预测。所谓普及率，是指每百户或每百人拥有该产品的数量。可以用全面统计资料计算，也可以利用抽样调查资料推算。这种方法应用的关键也是要合理确定该产品不同生命曲线阶段普及率的理论值或经验值。根据一般经验可作如下判断：

当普及率小于15%时，产品处于导入期；

当普及率为15%～50%时，产品处于成长期；

当普及率为50%～90%时，产品处于成熟期；

当普及率超过90%时，产品处于衰退期。

不同产品普及率的理论值或经验值也是不同的，具体产品应具体分析。

(四)生命曲线预测法

生命曲线预测法就是根据产品销售量时间序列数据拟合某种生命曲线，对产品生命曲线进行预测的方法。常用的生命曲线主要包括修正指数曲线、罗吉斯曲线和龚伯兹曲线。利用这三种曲线可以描述产品生命曲线不同阶段的变动情况，判断产品目前处于生命曲线的哪个阶段，揭示产品销售何时由某一阶段转入另一个阶段，预测产品的市场需求量、最大销售量以及达到饱和状态的时间等。

1. 修正指数曲线

对于某一产品销售量时间序列，如果销售量的逐期生命量(一阶差分)近似等比变化，那么就可以对该序列配合修正指数曲线进行预测。修正指数曲线的数学模型为：

$$Y_t = k + ab^t \tag{8-29}$$

式中：Y_t——第t期产品销售量；

k、a、b——模型参数，$b>0$且$b\neq1$，k为销售量趋势值的渐近线。

由于这一曲线比指数曲线模型多了一常数k，故称为修正指数曲线。

当$k>0$，$a<0$，$0<b<1$时，Y_t随着t的增加而增加，增长速度先快后慢，最终趋于渐近线k，如图8-4(a)所示。

当$k>0$，$a>0$，$b>1$时，Y_t随着t的增加而增加，初期增长较慢，而后增长加快，如图8-4(b)所示。

当$k>0$，$a<0$，$b>1$，Y_t随着t的增加而减少，初期减速较慢，随后逐渐加快，如图8-4(c)所示。

当$k>0$，$a>0$，$0<b<1$时，Y_t随着t的增加而减少，初期减速较快，随后逐渐放慢，如图8-4(d)所示。

在产品生命周期曲线预测中，图8-4(a)的情形应用得最多，它可以反映成熟期阶段前半期产品销售量的变动情况，此时的修正指数曲线又称为饱和指数曲线，k为产品的市场需求饱和值；图8-4(b)可用于描述成长期阶段的产品销售变动情况；图8-4(c)可用于描述成熟期阶段后半期的产品销售变动情况；图8-4(d)的情形在产品生命曲线预测中应用得较少。

修正指数曲线中参数的估计采用三段求和法，其步骤为：

第一步，将时间序列分为项数相等的三段，每段的项数为r($r=n/3$，n为时间序列总项数)，取值由远及近分别为$0、1、\cdots、r-1，r、\cdots、2r-1，2r、\cdots、3r-1$；

第二步，分别求出序列每段数据的和，第一、第二、第三段数据的和分别用$\sum_1 Y_t$、$\sum_2 Y_t$、$\sum_3 Y_t$表示；

第三步，利用每段的和计算模型参数的值。

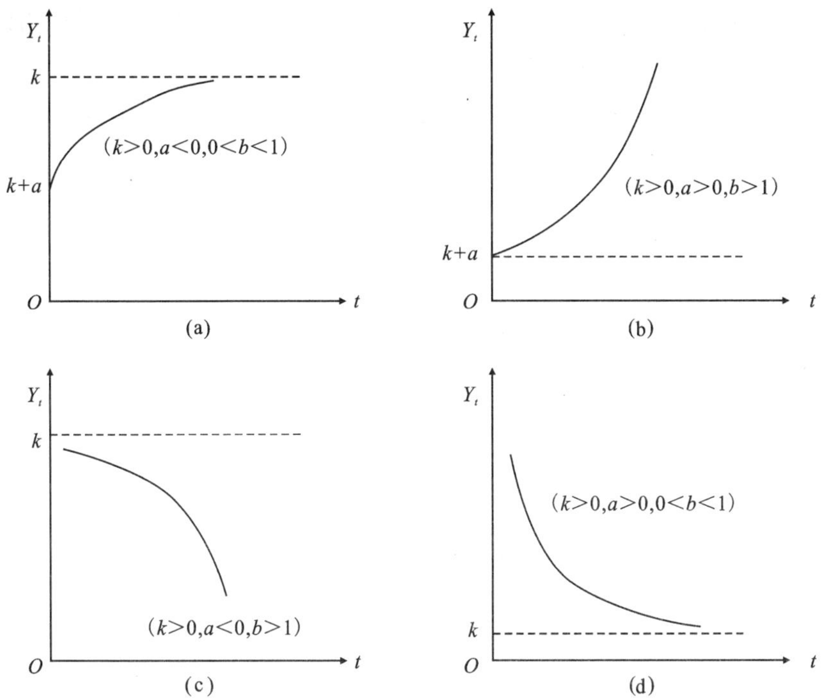

图 8-4　修正指数曲线图

参数的估计过程是：

$$\sum\nolimits_1 Y_t = \sum_{t=0}^{r-1}(k+ab^t) = rk + a\frac{b^r-1}{b-1}$$

$$\sum\nolimits_2 Y_t = \sum_{t=r}^{2r-1}(k+ab^t) = rk + ab^r\frac{b^r-1}{b-1}$$

$$\sum\nolimits_3 Y_t = \sum_{t=2r}^{3r-1}(k+ab^t) = rk + ab^{2r}\frac{b^r-1}{b-1}$$

解方程组，得参数的估计值

$$\left.\begin{aligned} b &= \sqrt[r]{\frac{\sum_3 Y_t - \sum_2 Y_t}{\sum_2 Y_t - \sum_1 Y_t}} \\ a &= \left(\sum\nolimits_2 Y_t - \sum\nolimits_1 Y_t\right) \times \frac{b-1}{(b^r-1)^2} \\ k &= \frac{1}{r}\left(\sum\nolimits_1 Y_t - a\frac{b^r-1}{b-1}\right) \end{aligned}\right\} \tag{8-30}$$

【例 8-3】 某地区电冰箱销售量的历年资料如表 8-4 所示，试预测第 10 年的销售量和达到饱和状态的时间。

表 8-4　某地区电冰箱销售量资料　　单位：万台

年份	1	2	3	4	5	6	7	8	9
销售量	256	390	498	586	656	714	762	800	830

由统计资料可以看出，该地区电冰箱销售量虽然是呈上升趋势，但每年增长量的环比系

数分别为:0.81、0.81、0.80、0.83、0.83、0.79、0.79,它们大体相同,因而可以用修正指数曲线拟合。

由 $n=9, r=3, t=0,1,2,\cdots,8$,便可计算得:

$$\sum\nolimits_1 Y_t = 1\ 144 \quad \sum\nolimits_2 Y_t = 1\ 956 \quad \sum\nolimits_3 Y_t = 2\ 392$$

代入参数估计公式,得:

$$b=\sqrt[3]{\frac{2\ 392-1\ 956}{1\ 956-1\ 144}}=0.813$$

$$a=(1\ 956-1\ 144)\times\frac{0.813-1}{(0.813^3-1)^2}=-709.46$$

$$k=\frac{1}{3}\times\left[1\ 144-\frac{0.813^3-1}{0.813-1}\times(-709.46)\right]=966.4$$

故所求得的修正指数曲线模型为:

$$Y_t=966.4-709.46\times 0.813^t$$

以 $t=9$ 代入模型便可得出第 10 年的销售量:

$$\hat{Y}_9=966.4-709.46\times 0.813^9=856.4(\text{万台})$$

当 $t=23$ 时,$\hat{Y}_{23}=964$,与饱和销售量 966.4 万台相近,即在第 24 年左右,该地区电冰箱需求基本上达到饱和状态。

2. 罗吉斯曲线

对于某一产品销售量时间序列,如果各期销售量倒数的一阶差分近似等比变化,那么就可以对该时间序列配合罗吉斯曲线进行预测。罗吉斯曲线的数学模型为:

$$Y_t=\frac{1}{k+ab^t} \tag{8-31}$$

式中:k、a、b——模型参数;

其他符号意义同上。

对 Y_t 求一、二阶导数,有

$$Y'_t=\frac{-ab^t\ln b}{(k+ab^t)^2} \qquad Y''_t=\frac{a(\ln b)^2 b^t(k-ab^t)}{k+ab^t}$$

令 $Y''_t=0$,得曲线的拐点为$\left(\frac{\ln k-\ln a}{\ln b},\frac{1}{2k}\right)$。

当 $k>0, a>0, 0<b<1$ 时,由于 $\ln b<0$,所以 $Y'_t>0$,此时 Y_t 为增函数,即 Y_t 随 t 的增加而增加,且在点$\left(\frac{\ln k-\ln a}{\ln b},\frac{1}{2k}\right)$处曲线由向上凹变为向下凹,表明 Y_t 的增长率由逐渐增大变为逐渐减小。当 $t=0$ 时,$Y_t=\frac{1}{k+a}$。当 $t\to-\infty$时,$Y_t\to 0$;当 $t\to+\infty$时,$Y_t\to\frac{1}{k}$,所以 $Y_t=0$ 和 $Y_t=\frac{1}{k}$ 为曲线的两条渐近线。其图形似一条压扁的 S 形曲线,且关于拐点对称,如图 8-5 所示。

罗吉斯曲线描述的是生命曲线初期缓慢变化,随后逐渐加快,经过一段时间达到一定程度后,生命曲线又逐渐减缓,最后达到饱和状态的变动过程。在产品生命曲线分析预测中,罗吉斯曲线主要用于反映成长期和成熟期两个阶段的产品销售变动情况。曲线的拐点为产品市场生命周期由成长期向成熟期变化的转折点。

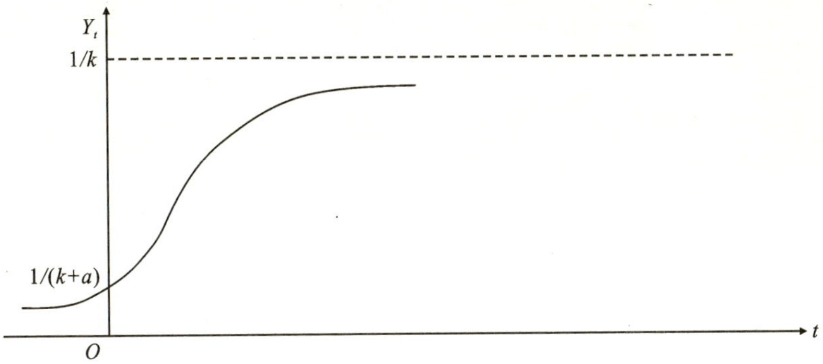

图 8-5　罗吉斯曲线图

用三段求和法，得到罗吉斯曲线模型中的参数估计公式：

$$\left.\begin{aligned} b &= \sqrt[r]{\frac{\sum_3 \frac{1}{Y_t} - \sum_2 \frac{1}{Y_t}}{\sum_2 \frac{1}{Y_t} - \sum_1 \frac{1}{Y_t}}} \\ a &= \left(\sum_2 \frac{1}{Y_t} - \sum_1 \frac{1}{Y_t}\right)\frac{b-1}{(b^r-1)^2} \\ k &= \frac{1}{r}\left(\sum_1 \frac{1}{Y_t} - a\frac{b^r-1}{b-1}\right) \end{aligned}\right\} \tag{8-32}$$

【例 8-4】　某地区彩电历年销售量资料如表 8-5 所示，试预测第 13 年的销售量与饱和销售量。

表 8-5　某地区彩电销售量资料　　单位：万台

年份	1	2	3	4	5	6	7	8	9	10	11	12
销售量	31.2	44.0	63.6	88.8	118.0	150.4	183.2	213.6	239.2	259.2	274.4	285.2

该地区彩电各期销售量倒数的一阶差分的环比系数分别为：0.75、0.64、0.62、0.66、0.65、0.64、0.64、0.66、0.65，它们大体相同，因此可以建立罗吉斯曲线模型。

由 $n=12$，则 $r=4$；$t=0,1,2,\cdots,11$，便可计算得到

$$\sum_1 \frac{1}{Y_t} = 0.081\ 78, \sum_2 \frac{1}{Y_t} = 0.025\ 28, \sum_3 \frac{1}{Y_t} = 0.015\ 19$$

代入公式(8-32)，则

$$b=\sqrt[4]{\frac{0.015\ 19-0.025\ 28}{0.025\ 28-0.081\ 78}}=0.65$$

$$a=(0.025\ 28-0.081\ 78)\times\frac{0.65-1}{(0.65^4-1)^2}=0.029\ 3$$

$$k=\frac{1}{4}\times\left(0.081\ 78-\frac{0.65^4-1}{0.65-1}\times 0.029\ 3\right)=0.003\ 3$$

故所求得的罗吉斯曲线模型为

$$Y_t=\frac{1}{0.003\ 3+0.029\ 3\times 0.65^t}$$

以 $t=12$ 代入模型，便可以计算出该地区第 13 年的销售量：

$$Y=\frac{1}{0.0033+0.0293\times0.65^{12}}=288.5(\text{万台})$$

饱和值$\frac{1}{k}=\frac{1}{0.0033}=303$(万台)

3. 龚伯兹曲线

对于某一产品销售量时间序列,如果各期销售量对数的一阶差分近似等比变化,那么就可以对该序列配合龚伯兹曲线进行预测。龚伯兹曲线的数学模型为:

$$Y_t=ka^{b^t} \tag{8-33}$$

式中:k、a、b——模型参数,且$k>0,a>0,b>0$;

其他符号意义同前。

在参数a、b取不同值下的龚伯兹曲线形状如图8-6所示。

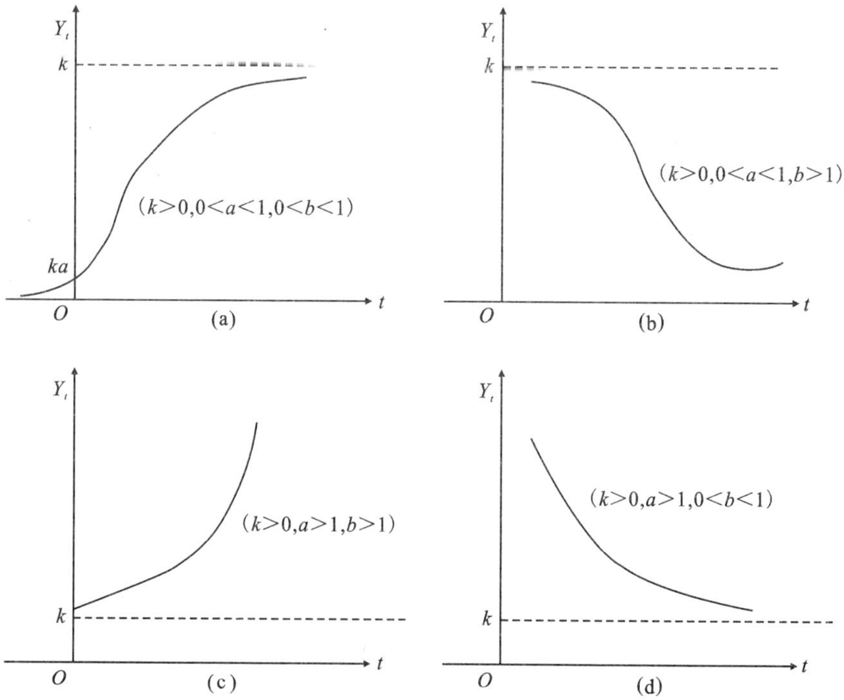

图8-6 龚伯兹曲线图

在产品生命曲线预测中,图8-6(a)可用于反映成长期和成熟期前半期的产品销售情况;图8-6(b)可用于反映成熟期后半期和衰退期的产品销售情况;图8-6(c)可用于反映成长期的产品销售情况;图8-6(d)可用于反映衰退期的产品销售情况。其中,图8-6(a)的情形在产品生命曲线预测中应用得最多,此时,龚伯兹曲线是一条不对称的S形曲线,k为曲线的上渐近线,其经济意义为市场饱和状态下的产品需求量或销售量,曲线拐点$\left(\frac{\ln[-(\ln a)^{-1}]}{\ln b},\frac{k}{e}\right)$为产品销售由成长期进入成熟期的转折点。

为便于求解模型参数,通常将龚伯兹曲线转化为修正指数曲线形式,再用三段求和法估计模型参数,得到如下参数估计公式:

$$\left.\begin{aligned} b &= \sqrt[r]{\frac{\sum_3 \ln Y_t - \sum_2 \ln Y_t}{\sum_2 \ln Y_t - \sum_1 \ln Y_t}} \\ \ln a &= \left(\sum_2 \ln Y_t - \sum_1 \ln Y_t\right)\frac{b-1}{(b^r-1)^2} \\ \ln k &= \frac{1}{r}\left(\sum_1 \ln Y_t - \frac{b^r-1}{b-1}\ln a\right) \end{aligned}\right\} \tag{8-34}$$

【例 8-5】 某地区洗衣机销售量的资料如表 8-6 所示，试预测其第 13 年的销售量和饱和销售量。

表 8-6　某地区洗衣机销售量的资料　　单位：万台

年份	1	2	3	4	5	6	7	8	9	10	11	12
销售量	18.0	20.4	25.5	30.9	36.6	40.2	43.5	46.5	48.9	51.0	52.8	54.3

通过计算发现，该地区洗衣机各年销售量对数的一阶差分（略）大体相同，因此可以采用龚伯兹曲线建立模型。

$n=12, r=4; t=0,1,2,\cdots,11$，且

$\sum_1 \ln Y_t = 12.5754$，$\sum_2 \ln Y_t = 14.9062$，$\sum_3 \ln Y_t = 15.7764$

将其代入参数估计公式(8-34)，则

$$b=\sqrt[4]{\frac{15.7764-14.9062}{14.9062-12.5754}}=0.7817$$

$$\ln a=\left[(14.9062-15.5754)\times\frac{0.7817-1}{(0.7817^4-1)^2}\right]=-1.2957$$

$$\ln k=\frac{1}{4}\times\left[12.5754-\frac{0.7817^4-1}{0.7817-1}\times(-1.2957)\right]=4.0738$$

$a=0.2737, k=58.7775$

故得出龚伯兹曲线的数学模型为：

$Y_t=58.7775\times0.2737^{0.7817^t}$

将 $t=12$ 代入上述模型可得第 13 年的销售量

$$Y=58.7775\times0.2737^{0.7817^{12}}=54.9(\text{万台})$$

则可得出饱和销售量为 587 775 台。

上述介绍的产品生命曲线分析预测法各有优缺点，实际工作中常常需要结合应用。

本章小结

二次多项式曲线模型又称抛物线曲线模型。对时间序列逐期求二阶差分，若各期的二阶差分接近于一个常数或二阶差分比较平稳，那么该时间序列的变化趋势可近似用二次多项式曲线模型描述，可配合二次多项式曲线模型进行预测。二次多项式曲线模型为：$Y_t=b_0+b_1t+b_2t^2$。它含有三个参数 b_0、b_1、b_2，常用最小二乘法和三点法估计这三个参数。

三点法的基本方法是：从时间序列的首尾两端和正中间分别取一定量的项，然后对这些项进行算术平均或加权平均，得到三组算术平均数值或加权平均数值$(\bar{t}_1, \bar{Y}_1)$、$(\bar{t}_2, \bar{Y}_2)$、$(\bar{t}_3,$

$\bar{Y}_3$)，以该三组值作为曲线上的三个点，代入趋势模型，可得三个方程，联立求解该方程组，则可得 b_1、b_1、b_2 的估计值。

对数曲线模型、指数曲线模型分别为：$\ln Y_t = a + bt$ 和 $Y_t = ab^t$，指数曲线模型的特点是环比为一常数，即：$\frac{Y_t}{Y_{t-1}} = b$。

因此，分析时间序列时，对于不同时期 t，若环比大致为一常数，可以建立指数曲线模型估计这两个参数，常用的方法有最小二乘法和两点法。

生命曲线用来描述自然界的生物整个过程的成长规律，但也可以描述经济领域中的产品。在经济领域中是指一种产品从研制成功投入市场试销开始到被市场淘汰为止所经历的全部时间的过程。产品的生命曲线不同于产品的使用寿命，产品的使用寿命是指产品的耐用期，是从投入使用到损坏报废为止所经历的时间。

产品的生命曲线一般经过导入期、成长期、成熟期和衰退期四个阶段，并在不同的阶段呈现出不同的市场特点。

通常生命周期曲线的参数估计用三段求和法确定，其步骤为：

第一步，将时间序列分为项数相等的三段，每段的项数为 r($r=n/3$，n 为时间序列总项数)，取值由远及近分别为 0、1、…、$r-1$，r、…、$2r-1$，$2r$、…、$3r-1$；

第二步，分别求出序列每段数据的和，第一、第二、第三段数据的分别用 $\sum_1 Y_t$、$\sum_2 Y_t$、$\sum_3 Y_t$ 表示；

第三步，利用每段的和计算模型参数的值。

关键概念

多项式曲线　Multinomial curve　　指数曲线　Exponent curve

对数曲线　Logarithm curve　　生命曲线　Life curve

修正曲线　Correct curve　　三点法　Three points method

三段求和法　Three ports method

思考与练习

1. 试简述对于生命曲线模型参数估计的三点法的基本原理。
2. 说明采用三段求和法对生命曲线模型参数估计的基本思想。
3. 哪些方面的预测问题可以考虑采用龚伯兹曲线模型或罗吉斯曲线模型？
4. 某地区某类商品15年的销售额统计资料如表8-7所示。

表8-7　某地区某类商品销售额统计资料　　单位：万元

年份 t	1	2	3	4	5	6	7	8	9
销售额 Y	526	588	653	722	794	872	954	1 038	1 126

年份 t	10	11	12	13	14	15
销售额 Y	1 222	1 317	1 417	1 524	1 632	1 746

对数据进行分析，建立二次多项式模型，对下一年($t=16$)的销售额进行预测。

5. 某企业生产某种产品，在过去 13 年中的利润情况如表 8-8 所示。

表 8-8　某企业利润资料　　单位：万元

年份 t	1	2	3	4	5	6	7	8	9	10	11	12	13
利润 Y	3.0	4.2	5.7	8.3	11.5	16.0	22.4	31.0	44.6	60.1	84.3	118.6	163.9

试建立对数曲线模型，对第 14 年的利润进行预测。

6. 某地区在过去 15 年中日用塑料制品销售额的统计资料如表 8-9 所示。

表 8-9　某地区日用塑料制品销售额统计资料　　单位：万元

年份 t	1	2	3	4	5	6	7	8
销售额 Y	1 347	1 744	2 041	2 267	2 585	2 689	2 700	2 835

年份 t	9	10	11	12	13	14	15
销售额 Y	2 835	2 880	2 920	2 949	2 974	2 989	3 002

试建立修正指数模型，对第 16 年的销售额进行预测。

7. 某产品在过去的 9 年中的销售量如表 8-10 所示。

表 8-10　某产品销售量统计资料　　单位：万件

年份 t	1	2	3	4	5	6	7	8	9
销售量 Y	100	102	123	180	264	306	312	318	320

试对数据进行分析，选择合适的生命曲线模型对第 10 年的销售量进行预测。

【案例分析】

娃哈哈儿童营养液真到了生命的尽头？

1988 年娃哈哈儿童营养液投入生产，销量逐年上升，1993 年最高销量达 10 亿支，随后销量逐年下滑，1994 年推出娃哈哈益智营养液，但仍无法止住下滑势头，到 1998 年娃哈哈儿童营养液系列生产基本停止。

娃哈哈儿童营养液生命周期历时 10 年，似乎这是一个产品完整的生命周期。娃哈哈儿童营养液果真到了生命的尽头？

行业分析：虽然创造市场神话的太阳神、圣达中华鳖精、沈阳飞龙、巨人脑黄金、三株口服液产品生命周期仅仅为 2～5 年，但另一方面，金日、万基、康富来洋参丸(含片)、养生堂龟鳖丸、中华乌鸡精、白兰氏鸡精销售都长盛不衰。从国际上看，由于人们生活水平不断提高，保健意识不断增强，保健品业显然处在行业成长期。中国亦如此，太阳神、沈阳飞龙等例子仅属个别。就儿童保健品细分行业而言，独生子女政策等因素更加促进了这个行业的发展，目前市场上三九童泰、开胃宝之类的营养液销量就很不错。

综合判断，儿童保健品行业仍处于成长期。娃哈哈儿童营养液的衰退并不是受行业生命周期的影响。

(摘自 http://blog.iader.com/html/86/t-19986.html)

思考题

娃哈哈儿童营养液产品有没有起死回生的理由与机会?

第八章

马尔科夫预测法

学习目的与要求

- 了解马尔科夫链的概念及特征；
- 掌握马尔科夫预测法及应用条件；
- 学会应用马尔科夫链预测未来销售量的状态、市场占有率、期望利润。

前面介绍的预测法，是在假设时间序列仅受长期趋势（线性或非线性的）或季节性的影响，而受随机因素影响小的情况下使用的。但有些经济现象受随机影响大，基本上没有什么规律而且变动比较大。例如，在完全竞争市场上，某一产品的市场占有率呈现随机性的变化，而它所形成的时间序列就是一种随机时间序列。对这类经济问题的未来发展趋势如何预测呢？可以考虑用马尔科夫预测法，它是预测随机时间序列的常用方法。

第一节　马尔科夫链的基本原理

一、马尔科夫链的概念

1. 随机变量

一变量 x，能随机地取数据（但不能确定它取何值），而对于每一个数值或某一个范围内的值有一定的概率，那么称变量 x 为随机变量。

2. 随机函数

假定随机变量 x_i 的可能值发生概率为 P_i，即：$P(x=x_i)=P_i$。

在试验过程中，随机变量可能随某一参数（不一定是时间）的变化而变化，例如，测量大气中空气温度变化 $x = x(h)$，随高度变化。这种随参变量而变化的随机变量称为随机函数。

3. 随机过程

以时间 t 作为参变量的随机函数称为随机过程。也就是说随机过程是这样一个函数，在每次试验结果中，它以一定的概率取某一个确定的但预先未知的函数。

对于 x_i 的所有 n 个可能值，有离散型随机变量分布：$\sum P_i = 1$，对于连续型随机变量有 $\int P(x)\mathrm{d}x = 1$。

4. 马尔科夫过程

随机过程中，有一类具有"无后效性"的性质，即当随机过程在某一时刻 t_0 所处的状态已知的条件下,过程在时刻 $t>t_0$ 时所处的状态只和 t_0 时刻有关,而与 t_0 以前的状态无关,这种随机过程称为马尔科夫过程。

即是:i_{t_0} 为确知,$i_t(t>t_0)$ 只与 i_{t_0} 有关,这种性质为无后效性,又叫马尔科夫假设。注意这里的 i 为状态。

5. 马尔科夫链

时间和状态都是离散的马尔科夫过程称为马尔科夫链,其具有无后效性和离散性。

马尔科夫链的典型例子如下:

(1)池塘的青蛙。池塘里有三片荷叶,我们将它们编号为 1、2、3,有一只青蛙可随机地在这三片荷叶上跳来跳去。假设在初始时刻 t_0,青蛙在第二片荷叶上,在时刻 t_1,它有可能跳到第一片荷叶或第三片荷叶上,也可能在原地不动。

把青蛙在某个时刻(t)所处在某片荷叶上称为青蛙所处的状态,即状态 1、状态 2、状态 3。青蛙在每一时刻(t)所在的状态仅仅取决于前一时刻($t-1$)所处的状态,而与($t-1$)时刻以前所在的状态无关,这种特性称为“无后效性”。

(2)预测今天、明天的天气。假设天气只有雨、晴、阴、多云四种状态。天气转移概率表如表 9-1 所示。

表 9-1　天气转移概率表

状态	雨	晴	阴	多云
雨	0.5	0.1	0.2	0.2
晴	0.2	0.4	0.2	0.2
阴	0.3	0.2	0.4	0.1
多云	0.2	0.3	0.1	0.4

统计各类天气状态所占的比例即可预测天气。

以上是自然界的现象,在经济领域中也大量存在着这种现象。这种经济现象在某一时刻所出现的某种结果,是该系统在该时间所处的状态。由于所研究的现象及预测的目标不同,状态的划分可有不同的表现形式。

例如:在市场预测中,可把销售状况划分为“畅销”、“一般”、“滞销”三种状态;在企业经营预测中,可把经营状况划分为“盈利”、“亏损”两种状态,等等。

在各领域中也大量存在着这种现象,因此,马尔科夫链在各个领域被广泛应用。

通常,我们把随机运动系统的随机变量 X 在时刻 t 所处的状态 i 表示为:

$$X_t=i(i=1,2,\cdots,n;t=1,2,\cdots)$$

二、状态转移概率

由于状态转移是随机的,因而用概率来描述状态转移可能性的大小。

概率论中的条件概率 $P(B|A)$就很好地描述了由状态 B 转向状态 A 的概率,简称为状态转移概率。

设马尔科夫链在时间 t 处于状态 $E_i(i=1,2,\cdots,n)$,在下一个时间 $t+1$ 转移为状态 E_j $(j=1,2,\cdots,n)$。P_{ij} 表示由状态 E_i 转移到 E_j 的概率,这种转移为一步转移,故 P_{ij} 称为一步转移概率。显然

$$0 \leqslant P_{ij} \leqslant 1$$

$$\sum_{j=1}^{n} P_{ij} = 1$$

将所有的 $P_{ij}(i,j=1,2,\cdots,n)$ 依次排列起来，构成一个 n 阶矩阵：

$$\boldsymbol{P} = \begin{bmatrix} P_{11} & P_{12} & \cdots & P_{1n} \\ P_{21} & P_{22} & \cdots & P_{2n} \\ \vdots & & & \vdots \\ P_{n1} & P_{n2} & \cdots & P_{nn} \end{bmatrix} \tag{9-1}$$

式中，$\boldsymbol{P}$ 称为一步状态转移概率矩阵。一步状态转移概率矩阵完全描述了 n 个状态相互转移的概率分布。下面应用马尔科夫链就经济领域中经常发生的市场竞争现象确定状态转移概率。

【例 9-1】 某地区有甲、乙、丙三家家电厂生产同一种家电，有 1000 个用户，假定在研究期间既无新用户加入也无老用户退出，只有用户的转移。已知今年 5 月份有 500 户是甲厂的顾客，400 户是乙厂的顾客，100 户是丙厂的顾客。6 月份，甲厂有 400 户原来的顾客，上个月的顾客有 50 户转向乙厂，50 户转向丙厂；乙厂有 300 户原来的顾客，上个月的顾客有 20 户转向甲厂，80 户转向丙厂；丙厂有 80 户原来的顾客，上个月的顾客有 10 户转向甲厂，10 户转向乙厂。试计算其状态转移概率矩阵。

由题意得 6 月份顾客转移表 9-2。

表 9-2　6 月份顾客转移表　　单位：户

从＼到	甲	乙	丙	合计
甲	400	50	50	500
乙	20	300	80	400
丙	10	10	80	100
合计	430	360	210	1 000

于是有：

$P_{11}=400/500=0.8$　　$P_{12}=50/500=0.1$　　$P_{13}=50/500=0.1$

$P_{21}=20/400=0.05$　　$P_{22}=300/400=0.75$　　$P_{23}=80/400=0.2$

$P_{31}=10/100=0.1$　　$P_{32}=10/100=0.1$　　$P_{33}=80/100=0.8$

则一步转移概率矩阵为：$\boldsymbol{P}=\begin{bmatrix} 0.8 & 0.1 & 0.1 \\ 0.05 & 0.75 & 0.2 \\ 0.1 & 0.1 & 0.8 \end{bmatrix}$

第二节　马尔科夫预测方法

一、未来销售状态预测

马尔科夫预测法最常用的用途，是由当期的某一状态来预测下一期最可能出现的状态。具体可按以下步骤进行：

第一步，划分预测对象为不同的状态。

从预测目的出发，并考虑决策者的需要来划分现象所处的状态。

第二步，计算初始概率。

在收集到的资料中分析历史数据得到的状态概率称为初始概率。

当有 n 个状态 $E_1, E_2, \cdots, E_n$，观察了 M 个时期，其中状态 $E_i(i=1,2,\cdots,n)$ 共出现了 M_i 次，则有：

$$f_i = \frac{M_i}{M} \tag{9-2}$$

式(9-2)的经济含义是 E_i 出现的频率，用 f_i 近似表示为：

$$f_i \approx P_i \qquad (i = 1,2,\cdots,n) \tag{9-3}$$

第三步，计算状态转移概率 P_{ij}（用频率近似表示状态转移概率）。

首先计算状态从 $E_i \rightarrow E_j$（由 E_i 转移到 E_j）的频率：

$$f(E_i \mid E_j) \tag{9-4}$$

从第二步统计 E_i 出现了 M_i 次，计算下一步转移状态 E_j 的个数 M_{ij}，于是得到：

$$f(E_j \mid E_i) = M_{ij}/M_i \tag{9-5}$$

并令：

$$P_{ij} \approx f(E_j \mid E_i) \tag{9-6}$$

第四步，根据转移概率矩阵对下一状态进行预测。

由上一步，可得状态转移概率矩阵 $\boldsymbol{P}$。如果目前预测对象处于状态 E_i，这时 P_{ij} 所描述的是目前状态 E_i 转向下一状态 $E_j(j=1,2,\cdots,n)$ 的可能性。而这下一状态 E_j，按 P_{ij} 最大可能性作为选择原则，即选择 $P_{i1}, P_{i2}, \cdots, P_{in}$ 中最大者为预测结果。下面用具体例子说明。

【例 9-2】 某商店在最近 20 个月的商品销售量统计数据见表 9-3，试预测第 21 个月的商品销售量的状态。

表 9-3　商品销售量统计数据表　　单位：台

时间 t	1	2	3	4	5	6	7	8	9	10	11	12	13	14	15	16	17	18	19	20
销售量	40	45	80	120	110	38	40	50	62	90	110	130	140	120	55	70	45	80	110	120

(1)划分状态

以月销售量为标准划分为 3 种状态：

①销售量＜60 台，划为滞销状态 1；

②60 台≤销售量≤100 台，划为一般状态 2；

③销售量＞100 台，划为畅销状态 3。

(2)计算初始概率矩阵 $\boldsymbol{P}_0$

由表 9-3 中数据可得到图 9-1。

由图 9-1 可算出处于滞销状态的有 $M_1=7$；一般状态的有 $M_2=5$；畅销状态的有 $M_3=8$。

(3)计算状态转移概率矩阵

在计算转移概率时，最后一个数据不参加计算，因为它究竟转到哪个状态尚不清楚。

由图 9-1 可得：

图 9-1　某商品销售量的散点图

$$M_{11}=3 \quad M_{12}=4 \quad M_{13}=0$$
$$M_{21}=1 \quad M_{22}=1 \quad M_{23}=3$$
$$M_{31}=2 \quad M_{32}=0 \quad M_{33}=5$$

从而

$$P_{11}=3/7 \quad P_{12}=4/7 \quad P_{13}=0$$
$$P_{21}=1/5 \quad P_{22}=1/5 \quad P_{23}=3/5$$
$$P_{31}=2/7 \quad P_{32}=0 \quad P_{33}=5/7$$

所以

$$\boldsymbol{P}=\begin{bmatrix}3/7 & 4/7 & 0\\ 1/5 & 1/5 & 3/5\\ 2/7 & 0 & 5/7\end{bmatrix}$$

(4)预测第 21 个月的销售情况

由于第 20 个月的销售量属于畅销状态，而经由一次转移到三种状态的概率是：

$$P_{31}=2/7 \quad P_{32}=0 \quad P_{33}=5/7$$

因为

$$P_{33}>P_{31}>P_{32}$$

所以第 21 个月超过 100 台的可能性最大，即预测第 21 个月的销售状态是“畅销”。

二、市场占有率预测

企业的产品在市场销售总额中各占一定的比例，如何通过现有的市场占有率和转移概率去预测企业在其后期的占有率，对企业定位、制定相应政策和发展战略有重大意义。

如果假设市场的变化只与当前市场条件有关，没有新竞争者加入，也没有老的竞争者退出，顾客阵容保持不变，顾客在不同品牌之间的流动概率保持不变，就可用马尔科夫链预测法对市场占有率进行预测。

在以上条件下，市场占有率组成的时间序列完全符合马尔科夫链的条件，即 t 时刻的市场占有率仅取决于 $t-1$ 时刻的市场占有率，而与 $t-1$ 时刻以前的状态无关。例如有 1、2、3 三家工厂生产同种产品，它们在市场上现时占有份额为：

$$\boldsymbol{S}^0=(P_1^{(0)} \quad P_2^{(0)} \quad P_3^{(0)}) \tag{9-7}$$

式中：$\boldsymbol{S}^0$——初始市场占有率；

$P_1^{(0)}$——1厂初始占有率；

$P_2^{(0)}$——2厂初始占有率；

$P_3^{(0)}$——3厂初始占有率。

并称$(P_1^{(0)} \quad P_2^{(0)} \quad P_3^{(0)})$为市场占有率初始向量。

又知：

$$\boldsymbol{P} = \begin{bmatrix} P_{11} & P_{12} & P_{13} \\ P_{21} & P_{22} & P_{23} \\ P_{31} & P_{32} & P_{33} \end{bmatrix} \tag{9-8}$$

由原理直接建立预测数学模型如下：

$$\left.\begin{aligned} P_1^{(1)} &= P_{11}P_1^{(0)} + P_{21}P_2^{(0)} + P_{31}P_3^{(0)} \\ P_2^{(1)} &= P_{12}P_1^{(0)} + P_{22}P_2^{(0)} + P_{32}P_3^{(0)} \\ P_3^{(1)} &= P_{13}P_1^{(0)} + P_{23}P_2^{(0)} + P_{33}P_3^{(0)} \end{aligned}\right\} \tag{9-9}$$

写成矩阵形式为：

$$\boldsymbol{S}^0 = (P_1^{(0)} \quad P_2^{(0)} \quad P_3^{(0)}) \begin{bmatrix} P_{11} & P_{12} & P_{13} \\ P_{21} & P_{22} & P_{23} \\ P_{31} & P_{32} & P_{33} \end{bmatrix} \tag{9-10}$$

同理，已知本期市场占有率即可求出下期市场占有率。比如第 k 期的市场占有率为：

$$\boldsymbol{S}^k = (P_1^{(k)} \quad P_2^{(k)} \quad P_3^{(k)}) \quad (P_1^{(0)} \quad P_2^{(0)} \quad P_3^{(0)}) \begin{bmatrix} P_{11} & P_{12} & P_{13} \\ P_{21} & P_{22} & P_{23} \\ P_{31} & P_{32} & P_{33} \end{bmatrix} \tag{9-11}$$

或

$$\boldsymbol{S}^k = \boldsymbol{S}^0\boldsymbol{P}^k$$

即，第 k 期的市场占有率等于初始占有率与 k 步转移概率矩阵的乘积。

如果市场的顾客(或用户)流动趋向长期稳定，则经过一段时间以后的市场占有率将会出现稳定的平衡状态。

所谓稳定的市场平衡状态，就是顾客(或用户)的流动对市场占有率将不产生影响。即各厂流失的顾客(或用户)与争取到的顾客(或用户)相当。这时的市场占有率称为终极市场占有率。

为求出这种稳定的市场占有率以预测长期趋势，先来定义标准概率矩阵。如果 $\boldsymbol{P}$ 为概率矩阵，且存在 $m>0$，使 P 中诸要素皆为非负或非零，则称 $\boldsymbol{P}$ 为标准概率矩阵。标准概率矩阵有以下性质：

若 P 是标准概率矩阵，则必有非零行向量 $\boldsymbol{a}=(x_1, x_2, \cdots, x_n)$，使得 $\boldsymbol{aP}=\boldsymbol{a}$，$\boldsymbol{a}$ 称为 $\boldsymbol{P}$ 的平衡向量。

标准概率矩阵的这一性质很有实用价值。因为在市场占有率预测中，用户转移概率矩阵恰好是标准概率矩阵，当 $\boldsymbol{P}$ 稳定不变时，通过多步转移后市场占有率将达到平衡状态。此时，各厂的用户占有率不再发生变化。$\boldsymbol{a}$ 表示终极的用户占有率。

【例9-3】 已知市场上有A、B、C三种牌子的MP4，3月份的市场占有率分别为30%、

40%、30%，且已知转移概率矩阵为：

$$P=\begin{bmatrix}0.6 & 0.2 & 0.2\\0.1 & 0.7 & 0.2\\0.1 & 0.1 & 0.8\end{bmatrix}$$

试求4月份与5月份的市场占有率，并预测长期占有率情况。

3月份的市场占有率为初始市场占有率，即：

$$S^0=(P_1^{(0)}\quad P_2^{(0)}\quad P_3^{(0)})=(0.3\quad 0.4\quad 0.3)$$

4月份市场占有率

$$S^1=S^0\cdot P$$

$$S^1=(0.3\quad 0.4\quad 0.3)\begin{bmatrix}0.6 & 0.2 & 0.2\\0.1 & 0.7 & 0.2\\0.1 & 0.1 & 0.8\end{bmatrix}$$

$$=(0.25\quad 0.37\quad 0.38)$$

5月份市场占有率

$$S^2=S^0\cdot P^2$$

$$S^2=(0.3\quad 0.4\quad 0.3)\begin{bmatrix}0.6 & 0.2 & 0.2\\0.1 & 0.7 & 0.2\\0.1 & 0.1 & 0.8\end{bmatrix}^2$$

$$=(0.3\quad 0.4\quad 0.3)\begin{bmatrix}0.4 & 0.26 & 0.32\\0.15 & 0.53 & 0.32\\0.15 & 0.17 & 0.68\end{bmatrix}$$

$$=(0.225\quad 0.347\quad 0.428)$$

即4月份三种品牌A、B、C的市场占有率为25%、37%、38%、；5月份的为22.5%、34.7%、42.8%。

根据定义，本例中的矩阵显然是标准概率矩阵，因此，顾客的流动经过一段时期后会达到稳定的平衡状态。

设 $\boldsymbol{a}=(x_1\quad x_2\quad x_3)$

根据标准概率矩阵的性质有 $\boldsymbol{aP}=\boldsymbol{a}$

即

$$(x_1\quad x_2\quad x_3)\begin{bmatrix}0.6 & 0.2 & 0.2\\0.1 & 0.7 & 0.2\\0.1 & 0.1 & 0.8\end{bmatrix}=(x_1\quad x_2\quad x_3)$$

又有

$$x_1+x_2+x_3=1$$

于是得线性方程组

$$\begin{cases}x_1=0.6x_1+0.1x_2+0.1x_3\\x_2=0.2x_1+0.7x_2+0.1x_3\\x_3=0.2x_1+0.2x_2+0.8x_3\\x_1+x_2+x_3=1\end{cases}$$

解之得：

$$x_1 = 0.2 \quad x_2 = 0.3 \quad x_3 = 0.5$$

于是，经过长期流动后，A牌MP4播放器的市场占有率为20%，B牌MP4播放器的市场占有率为30%，C牌MP4播放器的市场占有率为50%。

【例9-4】 设东南亚各国主要行销中国内地、中国香港、日本三个产地的味精。对3月份市场占有情况的抽样调查表明，购买中国内地味精的顾客占40%，购买日本、中国香港味精的顾客各占30%。

顾客流动转移情况如表9-4所示。

表9-4 顾客流动转移情况表

从＼到	中国内地	日本	中国香港
中国内地	40%	30%	30%
日本	60%	30%	10%
中国香港	60%	10%	30%

现设本月为第1个月，试预测第4个月的市场占有率和长期的市场占有率。

预测第4个月的市场占有率，即求三步转移后的市场占有率。

已知 $\boldsymbol{S}^0 = (0.4 \quad 0.3 \quad 0.3)$ 及转移概率矩阵：

$$P = \begin{bmatrix} P_{11} & P_{12} & P_{13} \\ P_{21} & P_{22} & P_{23} \\ P_{31} & P_{32} & P_{33} \end{bmatrix} = \begin{bmatrix} 0.4 & 0.3 & 0.3 \\ 0.6 & 0.3 & 0.1 \\ 0.6 & 0.1 & 0.3 \end{bmatrix}$$

$$\boldsymbol{P}^3 = \begin{bmatrix} 0.4 & 0.3 & 0.3 \\ 0.6 & 0.3 & 0.1 \\ 0.6 & 0.1 & 0.3 \end{bmatrix}^2 = \begin{bmatrix} 0.496 & 0.252 & 0.252 \\ 0.504 & 0.252 & 0.244 \\ 0.504 & 0.244 & 0.252 \end{bmatrix}$$

于是，第4个月的市场占有率为：

$$\boldsymbol{S}^4 = \boldsymbol{S}^0\boldsymbol{P}^3 = (0.4 \quad 0.3 \quad 0.3)\begin{bmatrix} 0.496 & 0.252 & 0.252 \\ 0.504 & 0.252 & 0.244 \\ 0.504 & 0.244 & 0.252 \end{bmatrix}$$
$$= (0.500\,8 \quad 0.249\,6 \quad 0.249\,6)$$

即第4个月中国内地味精的市场占有份额为50.08%，日本、中国香港各为24.96%。

由定义可知，本例的一步转移概率矩阵 $\boldsymbol{P}$ 是标准概率矩阵，长期的市场占有率趋向稳定状态。

设 $\boldsymbol{a} = (x_1 \quad x_2 \quad x_3)$

根据标准概率矩阵的性质有 $\boldsymbol{aP} = \boldsymbol{a}$

即

$$(x_1 \quad x_2 \quad x_3)\begin{bmatrix} 0.4 & 0.3 & 0.3 \\ 0.6 & 0.3 & 0.1 \\ 0.6 & 0.1 & 0.3 \end{bmatrix} = (x_1 \quad x_2 \quad x_3)$$

又有

$$x_1 + x_2 + x_3 = 1$$

于是得线性方程组

$$\begin{cases} x_1 = 0.4x_1 + 0.6x_2 + 0.6x_3 \\ x_2 = 0.3x_1 + 0.3x_2 + 0.1x_3 \\ x_3 = 0.3x_1 + 0.1x_2 + 0.3x_3 \\ x_1 + x_2 + x_3 = 1 \end{cases}$$

解之得：

$$x_1 = 0.5 \quad x_2 = 0.25 \quad x_3 = 0.25$$

于是，经过长期流动后，中国内地味精的市场占有率为 50%，日本、中国香港的味精市场占有率各为 25%。

三、期望利润预测

在企业经营管理中，除了需要了解销路的变化情况外，还要了解盈利情况，因此对利润的变化进行预测是企业的一个重要环节。比如某商品的销售状态有畅销（E_1）和滞销（E_2）两种。通过调查、统计，除得知销售状态转移概率矩阵 $\boldsymbol{P}$ 外，还获知利润的分布情况 $\boldsymbol{R}$：

$$\boldsymbol{P} = \begin{pmatrix} P_{11} & P_{12} \\ P_{21} & P_{22} \end{pmatrix} \quad \boldsymbol{R} = \begin{pmatrix} r_{11} & r_{12} \\ r_{21} & r_{22} \end{pmatrix} \tag{9-12}$$

$\boldsymbol{R}$ 称为状态转移利润矩阵。$r_{ij}(i,j=1,2)$表示由 E_i 转到 E_j 的利润。$r_{ij}>0$ 表示盈利，$r_{ij}<0$ 表示亏本，$r_{ij}=0$ 表示不盈不亏。根据状态转移矩阵和利润矩阵就可对未来的利润进行预测，这就是期望利润预测的基本思路。

这种预测方法的步骤如下：

首先，定义 $V_i^{(n)}$ 为产品（商品）现在所处的状态 $i(i=1,2\cdots,n)$经过 n 步转移之后的期望利润。经过一步转移之后的期望利润：

$$V_i^{(1)} = r_{i1}P_{i1} + r_{i2}P_{i2} = \sum_{j=1}^{2} r_{ij}P_{ij} \quad (i = 1,2) \tag{9-13}$$

两步转移的期望利润为：

$$\begin{aligned} V_i^{(2)} &= [V_1^{(1)} + r_{i1}]P_{i1} + [V_2^{(1)} + r_{i2}]P_{i2} \\ &= \sum_{j=1}^{2} [r_{ij} + V_j^{(1)}]P_{ij} \quad (i = 1,2) \end{aligned} \tag{9-14}$$

一般的，经过 n 步转移后的期望利润递推公式为：

$$V_i^{(n)} = \sum_{j=1}^{n} [r_{ij} + V_j^{(n-1)}]P_{ij} \quad (i = 1,2,\cdots,n) \tag{9-15}$$

规定 $V_i^{(0)}=0$，并称一步转移的期望利润为即时期望利润，且记

$$V_i^{(1)} = q_i \quad (i = 1,2) \tag{9-16}$$

【例 9-5】 已知某企业产品的销路转移情况及利润转移情况如表 9-5、表 9-6 所示。

表 9-5　销路转移表　单位：百万元

状态＼可能性＼状态	畅销 1	滞销 2
畅销 1	0.4	0.6
滞销 2	0.3	0.7

表 9-6　利润转移表　单位：百万元

状态＼可能性＼状态	畅销 1	滞销 2
畅销 1	5	1
滞销 2	1	−1

试求:(1)该企业即时期望利润;

(2)3个月后该企业的期望利润。

由已知得状态转移概率矩阵:

$$P = \begin{pmatrix} 0.4 & 0.6 \\ 0.3 & 0.7 \end{pmatrix}$$

状态转移利润矩阵:

$$R = \begin{pmatrix} 5 & 1 \\ 1 & -1 \end{pmatrix}$$

(1)即时期望利润

$$V_1 = 0.4 \times 5 + 0.6 \times 1 = 2.6(\text{百万元})$$

$$V_2 = 0.3 \times 1 + 0.7 \times (-1) = -0.4(\text{百万元})$$

即:当本月处于滞销时,下一个月期望利润亏损40万元;当本月处于畅销时,下一个月可获期望利润260万元。

(2)

$$V_i^{(2)} = q_i + \sum_{j=1}^{2} P_{ij} V_j^{(1)} = q_i + \sum_{j=1}^{2} P_{ij} q_j \quad (i = 1,2)$$

$$V_i^{(3)} = q_i + \sum_{j=1}^{2} P_{ij} V_j^{(2)} \quad (i = 1,2)$$

将上述数值代入可得:

$$\begin{aligned} V_1^{(2)} &= q_1 + \sum_{j=1}^{2} P_{1j} q_j \\ &= 2.6 + [0.4 \times 2.6 + 0.6 \times (-0.4)] \\ &= 3.4 \end{aligned}$$

$$\begin{aligned} V_2^{(2)} &= q_2 + \sum_{j=1}^{2} P_{2j} q_j \\ &= -0.4 + [0.3 \times 2.6 + 0.7 \times (-0.4)] \\ &= 0.1 \end{aligned}$$

$$\begin{aligned} V_1^{(3)} &= q_1 + \sum_{j=1}^{2} P_{1j} V_j^{(2)} \\ &= 2.6 + (0.4 \times 3.4 + 0.6 \times 0.1) \\ &= 4.02 \end{aligned}$$

$$\begin{aligned} V_2^{(3)} &= q_2 + \sum_{j=1}^{2} P_{2j} V_j^{(2)} \\ &= -0.4 + (0.3 \times 3.4 + 0.7 \times 0.1) \\ &= 0.69 \end{aligned}$$

即:当月处于畅销时,预计3个月后可获期望利润402万元;当月处于滞销时,3个月后只可获期望利润69万元。

本章小结

马尔科夫链是一种随机时间序列，它在将来取什么状态只与它现在的状态有关，而与它过去取什么状态无关，这种特性称为“无后效性”。

马尔科夫预测法从研究对象在不同时刻的状态入手，考察并描述状态之间发生转移的可能性以及研究对象所有的变化过程，在此基础上对所研究对象未来的发展状态进行预测。

马尔科夫预测方法常用于利用当期状态预测下一期最可能出现的状态。

市场占有率预测法是利用当期市场占有率仅取决于上期市场占有率及转移概率进行预测。第 k 期的市场占有率等于初始占有率与 k 步转移概率矩阵的乘积。

如果市场的顾客(或用户)流动趋向长期稳定下去，则经过一段时期以后的市场占有率将会出现稳定的平衡状态。这时的市场占有率称为终极市场占有率。据此可进行长期市场占有率预测。

期望利润预测是指对商品在市场上销售状态可能发生转变时带来的收益转变的预测，销售状态的改变可视为马尔科夫链。根据已知的状态转移矩阵和利润矩阵对未来的利润进行预测，即期望利润预测法。

关键概念

马尔科夫链　Markov chain　　马尔科夫预测法　Markov forecast

状态转移概率　The probability of shifting state

标准概率矩阵　Standard probability matrix

市场占有率　The occupation rate of market

期望利润　Expected profit

思考与练习

1. 对于竞争激烈，经常有企业加入与退出的产品，适合用马尔科夫预测吗？为什么？

2. 有三家企业 A、B、C。由于产品质量、服务质量、价格、促销等原因，订户的变化如下。

4 月份：A 家有 200 户，B 家有 500 户，C 家有 300 户。

5 月份：A 家有 160 户，从 B 转入 35 户，从 C 转入 30 户。B 家有 450 户，从 A 转入 20 户，从 C 转入 30 户。C 家有 240 户，从 A 转入 20 户，从 B 转入 15 户。试求其转移概率矩阵。

3. 某产品每季度的市场销售状态分为畅销、滞销两种。6 年来 24 个季度的销售状态见表 9-7。试求一步转移概率矩阵。

表 9-7　某产品的销售状态

季度	1	2	3	4	5	6	7	8	9	10	11	12
状态	畅	畅	滞	畅	滞	滞	畅	畅	畅	滞	畅	滞
季度	13	14	15	16	17	18	19	20	21	22	23	24
状态	畅	畅	滞	滞	畅	畅	滞	畅	滞	畅	畅	畅

4. 有甲、乙、丙三家企业,生产相同产品。已知在某市场上甲、乙、丙的市场占有率分别为 0.4、0.3、0.3,且已知状态转移概率矩阵为:

$$P=\begin{bmatrix}0.5 & 0.25 & 0.25\\0.4 & 0.3 & 0.3\\0.6 & 0.2 & 0.2\end{bmatrix}$$

求两个月后甲、乙、丙三家的市场占有率。

5. 某旅游胜地有三处可以出租照相机,旅客使用后可以在任意一处归还。估计其转移概率如表 9-8 所示。现要选择其中之一设照相机维修点,该点设在哪一处为好?

表 9-8 相机转移概率

		还相机处		
		甲	乙	丙
租相机处	甲	0.2	0.8	0
	乙	0.7	0.1	0.2
	丙	0.1	0.4	0.5

6. 已知某种商品的销售状态转移概率矩阵为:$\boldsymbol{P}=\begin{pmatrix}0.5 & 0.5\\0.2 & 0.8\end{pmatrix}$;状态转移利润矩阵为:$\boldsymbol{R}=\begin{pmatrix}8 & 3\\5 & -2\end{pmatrix}$,求即时期望利润和下一期期望利润。

【案例分析】

牙膏市场占有率

某地区市场上主要销售 A、B、C 三种品牌的牙膏。这三种品牌的牙膏月销售总量通常保持在20 000支左右,其中 5 月份 A、B、C 三种品牌牙膏的销售量分别为 8 500 支、6 500 支、5 000 支。假定 5 月份在该地区几个大型商场,对购买这三种品牌牙膏的 500 名顾客进行随机调查,调查结果为:在购买 A 品牌牙膏的 200 名顾客中,6 月份仍购买该种品牌的有 140 人,转购 B 品牌的有 40 人,转购 C 品牌的有 20 人;在购买 B 品牌牙膏的 150 名顾客中,6 月份仍购买该种品牌的有 100 人,转购 A 品牌的有 30 人,转购 C 品牌的有 20 人;在购买 C 品牌牙膏的 150 名顾客中,6 月份仍购买该种品牌的有 120 人,转购 A 品牌的有 15 人,转购 B 品牌的有 15 人。若以后各月顾客在这三个品牌之间的保留率、转出率和转入率与此相同,且估计今后一段时间这三种品牌牙膏都不会退出该市场,也没有牙膏的新产品上市。

思考题

1. 6 月和 7 月这三种品牌牙膏的市场占有率和销售量为多少?
2. 达到市场竞争均衡状态的三种品牌牙膏的市场占有率和销售量为多少?

第十章

市场预测方法的选择和评价

学习目的与要求

- 了解精确度和准确度的概念及关系；
- 了解定性预测方法和定量方法的特点及应用条件；
- 了解误差产生的原因和常用的误差表示形式；
- 掌握对预测结果的分析与评价。

前面介绍了许多常用的关于市场预测的定性和定量方法，但这些方法的应用条件都不尽相同。只有正确选择预测方法，才能合理地描述经济变量之间的变化关系，这是做好有效市场预测工作的一个重要环节。

例如，一元线性回归分析预测法对随机变量有四个假定，如不满足这些假定，则预测就会无效；如果市场变量之间的回归关系是非线性的，而用的是线性回归分析来进行预测，则预测误差会很大。由此可知，为了得到符合实际的市场预测结果，必须对预测方法进行选择和评价。通过本章的学习，使读者掌握对市场预测方法进行合理选择和评价的方法。

第一节　市场预测方法的选择

一、市场预测方法选择的原则

合理的预测方法是获得有效预测的关键，预测方法的选择有一定的原则，具体如下：

(一)符合社会主义市场规律和我国的市场特点

社会主义市场规律和资本主义市场规律有所不同，社会主义市场规律除反映价值规律外，更重要的是对社会主义制度和生产目的的客观要求的反映，这是资本主义市场规律无法反映的。我国是社会主义国家，在市场发展中许多市场变量不仅受自然资源的约束，而且还要受社会制度和国情的约束。

例如，预测一个工厂的利润时，除考虑自身市场的效益外，还要考虑社会效益，要符合社会主义的生产目的。前面讲的预测方法，它们都只考虑预测对象和一些相关因素，而没有考虑其变量变动的社会效果，难免会同社会主义制度存在一定程度的不相符，即局部利益和整体、社会利益的矛盾。实际上，任何一个预测对象，都是社会宏观市场系统的一部分，因此市场预测不能不考虑社会的约束和市场效益。

我国市场体制正处于重大的变革阶段，由计划市场体制逐渐走向市场，因而我国的各市场变化都比较大，所以在选择预测方法时，必须进行认真分析和判断。当我国的市场变量所构成的时间序列没呈线性趋势时，就不能用移动平均法或指数平滑法来进行预测。如果回归分析预测法的标准统计违背假定时，则不能用回归分析预测法。

(二)符合统计资料所反映的规律

任何一种定量预测方法都需要样本数据建立模型。样本数据和模型之间的关系，不是先确定预测方法才有样本数据，而是先有样本数据，然后根据样本数据变化的特征选取预测方法。

对样本数据进行分析，一般来说，可先画出散点图，观察散点的走向，根据走向进行直观的判断，有时还要进一步地对样本数据进行统计数量分析。例如，当样本数据是时间序列，并且显示出罗吉斯曲线的变化特征时，才选用罗吉斯曲线进行建模和预测。总之，样本数据的变化规律是选择预测方法的依据。

(三)力求取得较好的预测精确度

预测精确度是选择预测方法的一个主要标准。对同一预测对象采用不同的预测方法，或用同一种预测方法采用不同的参数估计法等，会得出不同的预测精确度。

精确度较好的预测值能完全反映实际值，因此可以选择预测精确度较好的预测方法进行预测。同时，还应该注意到，市场的发展趋势大体上有两种类型：一是未来的发展按与前期的发展趋势相一致的方向平稳地发展；二是未来发展从前期的某一时刻起，其发展趋势发生了突变，即出现了转折点。

当第二种类型发生时，就不能仅以精确度作为选择预测方法的标准，而应考虑预测方法的预测性质和揭示转折点的本质，并综合进行分析，选择合理的预测方法。

(四)力求实用

预测方法的实用性主要指三个方面：一是方法可行性，即能被预测人员所理解和采用。二是条件的允许性。例如，一个项目的预测若规定其经费不超过1万元，那么所选用的预测方法必须力争不超过这一限制。三是可以得出符合实际的预测结果。

二、市场预测方法的选择

由于各种预测方法都有其适应范围和优缺点，必须根据实际情况着重从预测的目标、期限、精确度及成本等方面进行权衡并作出合理的选择。必须摒弃在方法选择上那种“技术越复杂越好”的使人误入歧途的观点。然而，某些重大决策对不精确的预测可能是很敏感的，这就需要仔细研究大范围内的备选方法，而不宜将预测方法的选择限制在很窄的范围。

实践表明，多考虑几种方法会有好处，而且方法的差异越大越好。因此应具备一套预测程序，使之能在制定重大决策时容易进行较大范围的选择方案比较。这也意味着应当完善信息系统，以往预测性能的历史记录也应加以保存。保存这些记录的成本并不高，一旦有了完整记录，就不需要在收集数据上花费过多的时间，因而可将主要精力用于预测了。

以表10-1的商品市场销售为例，说明不同的销售趋势外推预测需要选用不同的曲线预测模型与之相对应。

表 10-1　历史数据变动趋势对预测方法选择的影响

销售趋势	可选用预测模型	曲线图示意
销售情况极好	①指数曲线 ($a>0,b>0$) ②修正指数曲线 ($k>0,a>0,b>1$)	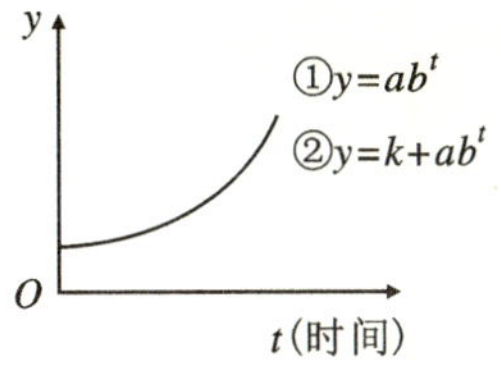
销售情况较好	线性模型 ($a>0,b>0$)	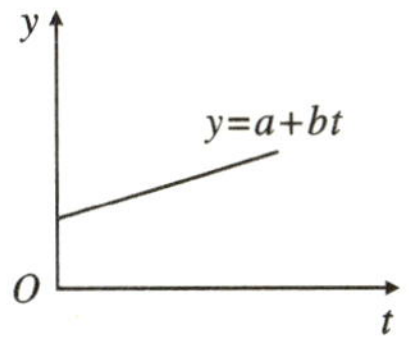
销售情况趋于平缓	①修正指数曲线 ($k>0,a<0,0<b<1$) ②抛物线曲线 ($a>0,b<0,c>0$) ③龚伯兹曲线 ($k>0,0<b<1,0<a<1$)	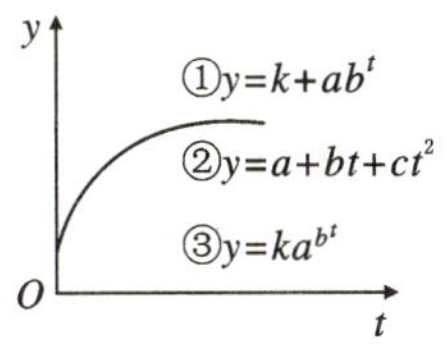
销售情况不变	水平直线 ($a>0,b=0$)	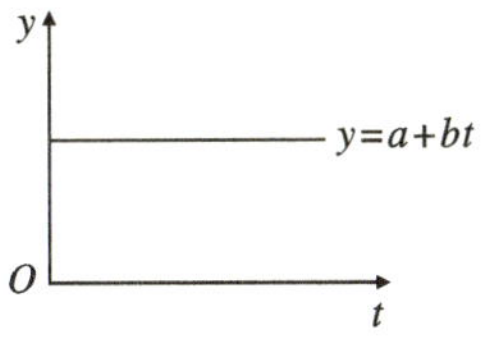
销售情况趋于低落	①修正指数曲线 ($k>0,a>0,0<b<1$) ②抛物线曲线 ($a>0,b<1,c>0$) ③龚伯兹曲线 ($k>0,a>1,0<b<1$)	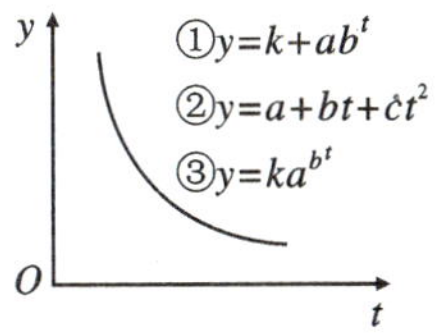
销售情况直线下降	线性模型 ($a>0,b<0$)	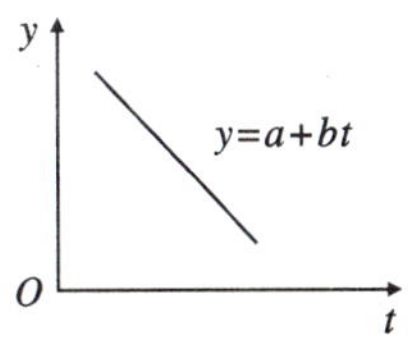
销售情况极坏	①指数曲线 ($a>0,0<b<1$) ②修正指数曲线 ($k>0,0<a<1,b>1$) ③抛物线曲线 ($a>0,b<0,c<0$)	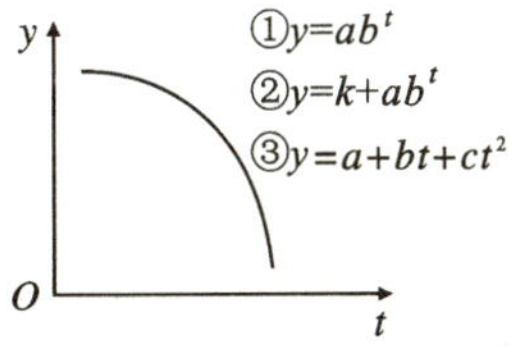

第二节　市场预测的误差与有效性

一、预测误差的概念及其产生原因

(一)预测误差的概念

预测误差是指预测模型的理论估计值同历史观察期的实际发生值之间的差异。

预测模型的理论估计值是指将建立的预测模型用于对观察期的预测目标值作出的推算。由于预测期内的一切市场现象尚未发生,无法通过理论估计值与预测期的实际值作比较来判断预测误差的大小,因而只能用预测模型的理论估计值同观察期内的历史数据作比较来近似地描述预测误差。可见,所谓预测误差,实际上是预测模型所产生的理论误差,而不是市场预测值在预测期内应验的误差。

预测误差是用以衡量预测精确度的重要指标,它可为选择合适的预测方法和调整预测模型提供重要依据,同时也是分析预测结果、编制预测报告的重要依据。

(二)产生预测误差的原因

1.偶然突发性因素的影响

迄今为止,预测学界对于偶然突发性因素影响导致的趋势偏离,尽管已提出了初步的解决办法,但仍难以对其作出精确的估计。

2.市场规律的过程性影响

市场供需关系等诸多规律性的显示有一个过程,当这种规律性未充分显示出来,或未能充分为人们认识之前,也就难以遵循这种规律性准确地推测预测对象的未来。

3.调查资料失真的影响

调查资料的准确程度直接影响市场预测结果的精确度。难以想象预测结果会比其所依据的调查资料更为精确。影响调查资料失真的原因很多,主要原因有:

(1)观测失真。由于统计表格设计不准确,表达不严密,导致填表人填报的数据出现口径不一致、数字不准或不全。有时,填报人或调查人主观动机不纯也会造成观测失真。

(2)抽样失真。多数情况下,调查对象的确定采用抽样方法。但抽样过程中,由于各种主、客观原因,偏离了抽样原则,因而导致了调查资料的失真。

(3)计算误差。计算误差的情况有两种:一是对搜集的统计数据归口计算产生的误差;二是因统计资料加工处理时对数据尾数取舍产生的误差。

(4)时滞误差。在调查搜集资料中,许多指标要求在时间上一一对应,但实际情况很难完全做到,可能出现的滞后也是产生误差的重要原因。

4.数学模型的近似性影响

第一,在选择与建模的过程中,只能将主要的影响因素确定为变量,这就意味着从建模之初便注定数学模型不能十分精确地完全反映预测对象系统的真实情况;

第二,变量之间的关系也难以确定,通常以某系数反映变量之间的相互关系,但无论采用何种方法求出的系数也只能对变量关系作近似的描述;

第三,模型的精确度同调查的样本数有直接的相关性,但样本的确定及样本数都受到许多因素的限制。

5.预测方法不当的影响

从预测方法选择的影响因素分析，不难理解，预测方法的选择是件很细微的工作，不同的预测方法可能导致对同一预测目标所得结果的巨大差异。

6.心理因素的影响

在主观判断预测中，预测者的心理因素对预测结果的影响不容忽视。心理因素较多，诸如心理定势的影响、从众心理的影响、个人偏好的影响、团体行为的影响、价值取向的影响、社会意识的影响等。即便是在采用定量方法的预测中，心理因素的影响也始终渗透其中，并进而影响样本的确定、变量的选择、模型的建立、方案的确定等。

分析预测误差产生的原因，有利于预测者有目的地控制和调整预测误差的幅度，更科学地评价预测的结果。

二、市场预测误差的分类与表征

(一)绝对误差

绝对误差可定义为预测理论估计值同历史观察期内同一时点的实际值之间的偏差，可用下式表达：

$$e_i = y_i - \hat{y}_i \qquad (i = 1,2,3,\cdots,n) \qquad (10\text{-}1)$$

式中：e_i——预测值绝对误差；

y_i——预测目标历史观察值；

$\hat{y}_i$——预测目标理论估计值。

(二)相对误差

相对误差是指用百分数表示的相对于每一历史观察值的误差量值，表达式为：

$$E = \frac{y_i - \hat{y}_i}{y_i} \times 100\% \qquad (i = 1,2,3,\cdots,n) \qquad (10\text{-}2)$$

即：

$$E = \frac{e_i}{y_i} \times 100\% \qquad (i = 1,2,3,\cdots,n) \qquad (10\text{-}3)$$

式中：E——预测值相对误差。

(三)平均相对误差

平均相对误差是指相对于全部样本数的相对误差的平均值，其表达式为：

$$ARE = \frac{1}{n}\sum_{i=1}^{n}\frac{y_i - \hat{y}_i}{y_i} \times 100\%$$

$$= \frac{1}{n}\sum \frac{e_i}{y_i} \times 100\% \qquad (i = 1,2,3,\cdots,n) \qquad (10\text{-}4)$$

式中：ARE——平均相对误差。

(四)平均误差

平均误差是指相对于全部样本数的绝对误差的平均值，表达式为：

$$MD = \frac{1}{n}\sum_{i=1}^{n}(y_i - \hat{y}_i) = \frac{\sum e_i}{n} \qquad (i = 1,2,3,\cdots,n) \qquad (10\text{-}5)$$

式中：MD——平均误差。

由于每一时点绝对误差的符号可能为正也可能为负，取其代数和将导致误差的部分抵消,故平均误差不能准确地反映预测误差的真实状况。于是,有必要引入以下表征预测误差的方法。

(五)平均误差绝对值

$$MAD = \frac{1}{n}\sum_{i=1}^{n} | y_i - \hat{y}_i | = \frac{1}{n}\sum | e_i | \qquad (i = 1,2,3,\cdots,n) \qquad (10\text{-}6)$$

式中:MAD——平均误差绝对值。

(六)均方误差

均方误差可用下式加以定义:

$$MSD = \frac{1}{n}\sum_{i=1}^{n}(y_i - \hat{y}_i)^2 = \frac{\sum e_i^2}{n} \qquad (i = 1,2,3,\cdots,n) \qquad (10\text{-}7)$$

式中:MSD——均方误差。

(七)均方根误差

均方根误差可用下式定义:

$$RMSD = \sqrt{\frac{1}{n}\sum_{i=1}^{n}(y_i - \hat{y}_i)^2} = \sqrt{\frac{\sum e_i^2}{n}} \qquad (i = 1,2,3,\cdots,n) \qquad (10\text{-}8)$$

式中:$RMSD$——均方根误差。

(八)误差的标准差

误差的标准差公式为:

$$SDE = \sqrt{\frac{1}{n-1}\sum_{i=1}^{n}(y_i - \hat{y}_i)^2} = \sqrt{\frac{1}{n-1}\sum e_i^2} \qquad (i = 1,2,3,\cdots,n) \qquad (10\text{-}9)$$

式中:SDE——误差的标准差。

【例 10-1】 某市第 1～12 年某种产品的销售额如表 10-2 所示,分别采用总误差和均方误差来衡量取 $\alpha=0.2$、$\alpha=0.5$、$\alpha=0.8$ 时进行指数平滑法的预测精度。

表 10-2 某产品销售额 单位:万元

年份	1	2	3	4	5	6	7	8	9	10	11	12
销售额	50	52	47	51	49	48	51	40	48	52	51	59

分别选取 $\alpha=0.2$、$\alpha=0.5$、$\alpha=0.8$ 进行指数平滑法预测,各期计算结果如表 10-3 所示。

表 10-3 销售额预测值 单位:万元

年份	t	销售额 Y_t	$\alpha=0.2$ 时的 $\hat{Y}_t$ 值	$\alpha=0.5$ 时的 $\hat{Y}_t$ 值	$\alpha=0.8$ 时的 $\hat{Y}_t$ 值
1	1	50	51.00	51.00	51.00
2	2	52	50.80	50.50	50.20
3	3	47	51.04	51.25	51.64
4	4	51	50.23	49.13	47.93
5	5	49	50.38	50.07	50.39
6	6	48	50.10	49.54	49.28
7	7	51	49.68	48.77	48.26
8	8	40	49.94	49.89	50.45

续表 10-3

年份	t	销售额 Y_t	$\alpha=0.2$ 时的 $\hat{Y}_t$ 值	$\alpha=0.5$ 时的 $\hat{Y}_t$ 值	$\alpha=0.8$ 时的 $\hat{Y}_t$ 值
9	9	48	47.95	44.95	42.09
10	10	52	47.96	46.48	46.82
11	11	51	48.77	49.24	50.96
12	12	59	49.22	50.12	50.99

注：初始值 $S_0=51.00$。

当 $\alpha=0.2$ 时

$$E_{0.2}=\sum_{t=1}^{12}|Y_t-\hat{Y}_t|=37.85$$

当 $\alpha=0.5$ 时

$$E_{0.5}=\sum_{t=1}^{12}|Y_t-\hat{Y}_t|=42.56$$

当 $\alpha=0.8$ 时

$$E_{0.8}=\sum_{t=1}^{12}|Y_t-\hat{Y}_t|=45.51$$

计算结果表明：$\alpha=0.2$ 时，预测总误差较小，故取 $\alpha=0.2$。

根据表 10-3 计算各 α 的均方误差。

当 $\alpha=0.2$ 时

$$RMSD=\sqrt{\frac{1}{12}\sum_{t=1}^{12}(Y_t-\hat{Y}_t)^2}=19.36$$

当 $\alpha=0.5$ 时

$$RMSD=\sqrt{\frac{1}{12}\sum_{t=1}^{12}(Y_t-\hat{Y}_t)^2}=21.07$$

当 $\alpha=0.8$ 时

$$RMSD=\sqrt{\frac{1}{12}\sum_{t=1}^{12}(Y_t-\hat{Y}_t)^2}=22.61$$

其计算结果表明，当 $\alpha=0.2$ 时的均方误差较小，与上面利用总误差所得的结论是一致的。

三、市场预测的有效性

预测的有效性一般包括下列两项基本内容：一是预测结果的精确度；二是预测结果对计划决策的改善程度。

预测结果的精确度具有准确度和精确度两重含义，其中准确度是首要的。

以简单的点预测为例，如图 10-1 所示，$\hat{y}_1$ 与 $\hat{y}_2$ 均是对某产品在某特定市场上未来一年内销售量的预测值，假定 y 是其相应的实际值。显然，这时预测值 $\hat{y}_2$ 要比 $\hat{y}_1$ 准确。因为 $\hat{y}_2$ 与实际值 y 的误差量小于 $\hat{y}_1$ 与实际值 y 的误差量。然而，由于未来的不确定性，常用随机分布的方式来描述预测结论，这就增加了一个精确度的概念。

图 10-2 是关于预测结论精确度概念的一种直观说明。图中，假设预测值服从正态分布，因而 $\hat{y}_1$ 与 $\hat{y}_2$ 分别为预测量 y 这一随机事件未来可能结果的两种期望估值。$S_1=2$ 万

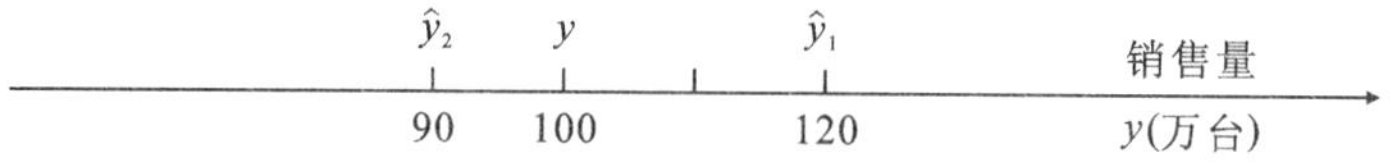

图 10-1　准确度的概念

台和 $S_2=4$ 万台则为其相应的标准差估值，这样，根据回归预测理论，第一个预测结论可表示为：该产品未来一年内在某特定市场中的销售量将以 95.4%的置信概率落在 116～124（$\hat{y}_1 \pm 2S_1$）万台之间。同理，第二个预测结论可表示为：该产品未来一年内在某特定市场中的销售量将以 95.4%的置信概率落在 82～98（$\hat{y}_2 \pm 2S_2$）万台之间。不难看出，第一个结论的精确度要比第二个结论的精确度高，但它的准确度却要低一些。从这个实例的精确度来看，第二个结论的有效性要比第一个结论好些。

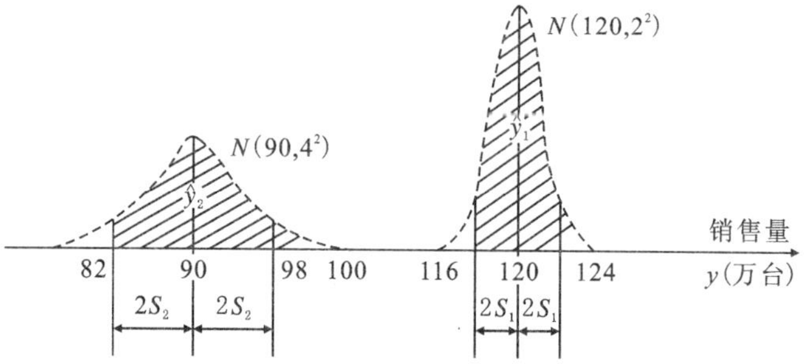

图 10-2　预测结论精确度概念的图示

上述的预测结论是完整的，因为它包括预测未来可能发生的数值、时间、数值范围及其概率等。在回归预测中将对这种结论的本质含义及其理论依据作进一步的阐述。当然，对预测结论的数值范围及其发生概率的估计也可通过直观判断预测等其他方法来获得。

由于预测值是为决策提供科学依据的，所以关于预测对计划决策的改善程度就必然成为考察预测有效性的另一个重要方面。而且从实用的意义上讲，它还应成为衡量预测有效性的最终判据。为理解这一观点，首先需要明确两个有关的概念：自我完成预测的概念和非自我完成预测的概念。

自我完成预测，是指预测结果不受主观意志的影响而且容易进行客观验证的一类预测。例如天气预报，其结论的准确与否通常就是由事后自然界的现实来加以检验的。而非自我完成预测，是预测结论受主观意志的影响而难以进行客观验证的一类预测。例如对不景气的销售预测可能促使企业制定更好的销售策略，激励销售量的提高，从而引起销售量增加而使原来的预测结论“失效”。虽然，这种“失效”在事后确实证明了原来的预测结论不准确，但整个结局却是对企业有利的。因此，关于预测有效性的最终检验标准并不在于简单地通过比较预测值与实际值的偏离程度以判断预测的准确与否，而是要把预测结论是否改善了这个企业的市场策略作为考察的重点。这也就是为什么要把“对计划决策的改善程度”作为检验预测有效性的最终判据的主要理由。

四、影响市场预测结果的因素

(一)资料的完备程度与模型的难易程度

1. 资料的完备程度

在诸多预测方法中，凡是需要建立数学模型的方法，对资料的完备程度要求就较高。当资料不够完备时，可采用专家调查法等经验判断类预测方法。

2. 模型的难易程度

在预测方法中，因果分析方法都需建立模型，其中有些方法的建模要求预测者有较坚实的预测基础理论和娴熟的数学应用技巧。因此，预测人员的水平难以胜任复杂模型的预测方法时，则应选择较为简易的方法。

(二)分析与判断

在定量预测方法的选择中，是以历史数据的变动趋势为依据的。

预测组织工作的健全，资料的取舍与整理，信息的获取，关键变量的选择和预测模型的建立，预测值的评价和修正等，都有赖于预测者的分析与判断。

有效性要求所选的预测方法力求简单，而精确性要求所选的预测方法力求精确，因此在选择预测方法时要协调这两个方面。

(三)预测者与决策者的联系

衡量预测有效性的最终判断标准是看预测结果对决策的改善程度如何。因此，评价一个预测性能的关键是检验预测结果的使用，而不仅仅是预测方法。

1. 部门之间的联系性

事实上，在许多部门中，预测与决策制定系统之间的联系往往是很弱的。这主要是决策者与预测者的工作重点不同所致。然而，为了提高预测的有效性，沟通预测者和决策者的价值观，明确决策目标和决策要求，掌握预测的费用、时间条件以及可能的精确度，都需要通过加强预测与决策制定系统之间的联系来解决。

2. 信息的准确性

资料信息的获得、加工和整理，是实施预测的一项十分重要的基础性工作。资料信息的质量取决于获取这些信息的准确性、及时性、适应性和市场性。资料信息来自于部门及其环境，有正式的信息源——管理信息系统(MIS)和非正式的信息源。必须指出，绝大多数预测方法都以假设随时有相应的资料信息可用为前提。

在实际工作中，定量预测技术的应用较缓慢与信息的准确性有关，及早收集数据对决策的制定具有重大意义。良好的预测需要良好的数据库和良好的数据库管理系统。此外，如何有效地开发非正式信息源也是很值得关注的一个重要方面。

第三节　市场预测方法的评价

对各种预测方法进行评价，人们可以从中获得有关预测方法特点方面的信息，有利于人们正确选择和有效应用各种预测方法。在此，仅就以下三个方面进行评价。

一、定性与定量预测

定性与定量预测方法具有各种不同的特点，定性预测擅长于预测趋势的转折及其影响；而定量预测则只有在趋势能延续下去的前提下才有效，更具客观性、低成本、适合于反复预测等特点。因此，通过定性预测和定量预测的综合运用和合理分工，可以明显地提高预测精度、节约成本。

定性与定量预测方法的各自特点如表10-4所示。在实际应用中,选择的预测方法往往不是纯粹的定性或定量方法,而是定性预测方法需借助定量处理,定量预测方法首先需要进行定性分析,它们是相互补充的。

表10-4 定性预测方法与定量预测方法比较

	优　　点	缺　　点
定性预测	(1)方法简单; (2)适宜于转折点的预测和资料不足情况下的预测; (3)有利于发挥专家的能动性和洞察力	(1)缺乏严格论证; (2)传统观点多; (3)数量概念差; (4)受组织者影响比较大
定量预测	(1)会给出质的解释,同时也给出量的描述; (2)预测结果比较精确; (3)可借助计算机改善预测手段; (4)可进行复杂对象的预测	(1)对转折点的预测基本无效; (2)要求有足够的数据资料; (3)对预测人员的要求比较高; (4)采用不同的定量预测方法会得出不同的预测结果

前面介绍的判断预测是在统计资料缺乏或新产品上市的情况下,通过各种调查方式,充分地发挥专家、技术人员及经理、经营人员等的集体智慧,得出预测结论。判断预测是一种直观预测,受人的主观因素的影响较大,客观性较差,即使给出定量指标也缺乏严格考证。但是这种方法简单、灵活,具有广泛的实用性,而且不需要高深的知识和大量的计算,如果组织得好,可以得出比较准确的预测结果,特别是对经济发展变化转折点或是新产品上市的预测比定量预测更有效。

二、简单模型和复杂模型

这里的简单模型是指形式简单、计算简单的预测模型,如时间序列预测方法中的算术平均法、几何平均法及一元线性回归模型等。复杂模型是指多元线性、增长曲线模型等。

简单模型易于计算,易于被人们理解、掌握和应用,但是对有些经济问题忽略了许多影响因素,因而预测结果误差较大;而复杂模型精确度高,但建模、计算困难。

三、常用定量预测方法的评价

根据对前面介绍的定量预测方法的划分,可以作出以下评价:

(一)时间序列预测法

时间序列预测法只适用于趋势型的短期、近期预测,它比较简单,易被人们掌握,在应用过程中各种费用都比较小,适用性比较大,但精度不是很好。

(二)回归分析预测法

回归分析预测法适用于中、长期预测,它主要是用来解决经济变量之间存在相关关系的预测问题,但其原理又可用于时间序列预测。相对于时间序列预测法来说,它的难度比较大,各种费用也比较多,对许多问题可以取得较高的预测精度。

(三)弹性分析预测法

弹性分析预测法是利用商品的市场需求量或供给量,与其产生主要影响因素的因素之间的变化关系进行预测的方法。对于市场需求量和供给量预测也可利用回归分析预测法或其他方法预测，但需要完整的数据资料。而用弹性分析预测法并不需要过多的数据，只要求有有关弹性系数（可根据统计资料或由实验的方法求得），而且预测结果往往好于其他方法。因此，弹性分析预测法是市场预测的一种常用方法。

（四）马尔科夫预测法

当时间序列的随机过程变化规律符合马尔科夫链时，可以利用马尔科夫预测法进行预测。这种方法应用的关键在于分析清楚各种有关的状态，并且每一时期的状态具有"无后效性"，再根据历史资料判断可求出由一种状态转化为另一种状态的概率。这种方法经常用于产品的销售量的预测，计算简单、应用方便。

总之，各种预测方法都有其利弊，在实际应用中需根据预测对象的具体情况和预测要求，结合预测方法的特征加以选择。

本章小结

市场预测方法选择的原则为：①符合社会主义市场规律和我国的市场特点；②符合统计资料所反映的规律；③力求取得较好的预测精确度；④力求实用。

由于各种市场预测方法都有其适用范围和特点，必须根据实际情况着重从预测的目标、期限、精确度及成本等方面进行权衡并作出合理的选择。

市场预测的有效性一般包括下列两项基本内容：一是预测结果的精确度；二是预测结果对计划决策的改善程度。

市场预测结果的精确度具有准确度和精确度两重含义，其中准确度是首要的。

关键概念

定性预测　Qualitative forecast　　定量预测　Quantitative forecast

误差　Error　　有效性　Validity　　精确度　Accuracy

准确度　Veracity　　评价　Evaluation

思考与练习

1. 什么是预测精确度和准确度？它们之间有什么联系和区别？

2. 到目前为止，你从本教材中学到了哪几种市场预测方法？它们之间有何联系和区别？它们各有什么特点？一般适用于什么样的情况？

3. 已知某种产品过去 9 年的销售情况的时间序列分别为：100、102、123、180、264、306、312、318、320（单位：万件）。进行分析后，你将采用何种预测方法进行预测？请同时采用两种曲线模型预测，并比较它们的精确度。

第十一章

市场预测与管理决策

学习目的与要求

- 了解市场预测与管理决策的关系，理解管理决策的重要作用；
- 认识管理决策的内涵、类型、结构要素和原则；
- 熟悉管理决策一般程序及掌握评价选择决策方案的标准和方法；
- 理解管理决策的影响因素在决策过程中的影响及应用，掌握管理决策科学化的基本要求和途径，了解管理决策的硬技术与软技术内涵。

第一节　市场预测与管理决策的关系

一、市场预测与管理决策的联系

市场预测与管理决策是经营管理过程中相互区别又密切联系的两种活动。市场预测属于认识范畴，它是一种认识未来市场的手段，从方法论上探求市场活动发展的客观规律，研究如何提高科学的预见性。市场预测不是目的，它是为管理决策服务的，即为正确确定决策目标和选择实现决策目标的行动方案提供科学依据。

管理决策是经营管理的核心，它是为企业解决生存发展中存在的问题研究对策，即如何最科学、最合理地在时机、代价、效用三者之间进行分析、比较和选择，进而组织实施。管理决策既属于认识范畴，又属于实践范畴。

预测能扩大决策者视野，能为复杂决策问题指明方向，增强决策的信心；预测可以根据各种可能出现的情况提出多种不同的对策方案供决策者选择，决策者就可以心中有数地作出正确的决策。一般而言，预测的结果越准确，则决策目标的确定和方案选择的依据越充分可靠，决策实施对目标的贡献也越大。所以，从整体上讲，市场预测是管理决策过程的重要组成部分，是科学决策的前提与保证。

二、管理决策的重要作用

在市场经济条件下，任何企业都要参与激烈的市场竞争。企业为了自身生存和发展，就必须对企业的经营活动和市场行为作出正确决策。因此，管理决策对于任何一个企业而言都有十分重要的作用。

(一)管理决策是企业经营管理活动的核心

企业的经营管理活动是企业最重要的活动。经营管理活动包括经营和管理。人们认为，管理的重心是经营，经营的重心在决策。这说明决策是经营管理活动的关键。事实上，无论是经营，还是管理，都离不开决策，企业怎样经营，如何管理，都需要作出一系列决策。这是因为，从经营的角度看，企业要根据企业面临的内外条件，确定生产、经营商品的范围和目标，决定生产什么、销售什么，销售多少，销售给谁；用何种办法和手段进入市场，以最少的耗费求得最快的发展；何种促销最有效等。这需要作经营决策。从管理角度看，管理工作有计划、组织、控制三大职能，每项职能的执行都要以决策为前提。如企业生产销售计划如何制定得科学、合理，这就有一个决策问题；企业内部机构如何设置，职责如何划分，人员如何配备，这涉及组织职能的决策。

经营与管理是企业经济活动过程中一个事物的两个侧面，两者都离不开决策。实践中，在同样的条件下，决策水平不同会得到不同的结果，在有利条件下，由于决策错误会造成失败；在不利条件下，由于决策正确，能变不利为有利，从而得到成功。

由此可见，决策贯穿于企业经营管理的整个过程，决策是企业经营管理的核心，没有正确的决策，企业就不可能有正确的经营行为和管理活动。

（二）经营管理决策正确与否决定着企业的生存和发展

随着企业市场主体地位的确立，企业将全面摆脱行政依附从属地位，具有独立行使生产经营的自主决策权力，与此同时，也要承担决策后果的全部责任，承担市场风险。正确的经营管理决策，使企业能采取正确的营销行动，企业能获得成功；错误的经营管理决策使企业实施错误的营销行动，导致企业经营失败。例如杭州娃哈哈集团在最初建立时，通过市场调查发现，尽管市场有几十种口服营养液，但都是老少皆宜。他们大胆决策，专门生产供儿童专用的口服营养液。产品投入市场后，受到广大家长的欢迎，企业由此兴旺发达起来。反之，有的企业作了错误决策，生产销售的商品无人问津，严重积压，最后破产。世界著名企业都是依靠正确的经营管理决策而发展起来的。

（三）正确的经营管理决策有助于企业提高市场竞争力，获得良好的经营效果

市场经济是竞争经济，优胜劣汰是市场经济的基本规则。每一企业都在努力争夺市场机会，扩大市场销售，提高市场占有率。企业能否在竞争中取胜，关键在于是否善于抓住有利时机，发挥竞争优势，作出准确判断和果断决策。决策及时、正确，往往可以在竞争中出奇制胜，迅速扭转不利地位，变被动为主动；反之，则可能坐失良机，或一着不慎，全盘皆输。

正确的经营管理决策促使企业能灵活地、连续不断地针对市场竞争环境的变化作出反应，提高企业的应变能力，增强企业的竞争力。企业有竞争力，突出表现在企业产品能占领市场，产品能受到广大消费者的欢迎。由此，企业就能获得良好的经济效益。

总之，经营管理决策对每一个企业来说都是至关重要的，要从企业发展的战略高度充分认识经营管理决策的重要意义。

第二节　管理决策的含义和类型

企业的经营管理离不开决策，对企业的经营战略、产品开发、市场定价、经营计划等都要作出决策。市场调查和市场预测都是为经营管理决策服务的，可见，经营管理决策十分重要。

一、管理决策的含义

决策是人类的一种普遍性活动。决策一般是指个人或集体为达到预期目标从两个以上的可行方案中,选择最优方案或满意方案,并推动方案实施的过程。它反映了人们认识和改造客观世界,促进或控制事物发展的能力。决策活动广泛存在于社会实践的各个领域,其中既有个人日常工作、生活目标和行为对象的决策,也有大量以实现社会组织活动目标为内容的各种类型的决策。管理决策即属于后者。从管理学的意义上讲,管理是管理者通过自觉地控制人和组织的行为,使得社会和经济活动有效地达到预期目标的技术、科学与活动过程的总和。它着重研究如何以最小的社会劳动消耗取得最大的社会经济效益。管理者要进行有效的管理,就必须有正确的管理思想,遵循科学的管理理论,行使管理职能,运用管理方法,重视对未来进行战略管理,最后达到管理的预期目的,取得管理效果。管理者在管理活动中承担着人际关系、组织信息和决策三方面的工作。决策通常处于管理活动的中心,离开决策,管理将失去准绳,达不到预期管理目标。任何一个企业,都需要一系列的决策活动,企业在适应与反作用于市场的运行中,为满足需求,获取利润,对社会作出贡献,而对自身市场行为实施管理,随时面临着诸多问题而要作出决策。比如,制订企业经营方向计划,选择、组织资源渠道,投资生产,解决营销管理问题等。所有经营管理问题的决策都是在市场调查研究和预测提供的资料、情报等信息基础上,确定决策目标,利用科学理论和方法,充分发挥人的智慧,系统分析主、客观条件,围绕实现目标拟定可行的行动方案,从中选择一个最优方案去组织执行。在组织实施执行中,还要不断地检查和监督,以便发现偏差,加以修正,才能真正达到目标。简而言之,管理决策是管理者根据对经营管理活动规律的认识,经过对市场信息的分析研究,为解决组织面临的问题而作出决策的过程。

管理决策是一种决定,但又不同于一般意义上的决定。在经营管理过程中经常会作出这样或那样的决定,但并非都能称为决策。管理决策应具有以下特点:

(1)管理决策不是为决策而决策,其目的是解决经营管理中的问题,所以只有面临需要解决的问题时才去制定决策。

(2)管理决策是对组织系统的集体劳动实施管理职能的关键,所以不是所有人员都能作决策,只有权力机构和被授予某部门领导权的管理者才能拍板定案作出决策。

(3)管理决策是管理的规范、职工行动的准则,所以管理决策对所涉及范围内的机构人员,包括管理者本人都具有约束力。

决策科学化是在20世纪初开始形成的。由于科学技术不断进步与生产规模日益扩大,社会生产力空前发展,人们面临的各种问题越来越错综复杂,人们需要作出正确的决策,因此,对决策也就越来越重视。尤其在第二次世界大战以后,决策研究在吸收了行为科学、系统理论、运筹学、计算机科学等多门科学成果的基础上,结合决策实践,到20世纪60年代形成了一门专门研究和探索人们作出正确决策规律的科学——决策学。决策学研究决策的范畴、概念、结构,决策原则,决策程序,决策方法,决策组织等,并探索这些理论与方法的应用规律。随着决策理论与方法研究的深入与发展,决策渗透到社会经济、生活的各个领域,尤其应用在企业经营活动中,从而也就出现了经营管理决策。

管理决策是决策中的一个门类。它是指企业管理者为了实现企业某一发展目标,在掌握了充分的市场信息基础上选择行动方案,并付诸实施的过程。

经营管理决策是决策的科学理论方法在企业经营管理中的具体应用。经营管理是商品经济条件下企业重要的经济控制活动。企业管理有生产管理和经营管理两个方面。随着社会主义市场体制的建立，经济全球化的发展，企业要成为自主经营、自负盈亏、自我发展、自我约束的独立法人单位。企业面临着一个范围越来越大，竞争越来越激烈的市场，要通过充分发挥市场机制的调节作用增强活力，不断扩大产品的生产、销售，提高经济效益。在这样的背景下，企业管理的重点由生产管理转变为经营管理。经营管理的中心问题是根据市场的不断变化适时地作出正确的经营管理决策。

经营是商品经济特有的活动，它具有商业性、赢利性、竞争性的特点。每个企业都需要经营，它要根据自己面临的不同经营环境和经营条件，明确自己的具体经营目标——未来一定时期内期望达到的理想状态。企业的经营目标可能是某个新市场的开拓，某种新产品的市场投入，某个销售点的增设，也可能是增加利润、销售额、市场占有率等具体数量指标，还可能是企业扩大（如兼并、联营、集团化）或提高企业公众形象。

管理是协调人和人以及人和物的关系，最大限度发挥人力、物力、财力的作用。经营和管理两者紧密相连。管理的目的是为了更好地实现经营目标，而经营管理离不开决策。例如，怎样开拓新市场，开发什么新产品，怎样提高市场占有率，如何调动员工的积极性，这些对经营管理者来说都需要一一作出决策。

以上所述，说明任何一个企业都需要一系列的决策活动。从某种意义上说，提高企业经营管理水平，关键是提高决策水平。著名的美国经营管理学家 H. A. 西蒙教授说“管理就是决策”，这足以说明经营管理决策的重要地位。

二、管理决策的类型

现代企业经营管理活动的复杂性、多样性，决定了经营管理决策有多种不同的类型。

（一）按决策的影响范围和重要程度不同，分为战略决策和战术决策

战略决策是指对企业发展方向和发展远景作出的决策，是关系到企业发展的全局性、长远性、方向性的重大决策，如对企业的经营方向、经营方针、新产品开发等决策。

战略决策由企业最高层领导作出。它具有影响时间长、涉及范围广、作用程度深刻的特点，是战术决策的依据和中心目标。它的正确与否，直接决定企业的兴衰成败，决定企业的发展前景。

战术决策是指企业为保证战略决策的实现而对局部的经营管理业务工作作出的决策。如企业原材料和机器设备的采购，生产、销售的计划，商品的进货来源，人员的调配等均属此类决策。战术决策一般由企业中层管理人员作出。战术决策要为战略决策服务。

（二）按决策的主体不同，分为个人决策和集体决策

个人决策是由企业领导者凭借个人的智慧、经验及所掌握的信息进行的决策。决策速度快、效率高是其特点，适用于常规事务及紧迫性问题的决策。个人决策的最大缺点是带有主观性和片面性，因此，对全局性重大问题则不宜采用。

集体决策是指由会议机构和上下相结合作出的决策。会议机构决策是通过董事会、经理扩大会、职工代表大会等权力机构集体成员共同作出的决策。上下相结合决策则是领导机构与下属相关机构结合、领导与群众相结合形成的决策。集体决策的优点是能充分发挥集团智慧，集思广益，决策慎重，从而保证决策的正确性、有效性；缺点是决策过程较复杂，耗费时间较多。它适宜于制定长远规划、全局性的决策。

(三)按决策问题是否重复,分为程序化决策和非程序化决策

程序化决策,是指决策的问题是经常出现的问题,已经有了处理的经验、程序、规则,可以按常规办法来解决。故程序化决策也称为"常规决策"。例如,企业生产的产品质量不合格如何处理,商店销售过期的食品如何解决就属程序化决策。

非程序化决策是指决策的问题是不常出现的,没有固定的模式、经验去解决,要靠决策者作出新的判断来解决。非程序化决策也叫非常规决策。如企业开辟新的销售市场、商品流通渠道调整、选择新的促销方式等都属于非程序化决策。

(四)按决策问题所处条件不同,分为确定型决策、风险型决策和非确定型决策

1. 确定型决策

它是指决策过程中,提出的各备选方案在确知的客观条件下每个方案只有一种结果,比较其结果优劣作出最优选择的决策。确定型决策是一种肯定状态下的决策。决策者对被决策问题的条件、性质、后果都有充分了解,各个备选的方案只能有一种结果。这类决策的关键在于选择肯定状态下的最佳方案。

2. 风险型决策

它是指这样一类决策:在决策过程中提出各个备选方案,每个方案都有几种不同的结果可以知道,其发生的概率也可测算。例如某企业为了增加利润,提出两个备选方案:一个方案是扩大老产品的销售;另一个方案是开发新产品。不论哪一种方案都会遇到市场需求高、市场需求一般和市场需求低几种不同的可能性,它们发生的概率都可测算,若遇到市场需求低,企业就要亏损。因而在上述条件下决策带有一定的风险性,故称为风险型决策。风险型决策之所以存在,是因为影响预测目标的各种市场因素是复杂多变的,因而每个方案的执行结果都带有很大的随机性。决策中,不论选择哪种方案都存在一定的风险性。

3. 非确定型决策

它是指这样一类决策:在决策过程中提出各个备选方案,每个方案有几种不同的结果可以知道,但每一结果发生的概率无法知道。它与风险型决策的区别在于:风险型决策中,每一方案产生的几种可能结果及其发生概率都知道,而非确定型决策只知道每一方案产生的几种可能结果,但发生的概率并不知道。这类决策是由于人们对市场需求的几种可能客观状态出现的随机性规律认识不足,而增大了决策的不确定性程度。

第三节　管理决策的构成要素和原则

一、管理决策的构成要素

从系统的观点看,管理决策是由决策主体、决策客体、决策理论与方法、决策信息和决策结果等要素构成的一个有机整体。

(一)决策主体

决策主体是指参与决策的领导者、参谋者及决策的执行者。决策主体可以是个人,也可以是集团——决策机构。决策主体是决策系统的灵魂和核心,决策能否成功,取决于决策主体的素质。

(二)决策客体

决策客体是指决策对象和决策环境。决策对象，是指决策主体能影响和控制的客体事物，如某项业务的经营目标、经营规划，某项产品的研究开发等。决策环境则指制约决策对象按照一定规律发展变化的条件。决策对象与决策环境的特点、性质决定着决策活动的内容及其复杂程度。

(三)决策理论与方法

决策离不开决策的理论与方法。决策理论与方法的功能在于将现代科学技术成果运用于决策过程，从整体上提高经营管理决策活动的科学性，减少和避免决策结果的偏差与失误。比如，遵循科学的决策程序，采用适宜的决策方法，把定性和定量分析相结合。

(四)决策信息

决策信息是经营管理决策的前提和基础。要保证经营管理决策的正确性，拥有大量、丰富的市场信息是必不可少的条件。决策主体只有掌握充分的、准确的市场信息才有可能作出正确决策。

(五)决策结果

决策的目的是为了得到正确的决策结果。没有决策结果的决策不算是决策。任何决策都要得到决策结果，所以，决策结果是决策的构成要素。

二、管理决策的原则

管理决策是一个复杂而又带创造性的认识和实践活动，因此，要使管理决策能够正确，除了要有合理的决策程序和采用科学的决策方法外，还必须遵循决策的原则。

(一)可行性原则

管理决策是为了实现企业的奋斗目标而采取的行动。任何一项经营管理决策必须是可行的，对于企业才是有意义的；否则，即使这项决策很诱人，也是毫无意义的。可行性原则是指决策目标和决策方案要有实现的可能性。具体一点说，决策目标要合理、符合实际，不能好高骛远，决策方案要能够实施。因此，在确定决策目标，选择决策行动方案时，要充分进行可行性研究，要仔细考虑主、客观条件是否成熟，要考虑是否具备实现决策目标的人力、物力、财力。

(二)优化原则

优化原则是指决策的行动方案必须是最优方案或者是满意方案。决策是要从两个以上不同的备选方案中经过分析对比选出最佳方案。如果只有一个方案，那就不存在决策了；如果没有对比，也就无法辨别优劣。因此，对比选优是决策的主要环节，是从比较到决断的过程。对比不仅是把各种不同的方案进行比较，更重要的是把各种方案同客观实际再作一次认真的比较，要比较各种方案带来的影响和后果，考虑各方案所需的人力、物力、财力等各种必要条件，最后择出最优方案。

(三)系统原则

系统原则是指把决策对象视为一个系统，从系统整体出发，全面地对问题进行比较分析，在此基础上作出决策，防止决策的片面性。贯彻系统原则，要认真考虑决策所涉及的整个系统及相关因素、企业内外条件等。对局部利益和整体利益、眼前利益和长远利益要统筹兼顾，不能顾此失彼。

(四)民主原则

管理决策问题涉及范围广泛,具有高度复杂性,单凭决策者个人知识和能力很难作出有效决策。民主原则是指决策者必须充分发扬民主,善于集中和依靠集体的智慧和力量进行决策,据以弥补决策者个人知识、能力方面的不足,避免主观武断、独断专行可能造成的决策失误,保证决策的正确性和有效性。贯彻决策的民主原则:①要合理划分企业各管理层次的决策权限和决策范围,调动各级决策者和各类人员参与决策的积极性和主动性;②要悉心听取广大群众的意见和建议,在群众的参与或监督下完成决策工作;③要重视发挥智囊参谋人员的作用,借助他们做好调查研究、咨询论证,尤其是重大问题决策,要吸收各有关方面专家参加。

(五)效益原则

效益原则是指经营管理决策要以追求企业最大经济利益和社会利益为目的。企业一切经济活动都必须有经济效益和社会效益,企业的市场决策就是为了提高经济活动的经济效益,促进生产力的发展,并且使经济效益和社会效益很好地结合。说到底,如果决策结果不能使企业实现利润目标(包括长期和短期目标),决策就没有意义。为了提高经济效益,企业必须考虑决策本身的经济效果和效益。事实上,决策本身就是在各种自然状态下选择经济利益最大的方案。

(六)创新原则

企业的经营管理活动处于不断的运动和发展变化之中,管理决策作为对未来经营目标、行动方案的抉择活动,其形式和内容多种多样,随着企业系统的发展及环境变化也在不断发展变化,否则企业决策不能起到导向作用。决策遵循创新原则的基本要求有两点:①管理决策的制定要立足现实,更要着眼于未来,要在市场调查和预测基础上把握经济活动内在变化过程的规律,认识并系统地阐述问题,提出具有方向性和发展性的决策目标及可供选择的方案,使之成为企业积极开拓进取的努力方向和推动力。②管理决策机制不能停留在现有水平上,要不断发展进化,积极吸取当代科学技术发展的最新成果,不断更新决策观念,充实决策理论;要积极地和有选择地利用有创意的决策方法和技术手段来帮助解决问题;同时调整决策组织,提高决策者的自身素质,完善决策信息系统,鼓励决策者向更具创造性行为的方向迈进,让决策机制在发展中不断适应社会经济发展而趋于完善。

第四节　管理决策的一般程序

管理决策是一个复杂、动态的过程。要提高经营管理决策的正确性和科学性,必须遵循决策的程序。经营管理决策的一般程序为:

一、确定决策目标

确定决策目标是决策过程第一步骤,也是决策工作的前提。决策目标是企业期望达到的状态,也是企业奋斗的目标。决策的最终目的,就是实现它决策的目标。如果决策目标错了,就一切全错。如果决策目标不明确,就无法选定决策方案,而在决策实行后也无法对决策的成效作出评价。由此可见,确定决策目标,事关整个决策工作的成败。

(一)确定决策目标的根据——问题

决策目标是根据企业经营管理中存在的问题来确定的。企业经营管理中存在问题，需要人们去解决，这才需要决策。因此，对问题的发现、诊断、分析是确定决策目标的前提。

什么是问题？在决策科学中把“问题”理解为“实际状态同期望状态之间的差距”。寻找差距，是制定决策目标的依据。例如，某企业产品质量差，这是一个突出问题。产品质量差具体表现在该企业产品质量达不到国家产品质量认证标准。在这里，“实际状态”是指企业产品质量现状，“期望状态”是指国家产品质量认证标准。这两者之间的距离就是“差距”。找到差距后，还不能马上确定决策目标，还应进一步分析产生差距的原因。这是问题诊断的关键。产生差距的原因是多方面的，要找出哪一个是主要原因。这就像医生为病人看病，不能头痛医头，脚痛医脚，头痛、脚痛的成因有很多，应综合检查，找出主要原因。一个企业产品质量差也有很多可能的原因，如工人操作技术水平低、管理不善、原材料质量太差、机器设备陈旧等。必须找到主要原因，才能确定决策目标。例如通过分析认为机器设备陈旧是引起质量差的主要原因，那么，决策目标就是“更新机器设备，提高产品质量”。

(二)确定决策目标的要求

企业经营管理中存在的问题找准了，决策目标也就可以确定了。决策目标要符合以下要求：

1.决策目标要明确具体

决策目标在决策过程中是评价备选方案的标准和尺度。目标含糊不清，方案设计与比较选择就会无所适从。所以，决策目标必须做到具体化、定量化，在时间、地点、数量上都要加以确定。同时，要明确决策目标是否附加约束条件。例如企业产品市场占有率提高3%，同时要求不得提高变动成本率。显然，决策目标有无约束条件，备选方案的设计和评论标准就不相同。一般来讲，决策目标在质的分析基础上以具体衡量指标表达预期达到的要求最为清晰、明确、具体。

2.决策目标要切实可行

制定决策目标一定要符合企业自身的实际条件和市场的需求状况，即要符合实际，具有可行性。例如，企业某项决策是为了提高某产品的市场占有率。市场占有率究竟是提高3%，还是5%，或者是8%，既要考虑企业经营利润目标的要求，又要考虑市场和自身的资源、技术水平、管理水平等条件下可能采用的对策，即是扩大原有市场占有率，还是开拓新的子市场。为此，要以信息为基础，对于与决策目标有关的各种因素，如整体市场需求、市场细分标准、消费者层次扩大的可能性与扩大成本利润、购买意向、价格弹性、竞争能力等进行纵向与横向分析，才能实事求是地确定决策目标。

3.要区分决策目标的主次

现代经营管理决策的目标往往不是一个，而是多个。例如，企业既要提高产品市场占有率，又要增加利润，还要求不得提高变动成本。在某些情况下，由于客观条件的限制，多个决策目标的作用方向可能不尽一致，甚至出现矛盾和对立，这就给方案的制订增加了难度。为解决多目标决策带来的困难，可采取以下途径。

在满足决策要求的前提下，对多个目标按照其相互关系加以取舍，削减重复目标，合并类似目标，综合同变量目标，把决策目标减少到最低限度。取舍决策目标的原则有：两个具有对立关系而无法协调的目标，舍弃其中一个；两个具有主从关系的目标，保留主要目标舍弃从属目标;两个具有并列关系而内容近似的目标,合并为一个综合目标;对整个决策影响不大、可有可无的目标完全舍弃。

对确定的多个目标,要按主次顺序把决策目标分为主要目标和次要目标,将主要目标作为关键的、首先应当达到的目标,其他目标则按顺序依次排序。

二、拟订备选方案

在确定决策目标之后,必须通过决策者的创造性思维活动拟订出各种可能方案以供选择。所谓方案,是人们为实现决策目标而采取的手段和途径。

首先,要大胆寻找备选方案,使备选的方案尽可能多。备选方案是供决策者选择的方案。不言而喻,方案多了才能有比较,有比较才有鉴别,才能知道方案的优劣,从中选择最优方案;反之,如果只有一个方案,就没有选择的余地,也就无从判断它的优劣。大胆寻求备选方案,要求决策者具有丰富的经验和知识,有创造能力,积极探索解决问题的各种方案。如为了解决企业产品质量差的问题,确定"更新机器设备,提高产品质量"的决策目标。根据这一目标,企业拟订的备选方案可以有:方案一,从国外引进先进的机器设备;方案二,从国内有关企业购买机器设备;方案三,企业和科研单位联合改造旧的机器设备,这些方案都是可行的。

其次,要精心构思和设计方案。方案的构思就是要寻找实现决策目的的途径。方案构思既要发挥决策者经验和知识的作用,也要充分发挥决策主体的想象力和创造力,对拥有的各种不同信息,按照新观点进行排列组合形成备选方案架构。在构思方案基础上,要精心设计方案,即对方案的措施、方法、后果进行研究与论证,形成有实践意义的行动方案。具体工作有:①对多种方案构思的筛选与整理,形成相对合理的几种方案构思,并充实其具体的各种措施细节,如资源条件、组织协调、实施方式方法和可能遇到的不测及应急处置措施等,形成几种备选方案。②对方案执行预测目标结果作出估计。

最后,经过精心构思和设计的方案之间要有可行性和互斥性。方案的可行性,是指备选方案具有实施的可能性,在人力、物力、财力、时间及机构上都有保证。方案之间的互斥性,是指各个备选的方案有明显区别,是互相独立的,A 方案不能包括 B 方案,B 方案也不能包括 C 方案等。只有备选方案间互斥,才能保证各方案比较的意义。

三、评价和选择方案

备选方案有多个,究竟哪一个备选方案更好,能实现决策目标的要求,这必须对各备选方案进行评价和比较。评价选择方案要根据一定的标准和方法。

(一)评价选择方案的标准

衡量备选方案优劣、好坏的标准主要有:

第一,方案能保证实现决策目标。任何一项经营管理决策都是为了达到一定的目标,因此评价方案优劣必须用能否实现决策目标去衡量,最接近决策目标的方案,自然就是最佳方案。

第二,方案具有经济合理性。要计算每一备选方案的耗费和产生的经济利益。经济效益高的方案,也就是好的方案。

第三,方案具有技术上的先进性。要分析各备选方案在技术上的可靠性和领先程度。

第四，方案承担的风险性要尽量小。

(二)评价选择方案的方法

评价选择方案的方法主要有经验判断法和数学分析法。

经验判断法，是依赖决策者的知识、经验和分析判断能力，对各个方案的后果进行估计，对各方案的优劣进行比较，在此基础上选择方案。数学分析法是通过建立决策问题的数学模型，按照数学模型计算各方案损益值，经过比较，选出最优方案的方法(见第十二章的内容)。

这里着重阐述经验判断法的应用。

最常用的经验判断法是排队法。这种方法是把备选方案按优劣顺序排队，从中选择出较优方案。一般很难直接对全部方案进行优劣排队，往往是通过两两对比，然后得出各方案的总分，以此来确定排队名次。对备选方案两两对比，优者记 1 分，劣者记 0 分，通过比较，选择积分多的方案为优选方案。具体做法是用表格形式，如表 11-1 所示。

表 11-1　排队法比较表

比较方案＼被比方案	A	B	C	D	E	F	总分
A	—	1	0	1	1	0	3
B	0	—	1	1	0	1	3
C	1	0	—	1	0	0	2
D	0	0	0	—	1	0	1
E	0	1	1	0	—	0	2
F	1	0	1	1	1	—	4

如果方案 A 优于方案 B、D 和 E，劣于方案 C、F，则在方案 A 与方案 B、方案 A 与方案 D，以及方案 A 与方案 E 的交叉处记 1 分，而在方案 A 与方案 C、方案 A 与方案 F 的交叉处记 0 分。其他方案的两两对比方法依此类推。

从各备选方案的总分来看，方案 F 积分最高，方案 D 积分最低，方案 A、B、C、E 的积分居中，因此应认为方案 F 为较优方案。

在比较过程中有时也会出现两个以上方案有相同的最高总分，但此时的选择范围已经大大缩小，再进一步选择比较容易确定。

(三)选择满意方案

方案选择十分关键。从理论上讲应当选择最优方案，但在实际决策中往往不容易做到。由于受到客观条件限制，如决策者认识能力、掌握的信息量、时间的限制以及目标不易数量化等限制，不可能选择到最优方案，所以，选择的方案一般只能是在现有条件下权衡利弊之后所选的相对满意的方案。

下面举一例子说明决策时选择的方案只能是相对满意的方案。

某企业为了扩大产品生产销售，拟建一个新车间，现提出三个备选方案，具体材料见表 11-2。

表 11-2　备选方案情况

目　　标	单位	第一方案	第二方案	第三方案
1.投资	万元	100	86	75
2.建成年限	年	5	4	3
3.建成后需要投入周转的流动资金	万元	45.8	33.3	38.5
4.建成后发挥效益的时间	年	10	10	10
5.产值	万元	260	196	220
6.产值利润率	%	12	15	12.5

从表 11-2 中可以看出,三个方案各有利弊,没有哪一个方案的各项指标都是最优。第一方案的特点是投资多,建成年限长,但投产后产值大,年利润总额为 31.2 万元。第二方案是产值利润率最高,但年产值较低,而其他指标一般。第三方案是投资少,建成年限短,产值中等,但每年利润总额最少,为 27.5 万元。

为了从中选择相对满意的方案,对这三个方案综合评价,最主要考虑成本和收益这两大目标。由于建成后发挥效益的时间是 10 年,对此问题首先要求出三个方案的 10 年总利润和全部投资额,全部投资额应包括建厂房的投资和建成后的流动资金投资。例如第一方案的全部总投资为 100+45.8=145.8(万元),而 10 年总利润为 260×12%×10=312(万元)。

其余各方案也按此计算,然后再将利润同投资相比较,其结果如表 11-3 所示。

表 11-3　各方案的投资及利润

指　　标	单位	第一方案	第二方案	第三方案
10 年总利润额	万元	312	294	275
全部投资额	万元	145.8	119.3	113.5
利润高于投资额	万元	166.2	174.7	161.5
投资利润率	%	214	246	242

从表 11-3 中可以看出,第一方案的总利润额虽比其他两个方案稍高,但投资额却比其他两个方案高得多,可认为此方案较差,予以放弃。再看余下的两个方案,它们的差别不是很大,第二方案的投资虽比第三方案稍高,但所得利润也稍多些,相比之下,以选第二方案为合理。

从上例可知,第二方案是决策者经过权衡对比后选择出来的相对满意的方案。

四、实施决策方案与反馈调整

这是决策程序的最后一个阶段。选择出满意方案后,紧接着是组织实施决策的方案。要使决策方案付诸实际行动,达到预期目标,还要拟订实施方案的计划。方案的实施不是被动、机械的进程,而是一个不断反馈调整的能动过程。要根据变化了的情况对决策方案进行修正或调整。反馈的目的在于对决策所导致的后果进行调整。由于环境和需要的不断变化,最初的决策必须根据变化了的情况作出相应的改变和调整,使决策更合理、更科学化。这种调整和追踪决策有本质的不同,因为它不涉及决策目标的修改,也不是对决策方案进行根本性的改变。世界上一切事物都是在不断变化的,要求决策实施中的主、客观情况一成不变是不切实际的。因此，决策要在实施的不断反馈中及时修正，在反复的修正中逐步完善。

第五节　管理决策的影响因素与科学化

一、管理决策的影响因素分析

一个正确有效的决策需要深入分析的因素很多，其中决策者、组织、社会经济、信息四个方面的因素对决策的正确性、有效性尤为重要。

（一）决策者因素

决策者拥有决策权，他们在决策过程中有对众多备选方案的选择决定权，负责整个决策过程的领导工作，尽量解决决策过程中的疑难问题。由于管理决策具有层次性，决策者包括企业内拥有不同经营管理权力的经营者、管理者，但就企业内不同权力的经营者、管理者在决策活动中的地位而言，那些能引导和指挥别人按照某种方式行动，促使别人去完成工作任务的领导者，尤其是企业最高层的领导者，他们往往居于决策活动的核心地位，也称决策领导者。

决策者在决策过程中的职责可概括为以下几方面：

(1)决定。任何一个决策者在决策过程中首先要确定决策目标，比如，是解决经营战略，还是解决产品结构、职工培训，或投资方向、资金筹措；然后为实现决策目标作出“拍板定案”的决定，选择最佳方案。

(2)组织。首先是决策组织的建立，决定参与决策的人员范围，然后指挥和协调决策过程中各类人员的关系，为实现决策目标提供组织保证、人才保证和措施保证。

(3)检查与控制。即在决策目标和方案的实施过程中，决策者通过检查、总结，及时、准确地发现问题，采取措施加以解决，不断地完善和修正决策方案。

可见，决策者在企业决策过程中处于举足轻重的领导地位，他们的素质直接影响企业决策的正确性和有效性。决策者应该具备哪些素质呢？对此，许多专家和企业家都有自己的看法，一般认为对决策者的素质要求可归纳为知识结构、能力结构和心理结构三个方面。当然作为企业不同层次的决策者，其知识结构、能力结构两个方面在要求程度上是有所不同的。例如，知识结构方面，愈是高层决策者愈是要求知识广而博，愈是基层决策者愈是要求专而精；能力结构上，不同层次决策者要有与其职务权限相应的能力水平。在这里，着重谈谈决策者心理结构对决策的影响。

决策者在决策过程中能保持心理平衡是保证企业决策机制正常运转的重要条件。企业内不同决策者处在企业不同层次、不同部门的领导岗位上，在采取决策的过程中，决策者的认识、情绪和意志是决策者与下属执行者之间关系的一种心理平衡体现。如果一个企业内决策者的认识、情绪与自己的理性认识发生矛盾，不能做到认识、情绪、意志三者的平衡，那么势必会发生用感情替代理智的现象。此时，即使决策者知识结构、能力结构完善，也很难保证不出现决策失误，如目标选择错误或方案选择错误或决策执行错误。决策者心理状态在决策过程中的影响主要体现在决策者的认知、潜意识、直觉、风险态度、压力态度等方面，由此形成决策者的不同决策风格。

1.认知

认知是决策者对周围相关信息的选择、综合和解释,包括决策者凭经验和习惯有选择地接收信息,进行汇总,并运用经验与直觉解释信息。认知本质上是决策者个人大脑对外界各种信息的处理过程,既需要不停地接收信息,更需要正确地解释所收到的信息。大量事实表明,在决策过程中决策者受到特定决策需求、背景和经历的影响,对接收到的信息存在选择性认知,会出现大相径庭的解释,这样就直接影响决策者正确地发现问题和认识问题,以及评估解决问题的办法的正确性,影响方案的选择与执行。可见,在决策过程中,决策者要注意并承认自己的有限理性一面,获取更多信息,努力让自己的认知朝着正确引导决策方向发展,参与决策过程的参谋者必须在与决策者共事之中做好实事求是地改变决策者偏见的准备。

2.潜意识

从弗洛伊德的观点来讲,潜意识是个人以自我为中心对事物的一种反应,如恐惧与担心、热情与鼓舞等。在决策过程中决策者的潜意识表现为他从个人角度对需要解决的决策问题产生出的某种敏感反应。这是一种决策者决策问题的直接反应,影响着决策者对解决决策问题的支持与否的态度。

3.直觉

直觉是对问题的一种超越逻辑的思维结果。这种思维结果往往是决策者的洞察力、理解力、想象力和判断力等能力,在对一个复杂问题认知后产生的一种灵感和理解,这种灵感和理解能给解决问题带来创造性的突破方式。有人有这样一种说法,正确的决策靠90%的情报信息加上10%的直觉。在决策实践中要尽量避免采取重视和不重视的两种极端态度。正确的态度是要恰如其分地利用决策者的直觉,弥补信息依据的不足,将决策者直觉反映的智慧与决策风格体现于决策方案之中。这种态度也是用系统分析方法解决非规范化决策的基本要求。

4.风险态度

风险态度是指决策者对待决策中不确定性的态度,总体上看分为谨慎类、冒险类和循规蹈矩类。影响决策者接受风险的态度的因素主要有:决策者的智力,决策者的期望,决策者能得到的信息量,允许决策者作出选择的时间和作出选择本身的复杂性。这些因素相互之间也是有联系的:①决策者对信息要求的多寡与决策者成功的期望高低成正比。②决策者的理解领悟程度高说明其智力高,在决策时一般对信息量的要求也更多。一般来讲,决策者智力越高,越是倾向于反复论证,选择有适度成就、失败可能小的方案;智力低些的决策者,往往更愿意为报酬大的机会冒大的风险。③决策复杂程度增高,对信息量和时间的需求会随之增加,但复杂程度达到足够高之后,反而会因对找好办法希望减少而仓促地凭直觉作出决策。在不确定性条件下选择方案的过程中,决策者既要对某特定结果的价值与效用进行评价,又要对该结果发生的可能性进行判断。决策者准确判断概率和价值效用的能力将是一项非常重要的因素。

5.压力态度

压力态度是指决策者面临困难的心态。常见的心态有两种:一是怕决策失误使企业蒙受经济损失;二是怕由此丧失决策者应有的权威。两种心态不同,使决策者对待决策问题出现五种不同的处置态度。

(1)因循守旧。决策者一如既往,看重经验,无视条件变化有变革的必要。

(2)见风使舵。决策者无主见，人云亦云，轻易采取行动。

(3)敷衍推诿。决策者借故避免作出决策，把责任推诿给别人或者用文饰来拖延。

(4)惊慌失措。决策者盲目地向各个方面寻找解决办法，以救燃眉之急。

(5)保持警觉。决策者清醒地分析困难，有条不紊地寻找解决方法。

显然，最后一种处置压力的态度最有利于保证决策的效果。

综上所述，决策者个人心理结构在认知、潜意识、直觉、风险态度和压力态度等方面的表现对决策程序每一阶段上能否作出合理决策，直至保证整个决策过程正确、有效都有直接影响，这种影响远比选择定量决策技术复杂得多。决策过程参谋分析人员了解决策者在这些方面的表现，并使之趋向合理是一项细致的工作。

(二)组织因素

企业作为经营活动组织形式，其本身的目的、目标以及它所从事的业务，构成了决策的背景，组织既提供决策资源，也对决策进行限制。组织因素是指企业决策背景对管理者决策行为可能产生影响的因素，具体如下：

1.集体决策

现代企业的决策由于多层次、多因素及其动态变化，往往需要不同类别和职责的多个人或一批人来完成。集体决策就是不同决策者、参谋者、执行者和信息处理人员等，为实现企业目标而研究、设计和选择方案协同工作的过程。集体决策常有两种形式，即固定的集体决策和临时的集体决策。

固定的集体决策的组织是企业组织体制的组成部分，即企业有常设的决策机构、参谋机构、信息机构和实施执行机构。这些机构往往和企业设置的各种组织浑然一体，能在整个经营管理过程中起长期作用。固定集体决策是直接与企业权力机制相关的决策，决策的可靠性和有效程度高，如高级管理人员的选聘、战略计划的制订。

临时的集体决策的组织是为了解决某个问题而成立的一种松散的临时性机构。它通常是就专项决策的方案设计，选择实现决策目标的最优方案，由决策领导者根据需要选定有关人员组成的机构。如为了确定推出一种新产品的可行性成立一个专门的项目小组。这种临时的决策组织在决策方案形成后就逐步消失，而不会在整个经营过程中起长期作用。决策的可靠性取决于临时决策组织内人员构成及决策领导者的组织能力，决策的有效性则视审批决策方案的权力机构的权威而定。

现代企业决策由个人决策向集体决策发展，决策过程由一言堂向群言堂发展，有利于实现决策民主化、科学化。为此，要求决策领导者能热情地聆听各种意见，给予各种想法都有公开表达的机会，且平等对待之，做到集思广益。同时在参谋人员的协助下，能与决策集体中的每个成员相互沟通，了解他们各自对集体决策任务和目标的理解及观点，尤其要处理好成员间存在的分歧，不能无原则地调和、迁就与妥协，而要对集体决策运作了然于胸，确保运作正常，善于论证自己的观点并进行总结，比较客观地提出合理方案。当决策在大多数成员之间达成一致后，确保全体成员都同意执行最终制订的方案。这样，集体决策就能发挥决策成员间沟通机会多、协调水平高、执行决策承诺力度强的内在优势。加上通过对集体决策方式的良好培训与提供实践机会，就会制定出范围更广的备选方案，提供更多信息并增加创新性，确保决策的高质量与可信度。当然，集体决策过程比较复杂，耗费时间较多，利用不当会影响决策速度。

2. 决策气候

正如人们对生活环境有怡人与不怡人之分的印象，员工们对所处部门或企业的工作环境也有内部组织气候鼓舞人心与压抑之分的印象。从管理决策角度而言，与管理者决策行为相关的组织气候就是决策气候。通常用自主权、决策行为制度、报酬定位和决策者得到的重视与支持度四个尺度衡量与判断决策气候是否有益于决策者实现其决策行为。

(1)自主权，指决策选择的独立性，即决策者能自由选择如何建立决策，以及如何解决该决策并承担相应的责任。

(2)决策行为制度，是指给予决策者一个自主行事的框架，表示决策者的决策行为在多大程度上要受他人限制。显然，决策行为制度化程度高，决策者受到的限制就大，对创造性地作出有效决策的阻力也会增强。

(3)报酬定位。报酬制度本身要影响员工的行为，企业可以多种报酬定位方式影响管理者的决策行为。如采用效果定位，会使管理者对失败的担心超过对报酬的渴望，容易出现逃避或推诿行为；如采用方法定位，将给予强调完成任务并能积极提出解决问题想法的管理者提供奖励体制的支持，有益于决策过程创造力的发挥。

(4)决策者得到的重视与支持度，是指管理者体察他的决策行为得到充分尊重和支持的程度。决策气候让管理者感受到对他的尊重和支持程度强，他在制定决策过程中会更具有创造的积极性和灵活性。这种个人尊重和支持程度既来自上级，也来自其同僚和下属，且需要互惠行动。因为一个人给予他人的尊重和支持越多，他得到的尊重与支持也越多。

3. 组织的平衡与惯性

企业组织是一个复杂的实体，对企业组织的总目标大家都会认可，也能放到桌面上议论，但往往某些组织行为会有一些“隐藏”的目的。比如说，为了减少管理层次和环节，决策方案要进行机构调整，该撤的撤，该并的并。那么，撤和并就涉及原有机构领导人如何安置，有些人会下岗，有些人会调动。组织的平衡与惯性是指决策过程中决策方案形成需要考虑企业组织承受机构变动和人员流动会在组织内产生扰动的能力。一个企业组织的平衡与惯性，往往表现在企业组织的政策、规范和先例三个方面。而这三者又往往是决策者逃避或拖延组织改革可找的借口。例如，某地区一个批发公司进行研究分析，采用计算机管理，使发货时间缩短了40%。显然，这样的变动要打破原来的操作规范，就会有些管理部门或人员不同意这一分析建议，认为这样做破坏了原管理标准的决策制度。面对机构与人员调整、业务范围变化等涉及组织平衡与惯性的问题，还得从观念更新、知识更新上做工作，在方案设计中要考虑应对旧的组织平衡到新的组织平衡之间可能出现扰动的对策。

(三)社会经济因素

决策者和决策组织的决策态度要受到社会经济各种因素的影响，其中社会规范、经济体制、法律限制等都影响决策的制定与执行。

1. 社会规范

社会规范是指社会成员的行为活动可允许的范围，也可以说是社会对每个成员行为的一种评价标准。企业决策过程中如何处理好社会规范对决策的作用十分重要。

首先，要认识到社会规范是一个社会历史发展而成的一种行为评价标准。对企业来讲，管理决策是一种创新活动，社会规范有时也就成为一种约束力。这种约束力的大小与企业决策当时所处条件有关，若企业管理决策所处环境条件是含糊和不肯定的，社会规范影响作用就小；决策过程信息交换得越保密，受规范影响的可能越小；与外界舆论越一致，受规范的影响越大；决策领导者越有信心和魄力，越不易受影响；决策集体成员越团结，意见越接近，影响也就越小。

其次，社会规范决定企业的伦理行为取向。从企业是经济组织本质而言，企业决策追求利润最优化绝对不会错，但从社会的伦理行为来讲，把利润最优化作为唯一经营目标，企业就会在社会上失去公众的信任。许多企业的经理，过去不敢提追求利润，而现在又有一种只强调金钱的倾向，这些都是片面的。企业决策应该充分认识到决策问题的多维性，尤其是有深远影响的重大问题决策，应该有多方面目标，把追求利润最优化和社会责任灵活地结合起来。

2. 经济体制

改革开放特别是党的十届四中全会确立了社会主义市场经济体制的改革目标以来，我国企业改革经过多年的探索和实践证明，既坚持企业国有资本国家所有，又能实现政企分开，企业成为独立法人实体的关键是建立与社会主义市场经济体制要求相符的现代企业制度。党的十六大进一步强调“国有企业是我国国民经济的支柱，按照现代企业制度的要求，国有大中型企业继续实行规范的公司制改革，完善法人治理结构”。这样，在社会主义市场经济体制下国有企业的决策行为就需要有根本性变革。总的来看，随着社会主义市场经济体制的建立和完善，企业决策环境有所改善（如决策者的权威、能力和对下属的信任程度，下属执行者要求独立的程度、参与决策的愿望与兴趣、对目标理解的程度、具备的知识与经验等），企业决策行为的主要取向是企业家型和下约束型两种。

企业家型决策行为，指企业的厂长、经理是企业决策的最后决断者，在企业具有极高权威，能对企业的经营大事、战略实施的推进创造性地作出判断决定。

下约束型决策行为，指企业的中层决策者拥有较大的决策自主权，企业长期经营形成的企业价值观和行为规范是其决策行为的制约力。

3. 法律限制

社会的法律限制、文化特点也会影响企业的决策行为。比如，市场经济条件下国家各种法律的建立与完善，一方面使市场行为规范化（代表着机会），另一方面使企业决策灵活性受到限制（代表着障碍），这样企业决策就不仅仅是照章办事，而更需要深思熟虑地分析决策。

（四）信息因素

信息是决策主体在决策过程中作出正确决策的依据，表现为支持决策的资料、信息和以某种方式加工分析得出的某些结论。准确的信息是正确决策的基础和前提。影响管理决策质量的信息因素主要有以下四个。

1. 信息的可靠性

信息的可靠性是指信息符合实际情况的真实程度。信息越真实，可靠性就越高，只有真实可靠的信息才会有益于决策主体作出正确决策。为了保证信息的可靠性，对信息的收集、加工处理过程进行管理控制十分必要，同时，要尽量借助统计分析技术来测定调查研究分析结果在统计意义上代表总体的精确程度。

2. 信息的数量

信息的数量是指决策过程中决策主体所占有的与决策有关的信息的数量。当决策主体就某一决策问题施行方案设计之前，应估计一下所掌握的有关信息的数量是否足够，如果还不够,应当继续收集补充,直到认为满意为止。必须指出,这里讲的信息的数量,不能简单地理解为资料、消息的多少,重要的是所拥有资料、消息的信息含量,即资料、消息有益于决策主体减少对所关心事物认识上的不肯定性程度。减少所关心事物认识上的不肯定性程度越高,就越能起到事半功倍的效果。

3.信息的及时性

信息的及时性是决策主体获得信息后能够迅速作出决策,使企业获得效益的及时程度。如果信息到达决策者的时间可保证决策者不失时机作出决策,获得某种效益,则信息为及时;反之,信息到达的时间过晚,决策者不能据以获得某种效益,则信息为不及时。

4.信息的适用性

信息的适用性是指提供给决策者的信息与其面临决策的信息需要之间的一致程度。决策者面临决策的信息需要随决策者所在管理层次的决策类型不同而不同。凡是提供的信息与决策有关,符合信息需要特征的,为适用信息;反之,与决策无关,不符合信息需要特征的,为不适用信息。只有信息的适用性增加,其价值才能增加。

二、管理决策的科学化

企业的经营管理决策对企业生存、发展有十分重要的作用。要提高决策水平,就必须使管理决策科学化。

(一)管理决策科学化的基本要求

衡量一项管理决策是否科学化,要看它是否符合以下要求:

1.决策要有明确和正确的目标

任何决策都是为了解决问题而进行的,所以,任何决策都有目标。决策目标是决策的前提,任何一项管理决策不能无的放矢,它都是针对经营活动中的某个存在的问题。解决问题都有期望实现的目标,即为决策目标。能否正确地决定决策目标,关键在于对所要解决的问题作出正确的诊断与分析,在弄清问题的性质、范围及产生的原因,找出问题症结的同时,指明解决问题的要点。

同时,决策目标还应当明确具体,不能笼统、抽象,不能模模糊糊。如果决策者自己都说不清决策目标是什么,那么也就无法作出有效的决策。

2.决策方案实施的结果能实现确定的决策目标

有了正确而明确的决策目标之后,就得拟定出实现该目标的办法、措施,这就是决策方案。决策方案是否有效,应看它能否实现所确定的决策目标。决策方案就其实际的效果来看有三种情况:一种是“南辕北辙”方案,即方案的执行不但达不到决策目标,反而离目标更远;另一种是既不能解决问题,也不会使问题恶化的无效方案;再一种是能解决问题,实现决策目标的有效方案。显然,最后一种决策方案才是可行的决策方案。

3.实现决策目标的代价要小

实施决策方案,实现决策目标,是要耗费人力、物力、财力的,这就是代价。决策的代价要小,其原因一是企业经营管理中需要决策解决的问题很多,而企业人力、物力、财力等资源总是有限的,某个问题决策可行方案花费过多势必减少了别的问题决策时可利用的资源,所以,每一项决策都应要求付出的人力、物力、财力要小。二是针对某一具体决策而言,在决策过程中不仅要注意方案可行性,还要从多种可行方案中选择资源代价最小的方案,视为最佳方案。也就是说，实现决策目标的可行方案会有优劣之差别，必须从中选择最优的。从一定意义上说，没有选取代价最小的方案，就不能算是科学的决策。

4.决策执行后产生的副作用要尽量小

事物是一分为二的。一般而言，决策方案实施后，除了实现期望的决策目标外，还可能产生其他负面影响，这种负面影响就是副作用。副作用有时是难以避免的，但应努力使它尽可能小些，至少不应出现严重的副作用。如果某一项决策尽管实现了决策目标，但副作用太大，也不能认为该项决策就是科学的决策。

如果作出的经营管理决策符合上述要求，那就可以认为是科学化的决策了。

(二)实施管理决策科学化的途径

1.要努力提高决策主体的素质

在世界一切事物中，人是最关键的因素，能否保证管理决策科学化，决策主体是关键。企业决策主体是指企业内部拥有不同经营管理权力，参与决策过程的管理人员。其中，那些担任不同职务的管理人员，尤其是企业最高层的领导者，他们素质的高低直接影响决策科学水平的高低。决策者素质的提高，既反映在其知识结构、水平上，也反映在他们分析判断问题的能力上，同时还反映在他们的心理状态上。决策者心理状态在决策过程中的影响主要体现在他个人对问题的认识、潜意识、进取精神、对风险的态度等，由此形成不同的决策风格。决策者只有不断提高自身素质，成为熟悉市场经营活动规律和经营管理规律的内行人，才能有效提高经营管理决策的科学性。

2.要掌握决策所需的充足信息

信息是决策的前提和基础，不依据市场信息作出的经营管理决策必定是盲目的、错误的。例如，企业要作出产品方面的决策，那么，至少应掌握目前市场上对该产品需求量多大，消费者喜欢什么品牌、款式、规格、价格等的产品，同行竞争状况怎样等方面的信息。只有掌握这些市场信息，企业才有可能作出正确的经营管理决策。为此，企业要加强市场信息的日常收集、加工处理、存储、传递、输出等信息服务工作，满足各类人员决策的信息需求。要建立企业决策信息系统，与企业外各种信息机构联网，运用现代技术手段广泛收集国内外经济的、技术的、市场的、社会环境的等方面信息，以定期或不定期、无偿或有偿、全面或专项等多种形式向决策机构或人员提供信息服务，保证他们获得及时、准确、可靠、适用的决策依据。

3.要遵循科学的决策程序

科学的决策程序是决策的科学性的一个重要保证。各种经营管理决策的具体内容要求尽管不同，但在决策一般程序上的要求却是相同的。①第一步是确定决策目标，而确定目标又应以对经营问题的分析诊断为依据。②在一般情况下，应围绕决策目标拟订多个备选方案，再从中择优作为决策方案。因此，拟订方案——论证评价——方案选择，这样的步骤顺序既不可缺，也不能颠倒。如果没有两个以上方案供选择采用，就不能符合选优原则。③决策方案应付诸于实施，决而不行等于无用。任何经营管理决策都不能少了“执行决策”这一步骤。而且在决策方案实施中要建立检查、监控制度，注意信息反馈，不断修正、完善决策方案。科学地进行决策就要按照上述的程序一步一步去做。

4.要运用科学的决策方法

科学的决策方法是科学决策的有效辅助手段。运用科学的决策方法，首先要善于运用信息论、系统论、控制论等学科知识，这些学科是带有方法论性质的学科，在决策中经常应用。其次，要善于运用各种具有实用价值的决策技术，如盈亏平衡分析、线性规划、库存模型、决策树分析等。这些实用决策技术，一方面可以比较精确地描述决策问题涉及的决策变量和状态变量、决策后果之间的关系，帮助决策者分析问题；另一方面可以提供择优选择方法，有助于达到优化决策目的，同时，采用这些技术，使决策过程能充分利用电脑的功能，提高决策的精确性与时效性。

三、管理决策的硬技术与软技术

从管理决策技术发展过程可以看到，决策技术科学化的内容应当把软、硬两方面技术都包括在内。有了决策软技术和硬技术的支持，管理决策就好像插上了双翅，决策水平就会取得长足进步。

(一)决策硬技术

所谓决策硬技术，是指建立在严格逻辑论证和实验检查基础上的数学化、模型化、计算机化的系统决策方法，简称数学化、模型化、计算机化。

数学化主要是运筹学的发展及其在企业管理决策中的应用。现代管理决策不仅要求定性分析，而且要求定量描述，要求从各种方案中选择最优方案，于是以运筹学为基础的管理科学从 20 世纪 60 年代以后得到迅速的发展，创造出许多有实用价值的决策手段，每一种数学手段都包括有许多解决管理决策问题的具体数学模型。

模型化主要是把决策的变量与变量之间的关系以及变量与目标之间的关系用数学关系式表达出来，即建立数学模型。不同的模型都会对制定管理决策有潜在的帮助，但决策过程仍需要考虑是否值得模型化。首先要了解构建模型花费多少成本和多少时间，显然，如果建模成本很大，以致超出其所增加的利润，则不宜模型化。同样，建模时间很长，而决策时间较短，模型有价值也枉然。其次，要考虑决策自身环境条件是否适合建立决策模型，考虑条件包括资料的充分性、决策的复杂程度和重要程度。即所需资料是否充分，决策的复杂程度是否高到有必要建模，决策的重要程度是否大到有必要建模。

模型化是决策硬技术“三化”的中心。为确保决策过程模型化的效用，要重视模型化过程的组织环境、高层管理者的支持，建模参谋者参与决策过程，且在组织内有信誉与一定地位，能与决策者相互沟通。一般来讲，模型简单、经得起考验，易于管理者控制，且对新情况有适应性，与用户易于交流，那么该数学模型是正确且有效用的。通常的程式化决策最适宜模型化。

电子计算机的出现和发展，为决策中采用数学方法和运用数学模型创造了可能条件。即建立起数学模型后，利用计算机模拟和计算得到数量的结果。因此，数学化和模型化都依赖于计算机化。只有把各式各样的数学模型同电子计算机这一现代手段结合起来，才能真正成为强有力的决策工具。

(二)决策软技术

决策软技术是指应用心理学、社会学、信息学、行为科学以及思维科学的成就，结合系统分析方法，充分发挥各方面专业人才才智的决策技术。

决策软技术强调的是发挥人的经验、智慧和创造力。主要是借助经验、智慧，经过对事物的分析与判断、逻辑推理进行创造性思维，从而提出方案设想，作出决策。决策软技术的基本思维方法有三类：

(1)经验思维类决策技术,是以实践积累经验为依据,经联想和类推两种方式开展的决策。简单、实用是其优点,但在决策中容易忽略新的变动因素。

(2)逻辑思维类决策技术,是以经验与信息为依据,经过人们的抽象思维和辩证思维两种方式开展的决策。比较分析、综合分析、抽象归类以及善于利用定量分析技术是这类决策技术运用的特点。

(3)直觉思维类决策技术,是指人们利用超越他人的感知、悟性而直接认识事物本质的直觉判断开展的决策。直接性、突发性和随机性是其特点。它是指人们凭借经验、常识、信息加上灵感而迅速作出决策。在实践中以想象力的运用、意识的组合与置换、集体创造思考等形式产生直觉。

显然,决策软技术能立足现实,将决策对象本质及其规律作理性思考;能处理决策涉及的诸多因素,如组织内的集权与分权因素、组织的平衡与惯性因素,以及社会经济因素和决策者个人个性特征因素等,使决策过程中目标与目标、方案与方案、目标与方案之间的矛盾关系,以及现实情况与变动情况、现有条件与需要条件等矛盾得到妥善处理。

决策硬技术与软技术各有其长处和短处,在实际管理决策中应该根据决策问题的性质和决策过程中各阶段的特点,灵活地加以运用,扬长避短,配合使用,形成多种具体可行方案,并从这些方案中选择最优方案或满意方案。这就要求决策者必须掌握具体的模型化决策分析方法。下一章将就目前在经营管理中主要运用的方法,如确定型决策分析方法、风险型决策分析方法、非确定型决策分析方法、多目标决策分析方法等的基本原理及其应用,分别作简要介绍。

本章小结

现代企业经营管理活动的复杂性、多样性,决定了经营管理决策有多种不同的类型,按决策的影响范围和重要程度不同,分为战略决策和战术决策;按决策的主体不同,分为个人决策和集体决策;按决策问题是否重复,分为程序化决策和非程序化决策;按决策问题所处条件不同,分为确定型决策、风险型决策和非确定型决策。

从系统的观点看,管理决策是由决策主体、决策客体、决策理论与方法、决策信息和决策结果等要素构成的一个有机整体。

管理决策是一个复杂、动态的过程。要提高经营管理决策的正确性和科学性,必须遵循决策的程序。经营管理决策的一般程序为:确定决策目标;拟订备选方案;评价和选择方案;实施决策方案与反馈调整。

一个正确有效的决策需要深入分析的因素很多,其中决策者、组织、社会经济、信息四个方面的因素对决策正确性、有效性尤为重要。

关键概念

管理决策　Management decision　　战略决策　Strategy decision

战术决策　Tactics decision　　确定型决策　Decision under certainty

风险型决策　Risk decision　　非确定型决策　Decision under uncertainty

管理决策原则　Principle of management decision
管理决策程序　Procedure of management decision
决策者因素　Decisionmaker factors
管理决策科学化　Scientific management decision
决策硬技术　Hard skills for decision
决策软技术　Soft skills for decision

思考与练习

1. 管理决策的含义及构成要素是什么？
2. 管理决策的类型有哪些？说明战略决策和战术决策的特点与关系。
3. 管理决策有何重要作用？
4. 管理决策科学化的基本要求和途径是什么？
5. 管理决策应遵循哪些基本原则？你怎样理解管理决策的优化原则与创新原则？
6. 管理决策的基本程序包括哪些阶段？说明每个阶段在决策过程中的意义。
7. 管理决策过程中如何正确确定目标？评价选择方案的标准和方法有哪些？
8. 如何理解决策者心理状态在决策过程中的影响？举例说明。
9. 解释下列名词：管理决策结构、程序化决策、风险型决策、确定型决策、决策硬技术、决策软技术。

【案例分析】

管理决策的失误

有些企业最常见的一句口头禅就是：别人这样做不是做得很好吗，我为什么不能这样做？

更有许多企业在市场把握上闭目塞听，只重成功者，不看失败处，导致对成功的企业进行全盘肯定，学习时全盘照搬，忽视了企业的差异化特质。也正因为缺少对失败的企业的分析与借鉴，难以客观多角度地审视相关企业特别是竞争企业存在的问题，从而令对行业企业的学习意义打了很大的折扣，甚至会出现照猫画虎的错误。

比如有一家A企业，一直从事小家电产品的经营，主要做内销，通过开发生产了一些特色化产品，在细分市场上很受欢迎，企业形成了小批量多品类个性定制型的生产与销售模式。A企业发现同样从事小家电经营的另一家B企业以外销为主，销售量远大于自己，利润也较可观，便将B企业作为自我发展学习的榜样，几乎到了异常崇拜的地步。

于是，A企业盲目对经营方向进行了巨大调整，产品跟进了B企业的产品，销售将主要方向转向外销，经过一段时间的努力却发现，只是简单的学习是无法照搬B企业的经营模式的，因为B企业的此类小家电产品的外销模式并非是一朝一夕实现的，而是经过多年经营发展的必然结果，其中包括：

(1)经过多年的运作，形成了极强的产业链配套资源，保证了产品开发生产的基础资源优势，使得经营效率较高，经营环节有所保证，所以产品开发生产存在优势点。

(2)经过多年的运作，形成了采购、生产过程的成本控制优势，另外由于销售量的巨大，形成了规模生产经营优势，使得成本得到进一步平抑，所以在成本方面存在优势点。

(3)建立了良好的国际化的分销渠道，具备了较强的外销分销能力；而多年的品牌化运作，又形成了较强的品牌影响力，所以在销售方面存在着优势点。

而对于 A 企业，在照搬 B 企业经营模式的情况下，却出现了两大主要瓶颈。一是产业链配套不成熟，销售不畅，无法形成规模生产优势等，导致成本居高不下，在有竞争力的价格区间内没有利润；二是外销从零起步，没有渠道资源，缺乏品牌影响力，短期内不能形成销售能力，企业资金实力又无法支撑长期的外销基础工作，使得外销难以为继。

其实在行业内早有许多与 B 企业经营模式一样的企业，却因为种种原因而难逃失败的命运，其中不少都是 A 企业的镜子。但 A 企业在决策时，只看到了 B 企业模式的成功，却没看到采取同样经营模式的众多失败企业；只看到了 B 企业经营模式的表象，却没有分析表象下面本质性的东西，更不用说对失败企业进行透彻的研究了。

这类企业的口头禅往往是：看人家做得多么成功，我们如果这样做也一定会成功！

这类企业在市场的调查分析研究方面存在以下几种缺陷：

(1)有关注市场的意识，但缺乏系统科学的市场研究知识，根本不知如何进行市场信息的收集、分析，本着科学客观务实的宗旨为己所用，缺乏有效利用市场研究结果的技能，造成简单的拿来主义。

(2)缺乏专业的市场研究与策略运用人员，由企业主个人进行市场把握，导致对市场信息的掌握不系统、不客观，市场信息把握片面甚至失误，太过随意性。

(3)没有真正意义上的市场调查研究，市场信息多流于表面与简单化，导致决策人决策凭借的不是通过信息的分析研究而得出的结果，而是信息的表象本身，从而令企业决策时无法透过市场信息表象，深入地去分析看待表象以下的问题症结所在，使得对信息的掌握流于肤浅，缺乏深刻的洞察与把握。

(4)没有科学民主的决策程序，而是由老板依据简单的、表面的，甚至是错误的信息主观拍脑门决策，这种决策也就难免会失误多多了。

思考题

1.叙述本案中决策失败的原因。

2.科学决策的内涵和要求有哪些？

3.鉴于上述实例，企业应如何做才能真正令决策正确无误？

第十二章

常用的管理决策方法

学习目的与要求

◉ 了解确定型决策方法的应用条件，通晓盈亏平衡分析法、库存管理分析法的应用；

◉ 了解风险型决策方法的应用条件，掌握决策表法、决策树法的应用；

◉ 了解非确定型决策方法的应用条件，熟悉小中取大法、大中取大法、折中分析法、遗憾值法的应用；

◉ 认识理解效用标准和效用曲线的含义，学会应用效用曲线分析法求解决策问题；

◉ 了解多目标决策的含义、类型，掌握多目标属性决策的构成要素、层次分析法。

管理决策方法，是借助数学工具对决策中提出的各种备选方案进行定性和定量分析，提供数量根据，辅助决策者选择满意方案的方法。本章首先介绍按经营决策条件不同，划分的确定型决策方法、风险型决策方法和非确定型决策方法三种管理决策方法，然后介绍效用曲线决策方法、多目标决策方法和层次分析法。

第一节　确定型决策方法

一、应用确定型决策方法的条件

确定型决策是指决策者对供决策选择的各备选方案所处的客观条件完全了解，每一个备选方案只有一种结果，比较其结果的优劣就可作出决策。解决这类决策问题相对比较容易，它可采用不同的数学模型进行计算，能迅速得出决策的结果。

确定型决策应具备的条件也就是应用确定型决策方法的条件，具体有：

(1)存在决策者期望达到的一个决策目标；

(2)未来只存在一个确定的自然状态；

(3)存在两个或两个以上的备选方案供决策者选择；

(4)每一个备选方案在确定状态下的损益值可以计算出来。

确定型决策方法主要有盈亏平衡分析法、库存管理分析法等。

二、盈亏平衡分析法

盈亏平衡分析法是依据与经营管理决策方案相关的业务量(产量或销售量)、成本、利润三者之间的相互关系建立模型，分析评价决策方案优劣的一种重要方法。简言之，它是一种研究销售收入(或销售量)、成本与利润三者关系的一种决策分析方法，所以也叫量本利分析法。了解销售量(收入)、成本、利润各个因素之间的关系,对制定合理的决策方案很有帮助,该方法已成为决策分析的有力工具。

为了正确理解盈亏平衡分析法,有必要仔细了解成本的构成情况。成本按性质不同分为固定成本和变动成本。

成本总额在一定业务量(产量或销售量)范围内不受业务量增减变动影响而保持固定不变的叫固定成本。如固定资产的折旧费、管理费等,即使产量为零,也得照常支付。

成本总额随业务量的变化而变动的叫做变动成本。变动成本可分为两种,一种是随着产量的增加而直接变化的费用,如直接消耗的原料、燃料、生产工人的工资等费用,在单位产品成本中基本不变;另一种是随着产量的变化而呈阶梯变化的费用,如设备保养费、运输费、动力费、计时工资等。

所谓盈亏平衡点,是指当销售量或销售收入达到某一数量时,销售收入等于销售成本,企业利润为零。反映盈亏平衡点的方法有盈亏平衡点销售量法、盈亏平衡点销售收入法、边际贡献法等。

(一)盈亏平衡点销售量法

它是在销售收入与销售成本相等的条件下求出盈亏平衡点销售量的方法。

若设:F 为固定成本;C_V 为单位变动成本;P 为产品单价;$i\%$ 为产品税率;Q_0 为平衡点销售量;Q 为成品销售量;则企业不盈不亏时有:

$$\text{销售收入} = \text{固定成本} + \text{变动成本} + \text{税收}$$

$$PQ_0 = F + C_V Q_0 + Pi\% Q_0$$

经整理变形有:

$$Q_0 = \frac{F}{P(1 - i\%) - C_V} \tag{12-1}$$

公式(12-1)中分母 $P(1-i\%)-C_V$ 表示企业每售出单位产品能得到的毛利润,也称单位边际贡献(m)。

盈亏平衡点销售量 Q_0 的实际意义如下:$Q>Q_0$,企业能盈利 $Q<Q_0$,企业要亏损 $Q=Q_0$,企业保本经营。

若用坐标图反映盈亏平衡点销售量 Q_0,就有盈亏平衡分析图,见图12-1。

盈亏平衡分析图是运用直角坐标图反映盈亏分析中销售量、成本、利润之间的数量变化关系,揭示不同销售量情况下企业的盈利、亏损、平衡状态的一种手段。在直角坐标系中,横轴表示销售量,纵轴表示成本、利润、销售收入。根据具体资料画出固定成本、变动成本、总成本和销售收入随销售量变化的曲线,销售收入与总成本线的交点为盈亏平衡点,也称为保本点。

盈亏平衡点销售量法可用于产品订货决策。

【例 12-1】 某企业开发了一种新型小农具,销售单价为 550 元,接到客户下年订货单为 12 500 台。生产这批小农具需要固定成本 1 375 000 元,变动成本总额为 4 500 000 元,税率为 3%。该企业是否应接受订货来生产新型小农具?

分析:接不接受订货的依据是能否给企业带来利润。据盈亏平衡点销售量法,要先求出 Q_0,若 $Q>Q_0$,企业盈利,可以接受订货;反之不接受订货。

(1)求单位变动成本

$$C_V = \frac{V}{Q} = \frac{4\ 500\ 000}{12\ 500} = 360(\text{元/台})$$

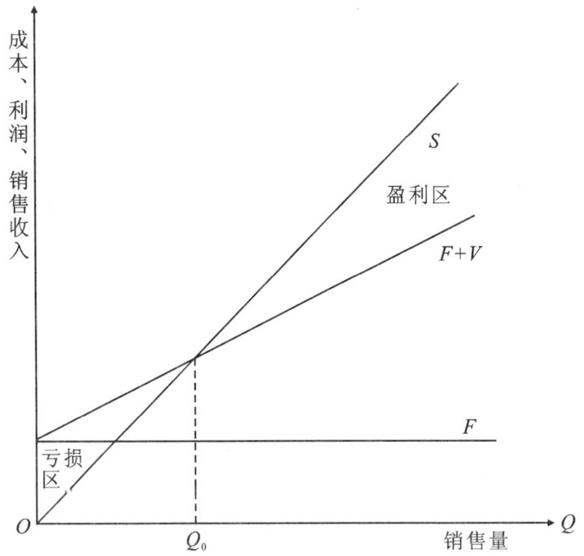

图 12-1　盈亏平衡分析图

(2)求盈亏平衡点销售量

$$Q_0=\frac{F}{P(1-i\%)-C_V}=\frac{1\ 375\ 000}{550\times(1-3\%)-360}=7\ 925(\text{台})$$

实际订货量即销售量 $Q=12\ 500$，$Q>Q_0$，所以，该企业可以接受客户订货。

事实上，接受客户订货，可以给企业带来利润(G)如下：

$$G=PQ-(F+V+PQ\cdot i\%)$$
$$=550\times12\ 500-(1\ 375\ 000+4\ 500\ 000+550\times12\ 500\times3\%)$$
$$=6\ 875\ 000-6\ 081\ 250=793\ 750(\text{元})$$

盈亏平衡点销售量法也可用于自产(或自制)和外购的决策。

【例 12-2】　某商业连锁公司销售 A 牌冷冻食品。原来是从生产厂家批发而来的，每袋进价 6.8 元，每年销售量达 340 000 袋。现公司董事会打算自己生产 A 牌冷冻食品，实现自产自销。生产冷冻食品需增添生产设备，建厂房，每年新增固定成本 48 万元，每袋冷冻食品变动成本为 4.5 元，每袋税收按 6.8 元的 5%征收。请制定决策，该公司是继续外购 A 牌冷冻食品好还是自产 A 牌冷冻食品好？

分析：这里有两个方案：一个是外购代销，一个自产自销。自产自销方案需要增加固定成本 48 万元，计算出 Q_0，即每年收回 48 万元固定成本需要销售多少袋冷冻食品。再与年销售量 Q(340 000 袋)相比，若 $Q>Q_0$，说明自产方案能获利；反之，若 $Q<Q_0$，说明自产方案要亏损，不能选择自产方案。

$$Q_0=\frac{F}{P(1-i\%)-C_V}=\frac{480\ 000}{6.8\times(1-5\%)-4.5}=244\ 898(\text{袋})$$

由于年销售量 Q 达 340 000 袋，则 $Q>Q_0$，故决策方案为自产 A 牌冷冻食品，它能给公司带来利润。

(二)盈亏平衡点销售收入法

它是以某一产品销售收入的固定成本和变动成本与销售收入本身进行比较确定盈亏平

衡点的方法。

盈亏平衡点收入记为 S_0：

$$S_0=\frac{F}{1-\frac{V}{S}} \tag{12-2}$$

式中：F——固定总成本；

V——变动总成本；

S——销售总成本；

$\frac{V}{S}$——变动成本率。

【例 12-3】 某羊毛衫厂本年度计划销售收入为 1 300 万元，固定成本为 400 万元，变动成本核算为 720 万元，问该厂保本销售收入是多少？

$$S_0=\frac{F}{1-\frac{V}{S}}=\frac{400}{1-\frac{720}{1\ 300}}=897(\text{万元})$$

计算结果表明，当该厂销售收入为 897 万元之时，企业不盈也不亏。

盈亏平衡点销售收入法可用于实现目标利润的销售决策。其公式可以由式(12-2)得来：

$$S=\frac{F+G}{1-\frac{V}{S}} \tag{12-3}$$

式中：G——目标利润。

【例 12-4】 某企业本年度财务资料盈亏分析资料如下：

销售收入：8 450 万元；

固定成本：2 100 万元；

变动成本(含税收)：5 700 万元；

利润：650 万元。

若下一年度目标利润为 750 万元，变动成本率不变(即 V/S 不变)，固定成本增加 4%，请计算实现目标利润的销售额。

(1)依据题意求下一年度的固定成本

$F=2\ 100\times(1+4\%)=2\ 184$(万元)

(2)依据题意，下一年度变动成本率 V/S 不变，即

$$V'=\frac{V}{S}=\frac{5\ 700}{8\ 450}=67.46\%$$

(3)把有关数据代入公式(12-3)得：

$$S=\frac{F+G}{1-V'}=\frac{2\ 184+750}{1-67.46\%}=9\ 016.6(\text{万元})$$

这表明，下一年该企业只有销售额达 9 016.6 万元，才能实现目标利润 750 万元。

在经营管理决策中，人们不仅要懂得盈亏平衡点的销售量和实现目标利润的销售量，而且还要懂得企业销售量达到一定数量时处于怎样的经营状态，这就涉及经营安全状态的判断问题。

由于盈亏平衡点是衡量企业盈利与亏损的基点，因此可根据实际发生额距平衡点的远近来判断企业经营安全状态。通常用经营安全率来反映企业对市场变化适应能力的强弱，说明经营程度的高低和经营状态的安全性。经营安全率是安全销售额(量)对实际销售额(量)的比率。安全销售额(量)是实际销售额(量)超过盈亏平衡点销售额(量)的余额。所以，经营安全率 η 的计算公式为：

$$\eta=\frac{Q-Q_0}{Q}\text{ 或 }\eta=\frac{S-S_0}{S} \tag{12-4}$$

根据式(12-4)可以计算出经营安全率数值 η，再根据经营安全率数值 η 的大小来判断企业经营安全状态。判断的具体标准见表12-1。

表12-1　企业经营安全状态判断标准

经营安全率 η	40%以上	40%～31%	30%～21%	20%～10%	10%以下
经营安全状态	安全	较安全	不太安全	要警惕	危险

经营安全率 η 越大，说明企业经营对不景气抵抗能力越强，经营状态的安全性越好。增加销售而保本点不变是提高经营安全率的一个途径。采取适当措施降低保本点，亦可提高经营安全率。企业在相同销售条件下，设法降低保本点，不仅可提高企业的经营安全率，更重要的是还可提高企业盈利能力。一般可采取的措施有增加售价 P，降低单位变动成本 C_V，降低固定成本 F 和调整生产经营产品结构。

以例12-4来说，其经营安全状态如何呢?

首先，计算盈亏平衡点销售额 S_0

$$S_0=\frac{F}{1-\frac{V}{S}}=\frac{F}{1-V'}=\frac{2\ 184}{1-0.674\ 6}=6\ 711.7(\text{万元})$$

其次，计算企业经营安全率 η

$$\eta=\frac{S-S_0}{S}=\frac{9\ 016.6-6\ 711.7}{9\ 016.6}=0.256=25.6\%$$

对照表12-1，$\eta=25.6\%$，预示下一年度企业经营处于不太安全状态，一旦销售额下降25%左右，目标利润750万元就无法实现。为此，决策者要千方百计完成9 016.6万元的销售额，以便实现决策目标。

(三)边际贡献法

边际贡献的定义是销售收入减去变动成本的差额对收回固定成本的贡献。它并不是指利润。而单位产品的边际贡献则是指产品单价减去单位变动成本对于收回固定成本的贡献。当边际贡献超过固定成本时，则表现为盈利；低于固定成本时，则表现为亏损；等于固定成本时，则表现为利润等于零，正好达到盈亏平衡点。

若用数学公式表示，则有

$$M=S-V=mQ \tag{12-5}$$

$$G=M-F \tag{12-6}$$

$$S=PQ$$

式中：M——边际贡献；

　　m——单位产品边际贡献；

其他符号的含义同前。

从式(12-5)、式(12-6)可以看出，边际贡献由销售收入、变动成本两项的多少决定；利润高低由边际贡献与固定成本两项的大小决定。

边际贡献与销售收入、变动成本、固定成本、利润之间的关系如图 12-2 所示。

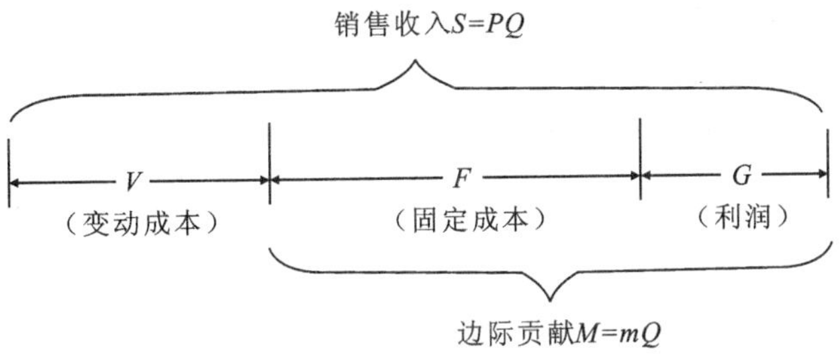

图 12-2　边际贡献与相关指标的关系图

边际贡献法可用于特殊定价订货决策。

在市场激烈竞争的情况下，当企业的生产能力与潜力很大时，实际生产任务尚未达最高生产能力，仍有潜力可挖，还可以再超产(或已经超产)一定数量的库存商品。如果在计划内产品按正常价格出售，其超产部分，买方要求按其单价打一定折扣，或企业为了迅速占领市场的需要而采取降价销售以便同竞争对手展开价格战，取得优势地位。而新的特殊订货价格，买方的出价大于单位变动成本，而低于正常成本，在这种情况下，企业是否要接受订货？

回答这一问题应进行深入分析，要看新的订货能否增加边际贡献，看总收入是否大于固定成本并表现为盈利。如果新的订货产生了边际贡献，使企业盈利增加，那么就应该接受新的特殊订货。

这是因为在生产能力允许的条件下，增加产品的产量或销售量，通常只会增加产品的变动成本，它与固定成本无关，而固定成本只是相对固定，不生产或生产若干件产品时固定成本总额是不变的。但随着产量的增加，分摊到单位产品的固定成本可以相对减少。虽然新的订货价格较低，但是当销售的数量达到一定数值时，即可将其全部固定成本收回时多卖一个单位产品，就表现为多得一个单位的利润并能使总利润有所增加。因此，决策者应当接受这批新的超产订货。如果不接受，将会少得这一部分利润。若企业有超产的存货而不积极推销，不但少得利润，而且还要支付库存管理费用，占压资金利息，导致亏损。虽然新定价较低使利润会减少一些，但可以积少成多，总比不生产或积压在仓库里不卖为好。这样可以加速资金周转并能获得一定的利润。

下面举一个具体例子说明：

【例 12-5】 某皮鞋厂生产皮鞋，全部生产能力为每年 20 万双，年度固定成本总额为 350 万元，本年度已安排生产 14 万双并售完，每双皮鞋以正常出厂价格 90 元销售。其单位变动成本为 54 元。此时另有一批特殊订货，订购 4 万双皮鞋，但每双出价仅为 70 元。请决策能否接受这种低于正常成本的特殊订货。

分析：从表面上看似乎不应接受订货，因为每双皮鞋正常的成本等于单位变动成本＋单位固定成本，即：$54+\frac{3\ 500\ 000}{140\ 000}=79$(元)，而客户仅出价 70 元，低于成本价 79 元，不应该接受订货。

若用边际贡献法来分析情况就不同了。下面对不接受特殊订货方案和接受特殊订货方案作一比较。

(1)不接受特殊订货方案

其边际贡献：$M=S-V=90\times140\ 000-54\times140\ 000=5\ 040\ 000$(元)

其实现利润：$G=M-F=5\ 040\ 000-3\ 500\ 000=1\ 540\ 000$(元)

(2)接受特殊订货方案

其边际贡献：$M=S-V=(90\times140\ 000+70\times40\ 000)-54\times(140\ 000+40\ 000)$
$=5\ 680\ 000$(元)

其实现利润：$G=M-F=5\ 680\ 000-3\ 500\ 000=2\ 180\ 000$(元)

从以上计算不难发现，接受特殊订货方案的边际贡献比不接受特殊订货方案的边际贡献多640 000(5 680 000－5 040 000)元，接受特殊订货方案的利润比不接受特殊订货方案的利润多640 000(2 180 000－1 540 000)元。答案是显然的，决策者应该接受特殊订货。

从以上分析可以看出，只要在企业生产能力允许的条件下，接受特殊订货，增加产量只会增加产品的变动成本，与其固定成本无关，又因为按正常出厂价格销货，已经将投入的固定成本总额3 500 000元收回，所以特殊订货的边际贡献就等于净利益。

即：$S-V=70\times40\ 000-54\times40\ 000=640\ 000$(元)。

所以，虽然特殊订货价格低于正常出厂价，但在上述条件下可以给企业带来边际贡献和利润，企业自然就可以接受订货。

边际贡献法也可用于亏损产品是否要停产的决策。一般来说，亏损产品要停产，但也不能一概而论。一个企业进行多种产品的生产时，可能会出现某种产品亏损而又不能转为生产其他产品时，面临该产品是否停产的决策。一般的，如果亏损产品为整个企业提供了边际贡献，而不能转为生产能提供更多边际贡献的产品时，若停产该产品就会降低整个企业的边际贡献总额，从而会降低补偿固定成本和创造盈利的能力。因此，在不能转为生产其他产品的情况下，是否应该停产亏损产品，关键在于该产品有无边际贡献，即如果市场情况尚属正常，只要能够提供边际贡献，一般应该继续生产，最好不要停产。

【例12-6】 某公司生产A、B两种产品，其中：A产品销售收入为1 250 000元，变动成本为820 000元，固定成本为350 000元；B产品销售收入为780 000元，其变动成本为650 000元，固定成本为180 000元。请决策B产品是否要停产。

从题意可知B产品销售收入小于销售成本，要亏损780 000－(650 000＋180 000)＝－50 000(元)。

但B产品有边际贡献

$M=S-V=780\ 000-650\ 000=130\ 000$(元)

所以，不能停产B产品，因为B产品能提供130 000元的边际贡献，这笔贡献可用来弥补固定成本。停产这种产品将使公司的利润减少130 000元。

三、库存管理分析法

(一)库存管理分析法的含义

工商企业为了保证生产经营活动能连续进行，常常面临矛盾的情况：一是保持一定的商品库存，但库存多将增加管理费用，使生产经营成本提高；二是商品库存不足，又将使生产经营中断。因此，决策者关心的是如何恰当地控制存货水平，在保证生产经营活动顺利进行的前提下，尽可能地降低存货水平，最有效地运用有限的资金。

库存管理分析法是企业运用数学方法，在有关的采购、运输因素已知的条件下，使进货商品保持适当的库存水平，在确保生产经营活动连续进行的前提下，使库存总费用达到最小的决策活动。

在库存管理中影响决策的约束条件因素有计划期的商品需求量、商品购进单价、每次采购费用、单位商品全年保管费用或商品保管费用率、单位商品单位时间缺货费用等变量，通常这些决策约束条件是经调查研究后可预先确定的。库存管理决策分析就是确定经济采购批量、合适的订货库存量、安全库存量等来保证企业经营活动正常进行，且又使总库存费用最小，提出有效管理控制的方法。

下面介绍库存管理分析的主要方法，即经济订购批量决策法的应用。

(二)经济订购批量决策法

在整个库存经营过程中会发生各种各样的费用。在不允许缺货和补货的情况下，库存经营总费用主要包含以下几种：订货费、保管费、进货费与购买费。库存经营总费用和订货批量的关系是函数与变量的关系。

若假定：

R——单位时间内的平均需求量(称需求速率)；

c_1——单位物资储存单位时间内支付的保管费用；

c_i——年度存货保管费率；

Q_0——每次的订货数量(称订货批量)；

c_0——每次发生的订货费；

k——单位物资消耗的固定费用(包括单位物资的购买费和进货费)。

则在不允许缺货和补货时的库存模型中，平均库存经营总费用和订货批量的函数关系表示为：

$$\bar{C} = \frac{R}{Q_0}c_0 + \frac{Q_0}{2}c_1 + kR$$

令

$$\frac{\mathrm{d}\bar{C}}{\mathrm{d}Q_0} = 0$$

得驻点

$$Q^* = EOQ = \sqrt{\frac{2c_0R}{c_1}}$$

所以，经济订购批量就是在整个库存经营过程中，使库存平均总费用达到最少的订货批量 Q^*(或 EOQ)。经济订购批量决策法就是通过计算，求最佳经济订购批量，并制定切实可行的商品订货方案以使计划期内库存平均总费用达到最小。

若价值为 P 的物资在仓库中储存一年，则其保管费 c_1 和 c_i 的关系表示如下：

$$c_1 = Pc_i$$

所以有：

$$Q^* = EOQ = \sqrt{\frac{2c_0R}{Pc_i}}$$

【例 12-7】 某企业经销电源插座。预计年需求量为 1 250 箱，每次的订购成本为 50 元，每箱插座的价值为 800 元，每年库存持有成本为当年平均储存金额的 30%。根据 EOQ 模型，为了使库存平均总费用达到最少，最佳订货批量应该是多少箱？

$$EOQ=\sqrt{\frac{2c_0R}{Pc_i}}=\sqrt{\frac{2\times 50\times 1\ 250}{800\times 30\%}}=23(\text{箱})$$

所以,最佳订货批量为 23 箱可使库存平均总费用达到最少。

第二节 风险型决策方法

一、应用风险型决策方法的条件

人们作一项决策,可能成功也可能失败,也就是决策者需要冒一定风险。企业经营管理工作遇到的决策问题很多是属于风险型决策问题。风险型决策是指每个备选方案都会遇到几种不同的可能情况,而且已知出现每一种情况的可能性有多大,即发生的概率有多大,因此在依据不同概率所拟订的多个决策方案中,不论选择哪一种方案,都要承担一定的风险。在多数情况下,要获得较高收益的决策,往往要冒较大的风险。对决策者来说,问题不在于敢不敢冒险,而在于能否估计到各种决策方案存在的风险程度,以及在承担风险时所付出的代价与所得收益之间作出慎重的权衡,以便采取行动。

风险型决策方法不同于确定型决策方法,其适用的条件也不同。应用风险型决策方法必须具备以下条件:

(1)具有决策者期望达到的明确目标;

(2)存在决策者可以选择的两个以上的可行备选方案;

(3)存在着决策者无法控制的两种以上的自然状态(如气候变化、市场行情、经济发展动向等);

(4)不同行动方案在不同自然状态下的收益值或损失值(简称损益值)可以计算出来;

(5)决策者能估计出不同的自然状态发生的概率。

风险型决策方法主要有决策表法、决策树法。

二、决策表法

决策表也叫决策矩阵表,它是用风险型决策基本结构矩阵表来表述各种可供选择的方案,并计算出各个方案的损益期望值,经比较,选择损益期望值最大方案为决策方案。决策表法是依据期望值准则进行决策分析的方法。每个备选方案都可计算其损益期望值(简称损益值)。

决策表是风险型决策的常用基本工具,它的结构如表 12-2 所示。

表 12-2 决策表

自然状态 / 收益(损失)值 / 概率 / 比较方案	S_1	S_2	…	S_j	…	S_m
	P_1	P_2	…	P_j	…	P_m
A_1	O_{11}	O_{12}	…	O_{1j}	…	O_{1m}
A_2	O_{21}	O_{22}	…	O_{2j}	…	O_{2m}
⋮	⋮	⋮	⋮	⋮	⋮	⋮
A_n	O_{n1}	O_{n2}	…	O_{nj}	…	O_{nm}

从表 12-2 中可以看出决策表的内容包括：

(1)决策问题的各种备选方案，见表左起第一列的 A_1、A_2、…、A_n。

(2)各种不同方案可能遇到的自然状态，见表的上部第一行的 S_1、S_2、…、S_m。

(3)第二行所列的 P_1、P_2、…、P_m，是每种自然状态可能发生的概率值，是人们根据各种状态发生的历史统计资料得出的，它们之和等于 1。

(4)收益值或损失值 O_{11}、O_{12}、…、O_{1m} 是表的主体部分，它是根据有关信息资料，应用数量化方法计算出来的可量度的值，它根据不同决策问题有不同含义，如销售利润、产值等。

决策表法是以期望值大小为标准进行决策的。期望值标准可分为最大收益期望值标准和最小损失期望值标准两类。下面分别介绍这两种标准的决策表法的应用。

【例 12-8】 某冷饮店销售冷饮食品，平均每箱冷饮进价 40 元，销售价 60 元。若当天进货的冷饮卖不完，由于要冷藏及折价处理，平均每箱亏损 10 元。已知该店去年夏季每天的冷饮销售如表 12-3 所示，请决策该店每天应进冷饮多少箱为最佳。

1. 以最大收益期望值的标准来决策

(1)根据去年同期冷饮销售资料估算各种市场销售量的概率，见表12-3。

表 12-3　冷饮销售表

日销售量(箱)	完成日销售量的天数(日)	概率值
120	18	18÷90=0.2
140	27	27÷90=0.3
160	36	36÷90=0.4
180	9	9÷90=0.1
总计	90	1.0

从表 12-3 中可知，去年夏季每天销售冷饮 120 箱的概率为 0.2，销售 140 箱的概率为 0.3，销售 160 箱的概率为 0.4，销售 180 箱的概率为 0.1。

(2)拟订各种进货的备选方案。根据去年的销售资料拟订今年夏季每天的冷饮进货方案为：A_1 方案为 120 箱，A_2 方案为 140 箱，A_3 方案为 160 箱，A_4 方案为 180 箱。

各方案收益值的计算方法如下：

若当天进货为 A_1 方案即 120 箱，遇到市场销售状态为 120 箱，收益值为 120×20=2 400(元)；遇到市场销售状态为 140 箱、160 箱、180 箱，其收益值均为 120×20=2 400(元)。

若当天进货为 A_3 方案即 160 箱，遇到市场销售状态为 120 箱，则收益值=120×20+(160−120)×(−10)=2 000(元)；遇到市场销售状态为 140 箱，则收益值为 2 600 元；遇到市场销售状态为 160 箱、180 箱，收益值均为3 200元。

其余方案的计算依此类推。

(3)计算各方案的期望收益值

$$期望收益值 = \sum_{j=1}^{m} P_j O_{ij}$$

其中：O_{ij}——第 i 个方案在自然状态 S_j 下的收益值；

P_j——自然状态 S_j 的发生概率。

A_1 方案的期望收益值=2 400×0.2+2 400×0.3+2 400×0.4+2 400×0.1=2 400(元)

A_2 方案的期望收益值＝2 200×0.2＋2 800×0.3＋2 800×0.4＋2 800×0.1＝2 680(元)

同理,A_3、A_4 方案的期望收益值分别为 2 780 元、2 640 元,见表 12-4。

表 12-4 最大收益期望值计算表

金额单位:元

方案 \ 收益值 \ 市场销售状态	120 箱	140 箱	160 箱	180 箱	收益期望值
状态概率	0.2	0.3	0.4	0.1	
A_1:120 箱	2 400	2 400	2 400	2 400	2 400
A_2:140 箱	2 200	2 800	2 800	2 800	2 680
A_3:160 箱	2 000	2 600	3 200	3 200	2 780
A_4:180 箱	1 800	2 400	3 000	3 600	2 640

(4)选择期望收益值最大的方案为决策的行动方案。A_3 方案的期望收益值最大,故决策选择方案为 A_3。

2. 以最小损失期望值的标准来决策

这是以追求销售损失最小为决策目标,即以销售损失期望值最小的原则选择方案。这里的销售损失既包括进货量高于市场需求量而折价处理的损失,也包括进货量低于市场需求量而造成缺货而失去销售机会的利润损失。

其步骤与最大收益期望值标准法相同,但计算方法有所不同,具体见表 12-5。

表 12-5 最小损失期望值计算表

金额单位:元

方案 \ 收益值 \ 市场销售状态	120 箱	140 箱	160 箱	180 箱	损失期望值
状态概率	0.2	0.3	0.4	0.1	
A_1:120 箱	0	400	800	1 200	560
A_2:140 箱	200	0	400	800	280
A_3:160 箱	400	200	0	400	180
A_4:180 箱	600	400	200	0	320

各方案的损失值计算方法如下:

A_1 方案:进货 120 箱,如遇上市场销售状态为 120 箱,损失为 0;如遇上市场销售状态为 140 箱,损失＝(140－120)×20＝400(元);遇上市场销售状态为 160 箱,损失＝(160－120)×20＝800(元)……同理,可计算方案 A_2、A_3 的损失。

A_4 方案:进货 180 箱,如遇上市场销售状态为 120 箱,损失＝(120－180)×(－10)＝600(元)。同理,遇上市场销售状态为 140 箱、160 箱,损失分别为 400 元、200 元;遇上市场销售状态为 180 箱,损失为 0。

再计算各方案的损失期望值:

A_1 方案的损失期望值＝400×0.3＋800×0.4＋1 200×0.1＝560(元)

依此类推,方案 A_2、A_3、A_4 的损失期望值分别为 280 元、180 元、320 元。

比较各方案的损失期望值，A_3 方案的最小，所以，选择 A_3 方案为决策的行动方案。这一决策结果与最大收益值标准法的决策结果是一致的。

三、决策树法

决策树法是指将决策的问题以树状图形来表达，并通过对树状图形的计算分析来选择决策行动方案的方法。这里的树状图形就称为"决策树"。

决策树一般由方块结点、圆形结点、方案枝、概率枝等组成。方块结点称为决策结点，由方块结点引出若干条细支，每条细支代表一个方案，称为方案枝；圆形结点称为状态结点，由状态结点引出若干条细支，表示不同的自然状态，称为概率枝。每条概率枝代表一种自然状态。在每条细枝上标明客观状态的内容和出现概率。在概率枝的最末梢标明该方案在该自然状态下所达到的结果（收益值或损失值）。这样树形图由左向右、由简到繁展开，组成一个树状网络图，如图 12-3 所示。

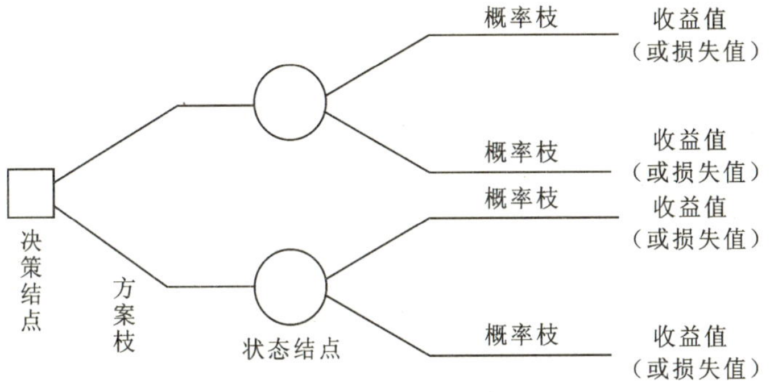

图 12-3　决策树示意图

应用决策树的具体步骤如下：

（1）画出决策树。决策树图是人们对某个决策问题未来可能发生的情况与方案可能的结果在图纸上的表示。因此，画决策树图的过程就是拟订各种方案的过程，也是进行状态分析和估算方案条件结果的过程。要对决策问题的发展动向步步深入地进行分析，并按决策树图的结构规范由左向右来推进画出决策树图。

（2）计算期望值。将各自然状态的收益值或损失值分别乘以概率枝上的概率，并将这些值相加，求出状态结点和决策结点的收益期望值或损失期望值。期望值的计算从图的右边向左边逐步进行。一般把计算结果标示在相应的状态结点的上方。

（3）修枝选定方案。根据不同方案期望值的大小，从右向左（逆推法）进行修枝优选。舍去期望收益值小的方案，留下期望收益值最大的方案。在较复杂的决策问题中，此步骤常与上述计算期望收益值步骤交叉进行。修枝时要把修枝符号画在图上，最后便可得出最优方案，并写出结论。

决策树分析法的主要特点是使用了决策树图，因而整个决策分析过程具有直观、简要、清晰等优点。决策树分析法既可用于单阶段的决策，也可用于多阶段的复杂决策。

（一）单阶段决策

单阶段决策是指在整个决策中只决策一次，就能选择出决策的行动方案。

【例 12-9】　某企业为增加销售拟定开发一个新产品。有两个方案可供选择。

方案一:投资400万元建大车间。建成后,如果销路好,每年获利75万元;如果销路差,每年亏损10万元。使用年限为10年。

方案二:投资150万元建小车间。建成后,如果销路好,每年获利30万元;如果销路差,每年亏损5万元。使用年限为10年。

据市场调查预测,新产品在今后10年内,销路好的概率是0.7,销路差的概率是0.3。

哪个方案好?

对这一决策问题可应用决策树法。

第一步,依据题意画出决策树图(图12-4)。

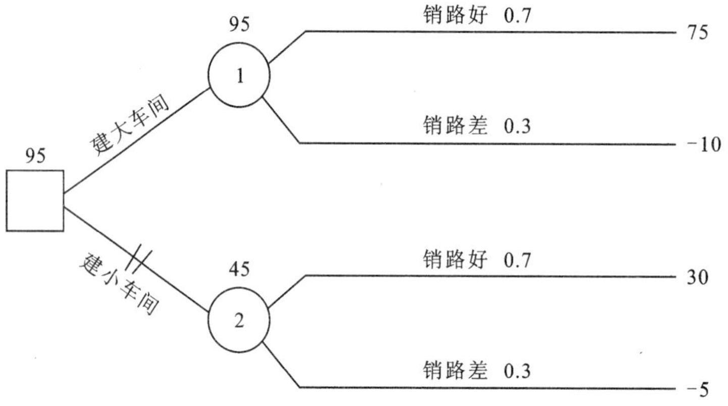

图12-4　决策树图(单阶段)

第二步,从右到左计算各结点的期望值。

结点①的期望值=0.7×75×10+0.3×(-10)×10-400=95(万元)

结点②的期望值=0.7×30×10+0.3×(-5)×10-150=45(万元)

第三步,比较结点①、②,舍去点②,决策结果为选择建大车间的方案。

单阶段决策的方法简便易行。

(二)多阶段决策

如果决策问题比较复杂,一次决策不能解决问题,需要进行多次决策才能确定行动方案的决策称为多阶段决策。

【例12-10】　某企业为增加销售拟定开发一个新产品,提出三个备选方案:

方案一:投资400万元建大车间。建成后,如果销路好,每年获利75万元;如果销路差,每年亏损10万元。使用年限为10年。

方案二:投资150万元建小车间。建成后,如果销路好,每年获利30万元;如果销路差,每年亏损5万元。使用年限为10年。

方案三:投资150万元先建小车间。试销3年,如果销路好,再投资230万元扩建为大车间,其效率与方案一相同。扩建后使用年限为7年。

根据市场预测,这种新产品在今后10年内销路好的概率是0.7,销路差的概率是0.3。又预计如果前3年销路好,后7年销路好的概率是0.9;如前3年销路差,后7年销路肯定差。

应选择哪个方案?

本例题实际上是例12-9的进一步扩展。在原来两个方案的基础上又增添了方案三,使决策问题变复杂了。这一决策包括两个问题的决策：一是建小车间 3 年后扩建好还是不扩建好？二是建大车间好还是建小车间好？故这一问题属于多阶段决策。

其具体步骤与单阶段决策一样。

首先，画出决策树图，见图 12-5。

其次，计算各结点的期望值。

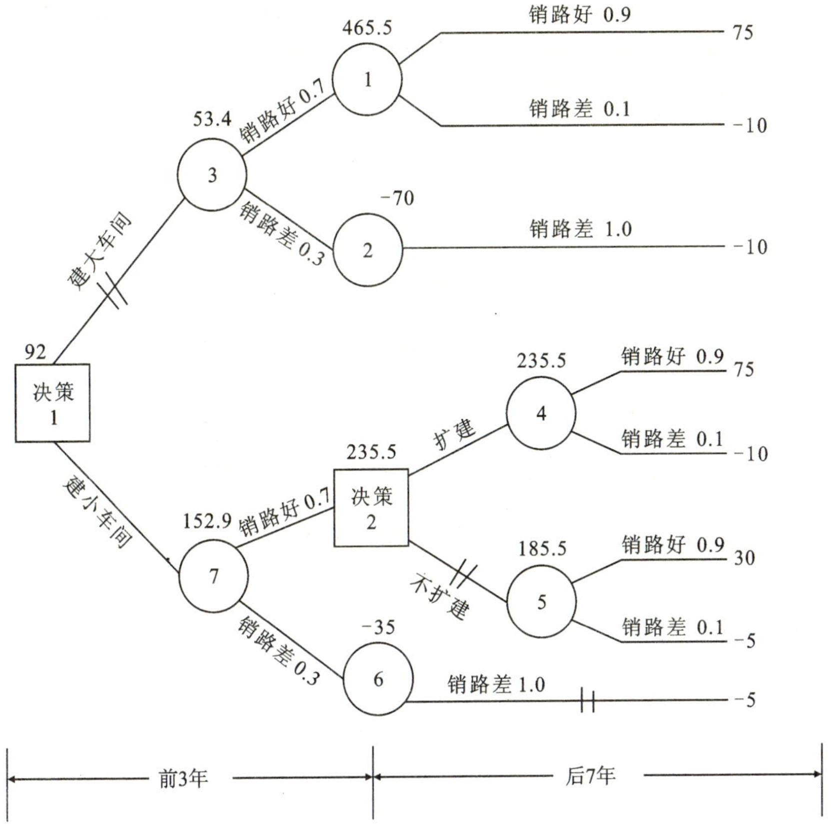

图 12-5　决策树图(多阶段)

结点①的期望值＝0.9×75×7＋0.1×(－10)×7＝465.5(万元)

结点②的期望值＝1×(－10)×7＝－70(万元)

结点③的期望值＝0.7×75×3＋0.7×465.5＋0.3×(－10)×3＋0.3×(－70)－400＝53.4(万元)

结点④的期望值＝0.9×75×7＋0.1×(－10)×7－230＝235.5(万元)

结点⑤的期望值＝0.9×30×7＋0.1×(－5)×7＝185.5(万元)

比较结点④和结点⑤，舍弃结点⑤，选择结点④。

结点⑥的期望值＝1×(－5)×7＝－35(万元)

结点⑦的期望值＝0.7×75×3＋0.7×235.5＋0.3×(－10)×3＋0.3×(－35)－150＝152.9(万元)

比较结点③和结点⑦，舍弃结点③，选择结点⑦。决策结果为：选择方案三，先建小车间，若前 3 年销路好，再扩建大车间。

第三节　非确定型决策方法

一、应用非确定型决策方法的条件

非确定型决策与确定型决策有很大不同，即决策过程存在着不确定性。决策者对于所要决策的问题只能推测到可能出现的几种自然状态，但每种自然状态发生的概率，由于缺乏经验和资料，无法估算，决策者不能完全肯定各个备选方案未来的结果。因此在这种情况下决策，主要依赖于决策者的个人素质和决策风格。

概括起来说，应用非确定型决策方法有以下条件：

(1)具有决策者期望达到的明确目标。

(2)存在可供决策者选择的两个以上的备选行动方案。

(3)存在着决策者无法控制的两种以上的自然状态。

(4)不同的备选方案，在不同自然状态下的损益值可以计算出来，但各种自然状态发生的概率无法估算。

一个决策问题如符合上述条件，就要采用非确定型决策方法。这类决策方法主要有悲观决策法(小中取大法)、乐观决策法(大中取大法)、折中分析法和遗憾值法。

二、悲观决策法和乐观决策法

(一)悲观决策法(小中取大法)

悲观决策法(小中取大法)指决策者采用这种方法进行决策时，首先从每一个方案的各个自然状态中选择最小的收益值，然后在这些最小的收益值中再选取一个收益值最大的方案作为决策方案。此时决策者的思想基础是对客观情况持悲观态度。

下面结合具体实例说明小中取大法的应用步骤。

【例12-11】　某商业集团公司为了增加商品销售额，提高市场占有率，公司决策层根据市场供求关系和自身人力、物力、财力条件，拟订如下4个备选方案，请用小中取大法作出决策。

方案 A_1：扩大进货，增加新品种和适销对路的商品。

方案 A_2：增加进口商品和中高档商品，以增加销售额。

方案 A_3：增加部分品种，主要通过提高服务质量来促销。

方案 A_4：增设新的销售网点，增加销售额。

无论采用哪一种方案，市场的商品销售都可能出现4种自然状态：

S_1 状态：市场需求高；

S_2 状态：市场需求一般；

S_3 状态：市场需求较低；

S_4 状态：市场需求很低。

各个备选方案在4种自然状态下的收益值见表12-6。

表 12-6　最小收益值计算表　　单位:万元

损益值 自然状态 方案	S_1	S_2	S_3	S_4	最小收益值
A_1	850	430	150	50	50
A_2	650	500	120	80	80
A_3	340	240	180	60	60
A_4	240	170	140	70	70

决策步骤如下：

首先，从每个方案中选择一个最小的收益值。A_1 方案为 50 万元，A_2 方案为 80 万元，A_3 方案为 60 万元，A_4 方案为 70 万元。

其次，从 4 个方案的最小收益值中选择一个最大收益值 80 万元，它所对应的方案 A_2 即为决策的行动方案。

(二)乐观决策法(大中取大法)

乐观决策法(大中取大法)是指从每一个方案中找出最大收益值，然后在这些最大收益值中选择一个收益最大的方案为决策方案的方法。这种决策方法与小中取大法相反。它的特点是，决策者对市场发展未来前景的估计是乐观的，决策时不放弃任何一个获得最好结果的机会，力争好中求好，愿意以承担一定风险的代价去获得最大的收益。

乐观决策法(大中取大法)的步骤如下(见表 12-7)：

表 12-7　最大收益值计算表　　单位:万元

损益值 自然状态 方案	S_1	S_2	S_3	S_4	最大收益值
A_1	850	430	150	50	850
A_2	650	500	120	80	650
A_3	340	240	180	60	340
A_4	240	170	140	70	240

首先，从每一个方案中选择一个最大收益值。A_1 方案为 850 万元，A_2 方案为 650 万元，A_3 方案为 340 万元，A_4 方案为 240 万元。

其次，从 4 个方案的最大收益值中选择一个最大收益值 850 万元，它所对应的方案 A_1 即为决策的行动方案。

三、折中分析法

它是介于大中取大法和小中取大法之间的一种决策方法。折中分析法表达了决策者对市场发展的未来前景既不乐观也不悲观，而是采取一个折中标准。

折中分析法在应用中要求决策者根据经验判断方法确定一个折中系数 $\alpha(0<\alpha<1)$。计算公式如下：

$$折中标准收益值=\alpha\times最大收益值+(1-\alpha)\times最小收益值$$

显而易见,当 $\alpha=0$ 时为小中取大法(悲观法);当 $\alpha=1$ 时为大中取大法(乐观法)。

α 的确定尚没有一个理论标准,而是由决策者经过对历史资料的分析,依据个人的经验和决策风格加以判断确定的。

折中分析法的步骤是:

(1)确定一个 α 系数,计算不同方案的折中收益值;

(2)从这些折中收益值中选择一个最大的折中收益值,其对应的方案即为决策的行动方案。

现仍以表 12-6 中的数据为例说明折中分析法在决策中的应用。

设 $\alpha=0.6$,各个方案的折中收益值计算如下:

方案 A_1:$0.6\times850+(1-0.6)\times50=530$(万元)

方案 A_2:$0.6\times650+(1-0.6)\times80=422$(万元)

方案 A_3:$0.6\times340+(1-0.6)\times60=228$(万元)

方案 A_4:$0.6\times240+(1-0.6)\times70=172$(万元)

在 4 个方案的折中收益值中,A_1 方案的收益值最大,故选择 A_1 方案为决策的行动方案。

四、遗憾值法

遗憾值法的基本思想是,在实现决策的过程中,当某一自然状态出现时,决策者就会明确哪一个方案的收益值最大。如果决策者当初在决策时没有采用这一方案,而采用了其他方案,则会感到遗憾。例如在表 12-6 中,若未来出现的市场状态是 S_1 状态,很显然 A_1 方案是最佳,收益值最高,达 850 万元。若当初决策者没有选择 A_1 方案,而采用了其他方案,则会感到遗憾。遗憾的程度可用遗憾值的大小来表示,遗憾值是每一种自然状态下最大收益值与其他收益值之差。

遗憾值法就是决策者以各个方案的遗憾值为基础,经过比较,选择遗憾程度较低的决策方案的方法。

仍以例 12-11 为例,说明遗憾值法的具体步骤。

(1)从表 12-8 中确定各种自然状态下的最大收益值,即表中画有横线的数值。

(2)求各自然状态下的各方案的遗憾值,并将其组成遗憾值表,见表12-9。

表 12-8 各方案的收益值 单位:万元

损益值 方案 \ 自然状态	S_1	S_2	S_3	S_4
A_1	<u>850</u>	430	150	50
A_2	650	<u>500</u>	120	<u>80</u>
A_3	340	240	<u>180</u>	60
A_4	240	170	140	70

表 12-9　遗憾值表　　单位:万元

自然状态 损益值 方案	S_1	S_2	S_3	S_4	最大遗憾值
A_1	0	70	30	30	70
A_2	200	0	60	0	200
A_3	510	260	0	20	510
A_4	610	330	40	10	610

以 S_1 自然状态为例:出现 S_1 自然状态,A_1 方案的收益值最大,为 850 万元。若决策时未选择 A_1 方案,而选择 A_2 方案,此时决策者遗憾值为 850－650＝200(万元);如选择 A_3 方案,遗憾值为 850－340＝510(万元);如选择 A_4 方案,遗憾值为 850－240＝610(万元)。

其他自然状态下的遗憾值依此类推。

(3)选出每个方案的最大遗憾值,分别为 70 万元、200 万元、510 万元、610 万元。

(4)从 4 个最大遗憾值中选出一个最小的遗憾值 70 万元,其对应的方案 A_1 即为决策的行动方案。

运用上述非确定型决策分析的四种方法,所得出的决策结论并不完全相同。对于非确定型决策问题,在理论上还没有说明哪种方法是最合理的,因此运用哪种方法为好,要取决于决策者对待风险的态度和魄力。比较适用的方法是采用各种方法进行计算,然后将计算结果进行综合评价,将被选次数最多的方案作为最优方案。根据上述标准,方案 A_1 被选中三次,所以从理论上应选 A_1 为决策方案。

第四节　效用曲线决策方法

一、效用标准与效用曲线

决策是由决策者拍板定案的,决策者个人的主观因素不可能不对决策过程产生重要影响,尤其是对待风险型决策问题时。前面在讨论风险型决策问题时,都是以损益期望值作为决策标准的,而实际上由于决策者的个人性格、当前处境、对未来的展望等条件的不同,对决策的机会与风险就有不同的反应。即便是同一个决策者,由于时间、客观条件等变化,对同样的机会或风险也会有不同的反应。比如,一个拥有固定资金 100 万元的企业,是否要进行火灾保险有两个方案:选择投火灾保险,每年必须向保险公司交火灾保险金10 000 元;不投保,则每年发生火灾的可能性为 0.1%。从损失期望值来看,投火灾保险方案的年损失期望值为 10 000 元,不投火灾保险方案每年的损失期望值为 1 000 000×0.001＝1 000(元)。两者比较,选择不投火灾保险方案有利。但决策者肯定愿意选择投火灾保险方案,因为,不投火灾保险,一旦发生火灾,便会造成更大的损失,承担的风险更大。由此看来,在有些情况下,损益期望值并非是决策的唯一标准。决策者确定决策方案时,除了考虑损益值因素的影响外,还必须考虑决策者对于利益和损失的独特感觉和反应,即效用因素的影响。一般来讲,对风险较大的一次性决策问题,决策者的反应容易同损益期望值发生差异,以损益期望值为决策标准就不甚合理;对风险不大的多项重复性决策问题,决策者的反应通常同损益期望值是一致的,以损益期望值作为决策标准就较为合理。

效用,是指决策者对经营活动中可能出现的利益和损失的反应。它实质上代表着决策者对于风险的态度。效用量的表现称为效用值。通常用1表示最大的效用值,用0表示最小的效用值。效用值的大小表现了决策者对利益和损失的反应程度,也是他们对于风险的倾向和态度,反映了不同决策者的不同价值观,以及他们对同一方案的不同评价标准。效用标准是依据决策者对待具有风险的利益和损失的反应程度选择其认为满意的决策方案。

一般说来,根据决策者对待风险的态度,可将决策者分为三种类型:

第一种类型,是循规蹈矩的决策者。他们既不勇于冒险,也不甘落后,在决策过程中倾向于以期望值的高低为依据选定决策方案,认为肯定能得到的收益值与同等收益期望值之间具有相同的效用。

第二种类型,是慎重稳妥的保守型决策者。他们谨小慎微,不求大利,逃避风险,对损失的反应十分敏感,而对利益的反应比较迟缓,因此在决策过程中认为肯定能得到的收益值的效用往往要大于带有风险的同等损益值的效用。

第三种类型,是进取心强、敢冒风险的决策者。他们勇于进取,即使成功概率小,只要效益高,也敢去冒险。在决策过程中,他们常常以乐观的态度进行方案选择,对利益的反应相当敏感,而对损失的反应迟缓,往往宁肯承担遭受损失的风险,也不愿轻易接受肯定得到的同等的收益值机会。

在决策理论中,以损益值为横坐标,以表明决策者对待风险的态度的效用值为纵坐标,画出的他对风险态度的曲线叫做效用曲线。效用曲线成为不同决策者对于风险态度的形象描述工具。它也是拟订、分析并向决策者提供决策方案的有效工具。

总的来说,上述三种类型的决策者对待风险的态度不同,效用曲线也各不相同,见图12-6。图中A代表第二种类型即慎重稳妥的保守型决策者对风险的态度,是一条凸形曲线,效用按递增的比率而增大;B代表第一种类型即循规蹈矩的决策者对风险的态度,是一条直线,效用与损益值成正比例变化;C代表第三种类型即敢于冒险的决策者对待风险的态度,是一条凹形曲线,效用按递减的比率而增大。

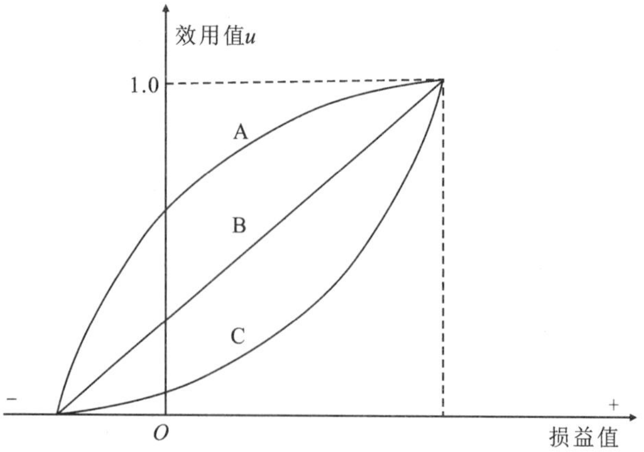

图12-6 效用曲线类型

决策者的效用曲线，通常是通过反复心理测试来获取他对出现的利益和损失的反应，以效用值表示，然后画到坐标图上得出的。心理试验表明：

(1)同一金额量，在不同的风险情况下，对同一个决策者具有不同的效用值。

(2)同一金额量，即使在相同的风险情况下，不同的决策者也有不同的效用值。

(3)一般情况下，同一金额量，随着风险程度的增加，其在决策者心目中的效用值是不断下降的，即绝大多数决策者对风险是抱厌恶态度的。

由此可见，一个决策者在解决不同决策问题时，其效用曲线并非一定相同；大多数决策者属于保守型，另外两种类型的决策者属于少数。

二、效用曲线决策方法的应用

效用曲线决策方法就是通过对决策者进行反复心理测试，来获取他对出现的利益和损失的反应，画出决策者的效用曲线，根据决策者的特定效用曲线，拟订、分析并向决策者提供相应决策方案。

【例 12-12】 某人有 1 000 元人民币，他面临投资于证券与存入银行两种投资方案决策的选择。图 12-7 给出了两种方案一年内面临的状态概率及一年后的盈亏数值。显然，依据损益期望值最优的决策标准，应该选择将 1 000 元投资在证券上的方案。如果用效用曲线来作出投资方案选择，且决策者属于保守类型，又该如何决定呢？

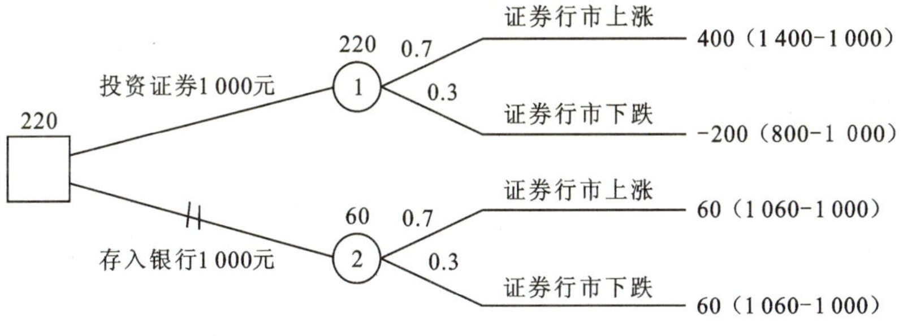

图 12-7　投资问题决策树分析图

第一，根据决策备选方案条件，决策者明确最满意的损益值和最不希望出现的损益值，分别用 1 和 0 表示其效用值。显然，这里 1 000 元的两种投资方案中，一年后获利 400 元为最满意的损益值，记作 $u(400)=1$；一年后损失 200 元是最不希望出现的损益值，记作 $u(-200)=0$。这样也就确定了该决策者效用曲线上的两个点 B_1 和 B_2（见图 12-8）。

第二，依据 1 000 元投资证券方案 A_1 的两种自然状态出现概率及其损益值对应的效用值，计算该方案的效用值，记作 $u(A_1)$：

$$u(A_1)=0.7\times u(400)+0.3\times u(-200)=0.7\times 1+0.3\times 0=0.7$$

第三，由决策者比较 1 000 元投资证券方案 A_1 和投入银行方案 A_2 的效用值。如果决策者是保守类型者，他认为 A_2 方案确定无疑能获 60 元盈利，比 A_1 方案的损益期望值 220 $(400\times 0.7-200\times 0.3)$元更稳妥，愿选择 A_2 方案，放弃 A_1 方案，则在该决策者看来，A_2 方案的效用值比 A_1 方案的效用值高，即 $u(A_2)>u(A_1)=0.7$。

第四，测试决策者认为何种确定无疑的损益值水平方案的效用值能与 A_1 方案的效用值相等。若该决策者认为确定无疑能获 15 元盈利的某方案 A_3，其效用值与 A_1 方案效用相

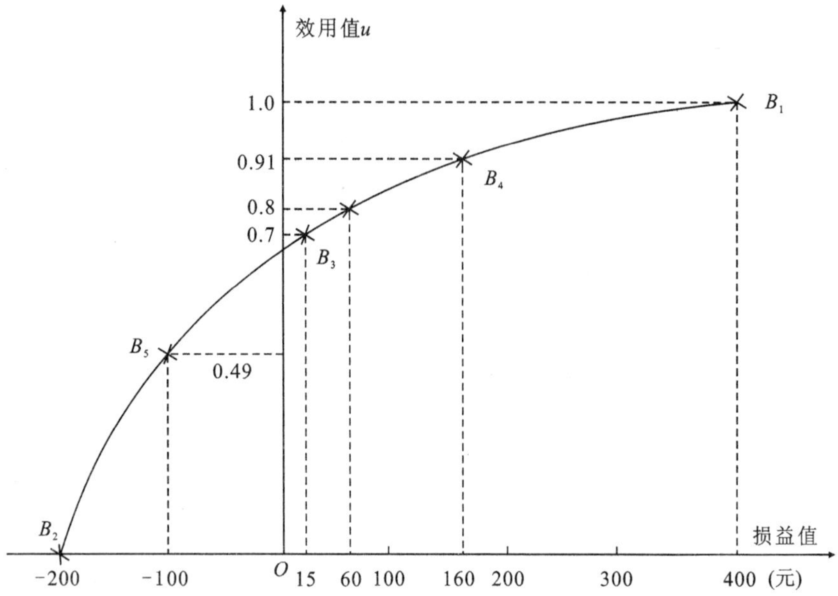

图 12-8　投资效用曲线

等，因而有 $u(15)=u(A_1)=0.7$。

这样，又找到了该决策者效用曲线上的第三点 B_3。

第五，从效用曲线上找到的已知点 B_1、B_2 和 B_3 中，将相邻两个点对应横坐标的损益值构成具有原风险方案出现概率的新方案，分别作为某种机会，重复第二步至第四步的试验，便可找到效用曲线上已确定的两点之间的新效用点。这里 B_1、B_3 两点构成的方案是以 70%概率获得 400 元、30%概率获得 15 元的 A_4 方案；以 B_3、B_2 两点构成的方案是以 70%概率获得 15 元、30%概率获得－200 元的 A_5 方案。假定经过测试，决策者认为确定无疑获得 160 元的方案效用值与 A_4 方案效用值相等，则

$$u(160)=u(A_4)=0.7\times u(400)+0.3\times u(15)=0.7\times 1+0.3\times 0.7=0.91$$

这样就确定了效用曲线上的第四点 B_4。

同样，经过测试，决策者认为确定无疑要损失 100 元的方案效用值与 A_5 方案效用值相等，则

$$u(-100)=u(A_5)=0.7\times u(15)+0.3\times u(-200)=0.7\times 0.7+0.3\times 0=0.49$$

于是就确定了效用曲线上的第五点 B_5。

显然，类似第五步再重复去找到效用曲线上已确定两点之间的新效用点，将这些点用一条光滑的曲线连接起来，则此曲线就代表了这位决策者对风险态度的效用曲线(见图12-8)。根据此效用曲线，能方便地找到 1 000 元投入银行方案 A_2 的效用值 $u(A_2)=u(60)=0.8$。由前面知道 $u(A_1)=0.7$，故 $u(A_2)>u(A_1)$。所以，按该决策者效用曲线来选择 1 000 元的投资方案，应该选择存入银行方案。

【例 12-13】 某公司要开设一个综合商店，现有两个建设方案。两个方案的投资、年收益及折旧年限如表 12-10 所示。试找出最佳方案。

表 12-10　两个建商店方案的数据表

年收益(万元) 自然状态/概率 方案	销路好	销路差	投资额(万元)	折旧期(年)
	0.6	0.4		
A_1 建大店	50	8	150	10
A_2 建小店	20	5	80	10

如果以损益期望值决策准则来选择最佳方案，则要比较两方案的损益期望值，它们分别为：

A_1：$50\times0.6\times10+8\times0.4\times10-150=182$(万元)

A_2：$20\times0.6\times10+5\times0.4\times10-80=60$(万元)

比较上面两个损益期望值，建大店是最佳方案。

若要考虑方案的效用值选择方案，则必须先找到决策者的效用曲线，然后由效用曲线找到两方案的效用值，最后经过比较，从中选择效用值大的方案为最佳方案。

首先，找决策者的效用曲线。为找方案效用值，根据表 12-10 数据，计算出两个方案在折旧期为 10 年时，销路好与差两种状态下的损益值。

建大店方案，销路好时的损益值为：$50\times10-150=350$(万元)；

销路差时的损益值为：$8\times10-150=-70$(万元)。

建小店方案，销路好时的损益值为：$20\times10-80=120$(万元)；

销路差时的损益值为：$5\times10-80=-30$(万元)。

上述四个损益值，表示了两方案 10 年内扣除投资额后不同销路情况时的损益值，可用决策树表示(只是将约束条件投资额扣除了)，见图 12-9。现在用效用曲线来进行决策。假设决策者是对亏损敏感的人。显然，两方案中 10 年后收益 350 万元是最希望的结果，亏损 70 万元是最不希望的结果，则：$u(350)=1$，$u(-70)=0$。并可计算出 A_1 方案的效用值 $u(A_1)=u(350)\times0.6+u(-70)\times0.4=0.6$。且决策者认为确定无疑 10 年后能收益 30 万元的假设方案效用值与 $u(A_1)$ 相等，则 $u(30)=u(A_1)=0.6$。这样，就找到该决策者效用曲线上的三点。进而以 0.6 的概率获 350 万元、0.4 的概率获 30 万元为 A_3 方案；以 0.6 的概率获 30 万元、0.4 的概率获 -70 万元为 A_4 方案。计算 A_3、A_4 方案的效用值，即

$$\begin{aligned}u(A_3)&=u(350)\times0.6+u(30)\times0.4\\&=1\times0.6+0.6\times0.4\\&=0.84\end{aligned}$$

$$\begin{aligned}u(A_4)&=u(30)\times0.6+u(-70)\times0.4\\&=0.6\times0.6+0\times0.4\\&=0.36\end{aligned}$$

分别找到由决策者认同与其效用值相等的确定无疑收益(或损失)的方案。若决策者认为确获 100 万元与 A_3 方案等效，损失 5 万元与 A_4 方案等效，于是有 $u(100)=u(A_3)=0.84$，$u(-5)=u(A_4)=0.36$。

反复测试，便找到该决策者的效用曲线，见图 12-10。

其次，由图 12-10 的效用曲线，可查到本题中两方案 10 年内扣除投资额后，在销路好与

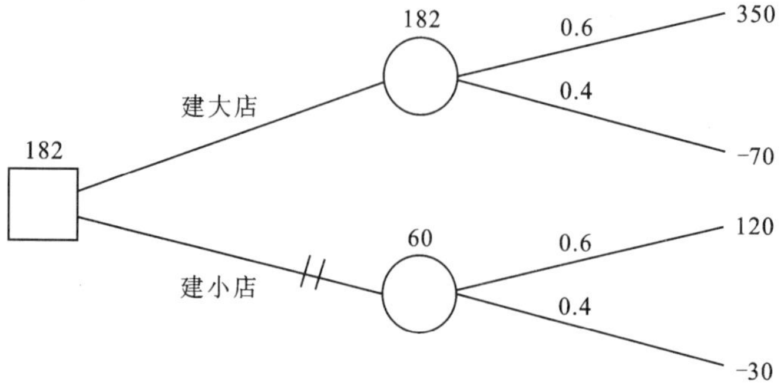

图 12-9 投资损益值决策树分析

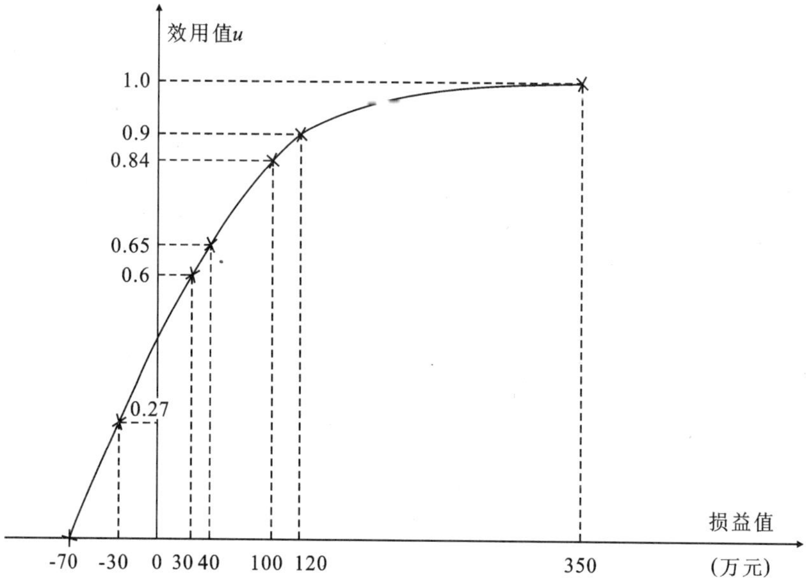

图 12-10 投资效用曲线分析

差时的效用值。即 $u(350)=1$，$u(-70)=0$，$u(120)=0.9$，$u(-30)=0.27$。

这样可画出与图 12-9 损益值决策树相对应的这位决策者对两方案的效用值决策树，见图 12-11。

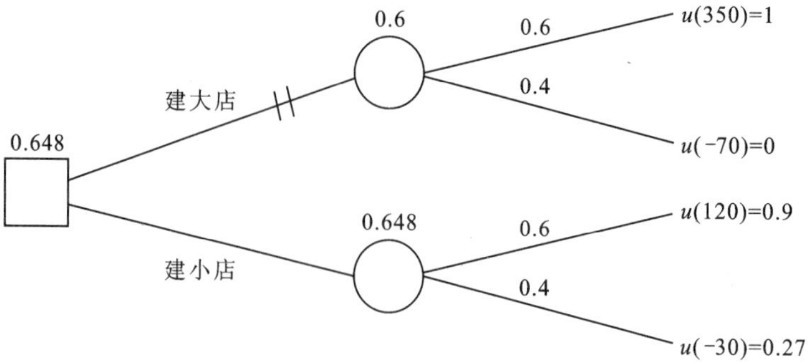

图 12-11 投资效用值决策树

最后，运用决策树分析方法作出决策。类似求方案损益期望值，可以计算出方案的效用

期望值，进行比较，做出选择。即

$$u(A_1)=u(350)\times0.6+u(-70)\times0.4$$
$$=1\times0.6+0\times0.4=0.6$$
$$u(A_2)=u(120)\times0.6+u(-30)\times0.4$$
$$=0.9\times0.6+0.27\times0.4=0.648$$

因为 $u(A_2)>u(A_1)$，故应选择建小店的方案。

出现上述情况，是由于这位决策者习惯于稳健地处理企业的经营活动，是位保守型的决策人。他不求有 60%可能性获得 350 万元巨额利润，也不愿冒有 40%可能亏损 70 万元的太大的风险，所以选择了风险较小的建小店方案。从图 12-10 的效用曲线上还可以找到与效用值 0.648 相当的收益额为 40 万元，这个值小于原来 A_2 方案的损益期望值 60 万元；效用值 0.6 只相当于净利润 30 万元，大大小于原来 A_1 方案的损益期望值 182 万元。

第五节　多目标决策方法

前面讨论的决策都是单一目标决策，其决策目标是一个，如仅考虑利润最大，或费用最低等。但是在许多实际市场活动中的一些决策问题，往往有两个或两个以上的决策目标，对于这类决策问题，称为多目标决策(Multi-Objective Decision-Making，MODM)。例如，对于生产经营决策，不仅要使经营方案的利润最大，而且又要考虑风险小、减少环境污染等。多目标决策可以使决策者更加全面、系统地评价和选择决策方案，但是由于目标多，使决策变得更加复杂。

一、多目标决策的类型

多目标决策问题根据决策情况的不同可分作两类。一类是可供选择的决策方案明确已知，且个数有限，称作有限方案的多目标决策或多目标属性决策(Multi-Objective Attribute Decision-Making，MOADM)。另一类是可供选择的方案不明确，要通过一系列的约束条件表达，且方案有无限多，称作无限方案的多目标决策或多目标规划决策(Multi-Objective Plan Decision-Making，MOPDM)。第一类决策的特点是对各个可供选择的方案进行评价，排定各方案的优劣次序；第二类决策的特点是需用数学规划求最优解或非劣解。本章仅讨论第一类决策——多目标属性决策。

二、多目标属性决策的要素

首先给出几个概念：

(一)目标、目标集

对于一个决策问题，目标可以看做是决策者愿望和需求的直接反映。如上面所举的生产经营决策例子，希望利润最大，这就是目标。目标可以是多层次的：小目标、中目标、总目标等。一个决策问题其所有目标的集合构成一目标集。

(二)属性

所谓属性是用来表示目标达到程度的评价指标。它是一个反映目标特征的量，它取决于决策问题本身。如选拔干部，文化程度、技术职称、年龄是属性，这些属性不受主观影响，是客观属性;工作作风、工作能力,也是属性,属于主观属性。

下面指出多目标属性决策的三个构成要素:

(1)它有 m 个评价指标 $C_1,C_2,\cdots,C_m$。

(2)它有 n 个决策方案 $P_1,P_2,\cdots,P_n$。$P_i(i=1,2,\cdots,n)$又称作备选方案,简称方案。

(3)它有一个决策矩阵(或称判断矩阵)$\boldsymbol{B}=(b_{ij})_{n\times m}$,其中元素 b_{ij} 表示第 i 个方案 P_i 的第 j 个指标 C_j 的评价值。

三、决策矩阵规范化

由于各评价指标 C_j 的测量单位不同,决策矩阵中的 b_{ij} 值往往不便于比较,因此有必要把不同单位转化为相同度量的分数,即把各评价值规范化(把各评价值都变换到[0,1]范围内),以 r_{ij} 表示变换后的评价值。有以下三种规范化方法。

(一)线性变换

对效益型目标,即评价值越大越好的目标宜用下式:

$$r_{ij}=\frac{b_{ij}}{\max\limits_i b_{ij}} \tag{12-7}$$

对成本型目标,即评价值越小越好的目标宜用下式:

$$r_{ij}=1-\frac{b_{ij}}{\max\limits_i b_{ij}} \tag{12-8}$$

线性变换的优点是,规范化后的评价值和原来的评价值是成比例的;缺点是变换后效益型评价值的最差值不为0,成本型评价值的最好值不为1。

(二)非线性变换

对效益型目标用下式变换:

$$r_{ij}=\frac{b_{ij}-\min\limits_i b_{ij}}{\max\limits_i b_{ij}-\min\limits_i b_{ij}} \tag{12-9}$$

对成本型目标:

$$r_{ij}=\frac{\max\limits_i b_{ij}-b_{ij}}{\max\limits_i b_{ij}-\min\limits_i b_{ij}} \tag{12-10}$$

这种变换可以使规范化后评价值最好的值为1,最差的值为0;其缺点是变换前后的评价值不成比例。

(三)向量规范化

$$r_{ij}=\frac{b_{ij}}{\sqrt{\sum\limits_{i=1}^{n}b_{ij}^2}} \tag{12-11}$$

这种变换的特点是变换后的各评价值的最大值和最小值不统一,但 $\sum\limits_{i=1}^{n}r_{ij}^2=1$。

四、计算实例

【例12-14】 拟购买一架飞机,现有4种飞机可供选择,考虑4项评价指标,评价值如表12-11所示。试将决策矩阵规范化。

表 12-11　各方案的评价值

方案 P \ 指标 C	最大速度（马赫）	飞行范围（千米）	最大负载（磅）	购买费用（10 万美元）
P_1	2.0	1 500	20 000	5.5
P_2	2.5	2 700	18 000	6.5
P_3	1.8	1 800	21 000	4.5
P_4	2.2	1 800	20 000	5.0

(1)采用线性变换公式(12-7)得：

$$\boldsymbol{R}=\begin{bmatrix}0.80 & 0.56 & 0.95 & 0.85\\ 1.00 & 1.00 & 0.86 & 1.00\\ 0.72 & 0.67 & 1.00 & 0.69\\ 0.88 & 0.67 & 0.95 & 0.80\end{bmatrix}$$

(2)采用向量规范化公式(12-11)得：

$$\boldsymbol{R}=\begin{bmatrix}0.4671 & 0.3748 & 0.5056 & 0.5069\\ 0.5839 & 0.6746 & 0.4550 & 0.5990\\ 0.4204 & 0.4497 & 0.5308 & 0.4147\\ 0.5139 & 0.4497 & 0.5056 & 0.4608\end{bmatrix}$$

第六节　层次分析法

层次分析法(Analytical Hierarchy Process，AHP)是美国运筹学家、匹兹堡大学教授萨蒂(T. L. Saaty)于 20 世纪 70 年代初期提出的，80 年代初期引进我国，现已成为一种常用的多目标属性决策方法。下面结合例子对这一方法的步骤和应用作以介绍。

(一)明确问题

首先对问题要有明确的认识，即弄清楚问题的范围、提出的具体要求、所包含的因素、因素之间的相互联系。这样就可以明确要解决什么问题，需要的资料是否已具备。

(二)建立层次结构

根据对问题的了解和初步分析，把问题中涉及的因素，按相互之间的联系及其隶属关系进行分类，形成一个多层次的结构模型，如目标层、准则层、指标层、方案层等，可用层次结构图说明各层次的结构关系。

例如，最简单的层次结构可以分作三层，如图 12-12 所示。

最上层是目标层，表示系统所要达到的目标。如有多个目标时可在下一层设立一个分目标层。中间一层是准则层，是横向排出的衡量达到目标的各项准则。有时中间层可分作多层。最下一层是方案层，排列了各种可能采取的方案。

【例 12-15】　一商场对三种电饭锅进行销售趋势分析，以便制订进货计划。假设 B_1、B_2、B_3 三种电饭锅投入市场，顾客在选定购买这类商品时依据对该商品的样式(A_1)、耐久性(A_2)、价格(A_3)三条准则来比较其优劣。若被评价为优秀者，其销售趋势就好，则组织进

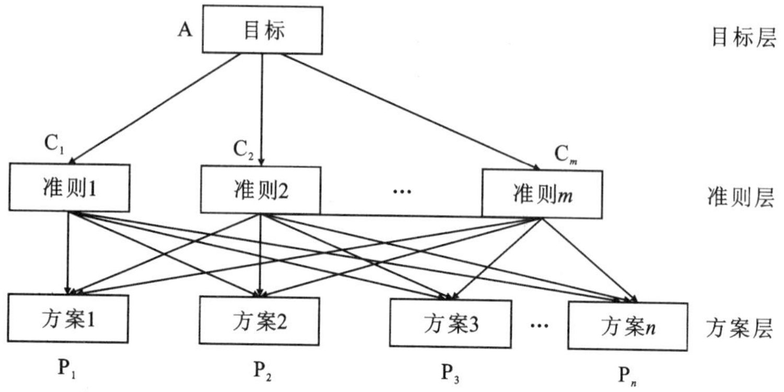

图 12-12　层次结构图

货。对此决策问题的评价分析可建立如下层次结构模型，如图 12-13 所示。

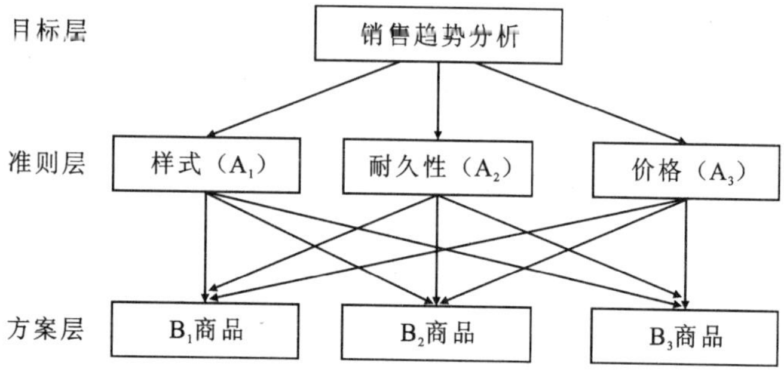

图 12-13　层次结构模型

(三)构造判断矩阵

建立了递阶层次结构后，就可以逐层逐项进行两两比较，利用评分办法来比较它们的优劣，并根据一定的比率标度将判断定量化，形成比较判断矩阵。下面根据图 12-12 的层次结构作以详细介绍。

如图 12-12 所示，在比较时可从最下层开始，$P_1,P_2,\cdots,P_n$，n 个方案以准则 C_1（单一准则）来进行两两比较，比较结构用下列判断矩阵中各元素表示：

$$\begin{array}{c|ccc}
C_1 & P_1 & \cdots & P_n \\
\hline
P_1 & b_{11} & \cdots & b_{1n} \\
P_2 & b_{21} & \cdots & b_{2n} \\
\vdots & \vdots & \vdots & \vdots \\
P_n & b_{n1} & \cdots & b_{nn}
\end{array}$$

对单一准则来说，两个方案进行比较总能分出优劣，如 P_1 与 P_2 比较有以下几种情况：P_1 与 P_2 优劣相等，P_1 稍优于 P_2，P_1 优于 P_2，P_1 甚优于 P_2，P_1 极优于 P_2。将比较结果定量化。层次分析法采用 1～9 标度方法，即使用自然数 1～9 和它们的倒数来表示。对不同情况的评比给予数量标度，如表 12-12 所示。

表 12-12　判断矩阵标度及含义

标　度	含　义
1	两个因素相比，具有同等重要性
3	两个因素相比，一个比另一个稍重要
5	两个因素相比，一个比另一个明显重要
7	两个因素相比，一个比另一个强烈重要
9	两个因素相比，一个比另一个极端重要
2、4、6、8	上述两相邻判断的中值
倒数	如果因素 i 与 j 比较得判断 b_{ij}，则因素 j 与 i 比较的判断 $b_{ji}=1/b_{ij}$

如根据准则 C_1 比较 P_1 和 P_2，若 P_1 与 P_2 优劣相等，则 $b_{12}=1$；若 P_1 稍优于 P_2，则 $b_{12}=3$；若 P_1 优于 P_2，则 $b_{12}=5$；若 P_1 甚优于 P_2，则 $b_{12}=7$；若 P_1 极优于 P_2，则 $b_{12}=9$；若 P_1 稍劣于 P_2，则 $b_{12}=1/3$；若 P_1 劣于 P_2，则 $b_{12}=1/5$，等等。

这些 b_{ij} 的值是根据资料数据、专家意见和决策分析人员的经验反复研究后确定的。由于是对单一准则两两比较，所以一般并不难给出评分标度。可见，判断矩阵元素的值反映了人们对各因素相对重要性的认识，将定性认识转化为定量分析。

例 12-15 的判断矩阵有 4 个。

(1)相对于样式(A_1)准则，各商品之间的重要性比较为：B_1 比 B_2 样式稍好，$b_{12}=3$；B_1 比 B_3 样式明显好，$b_{13}=5$；B_2 比 B_3 样式稍好，$b_{23}=3$。判断矩阵 A_1—B 为：

$$\begin{bmatrix} 1 & 3 & 5 \\ \frac{1}{3} & 1 & 3 \\ \frac{1}{5} & \frac{1}{3} & 1 \end{bmatrix}$$

(2)相对于耐久性(A_2)准则，各商品之间的重要性比较为：B_1 的耐久性比 B_2 明显好，$b_{12}=5$；B_1 的耐久性比 B_3 稍好，$b_{13}=3$；B_3 的耐久性比 B_2 稍好(或说 B_2 的耐久性比 B_3 稍差)，$b_{23}=1/3$。判断矩阵 A_2—B 为：

$$\begin{bmatrix} 1 & 5 & 3 \\ \frac{1}{5} & 1 & \frac{1}{3} \\ \frac{1}{3} & 3 & 1 \end{bmatrix}$$

(3)相对于价格(A_3)准则，各商品之间的重要性比较为：B_1 比 B_2 价格稍贵，$b_{12}=1/3$；B_1 比 B_3 价格明显贵，$b_{13}=1/5$；B_2 比 B_3 价格稍贵，$b_{23}=1/3$。判断矩阵 A_3—B 为：

$$\begin{bmatrix} 1 & \frac{1}{3} & \frac{1}{5} \\ 3 & 1 & \frac{1}{3} \\ 5 & 3 & 1 \end{bmatrix}$$

(4)相对分析销售趋势目标(A)，准则之间的相对重要性比较为：耐久性(A_2)比样式(A_1)明显重要，$b_{21}=5$；价格(A_3)比样式(A_1)稍微重要，$b_{31}=3$；耐久性(A_2)比价格(A_3)稍微重要，$b_{23}=3$。判断矩阵 f—A 为：

$$\begin{bmatrix} 1 & \frac{1}{5} & \frac{1}{3} \\ 5 & 1 & 3 \\ 3 & \frac{1}{3} & 1 \end{bmatrix}$$

由上可知，对于每一准则 C_i，都可列出 $P_1, P_2, \cdots, P_n$ 的判断矩阵。同样，对于目标来说，在 n 个准则中哪个重要一些，哪个次要一些，也要通过两两相比得出判断矩阵。

(四)进行层次单排序及其一致性检验

1. 层次单排序

上面所说的判断矩阵是针对上一层次而言进行的两两评比的评分数据，现在把本层次所有各元素对上一层次来排出优劣顺序。

层次单排序归结为计算判断矩阵的特征向量。常用的方法有求和法、规范化求和法和方根法。这里介绍方根法。

方根法的步骤如下：

(1)计算判断矩阵每一行元素的乘积 M_i。

$$M_i = \prod_{j=1}^{n} b_{ij} \quad (i = 1, 2, \cdots, n)$$

(2)计算 M_i 的 n 次方根 $\overline{W}_i$。

$$\overline{W}_i = \sqrt[n]{M_i}$$

(3)对 $\overline{W}_i$ 进行规范化：

$$W_i = \frac{\overline{W}_i}{\sum_{i=1}^{n} \overline{W}_i}$$

则 $W_i(i=1,2,\cdots,n)$表明了各因素的相对优先程度，可组成判断矩阵的特征向量 $\boldsymbol{W}=(W_1, W_2, \cdots, W_n)^T$。

现以 f—A 矩阵为例，其计算过程如下：

(1)计算判断矩阵每一行元素的乘积 M_i。

$M_1 = 1 \times \frac{1}{5} \times \frac{1}{3} = \frac{1}{15} = 0.067$

$M_2 = 5 \times 1 \times 3 = 15$

$M_3 = 3 \times \frac{1}{3} \times 1 = 1$

(2)计算 M_i 的 n 次方根 $\overline{W}_i$。

$\overline{W}_1 = \sqrt[3]{M_1} = \sqrt[3]{0.067} = 0.405$

$\overline{W}_2 = \sqrt[3]{M_2} = \sqrt[3]{15} = 2.466$

$\overline{W}_3 = \sqrt[3]{M_3} = \sqrt[3]{1} = 1$

(3)对 $\overline{W}_i$ 进行规范化。

$\sum_{i=1}^{3} \overline{W}_i = 0.405 + 2.466 + 1 = 3.871$

$$W_1=\overline{W}_1\Big/\sum_{i=1}^{3}\overline{W}_i=\frac{0.405}{3.871}=0.105$$

$$W_2=\frac{2.466}{3.871}=0.637$$

$$W_3=\frac{1}{3.871}=0.258$$

所求特征向量 $\boldsymbol{W}=(0.105,0.637,0.258)^{\mathrm{T}}$，表示准则层三元素对目标的相对权重值。

2. 一致性检验

由于判断矩阵的元素是根据经验判断确定的标度值，难免会出现片面性，为了防止这种片面性导致的错误，需要对判断矩阵进行一致性检验。

根据矩阵理论，只要判断矩阵 $\boldsymbol{B}$ 的元素 b_{ij} 满足 $b_{ij}=b_{ik}/b_{kj}(i,j=1,2,\cdots,n)$，判断矩阵就具有完全一致性。判断矩阵在满足完全一致性条件下，可以从数学上证明，n 阶判断矩阵具有唯一非零的、也是最大的特征值 $\lambda_{\max}=n$，且除 $\lambda_{\max}=n$ 外，其余特征值均为零。但由于客观事物的复杂性和人们认识的多样性，要求每一次的判断都有完全的一致性是很困难的，特别是因素众多，规模较大的问题更加困难。因此，为了保证层次分析结论的合理性，需要检验判断矩阵的一致性。一致性检验的步骤如下：

(1)计算判断矩阵最大的特征值 $\lambda_{\max}$。有以下计算公式：

$$\lambda_{\max}=\sum_{i=1}^{n}\frac{(BW)_i}{nW_i}$$

式中：n——判断矩阵阶数；

W_i——判断矩阵特征向量的第 i 个元素；

$(BW)_i$——判断矩阵 $\boldsymbol{B}$ 与特征向量 $\boldsymbol{W}$ 的乘积 $\boldsymbol{BW}$ 的第 i 个元素。

对于上面例子，已求得特征向量 $\boldsymbol{W}=(0.105,0.637,0.258)^{\mathrm{T}}$

$$\boldsymbol{BW}=\begin{bmatrix}1 & \frac{1}{5} & \frac{1}{3}\\ 5 & 1 & 3\\ 3 & \frac{1}{3} & 1\end{bmatrix}\times\begin{bmatrix}0.105\\0.637\\0.258\end{bmatrix}=\begin{bmatrix}0.318\\1.936\\0.785\end{bmatrix}$$

$$\lambda_{\max}=\frac{(BW)_1}{nW_1}+\frac{(BW)_2}{nW_2}+\frac{(BW)_3}{nW_3}$$

$$=\frac{0.318}{3\times0.105}+\frac{1.936}{3\times0.637}+\frac{0.785}{3\times0.258}$$

$$=3.037$$

(2)计算判断矩阵一致性指标 CI：

$$CI=\frac{\lambda_{\max}-n}{n-1}$$

(3)计算判断矩阵一致性检验系数 CR，判断其一致性。

$$CR=\frac{CI}{RI}$$

式中 RI 为平均随机一致性指标，它与判断矩阵阶数 n 有关。表 12-13 给出了 $n=1\sim9$ 的 RI 值。

表 12-13　n=1～9 的 RI 值

n	1	2	3	4	5	6	7	8	9
RI	0.00	0.00	0.58	0.90	1.12	1.24	1.32	1.41	1.45

当 $CR<0.10$ 时，判断矩阵一致性检验为通过；否则，为不通过。如不通过，需要重新构造判断矩阵。

如上例，已计算 $\lambda_{max}=3.037$，代入 CI 式：

$$CI=\frac{3.037-3}{3-1}=0.019$$

查表 12-13，$RI=0.58$：

$$CR=\frac{CI}{RI}=\frac{0.019}{0.58}=0.033$$

f—A 判断矩阵一致性通过，即判断不存在严重的片面性。

同样可计算出判断矩阵 A_1—B 的

$W=(0.637,0.258,0.105)^T$，$\lambda_{max}=3.037$，$CI=0.019$，$RI=0.58$，$CR=0.033$；

判断矩阵 A_2—B 的

$W=(0.637,0.105,0.258)^T$，$\lambda_{max}=3.037$，$CI=0.019$，$RI=0.58$，$CR=0.033$；

判断矩阵 A_3—B 的

$W=(0.105,0.258,0.637)^T$，$\lambda_{max}=3.037$，$CI=0.019$，$RI=0.58$，$CR=0.033$。

由上可以得出判断矩阵 A_1—B、A_2—B、A_3—B 一致性检验通过。

(五)进行层次总排序

利用层次单排序的计算结果，确定递阶层次结构中的最下层(方案层)中每一元素(方案)在总目标(最上层元素)中的权重。

经过层次单排序，已经分别得出 $P_1,P_2,\cdots,P_n$ 对 $C_1,C_2,\cdots,C_m$ 的权重，以及 $C_1,C_2,\cdots,C_m$ 对总目标 A 的权重，现在求 $P_1,P_2,\cdots,P_n$ 对 A 的权重。计算方法由表 12-14 给出。

表 12-14　权重计算表

层次 C / 层次 P	C_1	C_2	$\cdots$	C_m	总排序结果
	a_1	a_2	$\cdots$	a_m	
P_1	ω_{11}	ω_{12}	$\cdots$	ω_{1m}	$\sum_{j=1}^{m}\omega_{1j}a_j$
P_2	ω_{21}	ω_{22}	$\cdots$	ω_{2m}	$\sum_{j=1}^{m}\omega_{2j}a_j$
$\vdots$	$\vdots$	$\vdots$	$\vdots$	$\vdots$	$\vdots$
P_n	ω_{n1}	ω_{n2}	$\cdots$	ω_{nm}	$\sum_{j=1}^{m}\omega_{nj}a_j$

根据上例计算的结果进行层次总排序，如表 12-15 所示。

表 12-15　层次总排序

A / B	A_1	A_2	A_3	B 层总排序
	0.105	0.637	0.258	
B_1	0.637	0.637	0.105	0.500
B_2	0.258	0.105	0.258	0.161
B_3	0.105	0.258	0.637	0.340

从计算结果可得 B_1 商品在综合评价中权重最大(0.500),应优先考虑进货,其次是 B_3 商品。

(六)层次总排序一致性检验

为评价层次总排序的一致性,需计算与层次单排序类似的指标。

层次总排序一致性指标 CI 的计算公式为:

$$CI = \sum_{i=1}^{m} a_i CI_i$$

层次总排序平均随机一致性指标 RI 的计算公式为:

$$RI = \sum_{i=1}^{m} a_i RI_i$$

层次总排序随机一致性比率 CR 为:

$$CR = \frac{CI}{RI}$$

当 $CR<0.10$ 时,认为总排序的一致性较好,可以通过。

上例层次总排序一致性检验的计算如下:

$$\begin{aligned} CI &= \sum_{i=1}^{3} a_i CI_i \\ &= 0.105 \times 0.019 + 0.637 \times 0.019 + 0.258 \times 0.019 \\ &= 0.019 \end{aligned}$$

$$\begin{aligned} RI &= \sum_{i=1}^{3} a_i RI_i \\ &= 0.105 \times 0.58 + 0.637 \times 0.58 + 0.258 \times 0.58 \\ &= 0.58 \end{aligned}$$

$$CR = \frac{CI}{RI} = \frac{0.019}{0.58} = 0.033$$

因 $CR<0.10$,一致性检验通过。

层次分析法的特点在于将非定量化研究的思维过程定量化,是一种定性分析和定量分析相结合的决策方法,它能够定量分析一些难以定量的定性决策问题,因此被广泛应用。

本章小结

确定型决策是指决策者对供决策选择的各备选方案所处的客观条件完全了解,每一个备选方案只有一种结果,比较其结果的优劣就可做出决策。确定型决策方法主要有盈亏平衡分析法、库存管理分析法等。

风险型决策是指每个备选方案都会遇到几种不同的可能情况,而且已知出现每一种情况的概率有多大。对决策者来说,在于能否估计到各种决策方案存在的风险程度,以及在承担风险时所付出的代价与所得收益之间做出慎重的权衡。可以依据期望值准则进行决策分析,每个备选方案都可计算出其损益期望值。风险型决策方法主要有决策表法和决策树法。

非确定型决策即决策过程存在着不确定性。决策者对于所要决策的问题只能推测到可能出现的几种自然状态,但每种自然状态发生的概率,由于缺乏经验和资料,无法估算,决策者不能完全肯定各个备选方案未来的结果。非确定型决策主要依赖于决策者的个人素质和决策风格。其决策方法主要有悲观决策法、乐观决策法、折中分析法和遗憾值法。

效用,是指决策者对经营活动中可能出现的利益和损失的反应。效用值的大小表现了决策者对利益和损失的反应程度。在决策理论中,以损益值为横坐标,以表明决策者对待风险的态度的效用值为纵坐标,画出的其对风险态度的曲线叫做效用曲线。不同类型决策者对待风险的态度不同,效用曲线也各不相同。效用曲线决策方法就是通过对决策者进行反复心理测试,来获取他对出现的利益和损失的反应,画出决策者的效用曲线,根据决策者的特定效用曲线,拟订、分析并向决策者提供相应决策方案。决策标准是依据决策者对待具有风险的利益和损失的反应程度来选择其认为满意的决策方案。

多目标决策是关于两个或两个以上的决策目标的问题决策。多目标决策可以更加全面、系统地评价和选择决策方案,但由于目标多,使决策变得复杂。

多目标决策问题根据决策情况的不同可分作两类。第一类是多目标属性决策,即可供选择的决策方案明确已知,且个数有限;第二类是多目标规划决策,即可供选择的方案不明确,要通过一系列的约束条件表达,且方案有无限多个。

层次分析法是一种常用的多目标属性决策方法。

关键概念

盈亏平衡分析法　Balance analysis of profit and loss

边际贡献法　Marginal contribution analysis

经济订购批量法　Economical order quantity

决策表法　Decision table　决策树法　Decision tree

悲观法　Pessimism　乐观法　Optimism

折中分析法　Compromising analysis

遗憾值法　Analysis of regret degree

效用标准　Utility standard　效用曲线　Utility curve

效用曲线分析法　Utility curve analysis

多目标决策方法　Multi-objective decision-method

层次分析法　Analytical hierarchy process

思考与练习

1. 应用确定型决策方法的条件是什么?

2. 应用风险型决策方法的条件是什么?

3.应用非确定型决策方法的条件是什么？

4.效用及效用标准的含义是什么？

5.决策者对待风险的态度有哪三种类型？这三种类型与效用曲线的关系如何？

6.什么是多目标属性决策？

7.多目标属性决策有哪些构成要素？

8.试举例说明利用层次分析法如何建立层次结构模型。

9.如何构造判断矩阵？

10.简述层次分析法的步骤。

11.某食品机械厂生产多功能食品加工器，销售单价为240元，接到明年商家订货48 000台。生产食品加工器的固定成本为3 120 000元，变动成本总额为7 200 000元，税率为6%。请决策是否要接受商家订货。

12.某企业生产所需A型零件每年达85 000个，从外单位购买，每件单价为24元。若自己生产A型零件，需固定成本650 000元，单位变动成本每件12.5元，另每件需交税收1.2元。该企业是继续外购A型零件好，还是自制A型零件好？

13.某服装厂本年度的销售资料如下：

销售收入	7 320万元
固定成本	1 850万元
变动成本(含税)	5 240万元
利润	230万元

若下一年度的目标利润为280万元，变动成本率不变，固定成本增加5%，请计算实现目标利润的销售额，并求出该企业的经营安全率。

14.某自行车厂年生产能力达25万辆，年度安排20万辆自行车已全部被订货。每辆出厂均价为180元，单位变动成本为132元(含税)，每年固定成本额为8 750 000元。现有一客户要求订购4万辆自行车，每辆出价158元。请用边际贡献法决策是否要接受这一客户的订货。

15.某方便面厂全年需要面粉2 400吨。该厂每次向面粉厂进货的订购费为3 800元，每吨面粉的年保管费用为110元。假设面粉厂能保证按时到货。试求：①方便面厂的面粉经济订购批量是多少？②全年最低存货费用是多少？③全年最佳订购次数是多少？

16.某商业公司为了明年能扩大销售，拟订了4个备选方案。各个方案在各自然状态下的损益值如表12-16所示。请分别用小中取大法、大中取大法、折中法($\alpha=0.4$)和遗憾值法作出决策。

表12-16　各方案的损益值

损益值 自然状态 / 方案	S_1	S_2	S_3	S_4
A_1	760	420	180	60
A_2	680	480	150	70
A_3	440	320	170	80
A_4	460	330	160	50

17.某水果店销售水果，平均每千克进价为2.8元，销售均价为4.4元。若当天进货的

水果卖不完，要折价处理，每千克要亏损1.1元。该店水果每天的销售状态及概率、进货方案如表12-17所示。请用决策表法(最大收益期望值标准法和最小损失期望值标准法)决策，每天进货多少千克水果最佳？

表12-17　决策计算表　　单位：元

方案 \ 收益值 \ 状态概率 \ 市场销售状态	300千克	350千克	400千克	450千克	收益期望值
	0.2	0.4	0.3	0.1	
A_1：进货300千克					
A_2：进货350千克					
A_3：进货400千克					
A_4：进货450千克					

【案例分析1】

决策过程的数据量化处理方法实例

假设你开了一家叫做DPC(Data Processing Consultants)的数据处理计算机顾问公司。你准备参加一家大银行的标案，整合银行内部的薪资支付系统。以下为所有存在的变量：

(1)你知道有其他公司参加投标，但不知道有多少公司参加投标。

(2)你知道价格会是这家银行考虑的因素，但不知道占多大的比重。

(3)你知道你需要找有经验的程序设计师来执行这个案子，但不知道该找几个程序设计师。

这时候，你需要用到因果分析法和决策信息的数字量化处理方法绘制出因果对照表。当决策的后果具有不确定性时，情况会比决策受到限制还复杂，此时，因果对照表对决策过程有较大的助益。因果对照表涵盖了任何决策过程中都会面临的三个因素：

(1)选项：你可以有哪些选择。

(2)变量：每一种选择有哪些反应。

(3)结果：他人对选项和变量所产生的反应的预测。

你可以从画一个三列的因果对照表开始。从最左边一列开始，分别列出所有的选项、变量和结果。注意，愈往右移，你必须填写的空格愈多，因为每一个选项都有变量，而每一个变量都会产生不同的结果。

学会巧妙处理变量，将决策信息及过程进行数据量化处理。以这里谈到的选项来说：

(1)有多少公司参加这项标案。你可以假设有三家公司参加这项标案。

(2)你的投标金额。你可以用较高的40万美元投标，或是35万美元投标，或是以30万美元的低标金投标。

(3)你要指定多少资深程序设计师执行这个案子。你可以视客户的重要性指定四个、三个，或两个资深程序设计师参与这个案子。若指定四个资深程序设计师，你的平均人事成本为每小时 40 元美金，总共为 16 万美元。若有三个资深程序设计师，人事成本则降为每小时 35 美元，总共 14 万美元。若只有两个资深人员，则人事成本为每小时 20 美元，共 12 万美元。

这三个排在第一列的选项会在第二列产生 10 个变量，分别为：

(1)四个公司参加投标。

(2)三种投标金。

(3)三种不同的参与执行的资深程序设计师的数目。

评估可能结果的时候每一个原因都要考虑。

下一步估计银行对每一个变量会有什么反应的几率。

估计在同样情况下，你和其他竞争者用同样的标价，承诺指派资深程序设计师的数目也相同，你得标的几率为 50%。接下来，如果你的投标金额较高，你估计得标率会小于 50%；如果以中间价格投标，得标率会维持在 50%；若降低你的投标金，则得标的机会将提高到 65%。

最后，你考虑到资深程序设计师的人数，这个问题并不太重要。如果你指定四个资深程序设计师，会使得标率提高 20%；如果你只愿意找两个资深程序设计师，则会使得标率减少 25%。在对照表的结果行，把每一种情况的获利加乘起来。你的获利范围最低为 14 万美元，也就是投标金额最低，但使用四个资深程序设计师；最高为 28 万美元，也就是银行接受了你的最高投标金额，而且只用两个资深程序设计师。

在考虑竞争者时，以你的经验，A 公司的投标金额虽然总是很高，但是在国内有很好的商誉，所以，你预计他们会以 45 万美元投标。B 公司很可能和你一样，以 40 万美元投标。C 公司总是以低金额投标，可能和你的最低投标金额 30 万美元差不多。

把这些因素填入以下的因果对照表(表 12-18)，会使你的决策过程容易得多。你差不多可以确定能以 35 万美元得标。这个金额比最具知名度的公司少了 10 万美元，又比和你旗鼓相当的竞争者低 5 万美元。这个金额虽然比你盘算的最低投标金多 5 万美元，但如果你愿意指派曾做过银行系统的资深程序设计师来执行这个项目，你可以赢得这个标案。

剩下来要决定的是，你要提供两个资深程序设计师得到 23 万美元的毛利，还是要用三个资深人员使毛利为 21 万美元。你排除了指派四个资深设计师的想法，因为这不会影响你是否能够得标。

最后的决定是，因为比最低标多 5 万美元，你必须提供三个资深程序设计师。然而，为了有更高的胜算，你省下 2 万美元的预算，只提供两个资深程序设计师给银行。

所以，你可以选择以 35 万美元，分配三个资深程序设计师投标；或是以 33 万美元，分配两个资深程序设计师投标。使用因果对照格式，我们可以轻而易举地看到在这个决策过程中每一个因素的发生几率。

表12-18 因果对照表——公司的投标案

选项	变量	结果
参加投标的公司	公司A 公司B 公司C 我们的公司	高投标金 \$450 000 相同的投标金 \$400 000 低投标金 \$300 000 投标金 \$350 000 三个资深设计师,或 \$330 000 两个资深设计师
你的投标金额	\$400 000 \$350 000 \$300 000	你估计得标的几率 30% 50% 65%
程序设计师的数目	四个,成本 \$160 000 三个,成本 \$140 000 两个,成本 \$120 000	三个投标金额的毛利 \$240 000;190 000;140 000 \$260 000;210 000;160 000 \$280 000;230 000;180 000

思考题

以你亲身经历的社会生活或企业经营中的决策问题及过程进行数据量化处理,并对处理后的数据量化模型进行有效、正确的决策。

【案例分析2】

豪华家具股份有限公司的决策问题

豪华家具股份有限公司是由格雷森先生和威尔金斯先生于5年前在英格兰南部创建的。在发行的750 000股股份中,他们各持有35%。公司发展迅速,现在已开始盈利。公司起初只有5人,现在已有31人,其中不包括威尔金斯先生和格雷森先生。该公司在家具行业中已享有盛名,他们制作特色座椅,通过各种销售渠道和少数几个大批发商进行销售。

公司由威尔金斯先生掌管财务和会计,格雷森先生负责营销和生产。在营销方面,有5名推销员与批发商打交道,同时也为零售商提供帮助。此外,还有3人负责配货、包装和发货。以上两组人员的工作都向格雷森先生汇报。在生产方面,车间有四个工段:切割工段3人、刨工段2人、装配工段8人和精工工段3人,这些工段由2名工头管理。在财务和会计方面,有1名处理账务和工资的记账员兼秘书,有3人对记账员负责,并负责开发票和开订单。另外,还有1位秘书为威尔金斯先生和格雷森先生处理日常事务。

公司有年产30 000张椅子的生产能力,目前每年生产并销售28 000张。固定成本包括销售、行政管理和生产管理费用(含12%的贷款利息和折旧),每年为750 000英镑。每张椅子的直接成本为10英镑人工费和30英镑材料费,每张椅子售价70英镑。根据简单的直线保本分析法，由于具有合理的安全界限（指保本点销售量与现有销售量的差额，差额愈大，公司愈安全。如销售量下降，只要存在安全界限，仍属有利可图），公司是盈利的。

格雷森先生很想继续扩大生产，至少要与去年15%的销售增长率持平。格雷森先生说："我知道，如果我们的生产超出了30 000张的限度，我们就需要投资增加设备，这样我们的年固定成本将增加100 000英镑（这笔款项必须借贷），这将使我们每年的生产能力至少扩展到50 000张椅子。如果我们要使公司真正成功，我们就必须求得发展。如果我们像现在这样发展下去，要不了几年公司就会成为最大的公司之一。我真希望过过所谓'巨头'的瘾。我们的供应商说，如果我们在一年内买下价值超过30 000张椅子的原材料，他们将在所有的原材料价格上给我们10%的大宗购折扣。由于使用新的机械设备会提高生产率，人力成本将减少5%。"

威尔金斯先生对扩展不是那么有把握。某一天在吃午餐时，他对格雷森先生说："过度扩展的棘手问题之一是我们似乎不能完全控制所发生的一切。我们花了很多时间来管理公司，但我们从未去车间动过手。我很喜欢我们曾经在一起开车床的时光，刨锯木头几乎是一种娱乐。如今你管销售和生产，而我的大部分时间则花在处理账目、支付账单、追讨欠款，以及与我们的开户银行经理约翰·菲利普谈话上，这些都没多大意思。我明白，增加我们的市场份额是有好处的，而且也完全可能。前几天我跟约翰谈到扩展计划时，他提到家具市场需求的平均价格弹性为3。我们是能扩展，但是否值得我们去扩展呢？"

对此进行了一番讨论之后，威尔金斯先生说他要准备一份损益表（表12-19），前提是在原有的生产能力下提高15%的销售额。

表12-19　豪华家具公司损益表　　单位：千英镑

销售额		1960
可变成本		
原材料	840	
工资	280	
固定成本		
生产管理费用	290	
销售与行政管理费用	338	
折旧	50	
利息	72	1870
税前利润		90
40%税金		36
股利		30
留存利润		24

思考题

1. 叙述本案中的决策问题。
2. 该公司应如何决策？
3. 你如何应用学过的定量分析方法解决这些决策问题？

附录 1

Excel 功能简介

Office 是 Microsoft 公司制作的一套功能非常强大、方便实用的办公软件。Microsoft 公司已经推出了 Office 95、Office 97X、Office 2000 和 Office XP 等一系列产品。Office 由多个软件包组成，主要包括 Word、Powerpoint、Excel、Access、Outlook、Frontpage 及活页夹等。各个软件包都有自己独特的功能，能够独自完成某一方面的工作，这些软件如果联合起来使用，可以发挥更大的作用。

Excel 是专门用来处理电子表格的软件，它是目前公认的功能最强大、技术最先进、使用最广泛的电子表格软件。其主要功能包括对数据表格、图表及数据库的操作，特别是在财务统计和数据分析领域中，它的应用更为广泛。由于其简便、实用，统计分析功能强大，因此也成为市场营销调研中进行数据处理和分析的重要工具。

目前，常用的 Excel 软件是 Excel 97 或 Excel 2000。下面以此为蓝本对其功能进行简要的介绍。

一、Excel 的运行环境

1. 硬件配置（参考指标）

（1）Pentium MMX166 以上档次的计算机；

（2）16MB 内存；

（3）具有 IMB RAM 的图形适配器（显示卡）；

（4）2. 1GB 的硬盘；

（5）Microsoft 鼠标。

2. 软件配置

（1）Microsoft Excel 97 或 Excel 2000 中文版软件；

（2）Windows 95 或 Windows 98 操作系统。

二、Excel 的基本数据处理功能

Excel 是以电子表格的方式来管理数据的。所有数据的输入、存储、提取、处理、统计、模型计算和图形分析都是围绕电子表格来进行的。

1. 电子表格的基本定义

Excel 的电子表格包括两类：一类是工作表格（Worksheet）；另一类是宏函数表格（Macrosheet）。工作表格是处理数据和进行经营分析的主要工具。宏函数表格是 Excel 编程和设置系统的工具。

Excel 的工作表格是一个二维的数据表格，用户可以将自己的任何数据报表、文件或数

据库放置在 Excel 的工作表格中。在建立用户自己的工作表格时，通常都将表格中的每一列(A,B,C,…)定义为一个指标，每一行(1,2,3,…)存放一条记录。

Excel 默认的工作表格的最大规模是 256 个指标、16 384 个记录(即最大可达 256×16 384个数据的规模)，这对于一般市场营销调研的数据分析是足够用了。表格内的每一个单元格所填数据的类型和长度不限，即数学型、字符型、英文、中文均可，而且字符型的指标字长不限。Excel 允许有多个表格同时工作。

2. 数据输入与用户工作表格的建立

Excel 的数据输入表格与用户工作表格的建立有三种方法：

(1)键盘输入数据。将数据直接键入 Excel 的用户工作表格中。

(2)读取数据库文件。Excel 允许直接用打开数据库文件的方式，将数据直接转换成 Excel 工作表格的形式。

(3)从网上下载数据。Excel 允许从网络(Internet 或局域网中其他站点)下载数据到工作表格中。

3. 工作表格的修改及查询、排序操作

工作表格一旦建立了之后，Excel 提供了多种方便的功能，供用户对已建立的表格进行任意的修改及查询、排序操作。其中常用的功能有：

(1)插入一行或一列。将光标放在待插入位置，然后在主菜单的插入功能中选择插入行或列即可。

(2)删除行或列。将光标放在待删除位置，然后在主菜单的编辑功能中选择删除即可。

(3)拷贝(或移动)行或列。用鼠标选中待拷贝的内容，然后在主菜单中选择复制按钮，最后将其粘贴到指定的位置。

(4)排序。用鼠标选中待排序的内容，然后在主菜单的数据功能中选择排序，再指定一下是升序还是降序即可。

(5)查询。用鼠标选中待查询的内容，然后在主菜单的数据功能中选择筛选，再在弹出的对话框中填入相应的查询条件即可。

4. 在工作表格中提取将要分析的数据集合

Excel 提供了三种在工作表格中提取将要分析的数据集合的方法：

(1)鼠标“点取”连片数据。如果要提取的数据集合在工作表格中是连片的，则可用鼠标按住该片数据集合的左上角，然后拖曳到该数据集合的右下角即可。该片数据立刻呈现出“反现”(即黑底白字)方式，这表示该片数据被选中。

(2)鼠标“点取”分片数据。如果要提取的数据集合是分布在工作表格中的几处地方，则可先用鼠标按上述方法将第一片数据选中，然后再用“Ctrl＋鼠标”方式选取第二片数据，方法同前。其他依此类推。

(3)输入指定数据地址的方法。除了用鼠标“点取”的方法提取数据外，Excel 还提供了用键盘输入指定数据地址的方法，即在相应要处理模型的对话框中填入数据所在工作表格中的地址。填入的方式有两种：一种是相对地址方式，例如 C3：E9，表示选取了左上角为 C3、右下角为 E9 的这片数据，相对地址方式只能用于只有一个工作表格的情况下；另一种是绝对地址方式，就是在相对地址方式中加入“＄”，例如 sheet2！＄C＄3：＄E＄9，表示选取了第二个工作表格中的左上角为 C3、右下角为 E9 的这片数据，绝对地址方式适用于多个工作表格的情况。

5. 图形分析方法

Excel提供了非常方便、快捷的类比分析方法，并用分析图形的方式输出结果，这是市场预测调研中最常用的一种分析方法。

三、Excel中的图形分析方法

1. 柱形图

柱形图用来显示一段时期内的数据的变化或者描述各项之间的比较。分类项水平组织，数值项垂直组织，这样可以强调数据随时间的变化。堆积柱形图用来显示各项与整体的关系。具有透视效果的三维柱形图可以沿着两条坐标轴数据点进行比较。

2. 条形图

条形图描述了各个项目之间的差别情况。分类项垂直组织，数值项水平组织，这样可以突出数值的比较，而淡化随时间的变化。堆积条形图显示了各个项目与整体之间的关系。

3. 折线图

折线图以等间隔显示数据的变化趋势。

4. 饼图

饼图显示数据系列中每一项占该系列数值总和的比例关系。它一般只显示一个数据系列，在需要突出某个重要项时是十分有用的。

5. 散点图

散点图既可以用来比较几个数据系列中的数值，也可以将两组数值显示成为XY坐标系中的一个系列。它可以按不等间距显示出数据，有时也称为簇。散点图多数用于科学数据分析。

6. 面积图

面积图强调幅度随时间的变化。通过显示绘制值的总和，面积图还可以显示部分和整体的关系。

7. 圆环图

与饼图类似，圆环图也用来显示部分与整体的关系，但是圆环图可以含有多个数据系列。圆环图中的每一个环代表一个数据系列。

8. 雷达图

在雷达图中，每一个分类都拥有自己的数位坐标轴，这些坐标轴由中点向外辐射，并由折线将同一个系列中的数值联系起来。雷达图可以用来比较若干数据系列的总和值。

9. 曲面图

当需要寻找两组数据之间的最佳组合时，曲面图是很有用的。类似于拓扑图形，曲面图中的颜色和图案用来指示在同一个取值范围中的区域。

10. 气泡图

气泡图是一种特殊类型的散点图，数据标记可用XY的大小表示出数据组中第三个变量的值。

11. 股市图

股市图经常用来描绘股票价格的走势，这种图也可以用于科学数据分析。

12.圆锥、圆柱与棱锥图

圆锥、圆柱与棱锥图数据标记可以使得三维柱形图和条形图产生很好的效果。

13.组合图

组合图是使用两种或者更多种图表类型来强调图表中含有的多种类型的数据信息。

14.自定义图表

在创建图表时，可以使用任一个内置的自定义图表类型或者自行创建自定义图表类型来取代标准图表类型。

四、Excel的函数功能

Excel向用户提供了非常丰富的函数功能。Excel的函数功能有两大类：一类是用户自定义计算函数的功能；另一类是调用Excel库函数的功能。这两大类函数的操作和求解计算都是以工作表格为基础的。

1.自定义函数

Excel允许用户对工作表格中的任何数值型单元格定义公式进行运算。公式是在工作表中对数据进行分析的等式。它可以对工作表格数值进行加法、减法和乘法等运算。公式可以引用同一工作表格中的其他单元格，或者不同工作表格中的单元格。

Excel中的公式是按照特定顺序进行数值计算的，这一特定顺序即为语法。公式的语法描述了计算的过程。Excel公式的最前面是等号(=)，后面是计算的内容。

(1)运算符

运算符对公式中的元素进行特定类型的运算。Excel包含四种类型的运算符：算术运算符、比较运算符、文本运算符和引用运算符。

①算术运算符可以完成基本的数学运算，如加法、减法和乘法，可以连接数字，并产生数字结果。

②比较运算符可以比较两个数值并产生逻辑值TRUE或FALSE，即“真”或“假”。

③文本运算符“&”可以将一个或多个文本链接为一个组合文本。

④引用运算符可以将单元格区域合并计算。

(2)运算顺序

如果公式中同时用到了多个运算符，Excel将按顺序进行运算。如果公式中包含了相同优先级的运算符，例如公式中同时包含了乘法和除法运算符，Excel将从左到右进行计算。如果要修改计算的顺序，需把公式中首先计算的部分括在圆括号内。

2.库函数

Excel有四百多个库函数分别存放于函数库中。函数是预定义的内置公式，它使用被称为参数的特定数值，按被称为语法的特定顺序进行计算。例如，SUM函数对单元格或单元格区域执行相加运算，PMT函数在给定的利率、贷款期限和本金数额基础上计算偿还额。函数所使用的参数可以是数字、文本、形如TRUE或FALSE的逻辑值、数组、形如#N/A的错误值或单元格引用。给定的参数必须能产生有效的值。参数也可以是常量、公式和其他函数。函数的语法以函数名称开始，后面是左圆括号、以逗号隔开的参数和右圆括号。如果函数以公式的形式出现,需在函数名称前面键入等号(=)。

3. Excel 函数分类

为了便于查找和调用,Excel 将函数分为十大类:

(1)财务函数;

(2)日期与时间函数;

(3)数学和三角函数;

(4)统计函数;

(5)查找与引用函数;

(6)数据库函数;

(7)文本函数;

(8)逻辑函数;

(9)信息函数;

(10)工程函数。

在这十类函数中,用得最多的是统计函数、财务函数、数学和三角函数,它们的内涵极为丰富,基本覆盖了经营管理分析和市场调研分析可能涉及的所有内容。

五、Excel 的高级数据分析工具

如果说 Excel 的函数功能还只是给出相对较为简单的计算分析功能的话,那么 Excel 的高级数据分析工具则是给出了更为深入、更为有用、针对性更强的各类分析功能。

1. 常用工具分类

在 Excel 中最常用的高级数据分析工具主要包括四类:

(1)线性规划(包括单目标规划)求解和分析方法;

(2)单变量(或多变量)目标反推指标方法;

(3)模拟运算表分析数据方法;

(4)统计和数据分析工具。

由于 Excel 高级数据分析工具的使用方法与具体的模型方法的算法有关,所以使用时需查阅有关的书籍资料。

2. 线性规划(包括单目标规划)求解和分析方法

线性规划方法是经营管理分析中常常使用的定量化分析工具,它们可以帮助管理者找到在确定经营管理目标下的最佳资源配置。

"规划求解"是一个加载宏。在启动它之前,应该核实是否已经把它装进了系统当中。如果"规划求解"命令没有出现在"工具"菜单中,那么首先需要在"工具"菜单中执行"加载宏"命令。

3. 单变量(或多变量)目标反推指标方法

在经营管理分析中常常会遇到一种情况:当人为地设定或改变某一个结果变量值时,相应的基础变量应该如何改变呢?此时,就可以使用 Excel"工具"菜单中的"单变量求解"功能。即如果已知公式预期的结果,而不知得到这个结果所需的输入值,就可以使用"单变量求解"功能。进行单变量求解时,Excel 不断改变某个特定单元格中的数值,直到从属于这

个单元格的公式返回了预期的结果。

4.模拟运算表分析数据方法

模拟运算表是工作表中的一个单元格区域，它可以显示公式中某些值的变化对计算结果的影响。模拟运算表为同时求解某一运算中所有可能的变化值组合提供了捷径，并且它还可以将所有不同的计算结果同时显示在工作表中，便于察看和比较。

模拟运算表主要有单变量模拟运算表和双变量模拟运算表两种类型。在工作表中使用单变量模拟运算表，可以察看某个变量的改变对一个或多个公式结果的影响。双变量模拟运算表可以显示两个变量的变化对一个或多个公式计算结果的影响。模拟运算表命令在Excel的"数据"菜单中。

5.统计和数据分析工具

Excel提供了一组数据分析工具，称为"分析工具库"，可以帮助进行复杂的统计或工程分析。只需为每一个分析工具提供必要的数据和参数，该工具就会使用适宜的统计或工程函数，在输出表格中显示相应的结果，其中的一些工具在生成输出表格时还能同时产生图表。

该组数据分析工具由"工具"菜单中的"数据分析"命令提供。如果"数据分析"命令没有出现在"工具"菜单上，需运行"安装"程序来加载"分析工具库"。安装完毕之后，必须通过"工具"菜单中的"加载宏"命令，在"加载宏"对话框中选择并启动它。

六、统计和数据分析工具

1.方差分析(Anova)

(1)"Anova:单因素方差分析"分析工具:此分析工具通过简单的方差分析，对两个以上样本均值进行相等性假设检验(抽样取自具有相同均值的样本空间)。此方法是对双均值检验(如 t 检验)的扩充。

(2)"Anova:可重复双因素分析"分析工具:此分析工具是对单因素方差分析的扩展，即每一组数据包含不止一个样本。

(3)"Anova:无重复双因素分析"分析工具:此分析工具通过双因素方差分析(但每组数据只包含一个样本)，对两个以上样本均值进行相等性假设检验(抽样取自具有相同均值的样本空间)。此方法是对双均值检验(如 t 检验)的扩充。

2."相关系数"分析

此分析工具及其公式可用于判断两组数据集(可以使用不同的度量单位)之间的关系。即，一个集合的较大数据是否与另一个集合的较大数据相对应(正相关)；或者一个集合的较小数据是否与另一个集合的较小数据相对应(负相关)；还是两个集合中的数据互不相关(相关性为零)。

3."协方差"分析

此分析工具及其公式用于返回各数据点的一对均值偏差之间的乘积的平均值。协方差是测量两组数据相关性的量度。可以使用协方差工具来确定两个区域中数据的变化是否相关，即一个集合的较大数据是否与另一个集合的较大数据相对应(正协方差)；或者一个集合的较小数据是否与另一个集合的较小数据相对应(负协方差)；或两个集合中的数据互不相关(协方差为零)。

4.“描述统计”分析

此分析工具用于生成对输入区域中数据的单变值分析,提供有关数据趋中性和易变性的信息。

5.“指数平滑”分析

此分析工具及其公式基于前期预测值导出相应的新预测值,并修正前期预测值的误差。

6.“F 检验:双样本方差”分析

此分析工具可以进行双样本 F 检验,用来比较两个样本总体的方差。

7.t 检验分析

(1)“t 检验:双样本等方差假设”分析:此分析工具可以进行双样本 t 检验。此 t 检验先假设两个数据集的平均值相等,故也称作齐次方差 t 检验。可以使用 t 检验来确定两个样本均值实际上是否相等。

(2)“t 检验:双样本异方差假设”分析:此分析工具及其公式可以进行双样本 t 检验。此 t 检验先假设两个数据集的方差不等,故也称作异方差 t 检验。可以使用 t 检验来确定两个样本均值实际上是否相等。当进行分析的样本组不同时,可使用此检验。如果某一样本组在某次处理前后都进行了检验,则应使用“成对检验”。

(3)“t 检验:成对双样本均值”分析:此分析工具及其公式可以进行成对双样本 t 检验,用来确定样本均值是否不等。此 t 检验并不假设两个总体的方差是相等的。当样本中出现自然配对的观察值时,可以使用此成对检验。

8.“Z 检验:双样本均值”分析

此分析工具可以进行方差已知的双样本均值 Z 检验,还可用于检验两个总体均值之间存在差异的假设。

9.“直方图”分析

此分析工具在给定工作表中数据单元格区域和接收区间的情况下,计算数据的个别和累积频率,用于统计有限集中某个数值元素的出现次数。

10.“移动平均”分析

此分析工具及其公式可以基于特定的过去某段时期中变量的均值,对未来的值进行预测。

11.“随机数发生器”分析

此分析工具可以按照用户选定的分布类型,在工作表的特定区域中生成一系列独立随机数字。可以通过概率分布来表示主体的总体特征。

12.“排位和百分比排位”分析

此分析工具可以产生一个数据列表,在其中罗列给定数据集中各个数值的大小次序排位和相应的百分比排位。可用来分析数据集中各数值间的相互位置关系。

13.“回归”分析

此分析工具通过对一组观察值使用“最小二乘法”直线拟合,进行线性回归分析。本工具可用来分析单个因变量是如何受一个或几个自变量影响的。

14.“傅立叶”分析

此分析工具可以解决线性系统问题,并能通过快速傅立叶变换(FFT)分析周期性的数据。此工具也支持逆变换，即通过对变换后的数据的逆变换返回初始数据。

15.“抽样”分析

此分析工具以输入区域为总体构造总体的一个样本。当总体太大而不能进行处理或绘制时，可以选用具有代表性的样本。如果确认输入区域中的数据是周期性的，还可以对一个周期中特定时间段中的数值进行采样。

附录 2

Excel 在市场预测中的应用

一、用 Excel 对时间序列进行几何平均法预测

【例 1】 表 1 所列的是1995—2001 年河北省国内生产总值，试预测 2003 年的河北省国内生产总值，说明如何计算定基发展速度、环比发展速度和平均发展速度。

表 1 1995—2001 年河北省国内生产总值

年份	国内生产总值(亿元)
1995	2 849.52
1996	3 452.97
1997	3 953.78
1998	4 256.01
1999	4 596.19
2000	5 088.96
2001	5 577.78

第一步，在 A 列输入年份，在 B 列输入国内生产总值。

第二步，计算定基发展速度：在 C3 中输入公式：＝B3/＄B＄2，并用鼠标拖曳将公式复制到 C3:C8 区域。

第三步，计算环比发展速度：在 D3 中输入公式：＝B3/B2，并用鼠标拖曳将公式复制到 D3:D8 区域。

第四步，计算平均发展速度(水平法)：选中 C10 单元格，单击插入菜单，选择函数选项，出现插入函数对话框后，选择 Geomean(返回几何平均值)函数，在数值区域中输入 D3:D8 即可，如图 1 所示。

第五步，利用所得的发展速度即可预测出 2003 年的国内生产总值。

二、用 Excel 对时间序列进行移动平均法预测

【例 2】 某煤矿某年 1—11 月份的煤产量如表 2 所示，试用一次移动平均法和二次移动平均法预测明年 1 月份的煤产量。

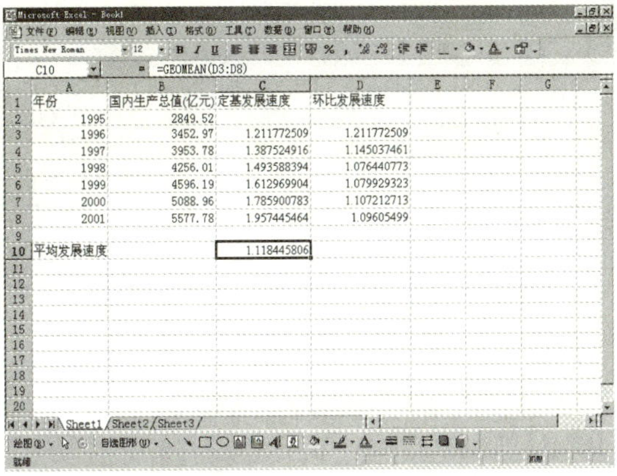

	A	B	C	D
1	年份	国内生产总值(亿元)	定基发展速度	环比发展速度
2	1995	2849.52		
3	1996	3452.97	1.211772509	1.211772509
4	1997	3953.78	1.387524916	1.145037461
5	1998	4256.01	1.493588394	1.076440773
6	1999	4596.19	1.612969904	1.079929323
7	2000	5088.96	1.785900783	1.107212713
8	2001	5577.78	1.957445464	1.09605499
9				
10	平均发展速度		1.118445806	

图 1　用 Excel 计算发展速度和平均发展速度资料及结果

表 2　某煤矿的煤产量

月份	月产量	月份	月产量
1	9.03	7	9.15
2	9.06	8	9.36
3	9.12	9	9.45
4	8.73	10	9.30
5	8.94	11	9.24
6	9.30	12	

第一步，将原始数据录入到单元格区域 A2:A12，如图 2 所示。

	A
1	月产量
2	9.03
3	9.06
4	9.12
5	8.73
6	8.94
7	9.3
8	9.15
9	9.36
10	9.45
11	9.3
12	9.24

图 2　Excel 数据集

第二步，选择菜单条上的“工具”——“数据分析”命令，弹出如图 3 所示的对话框。

第三步，在“分析工具”框中选择“移动平均”，单击“确定”按钮，弹出移动平均对话框，相

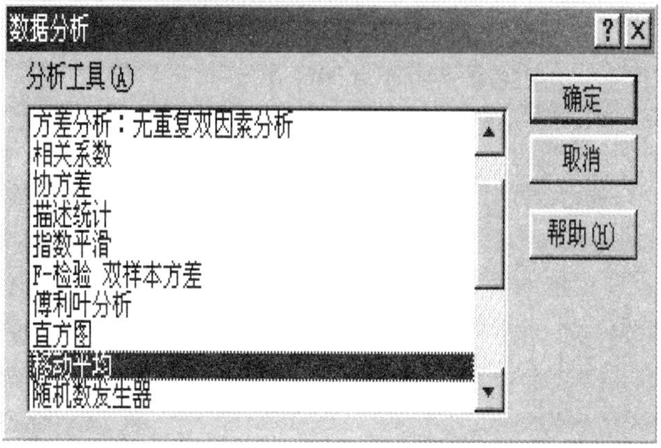

图3　数据分析对话框

应作如下输入,即可得到如图4所示的对话框。

(1)在“输入区域”内输入:$A$2:$A$12,即原始数据所在的单元格区域。

(2)在“间隔”内输入:3,表示使用三步移动平均法。

(3)在“输出区域”内输入:$B$2,即将输出区域的左上角单元格定义为B2。

(4)选择“图表输出”复选框和“标准误差”复选框。

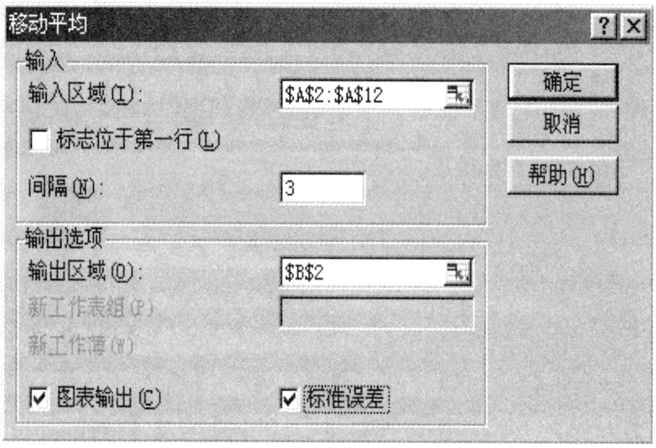

图4　移动平均对话框

第四步,单击“确定”按钮,便可得到移动平均结果,如图5所示。

分析:在图中,B4:B12对应的数据即为三步移动平均的预测值;单元格区域C6:C12即为标准误差。

第五步,利用所得曲线即可进行相关预测。

三、用Excel进行指数平滑法预测

仍以例2为例,数据见表2。

第一步,将原始数据输入到单元格A2:A12。

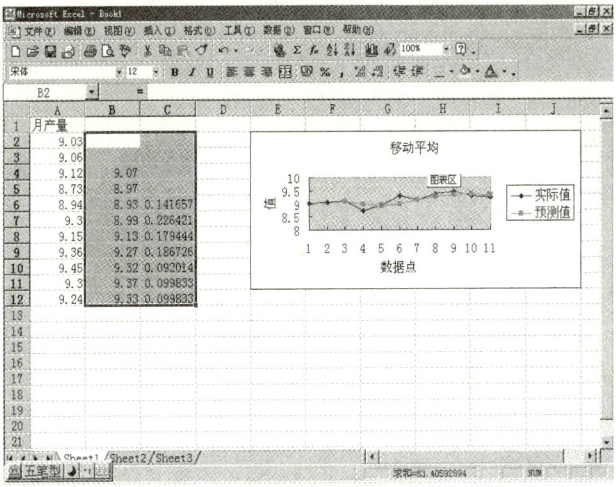

图 5　移动平均分析结果

第二步，选择菜单条上的“工具”——“数据分析”命令，弹出如图 6 所示的对话框。

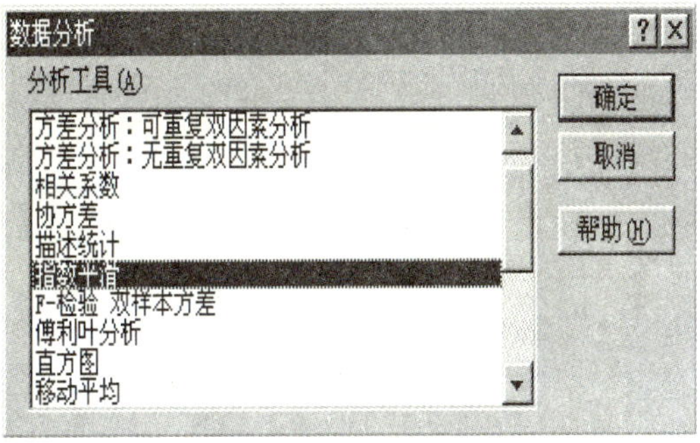

图 6　数据分析对话框

第三步，在“分析工具”框中选择“指数平滑”，单击“确定”按钮，弹出一个对话框，作相应输入，即可得到如图 7 所示的对话框。

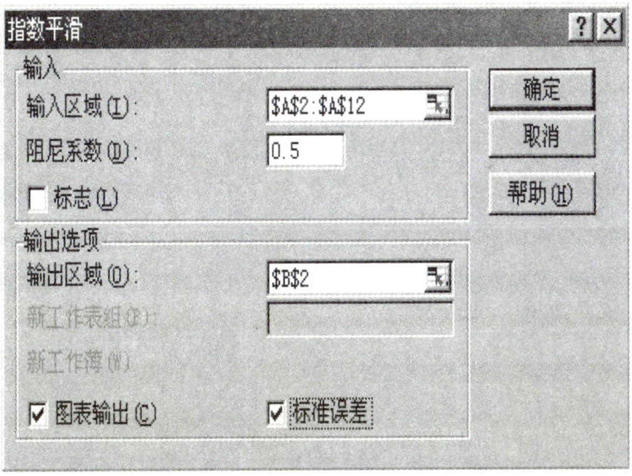

图 7　指数平滑对话框

第四步,单击"确定"按钮,即可得到指数平滑结果,如图8所示。

第五步,利用结果作相关预测。

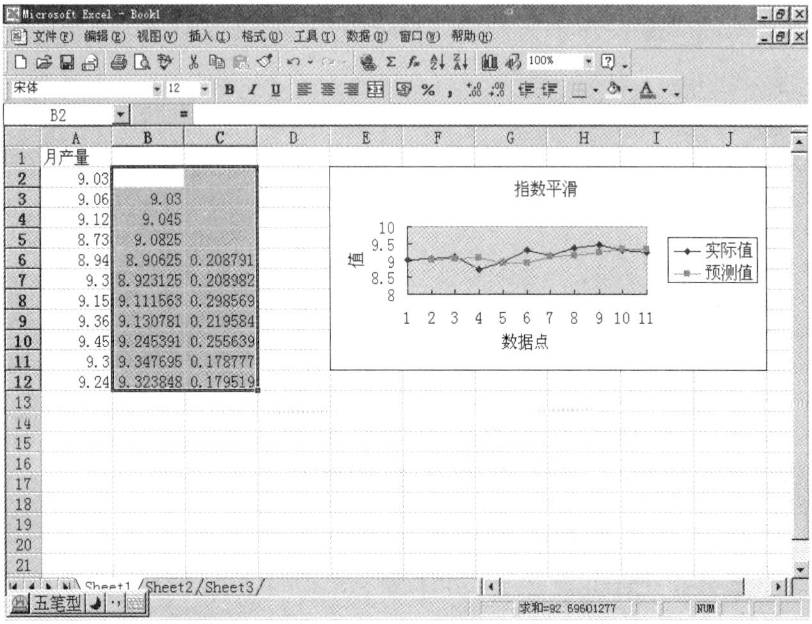

图8　指数平滑结果

四、用Excel进行相关分析和回归分析预测

【例3】 10个学生身高和体重的情况如表3所示,要求对身高和体重作相关分析和回归分析。

表3　身高、体重表

学生	身高(厘米)	体重(千克)	学生	身高(厘米)	体重(千克)
1	171	53	6	175	66
2	167	56	7	163	52
3	177	64	8	152	47
4	154	49	9	172	58
5	169	55	10	160	50

首先把有关数据输入Excel的单元格中,如图9所示。

用Excel进行相关分析有两种方法,一种是利用相关系数函数,另一种是利用相关分析宏。

1. 利用相关系数函数计算相关系数

在Excel中提供了计算两个变量之间相关系数的两个方法,即CORREL函数和PERSON函数,这两个函数是等价的,这里介绍用CORREL函数计算相关系数。

第一步:单击任一个空白单元格,单击插入菜单,选择函数选项,打开粘贴函数对话框,在函数分类中选择统计,在函数名中选择CORREL,单击确定后,出现CORREL对话框。

第二步:在Array1中输入B2:B11,在Array2中输入C2:C11,即可在对话框下方显示

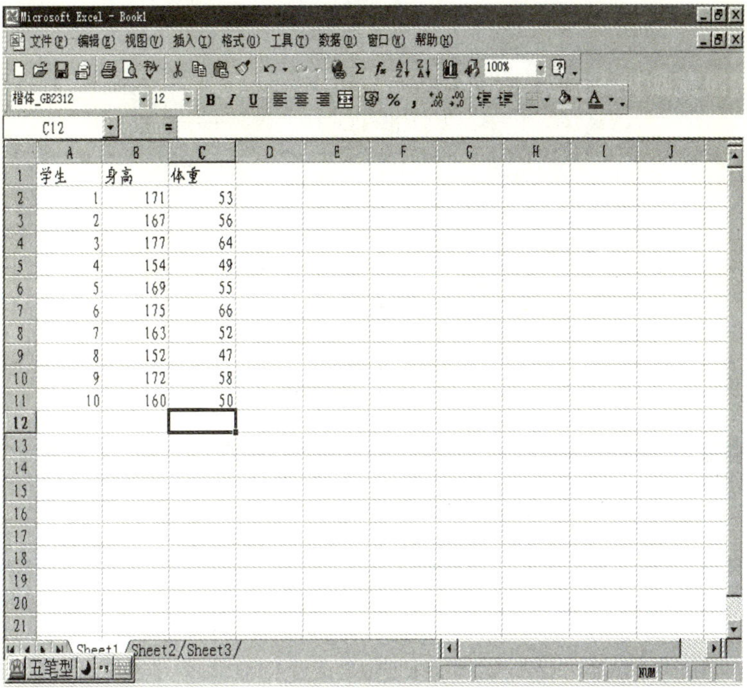

图 9　Excel 数据集

出计算结果为 0.896，如图 10 所示。

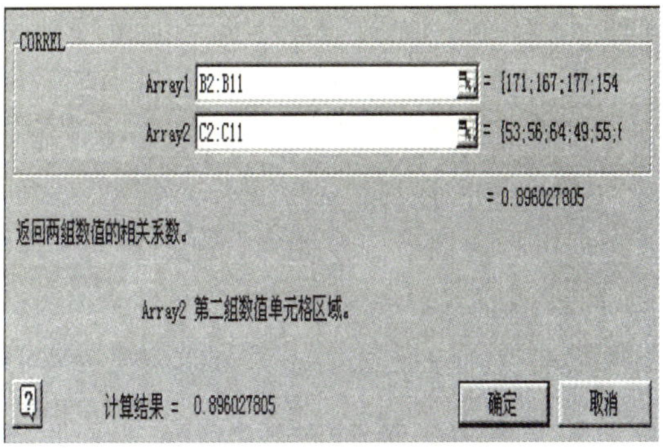

图 10　CORREL 对话框及输出结果

2. 利用相关分析宏计算相关系数

第一步：单击工具菜单，选择数据分析选项，在数据分析选项中选择相关系数，弹出相关系数对话框，如图 11 所示。

第二步：在输入区域输入 $B$1：$C$11，分组方式选择逐列，选择标志位于第一行，在输出区域中输入 $E$1，单击确定，得输出结果如图 12 所示。

在上面的输出结果中，身高和体重的自相关系数均为 1，身高和体重的相关系数为 0.896，与用函数计算的结果完全相同。

3. 用 Excel 进行回归分析

Excel 进行回归分析同样分函数和回归分析宏两种形式，它提供了 9 个函数用于建立

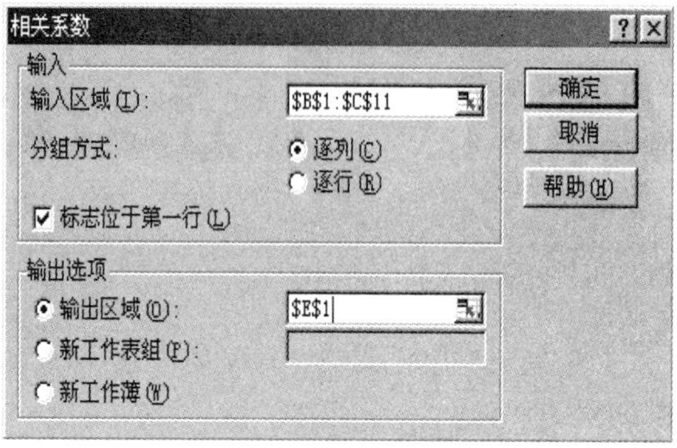

图 11　相关系数对话框

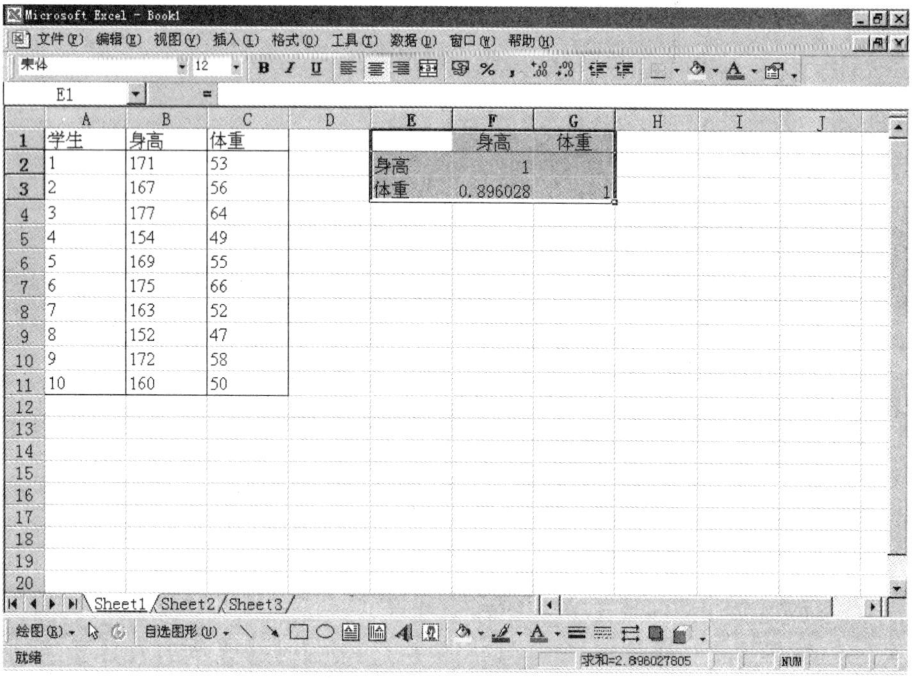

图 12　相关分析输出结果

回归模型和预测。这 9 个函数分别是:

(1)INTERCEPT(返回线性回归模型的截距);

(2)SLOPE(返回线性回归模型的斜率);

(3)RSQ(返回线性回归模型的判定系数);

(4)FORECAST(返回一元线性回归模型的预测值);

(5)STEYX(计算估计的标准误差);

(6)TREND(计算线性回归线的趋势值);

(7)GROWTH(返回指数曲线的趋势值);

(8)LINEST(返回线性回归模型的参数);

(9)LOGEST(返回指数曲线模型的参数)。

用函数进行回归分析比较麻烦，这里介绍使用回归分析宏进行回归分析。

第一步：单击工具菜单，选择数据分析选项，出现数据分析对话框，在分析工具中选择回归，如图 13 所示。

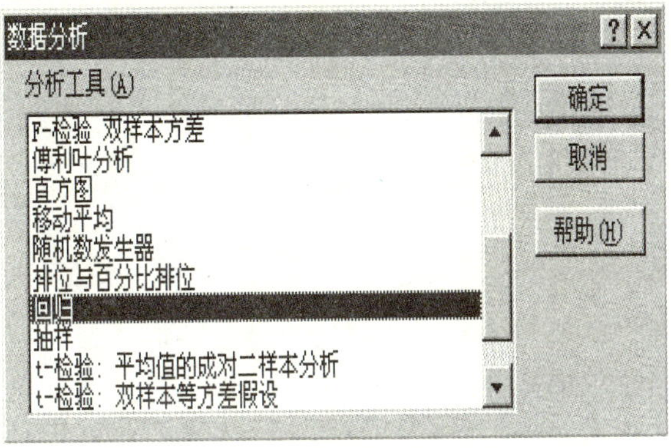

图 13　数据分析对话框

第二步：单击确定按钮，弹出回归分析对话框，在 Y 值输入区域输入 \$B\$2：\$B\$11，在 X 值输入区域输入 \$C\$2：\$C\$11，在输出选项选择新工作表组，如图 14 所示。

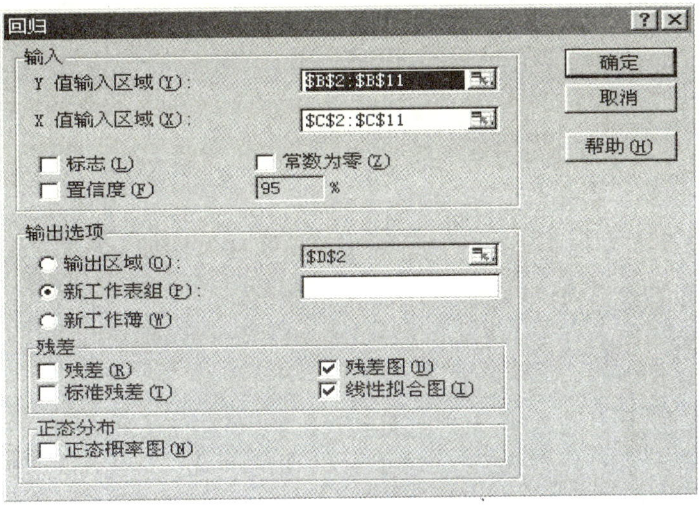

图 14　回归分析对话框

第三步：单击确定按钮，得回归分析结果如图 15 所示。

在如图 15 所示的输出结果中：

第一部分为方差分析：

Multiple R——复相关系数；

R Square——判定系数；

Adjusted——调整的判定系数；

标准误差——估计的标准误差；

观测值——样本容量。

第二部分为回归分析：

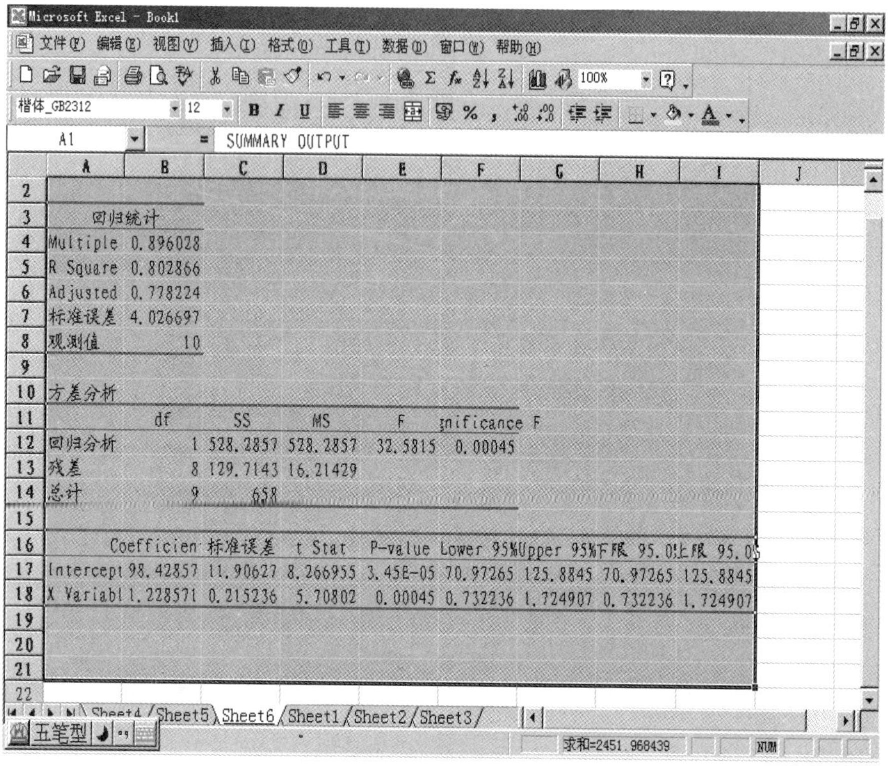

SUMMARY OUTPUT

回归统计	
Multiple	0.896028
R Square	0.802866
Adjusted	0.778224
标准误差	4.026697
观测值	10

方差分析

	df	SS	MS	F	gnificance F
回归分析	1	528.2857	528.2857	32.5815	0.00045
残差	8	129.7143	16.21429		
总计	9	658			

	Coefficien	标准误差	t Stat	P-value	Lower 95%	Upper 95%	下限 95.0	上限 95.0
Intercept	98.42857	11.90627	8.266955	3.45E-05	70.97265	125.8845	70.97265	125.8845
X Variabl	1.228571	0.215236	5.70802	0.00045	0.732236	1.724907	0.732236	1.724907

图 15 Excel 回归分析结果

df——自由度；

SS——平方和；

MS——均方；

F——统计量；

Significance of F——p 值。

第三部分包括：

Intercept——截距；

Coefficient——系数；

t Stat——t 统计量。

附录 3

附表 1　　　　相关系数 $r=0$ 的临界值表

$n-2$	5%	1%	$n-2$	5%	1%	$n-2$	5%	1%
1	0.997	1.000	16	0.468	0.590	35	0.325	0.418
2	0.950	0.990	17	0.456	0.575	40	0.304	0.393
3	0.878	0.959	18	0.444	0.561	45	0.288	0.372
4	0.811	0.917	19	0.433	0.549	50	0.273	0.354
5	0.754	0.874	20	0.423	0.537	60	0.250	0.325
6	0.707	0.834	21	0.413	0.526	70	0.232	0.302
7	0.666	0.798	22	0.404	0.515	80	0.217	0.283
8	0.632	0.765	23	0.396	0.505	90	0.205	0.267
9	0.602	0.735	24	0.388	0.496	100	0.195	0.254
10	0.576	0.708	25	0.381	0.487	125	0.174	0.228
11	0.553	0.684	26	0.374	0.478	150	0.159	0.208
12	0.532	0.661	27	0.367	0.470	200	0.138	0.181
13	0.514	0.641	28	0.361	0.463	300	0.113	0.148
14	0.497	0.623	29	0.355	0.456	400	0.098	0.128
15	0.482	0.606	30	0.349	0.449	1000	0.062	0.081

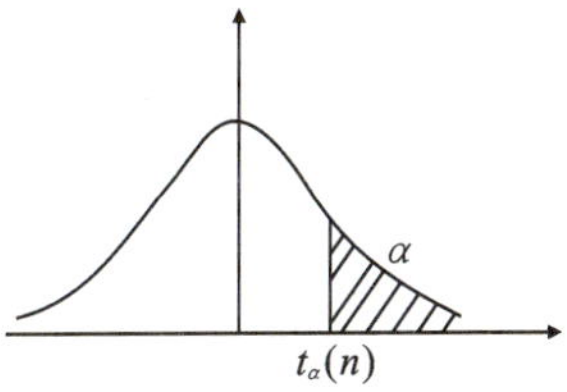

附表 2　　　　t 分布表

$P\{t(n)>t_\alpha(n)\}=\alpha$

自由度 n	$\alpha=2.5$	0.10	0.05	0.025	0.01	0.005
1	1.000 0	3.077 7	6.313 8	12.706 2	31.820 7	63.657 4
2	0.816 5	1.885 6	2.920 0	4.302 7	6.964 6	9.924 8
3	0.764 9	1.637 7	2.353 4	3.182 4	4.540 7	5.840 9
4	0.740 7	1.533 2	2.131 8	2.776 4	3.746 9	4.604 1
5	0.726 7	1.475 9	2.015 0	2.570 6	3.364 9	4.032 2
6	0.717 6	1.439 8	1.943 2	2.446 9	3.142 7	3.707 4
7	0.711 1	1.414 9	1.894 6	2.364 6	2.998 0	3.499 5
8	0.706 4	1.396 8	1.859 5	2.306 0	2.896 5	3.355 4
9	0.702 7	1.383 0	1.833 1	2.262 2	2.821 4	3.249 8

续附表 2

自由度 n	α=2.5	0.10	0.05	0.025	0.01	0.005
10	0.699 8	1.372 2	1.812 5	2.228 1	2.763 8	2.169 3
11	0.697 4	1.363 4	1.795 9	2.201 0	2.718 1	3.105 8
12	0.695 5	1.356 2	1.782 3	2.178 8	2.681 0	3.054 5
13	0.693 8	1.350 2	1.770 9	2.160 4	2.650 3	3.012 3
14	0.692 4	1.345 0	1.761 3	2.144 8	2.624 5	2.976 8
15	0.691 2	1.340 6	1.753 1	2.131 5	2.602 5	2.946 7
16	0.690 1	1.368 8	1.745 9	2.119 9	2.583 5	2.920 8
17	0.689 2	1.333 4	1.739 6	2.109 8	2.566 9	2.898 2
18	0.688 4	1.330 4	1.734 1	2.100 9	2.552 4	2.878 4
19	0.687 6	1.327 7	1.729 1	2.093 0	0.539 5	2.860 9
20	0.687 0	1.325 3	1.724 7	2.086 0	2.528 0	2.845 3
21	0.684 6	1.323 2	1.720 7	2.079 6	2.517 7	2.831 4
22	0.685 8	1.321 2	1.717 1	2.073 9	2.508 3	2.818 8
23	0.685 3	1.319 5	1.713 9	2.068 7	2.499 9	2.807 3
24	0.684 8	1.317 8	1.710 9	2.063 9	2.492 2	2.796 9
25	0.684 4	1.316 3	1.708 1	2.059 5	2.485 1	2.787 4
26	0.684 0	1.315 0	1.705 6	2.055 5	2.478 6	2.778 7
27	0.683 7	1.313 7	1.703 3	2.051 8	2.472 7	2.770 7
28	0.683 4	1.312 5	1.701 1	2.048 4	2.467 1	2.763 3
29	0.683 0	1.311 4	1.699 1	2.045 2	2.462 0	2.756 4
30	0.682 8	1.310 4	1.697 3	2.042 3	2.457 3	2.750 0
31	0.682 5	1.309 5	1.695 5	2.039 5	2.452 8	2.744 0
32	0.682 2	1.308 6	1.693 9	2.036 9	2.448 7	2.738 5
33	0.682 0	1.307 7	1.692 4	2.034 5	2.444 8	2.733 3
34	0.681 8	1.307 0	1.690 9	2.032 2	2.441 1	2.728 4
35	0.681 6	1.306 2	1.689 6	2.030 1	2.437 7	2.723 8
36	0.681 4	1.305 5	1.688 3	2.028 1	2.454 3	2.719 5
37	0.681 2	1.304 9	1.687 1	2.026 2	2.431 4	2.715 4
38	0.681 0	1.304 2	1.686 0	2.024 4	2.428 6	2.711 6
39	0.680 8	1.303 6	1.684 9	2.022 7	2.425 8	2.707 9
40	0.680 7	1.303 0	1.683 9	2.021 1	2.423 3	2.704 5
41	0.680 5	1.302 5	1.682 9	2.019 5	2.420 8	2.701 2
42	0.680 4	1.302 0	1.682 0	2.018 1	2.418 5	2.698 1
43	0.680 2	1.301 6	1.681 1	2.016 7	2.416 3	2.695 1
44	0.680 1	1.301 1	1.680 2	2.015 4	2.414 1	2.692 3
45	0.680 0	1.300 6	1.679 4	2.014 1	2.412 1	2.689 6

附表 3

F 分布表

$P\{F(n_1,n_2)>F_\alpha(n_1,n_2)\}=\alpha$

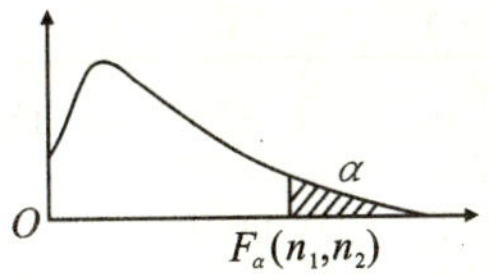

$\alpha=0.1$

n_2 \ n_1	1	2	3	4	5	6	7	8	9	10
1	39.86	49.50	53.59	55.83	57.24	58.20	58.91	59.44	59.86	60.19
2	8.53	9.00	9.16	9.24	9.29	9.33	9.35	9.37	9.38	9.39
3	5.54	5.46	5.39	5.34	5.31	5.28	5.27	5.25	5.24	5.23
4	4.54	4.32	4.19	4.11	4.05	4.01	3.98	3.95	3.94	3.92
5	4.06	3.78	3.62	3.52	3.45	3.40	3.37	3.34	3.32	3.30
6	3.78	3.46	3.29	3.18	3.11	3.05	3.01	2.98	2.96	2.94
7	3.59	3.26	3.07	2.96	2.88	2.83	2.78	2.57	2.72	2.70
8	3.46	3.11	2.92	2.81	2.73	2.67	2.62	2.95	2.56	2.54
9	3.36	3.01	2.81	2.69	2.61	2.55	2.51	2.47	2.44	2.42
10	3.29	2.92	2.73	2.61	2.52	2.46	2.41	2.38	2.35	2.32
11	3.23	2.86	2.66	2.54	2.45	2.39	2.34	2.30	2.27	2.25
12	3.18	2.81	2.61	2.48	2.39	2.33	2.38	2.24	2.21	2.19
13	3.14	2.76	5.56	2.43	2.35	2.28	2.23	2.20	2.16	2.14
14	3.10	2.73	2.52	2.39	2.31	2.24	2.19	2.15	2.12	2.10
15	3.07	2.70	2.49	2.36	2.27	2.21	2.16	2.12	2.09	2.06
16	3.05	2.67	2.46	2.33	2.24	2.18	2.13	2.09	2.06	2.03
17	3.03	2.64	2.44	2.31	2.22	2.15	2.10	2.06	2.03	2.00
18	3.01	2.62	2.42	2.29	2.20	2.13	2.08	2.04	2.00	1.98
19	2.99	2.61	2.40	2.27	2.18	2.11	2.06	2.02	1.98	1.96
20	2.97	2.59	2.38	2.25	2.16	2.09	2.04	2.00	1.96	1.94
21	2.96	2.57	2.36	2.23	2.14	2.08	2.02	1.98	1.95	1.92
22	2.95	2.56	2.35	2.22	2.13	2.06	2.01	1.97	1.93	1.90
23	2.94	2.55	2.34	2.21	2.11	2.05	1.99	1.95	1.92	1.89
24	2.93	2.54	2.33	2.19	2.10	2.04	1.98	1.94	1.91	1.88
25	2.92	2.53	2.32	2.18	2.09	2.02	1.97	1.93	1.89	1.87
26	2.91	2.52	2.31	2.17	2.08	2.01	1.96	1.92	1.88	1.86
27	2.90	2.51	2.30	2.17	2.07	2.00	1.95	1.91	1.87	1.85
28	2.89	2.50	2.29	2.16	2.06	2.00	1.94	1.90	1.87	1.84
29	2.89	2.50	2.28	2.15	2.06	1.99	1.93	1.89	1.86	1.83
30	2.89	2.49	2.28	2.14	2.05	1.98	1.93	1.88	1.85	1.82
40	2.84	2.44	2.23	2.09	2.00	1.93	1.87	1.83	1.79	1.76
60	2.79	2.39	2.18	2.04	1.95	1.87	1.82	1.77	1.74	1.71
120	2.75	2.35	2.13	1.99	1.90	1.82	1.77	1.72	1.68	1.60
∞	2.71	2.30	2.08	1.94	1.85	1.77	1.72	1.67	1.63	1.65

α=0.1

续附表3

n_2 \ n_1	12	15	20	24	30	40	60	120	∞
1	60.71	61.22	61.74	62.00	62.26	62.53	62.79	63.06	63.33
2	9.41	9.42	9.44	9.45	9.46	9.47	9.47	9.48	9.49
3	5.22	5.20	5.18	5.18	5.17	5.16	5.15	5.14	5.13
4	3.90	3.87	3.84	3.83	3.82	3.80	3.79	3.78	3.72
5	3.27	3.24	3.21	3.19	3.17	3.16	3.14	3.12	3.10
6	2.90	2.87	2.84	2.82	2.80	2.78	2.76	2.74	2.72
7	2.67	2.63	2.59	2.58	2.56	2.54	2.51	2.49	2.47
8	2.50	2.46	2.42	2.40	2.38	2.36	2.34	2.32	2.29
9	2.38	2.34	2.30	2.28	2.25	2.23	2.21	2.18	2.16
10	2.28	2.24	2.20	2.18	2.16	2.13	2.11	2.08	2.06
11	2.21	2.17	2.12	2.10	2.08	2.05	2.03	2.00	1.97
12	2.15	2.10	2.06	2.04	2.01	1.99	1.96	1.93	1.90
13	2.10	2.05	2.01	1.98	1.96	1.93	1.90	1.88	1.85
14	2.05	2.01	2.96	1.94	1.91	1.89	1.86	1.83	1.80
15	2.02	1.97	1.92	1.90	1.87	1.85	1.82	1.79	1.76
16	1.99	1.94	1.89	1.87	1.84	1.81	1.78	1.75	1.72
17	1.96	1.91	1.86	1.84	1.81	1.78	1.75	1.72	1.69
18	1.93	1.89	1.84	1.81	1.78	1.75	1.72	1.69	1.66
19	1.91	1.86	1.81	1.79	1.76	1.73	1.70	1.67	1.63
20	1.89	1.84	1.79	1.77	1.74	1.71	1.68	1.64	1.61
21	1.87	1.83	1.78	1.75	1.72	1.69	1.66	1.62	1.59
22	1.86	1.81	1.76	1.73	1.70	1.67	1.64	1.60	1.57
23	1.84	1.80	1.74	1.72	1.69	1.66	1.62	1.59	1.55
24	1.83	1.78	1.73	1.70	1.67	1.64	1.61	1.57	1.53
25	1.82	1.77	1.72	1.69	1.66	1.63	1.59	1.56	1.52
26	1.81	1.76	1.71	1.68	1.65	1.61	1.58	1.54	1.50
27	1.80	1.75	1.70	1.67	1.64	1.60	1.57	1.53	1.49
28	1.79	1.74	1.69	1.66	1.63	1.59	1.56	1.52	1.48
29	1.78	1.73	1.68	1.65	1.62	1.58	1.55	1.51	1.47
30	1.77	1.72	1.67	1.64	1.61	1.57	1.54	1.50	1.46
40	1.71	1.66	1.61	1.57	1.54	1.51	1.47	1.42	1.38
60	1.66	1.60	1.54	1.51	1.48	1.44	1.40	1.35	1.29
120	1.60	1.55	1.48	1.45	1.41	1.37	1.32	1.26	1.19
∞	1.55	1.49	1.42	1.38	1.34	1.30	1.24	1.17	1.00

α=0.05

续附表 3

n_2 \ n_1	1	2	3	4	5	6	7	8	9	10
1	161.40	199.50	215.70	224.60	230.20	234.00	236.80	238.90	240.50	241.90
2	18.51	19.00	19.16	19.25	19.30	19.33	19.35	19.37	19.38	19.40
3	10.13	9.55	9.28	9.12	9.01	8.94	8.89	8.85	8.81	8.79
4	7.71	6.94	6.59	6.39	6.26	6.16	6.09	6.04	6.00	5.96
5	6.61	5.79	5.41	5.19	5.05	4.95	4.88	4.82	4.77	4.74
6	5.99	5.14	4.76	4.53	4.39	4.28	4.21	4.15	4.10	4.06
7	5.59	4.74	4.35	4.12	3.97	3.87	3.79	3.73	3.68	3.64
8	5.32	4.46	4.07	3.84	3.69	3.58	3.50	3.44	3.39	3.35
9	5.12	4.26	3.86	3.63	3.48	3.37	3.29	3.23	3.18	3.14
10	4.96	4.10	3.71	3.48	3.33	3.22	3.14	3.07	3.02	2.98
11	4.84	3.98	3.59	3.36	3.20	3.09	3.01	2.95	2.90	2.85
12	4.75	3.89	3.49	3.26	3.11	3.00	2.91	2.85	2.80	2.75
13	4.67	3.81	3.41	3.18	3.03	2.92	2.83	2.77	2.71	2.67
14	4.60	3.74	3.34	3.11	2.96	2.85	2.76	2.70	2.65	2.60
15	4.54	3.68	3.29	3.06	2.90	2.79	2.71	2.64	2.59	2.54
16	4.49	3.63	3.24	3.01	2.85	2.74	2.66	2.59	2.54	2.49
17	4.45	3.59	3.20	2.96	2.81	2.70	2.61	2.55	2.49	2.45
18	4.41	3.55	3.16	2.93	2.77	2.66	2.58	2.51	4.46	2.41
19	4.38	3.52	3.13	2.90	2.74	2.63	2.54	2.48	2.42	2.33
20	4.35	3.49	3.10	2.87	2.71	2.60	2.51	2.45	2.39	2.35
21	4.32	3.47	3.07	2.84	2.68	2.57	2.49	2.42	2.37	2.32
22	4.30	3.44	3.05	2.82	2.66	2.55	2.46	2.40	2.34	2.30
23	4.28	3.42	3.03	2.80	2.64	2.53	2.44	2.37	2.32	2.27
24	4.26	3.40	3.01	2.78	2.62	2.51	2.42	2.36	2.30	2.25
25	4.24	3.39	2.99	2.76	2.60	2.49	2.40	2.34	2.28	2.24
26	4.23	3.37	2.98	2.74	2.59	2.47	2.39	2.32	2.27	2.22
27	4.21	3.35	2.95	2.73	2.57	2.46	2.37	2.31	2.25	2.20
28	4.20	3.34	2.96	2.71	2.56	2.45	2.36	2.29	2.24	2.19
29	4.18	3.33	2.93	2.70	2.55	2.43	2.35	2.23	2.22	2.18
30	4.17	3.32	2.92	2.69	2.53	2.42	2.33	2.27	2.21	2.16
40	4.08	3.23	2.84	2.61	2.45	2.34	2.25	2.18	2.12	2.08
60	4.00	3.15	2.76	2.53	2.37	2.25	2.17	2.10	2.04	1.99
120	3.92	3.07	2.68	2.45	2.29	2.17	2.02	2.09	1.96	1.91
∞	3.84	3.00	2.60	2.37	2.21	2.10	2.01	1.94	1.88	1.83

续附表 3 $\alpha=0.05$

n_2 \ n_1	12	15	20	24	30	40	60	120	∞
1	243.9	245.9	248.0	249.1	250.1	251.1	252.3	253.3	254.3
2	19.41	19.43	19.45	19.45	19.46	19.47	19.48	19.49	19.50
3	8.74	8.70	8.66	8.64	8.62	8.59	8.57	8.55	8.53
4	5.91	5.86	5.80	5.77	5.75	5.72	5.69	5.66	5.63
5	4.68	4.62	4.56	4.53	4.50	4.46	4.43	4.40	4.36
6	4.00	3.94	3.87	3.84	3.81	3.77	3.74	3.70	3.67
7	3.57	3.51	3.44	3.41	3.83	3.34	3.30	3.27	3.23
8	3.28	3.22	3.15	3.12	3.08	3.04	3.01	2.97	2.93
9	3.07	3.01	2.94	2.90	2.86	2.83	2.79	2.75	2.71
10	2.91	2.85	2.77	2.74	2.70	2.66	2.62	2.58	2.54
11	2.79	2.72	2.65	2.61	2.57	2.53	2.49	2.45	2.40
12	2.69	2.62	2.54	2.51	2.47	2.43	2.38	2.34	2.30
13	2.60	2.53	2.46	2.42	2.38	2.34	2.30	2.25	2.21
14	2.53	2.46	2.39	2.35	2.31	2.27	2.22	2.18	2.13
15	2.48	2.40	2.33	2.29	2.25	2.20	2.16	2.11	2.07
16	2.42	2.35	2.28	2.24	2.19	2.15	2.11	2.06	2.01
17	2.38	2.31	2.23	2.19	2.15	2.10	2.06	2.01	1.96
18	2.34	2.27	2.19	2.15	2.11	2.06	2.02	1.97	1.92
19	2.31	2.23	2.16	2.11	2.07	2.03	1.98	1.93	1.88
20	2.28	2.20	2.12	2.08	2.04	1.99	1.95	1.90	1.84
21	2.25	2.18	2.10	2.05	2.01	1.96	1.92	1.87	1.81
22	2.23	2.15	2.07	2.03	1.98	1.94	1.89	1.84	1.78
23	2.20	2.13	2.05	2.01	1.96	1.91	1.86	1.81	1.76
24	2.18	2.11	2.03	1.98	1.94	1.89	1.84	1.79	1.73
25	2.16	2.09	2.01	1.96	1.93	1.87	1.82	1.77	1.71
26	2.15	2.07	1.99	1.95	1.90	1.85	1.80	1.75	1.69
27	2.13	2.06	1.97	1.93	1.88	1.84	1.79	1.73	1.67
28	2.12	2.04	1.96	1.91	1.87	1.82	1.77	1.71	1.65
29	2.10	2.03	1.94	1.90	1.85	1.81	1.75	1.70	1.64
30	2.09	2.01	1.93	1.89	1.84	1.79	1.71	1.68	1.62
40	2.00	1.92	1.84	1.79	1.74	1.69	1.64	1.58	1.51
60	1.92	1.84	1.75	1.70	1.65	1.59	1.53	1.47	1.39
120	1.83	1.75	1.66	1.61	1.55	1.50	1.43	1.35	1.25
∞	1.75	1.67	1.57	1.52	1.46	1.39	1.32	1.22	1.00

附表 4 杜宾-瓦特森检验上下界 5%

n	$k'=1$		$k'=2$		$k'=3$		$k'=4$		$k'=5$	
	d_L	d_U	d_L	d_U	d_L	d_U	d_L	d_U	d_L	d_U
15	1.08	1.36	0.95	1.54	0.82	1.75	0.69	1.97	0.56	2.21
16	1.10	1.37	0.98	1.54	0.86	1.73	0.74	1.93	0.62	2.15
17	1.13	1.38	1.02	1.54	0.90	1.71	0.78	1.90	0.67	2.10
18	1.16	1.39	1.05	1.53	0.93	1.69	0.82	1.87	0.71	2.06
19	1.18	1.40	1.08	1.53	0.97	1.68	0.86	1.85	0.75	2.02
20	1.20	1.41	1.13	1.54	1.00	1.68	0.90	1.83	0.79	1.99
21	1.22	1.42	1.13	1.54	1.03	1.67	0.93	1.81	0.83	1.96
22	1.24	1.43	1.15	1.54	1.05	1.66	0.96	1.80	0.86	1.94
23	1.26	1.44	1.17	1.54	1.08	1.66	0.99	1.79	0.90	1.92
24	1.27	1.45	1.19	1.55	1.10	1.66	1.01	1.78	0.93	1.90
25	1.29	1.45	1.21	1.55	1.12	1.66	1.04	1.77	0.95	1.89
26	1.30	1.46	1.22	1.55	1.14	1.65	1.06	1.76	0.98	1.88
27	1.32	1.47	1.24	1.56	1.16	1.65	1.08	1.76	1.01	1.86
28	1.33	1.48	1.26	1.56	1.18	1.65	1.10	1.75	1.03	1.85
29	1.34	1.48	1.27	1.56	1.20	1.65	1.12	1.74	1.05	1.84
30	1.35	1.49	1.28	1.57	1.21	1.55	1.14	1.74	1.07	1.83
31	1.36	1.50	1.30	1.57	1.23	1.65	1.16	1.74	1.09	1.83
32	1.37	1.50	1.31	1.57	1.24	1.65	1.18	1.73	1.11	1.82
33	1.38	1.51	1.32	1.58	1.26	1.65	1.19	1.73	1.13	1.81
34	1.39	1.51	1.33	1.58	1.27	1.65	1.21	1.73	1.15	1.81
35	1.40	1.52	1.34	1.58	1.28	1.65	1.22	1.73	1.16	1.80
36	1.41	1.52	1.35	1.59	1.29	1.65	1.24	1.73	1.18	1.80
37	1.42	1.53	1.36	1.59	1.31	1.66	1.25	1.72	1.19	1.80
38	1.43	1.54	1.37	1.59	1.32	1.66	1.26	1.72	1.21	1.79
39	1.43	1.54	1.38	1.60	1.33	1.66	1.27	1.72	1.22	1.79
40	1.44	1.54	1.39	1.60	1.34	1.66	1.29	1.72	1.23	1.79
45	1.48	1.57	1.43	1.62	1.38	1.67	1.34	1.72	1.29	1.78
50	1.50	1.59	1.46	1.63	1.42	1.67	1.38	1.72	1.34	1.77
55	1.53	1.60	1.49	1.64	1.45	1.68	1.41	1.72	1.38	1.77
60	1.55	1.62	1.51	1.65	1.48	1.69	1.44	1.73	1.41	1.77
65	1.57	1.68	1.54	1.66	1.50	1.70	1.47	1.73	1.44	1.77
70	1.58	1.64	1.55	1.67	1.52	1.70	1.49	1.74	1.46	1.77
75	1.60	1.65	1.57	1.68	1.54	1.71	1.51	1.74	1.49	1.77
80	1.61	1.66	1.59	1.69	1.56	1.72	1.53	1.74	1.51	1.77
85	1.62	1.67	1.60	1.70	1.57	1.72	1.55	1.75	1.52	1.77
90	1.63	1.68	1.61	1.70	1.59	7.73	1.57	1.75	1.54	1.78
95	1.64	1.69	1.62	1.71	1.60	1.73	1.53	1.75	1.56	1.78
100	1.65	1.69	1.63	1.72	1.61	1.74	1.59	1.76	1.57	1.78

续附表 4

2.5%

n	$k'=1$		$k'=2$		$k'=3$		$k'=4$		$k'=5$	
	d_L	d_U	d_L	d_U	d_L	d_U	d_L	d_U	d_L	d_U
15	0.95	1.23	0.83	1.40	0.71	1.61	0.59	1.84	0.48	2.09
16	0.98	1.24	0.83	1.40	0.75	1.59	0.64	1.80	0.53	2.03
17	1.01	1.25	0.90	1.40	0.79	1.58	0.68	1.77	0.57	1.98
18	1.03	1.26	0.93	1.40	0.82	1.56	0.72	1.74	0.62	1.93
19	1.06	1.28	0.96	1.41	0.86	1.55	0.76	1.72	0.66	1.90
20	1.08	1.28	0.99	1.41	0.89	1.55	0.79	1.70	0.70	1.87
21	1.10	1.30	1.01	1.41	0.92	1.54	0.83	1.69	0.73	1.84
22	1.12	1.31	1.04	1.42	0.95	1.54	0.86	1.68	0.77	1.82
23	1.14	1.32	1.06	1.42	0.97	1.54	0.89	1.67	0.80	1.80
24	1.16	1.33	1.08	1.43	1.00	1.54	0.91	1.66	0.83	1.79
25	1.18	1.34	1.10	1.43	1.02	1.54	0.94	1.65	0.86	1.77
26	1.19	1.35	1.12	1.44	1.04	1.54	0.96	1.65	0.88	1.76
27	1.21	1.36	1.13	1.44	1.06	1.54	0.99	1.64	0.91	1.75
28	1.22	1.37	1.15	1.45	1.08	1.54	1.01	1.63	0.93	1.74
29	1.24	1.38	1.17	1.45	1.10	1.54	1.03	1.63	0.96	1.73
30	1.25	1.38	1.18	1.46	1.12	1.54	1.05	1.63	0.98	1.73
31	1.26	1.39	1.20	1.47	1.13	1.55	1.07	1.63	1.00	1.72
32	1.27	1.40	1.21	1.47	1.15	1.55	1.08	1.63	1.02	1.71
33	1.28	1.41	1.22	1.48	1.16	1.55	1.10	1.63	1.04	1.71
34	1.29	1.41	1.24	1.48	1.17	1.55	1.12	1.63	1.06	1.70
35	1.30	1.42	1.25	1.48	1.19	1.55	1.13	1.63	1.07	1.70
36	1.31	1.43	1.26	1.49	1.20	1.56	1.15	1.63	1.09	1.70
37	1.32	1.43	1.27	1.49	1.21	1.56	1.16	1.62	1.10	1.70
38	1.33	1.44	1.28	1.50	1.23	1.56	1.17	1.62	1.12	1.70
39	1.34	1.44	1.29	1.50	1.24	1.56	1.19	1.63	1.13	1.69
40	1.35	1.45	1.30	1.51	1.25	1.57	1.20	1.63	1.15	1.69
45	1.39	1.48	1.34	1.53	1.30	1.58	1.25	1.63	1.21	1.69
50	1.42	1.50	1.38	1.54	1.34	1.59	1.30	1.64	1.26	1.69
55	1.45	1.52	1.41	1.56	1.37	1.60	1.33	1.64	1.30	1.69
60	1.47	1.54	1.44	1.57	1.40	1.61	1.37	1.65	1.33	1.69
65	1.49	1.55	1.46	1.59	1.43	1.62	1.40	1.66	1.36	1.69
70	1.51	1.57	1.48	1.60	1.45	1.63	1.42	1.66	1.39	1.70
75	1.53	1.58	1.50	1.61	1.47	1.64	1.45	1.67	1.42	1.70
80	1.54	1.59	1.52	1.62	1.49	1.65	1.47	1.67	1.44	1.70
85	1.56	1.60	1.53	1.63	1.51	1.65	1.49	1.68	1.46	1.71
90	1.57	1.61	1.55	1.64	1.53	1.66	1.50	1.69	1.48	1.71
95	1.58	1.62	1.56	1.65	1.54	1.67	1.52	1.69	1.50	1.71
100	1.59	1.63	1.57	1.65	1.55	1.67	1.53	1.70	1.51	1.72

参考文献

1 王毅成,林根祥.市场预测与决策.武汉:武汉理工大学出版社,2002.

2 张保法.经济预测与决策.北京:经济科学出版社,2004.

3 简明,胡玉立.市场预测与管理决策.北京:中国人民大学出版社,2003.

4 乔冬梅.市场预测与决策.郑州:郑州大学出版社,2009.

5 约翰·E.汉克.商业预测.北京:清华大学出版社,2004.

6 达莫达尔·N.古雅亚拉提.北京:经济计量学精要.3版.北京:机械工业出版社,2007.

7 龚书明.市场调查与预测.北京:清华大学出版社,2005.

8 冯文权.经济预测与决策技术.4版.武汉:武汉大学出版社,2002.

9 易丹辉.统计预测——方法与应用.北京:中国人民大学出版社,1990.

10 赖明勇,等.国际市场预测与决策.成都:电子科技大学出版社,1994.

11 陈友玲.市场调查预测与决策.北京:机械工业出版社,2010.

12 魏炳麒.市场调查与预测.大连:东北财经大学出版社,2010.

13 王振龙.预测时间序列分析.北京:中国统计出版社,2002.

14 小卡尔·迈克丹尼尔.市场调研精要.范秀成,等,译.北京:电子工业出版社,2002.

15 何晓群.回归分析与经济数据建模.北京:中国人民大学出版社,1997.

16 贾俊平.统计学.北京:中国人民大学出版社,2003.

17 游士兵.统计学.2版.武汉:武汉大学出版社,2010.